Integrierte Nutzenanalyse zur Gestaltung computergestützter Informationssysteme

Europäische Hochschulschriften
Publications Universitaires Européennes
European University Studies

Reihe V
Volks- und Betriebswirtschaft

Série V Series V
Sciences économiques, gestion d'entreprise
Economics and Management

Bd./Vol. 3204

PETER LANG
Frankfurt am Main · Berlin · Bern · Bruxelles · New York · Oxford · Wien

Georg Diedrich

Integrierte Nutzenanalyse zur Gestaltung computergestützter Informationssysteme

Eine differenzierende Auswahl von Realisierungsalternativen zur prozessualen Neuausrichtung im Rechnungswesen

PETER LANG
Europäischer Verlag der Wissenschaften

Bibliografische Information Der Deutschen Bibliothek
Die Deutsche Bibliothek verzeichnet diese Publikation in der Deutschen Nationalbibliografie; detaillierte bibliografische Daten sind im Internet über <http://dnb.ddb.de> abrufbar.

Zugl.: Bochum, Univ., Diss., 2006

D 294
ISSN 0531-7339
ISBN 3-631-55335-8

www.peterlang.de

Geleitwort

Die Bewertung computergestützter Informationssysteme erweist sich in Theorie und Praxis als äußerst problematisch. Die auf die wissenschaftliche Forschung zurückgehenden Denkansätze und Verfahren sind zumeist nur für spezielle, eindeutig definierte quantitative oder qualitative Sachverhalte geeignet. Für die Bedarfe einer ganzheitlichen Bewertung von Investitionsvorhaben sind jedoch beide, sowohl die quantitativen als auch die qualitativen Parameter zu berücksichtigen. Ferner ist, um die Ergebnisse sinnvoll nutzen zu können, die zeitliche Struktur des Untersuchungsgegenstandes in die Analyse einzubeziehen. Das Ziel der Arbeit besteht somit darin, eine ganzheitliche und flexible Nutzenanalyse zu entwickeln, die den Planungs- und Entscheidungsprozess effizient unterstützt.

Herr Georg Diedrich widmet sich in seiner Dissertationsschrift dieser neuen und äußerst komplexen Problematik des IT-Controlling, die fundiertes theoretisches Wissen voraussetzt und von hohem praktischen Interesse ist. Die Konzeption der integrierten Nutzenanalyse vereint klassische wissenschaftliche Ansätze zur Bestimmung des Nutzens mit ausgesuchten Verfahren der Wirtschaftsinformatik. Systematisch arbeitet der Autor hierzu die Vorteile der Methoden heraus und führt sie in einem neuen, in diesem Kontext noch nicht diskutierten Ansatz zusammen. Dazu bedient er sich des innovativen Ansatzes der Dekomposition des (Gesamt)-Nutzens in die Dimensionen „Direkter Nutzen" und „Indirekter Nutzen". Durch dieses Vorgehen gelingt es Herrn Diedrich, miteinander konkurrierende Realisierungsalternativen einander gegenüberzustellen und eine differenzierende Auswahl derjenigen Alternative, die im Zeitverlauf den größten Nutzen stiftet, vorzunehmen. Anschließend überträgt der Autor die zunächst theoretisch geprägte integrierte Nutzenanalyse erfolgreich auf den praktischen Anwendungsfall. In zwei umfassenden Lösungsansätzen modelliert er das computergestützte Informationssystem des Rechnungswesens neu. Hierbei bezieht er die gesetzlichen Bestimmungen zur Erfüllung der Anforderungen der Segmentberichterstattung der IFRS/IAS-Bilanzierung in prozessorientierter Form vollständig ein.

Herrn Diedrich gelingt, es eine aktuelle, komplexe und sehr anspruchsvolle Problematik wissenschaftlich fundiert aufzubereiten und in systematischer Weise in einem neuen Ansatz zu vereinen. Die Konzeption der integrierten Nutzenanalyse ergänzt in diesem Sinne das noch junge Forschungsgebiet des IT-Controlling. Insgesamt zeigt Herr Diedrich mit der vorliegenden Arbeit, dass er ein sehr schwieriges Problem der Wirtschaftsinformatik systematisch zu analysieren und in konkreten Ergebnissen zu lösen vermag. Ich wünsche der Arbeit die ihr gebührende Anerkennung in Theorie und Praxis und der Wirtschaftsinformatik eine weitere erfolgreiche praxisorientierte Forschung in diesem Anwendungsbereich.

Bochum, im März 2006 Professor Dr. Roland Gabriel

Vorwort

Nicht was er mit seiner Arbeit erwirbt,
ist der eigentliche Lohn des Menschen,
sondern was er durch sie wird.

John Ruskin, 1819 – 1900

Die vorliegende Arbeit entstand während meiner Tätigkeit als Wissenschaftlicher Mitarbeiter am Lehrstuhl für Wirtschaftsinformatik der Ruhr-Universität Bochum und wurde im Februar 2006 an der Fakultät für Wirtschaftswissenschaft abgeschlossen. Das breite Spektrum an Fragestellungen zur Wirtschaftsinformatik des Lehrstuhls ermöglichte es mir, mich dem noch jungen Forschungsgebiet des IT-Controlling zu widmen. Mein besonderes Anliegen bestand – in Zeiten steter Rationalisierungsmaßnahmen – in der Entwicklung eines Analyseinstrumentariums, das nicht die Kosten, sondern vielmehr den Nutzen von Investitionsvorhaben betrachtet. Die Konzeption einer integrierten und durch verschiedene wissenschaftliche Disziplinen begründeten Nutzenanalyse zur Gestaltung computergestützter Informationssysteme war das Ziel der Arbeit. Als Analyseobjekt diente die prozessuale Neuausrichtung der Segmentberichterstattung im Rechnungswesen.

Begleitet wurde ich bei der Erstellung meiner Arbeit durch eine Reihe von Personen. An erster Stelle steht mein Doktorvater Professor Dr. Roland Gabriel, der mir den Weg aus dem Berufsleben zurück zur Universität ermöglichte und mir stets sowohl ein fachlicher als auch persönlicher Mentor war. Er hat mir die notwendigen akademischen und zeitlichen Freiräume gewährt und stand mir während der gesamten Erstellung sowie Begutachtung der Arbeit mit vielfältigen Unterstützungsleistungen und wertvollen Ratschlägen zur Seite.

Danken möchte ich ebenfalls den Mitarbeitern des Lehrstuhls für das äußerst harmonische und freundschaftliche Arbeitsklima während meiner gesamten Promotionszeit. Stellvertretend seien Herr Dr. Roland Düsing und Herr Dipl.-Ök. Klaus Rüdiger hervorgehoben. Sie standen mir sowohl fachlich als auch menschlich zur Seite und haben sich bereitwillig auf so manche kontroverse Diskussion eingelassen.

Von ganzen Herzen möchte ich meiner Frau Susanne Diedrich danken. Sie verstand es, trotz ihrer eigenen Prüfungsvorbereitungen zur approbierten Apothekerin, stets ein offenes Ohr für meine – ihr fachfremden – Probleme zu finden. Ihr unermüdlicher Einsatz, die Arbeit unter enormem Zeitdruck stilistisch und formal zu überarbeiten, war beispielhaft. Ebenso verhalf mir ihre mentale Unterstützung, die üblichen Motivationslücken zu überbrücken.

Schließlich gilt mein ausdrücklicher Dank meinen Eltern Marietta Diedrich und Bernward Diedrich (†), die mich fortwährend unterstützt und mir mit ihrer selbstlosen Art eine akademische Ausbildung ermöglicht haben. Ohne sie wäre diese Promotion nicht möglich gewesen. Ihnen widme ich diese Arbeit.

Bochum, im April 2006 Georg Diedrich

Inhaltsverzeichnis

Abbildungsverzeichnis

Tabellenverzeichnis

Abkürzungsverzeichnis

Abt.L.	Abteilungsleiter bzw. Abteilungsleitung
AG	Aktiengesellschaft
ahd.	althochdeutsch
AktG	Aktiengesetz
APB	Accounting Principles Board
ARIS	Architektur integrierter Informationssysteme
ASQC	American Society for Quality Control
ausf.	ausführen
AV	Anlagevermögen
BAPI	Business Application Programming Interface
BiRiLiG	Bilanzrichtlinien Gesetz
BPML	Business Process Modelling Language
BSC	Balanced Scorecard
CCTA	Central Computer and Telecommunications Agency
Dat.	Daten
DB	Datenbank
deb.	debitorisch
Deb.	Debitor
DIN	Deutsches Institut für Normung
DOS	Disk Operating System
DRS	Deutscher Rechnungslegungsstandard
DRSC	Deutsches Rechnungslegungs Standards Committee
DV	Datenverarbeitung
DW	Data Warehouse
EBIT	Earnings Before Interest and Taxes
EDIFACT	Electronic Data Interchange For Administration, Commerce and Transport
EDV	Elektronische Daten Verarbeitung
EG	Europäische Gemeinschaft
EOQC	European Organisation for Quality Control

EPK	Ereignisgesteuerte Prozesskette
ER	Entity Relationship
Erf.	Erfassung
ERP	Enterprise Resource Planning
ETL	Extraction, Transforming, Loading
FAOR	Functional Analysis of Office Requirements
FASB	Financial Accounting Standards Board
FI	Finanzbuchhaltung
FM	Facility Management
Ford.	Forderung
fort.	fortschreiben
G+V	Gewinn und Verlustrechnung
GAAP	Generally Accepted Accounting Principles
GmbH	Gesellschaft mit beschränkter Haftung
GoB	Grundsätze ordnungsgemäßer Buchführung
HGB	Handelsgesetzbuch
HK	Herstellkosten
HW	Hardware
IAS	International Accounting Standard
IASB	International Accounting Standards Board
IASC	International Accounting Standards Committee
IC	Informatik-Controlling
IFRIC	International Financial Reporting Interpretations Committee
IFRS	International Financial Reporting Standard
IKT	Informations- und Kommunikationstechnik
IM	Informationsmanagement
Intrac.	Intracompany
IOSCO	International Organisation of Securities Commissions
IS	Informationssystem
ISO	International Organization for Standardization
IT	Informationstechnologie

ITIL	IT Infrastructure Library
ITSM	IT Service Management
IuK	Information und Kommunikation
IV	Informationsverarbeitung
JA	Jahresabschluss
Jd.	Jahrhundert
KABA	Kontrastive Aufgabenanalyse und -gestaltung der Büro- und Verwaltungsarbeit
Ko.&Erl.	Kosten & Erlöse
Ko.&Lei.	Kosten & Leistung
KonTraG	Gesetz zur Kontrolle und Transparenz im Unternehmensbereich
KoSt.	Kostenstelle
KoTr.	Kostenträger
kred.	kreditorisch
Kred.	Kreditor
Kto	Konto
LAN	Local Area Network
Man.	Manuell
mhd.	mittelhochdeutsch
MT	Manntage
NWC	Net Working Capital
ODS	Operational Data Store
OGC	Office of Government Commerce
p.a.	per annum
PC	Personal-Computer
PCA	Profit Center Accounting
pes	Pessimistisch
PORGI	Planungshilfe für die Organisatorische Implementierung computergestützter Informationssysteme
Pos.-Nr.	Positionsnummer
PR	Public-Relations

Profit C.	Profit Center
PT	Personentage
R&D	Research and Development
RCO	Real Cost of Ownership
ReWe	Rechnungswesen
RFA	Rolle, Funktion, Aktion
Rg.	Rechnung
ROCE	Return On Capital Employed
SAP	Systeme, Anwendungen, Produkte (Firmenname)
SAP APO	SAP Advanced Planner & Optimizer
SAP BI	SAP Business Intelligence
SAP BW	SAP Business Information Warehouse
SAP CRM	SAP Customer Relationship Management
SAP SEM	SAP Strategic Enterprise Management
SAP SEM-BCS	SAP Strategic Enterprise Management Business Consolidation System
SEC	Securities and Exchange Commission
Seg.	Segment
SFAS	Statement of Financial Accounting Standards
SIC	Standing Interpretations Committee
SLA	Service-Level-Aggreement
SOM	Semantisches Objektmodell
Stv.	Stellvertreter
SV	Saldenvortrag
SW	Software
syn.	synonym
TCO	Total Cost of Ownership
UHD	User Help Desk
UKV	Umsatzkostenverfahren
UL	Unternehmungsleiter bzw. Unternehmungsleitung
Um.	Umsätze
unf.	unfertig

Verb.	Verbindlichkeiten
VOFI	Vollständige Finanzpläne
Vorsys.	Vorsystem
VwV	Verwaltungs- und Vertriebskosten
WAN	Wide Area Network
XML	Extensible Markup Language

Symbolverzeichnis

a	Aktion
Ak	Aktion bzw. Aktionenraum
An	Annuität
A	Auszahlung
$\|x\|$	Betrag von x
$:=$	definiert als
∂	Delta, partielle Ableitung
$\varnothing$	Durchschnitt
Y	Einkommen
Y^v	Einkommen, verfügbares
E	Einzahlungsüberschuss
$\in$	Element von
Fak	Faktor
F	Flexibilität
f	Funktion
GE	Geldeinheit
λ	Gewichtungsfaktor
GU	Grenznutzen
I	Indifferenzkurve bzw. ISO-Nutzenkurve
n	Jahre
k	Kalkulationszinsfuss bzw. Kalkulationszinssatz
C	Kapitalwert
g	Konsequenz bzw. Gewichtungsfaktor
K	Kosten
L	Lösungsvorschlag
x	Menge bzw. Gut
$\mathbb{N}$	natürliche Zahl
U	Nutzen bzw. Nutzenniveau

ND	Nutzungsdauer
ϕ	Nutzwert
$\vee$	oder
s	Opportunitätskosten
o	optimistisch
$\succ$	präferiert
p	Preis
Pj	Projekt
P	Prozent
Pz	Prozess
Q	Qualität
R	Realisierungsalternative
$\mathbb{R}$	reelle Zahl
S	Reihe
r	Rendite
Σ	Summe
T€	Tausend Euro
u	Teilnutzen
∞	unendlich
ω	Unsicherheitspräferenzfunktion
w	wahrscheinlich
T	Zeit
t	Zeitpunkt
l	Ziel-Kriterien
Lm	Zielertragsmatrix

1 Einleitung

Die Planung des Einsatzes computergestützter Informationssysteme in Unternehmungen stellt ein erhebliches Entscheidungsproblem dar, da der Nutzen, den diese Systeme stiften, in der Regel nicht bzw. nur sehr schlecht bestimmt werden kann. Entscheidungen zu Gunsten oder zu Ungunsten eines Investitionsvorhabens werden oft ohne ökonomische fundierte Analysen und unter Duldung großer Informationsdefizite getroffen. Bereits im Jahr 1987 formulierte der Nobelpreisträger Solow: „Computer tauchen überall auf, nur nicht in den Produktivitäts-Statistiken."[1] So ist die These, dass durch den Einsatz computergestützter Informationssysteme keine Wettbewerbsvorteile (mehr) zu erzielen seien, nicht verwunderlich.[2] Wissenschaftlich ist dieses Phänomen mit dem Begriff „Produktivitätsparadoxon der IT"[3] belegt.[4] Es besagt, dass kein positiver Zusammenhang zwischen Investitionen in computergestützte Informationssysteme und der Produktivität einer Unternehmung besteht. Dennoch investieren Unternehmungen im Jahr 2005 weltweit voraussichtlich ca. 2 Milliarden Dollar in computergestützte Informationssysteme.[5] Zugleich erhöhen sich die Anforderungen, die an diese Systeme gestellt werden, stetig.[6] Hieraus ist zu schlussfolgern, dass diese Investitionen von größtem Interesse für die Praxis sind und zugleich eine große Herausforderung für die Wissenschaft darstellen.[7] Zur Bewertung der Vorteilhaftigkeit des Einsatzes von computergestützten Informationssystemen bedarf es daher eines Messkriteriums.[8] Vor diesem Hintergrund wird in der vorliegenden Arbeit die Erfassung und Bewertung des Nutzens, den ein bestimmtes Investitionsvorhaben stiftet, in den Mittelpunkt eines eigens zu diesem Zweck entwickelten Analysewerkzeugs gestellt.

---

1 Solow (1987), S. 36.

2 Vgl. Carr (2003), S. 41 ff., Weiss (2003), S. 3.

3 Zum Begriff des „Produktivitätsparadoxon der IT" (IT: Informationstechnologie) wird insbesondere auf die Ausführungen von Willcocks und Lester verwiesen. Vgl. Willcocks/Lester (1999), S. 1 ff.

4 Vgl. Krcmar (2005), S. 399. Zur Abgrenzung des Begriffs „IT" wird auf Kapitel 3 verwiesen.

5 Vgl. GartnerGroup (2005); Laudon/Laudon (2005), S. 4 f.

6 Vgl. Gadatsch/Mayer (2005), Vorwort zur 1. Auflage.

7 Vgl. Brynjolfsson/Hitt (1998), S. 49 ff.; Martinsons/Martinsons (2002), S. 25 f.; Boehm/ Sullivan (2000), S. 319 ff.

8 Eine IBM-Studie aus dem Jahr 2001 belegt, dass ca. 80% der befragten Unternehmungen keine eindeutig definierte Vorgehensweise zur Bewertung von Investitionen in computergestützte Informationssysteme besitzen. Vgl. Gliedmann et al. (2001).

Im folgenden Abschnitt 1.1 werden zunächst die Problemstellung und die Motivation der Arbeit näher erläutert. Anschließend widmet sich Abschnitt 1.2 der Definition der Zielsetzung und dem hieraus resultierenden Gang der Untersuchung. Das Kapitel 1 schließt mit Ausführungen zur Erwartungshaltung, die dieser Arbeit zu Grunde liegen (Abschnitt 1.3).

1.1 Problemstellung und Motivation der Arbeit

Vor dem Hintergrund stetig steigender Anforderungen an die Leistungsfähigkeit computergestützter Informationssysteme bei gleichzeitiger Erhöhung des Kostendrucks auf dieselben, rückt der Nutzen, den diese Systeme stiften, zunehmend in den Mittelpunkt der Diskussion.[9] Hiermit konform geht eine Analyse der GartnerGroup, die belegt, dass die Kostensenkungspotenziale computergestützter Informationssysteme und die Erhöhung der Effektivität dergleichen gegenwärtig von vorrangiger Bedeutung für Unternehmungen sind.[10] Die isolierte Fokussierung auf die Kostenseite computergestützter Informationssysteme ist demnach zu relativieren und um den Wertschöpfungsbeitrag bzw. den Nutzen, der durch diese Systeme erzielt werden kann, zu erweitern.[11] Markus und Keil führen aus: „Why are some information systems that companies have invested millions of dollars in developing never used or avoided by the very people who are intended to use them? [...] Technically successful, but unused or underused systems cost [...] millions of dollar each year."[12]

In der wissenschaftlichen Literatur wird der Nutzen zumeist axiomatisch vorausgesetzt und gilt als bekannt.[13] So führt bspw. Krcmar an, dass der Nutzen ein komplexes Konstrukt sei, das in seinem eigentlichen Sinne nur dimensionslos messbar ist.[14] Die Messbarkeit der nutzenstiftenden Attribute eines Investitions-

9 Vgl. Walter/Spitta (2004), S. 171 ff.; Gottlieb (2003), S. 19.
10 Vgl. GartnerGroup (2004).
11 Vgl. Fraunhofer-Institut für Software- und Systemtechnik ISST (2003).
12 Markus/Keil (1994), S. 11; ähnlich: Boehm (1987), S. 43 ff.
13 Vgl. Bannister/Remenyi (2000), S. 232.
14 Vgl. Krcmar (2005), S. 395.

vorhabens stellen die quantitativen und qualitativen Parameter desselben dar. Die quantitativen Parameter bezeichnen hierbei die zumindest kardinal messbaren Bereiche des Nutzens. Diese können – müssen jedoch nicht – monetär geprägt sein. Unter den qualitativen Nutzenparametern werden die nicht direkt messbaren Bereiche des Nutzens subsumiert. Beide Bereiche beeinflussen die Entscheidungsfindung der Unternehmung und sind entsprechend zu berücksichtigen.

Vor diesem Hintergrund avanciert die wissenschaftlich fundierte Entwicklung eines Analysewerkzeuges zur Erfassung des Nutzens einer speziellen Problemstellung im Kontext computergestützter Informationssysteme zum Leitbild der vorliegenden Arbeit. Hierbei müssen gleichermaßen quantitative als auch qualitative Parameter erarbeitet werden, die es einer Unternehmung ermöglichen, den Nutzen einer Investition in computergestützte Informationssysteme vollständig zu bestimmen. Da es sich in der betrieblichen Praxis zudem stets um geplante, zukünftige Investitionen handelt, ist die Analyse als A Priori-Analyse zu gestalten. Die Entscheidung zu Gunsten oder zu Ungunsten eines Investitionsvorhabens muss frühzeitig, d.h. noch vor der Realisierung desgleichen, getroffen werden können.

1.2 Ziel und Gang der Untersuchung

In der vorliegenden Arbeit wird das Ziel verfolgt, eine ganzheitliche Nutzenanalyse zu entwickeln, die die bisher isoliert voneinander verwendeten Methoden zur Bestimmung des Nutzens in einem integrierten Ansatz vereint. Hierzu werden ausgewählte ein- und wenigdimensionale sowie mehrdimensionale wirtschaftswissenschaftliche Methoden der Volkswirtschaftslehre, der Betriebswirtschaftslehre und der Wirtschaftsinformatik in kurzer und prägnanter Form dargestellt und vor dem Hintergrund der ganzheitlichen Bewertung eines Investitionsvorhabens evaluiert. In einem zweiten Schritt werden die entscheidungsrelevanten Einflussfaktoren zur Bestimmung des Nutzens identifiziert und im Kontext der Evaluation bearbeitet.

Auf dieser wissenschaftlichen Fundierung basiert die Konzeption der integrierten Nutzenanalyse. Diese Konzeption soll die Möglichkeit gewähren, auf die spezifischen Bedarfe von Unternehmungen individuell angepasst werden zu können. Die Möglichkeit der flexiblen Gestaltung der integrierten Nutzenanalyse stellt ein wesentliches Ziel dieser Konzeption dar.

Schließlich ist die zunächst rein theoretisch entwickelte integrierte Nutzenanalyse vor dem Hintergrund ihrer Übertragbarkeit auf eine praktische Problemstellung zu bewerten. Als Beispiel dient in der vorliegenden Arbeit ein gegenwärtig diskutiertes Themengebiet des Rechnungswesens, namentlich die Segmentberichterstattung. Die geänderten rechtlichen Anforderungen und der zunehmende Informationsbedarf von unternehmungsexternen und unternehmungsinternen Interessenten bedingen – in seiner Konsequenz – die prozessuale Neuausrichtung der Abteilung Rechnungswesen.[15] Die folgende Abbildung 1-1 gibt zusammenfassend einen Überblick über die verfolgten Ziele dieser Ausarbeitung.

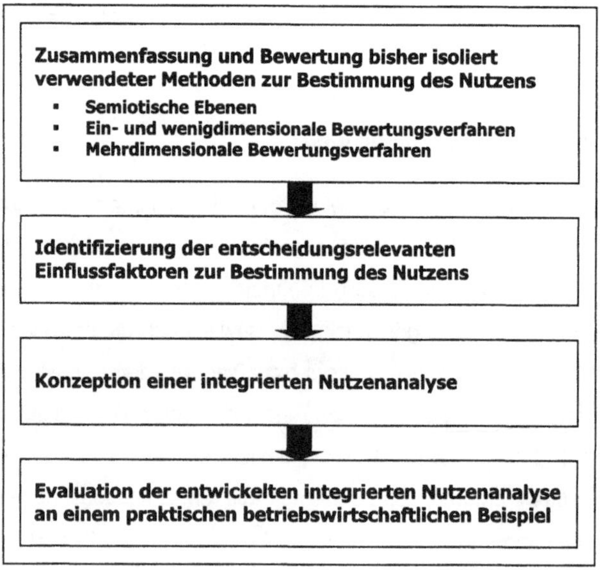

Abb. 1-1: Ziele der Untersuchung

15 Vgl. Abschnitt 6.1 i.V.m. 6.3.1.

Aus den in Abbildung 1-1 angeführten Zielen der Untersuchung resultiert der Aufbau der vorliegenden Arbeit. Zunächst wird der Nutzen als Forschungsgebiet des IT-Controlling thematisiert. In Kapitel 2 werden die terminologischen Grundlagen des Untersuchungsgegenstandes erarbeitet. Zugleich dient das Kapitel der zielorientierten Abgrenzung der verwendeten Begrifflichkeiten. Anschließend wird in Kapitel 3 die Nutzenanalyse als solche in das Forschungsgebiet dieser Arbeit eingeordnet. Hierbei wird deutlich, dass die Bewertung des Nutzens eines computergestützten Informationssystems gegenwärtig eines der wichtigsten Forschungsfragen aus dem Themenbereich des IT-Controlling ist.[16] Das Kapitel schließt mit einer zusammenfassenden Problematisierung des Untersuchungsgegenstandes. Das nachfolgende Kapitel 4 baut unmittelbar auf diesen Ausführungen auf. So werden ausgewählte, bereits bestehende ökonomische Methoden zur Bestimmung des Nutzens erarbeitet. Sie dienen der wissenschaftlichen Fundierung der in Kapitel 5 entwickelten integrierten Nutzenanalyse. Die integrierte Nutzenanalyse vereint die in den vorgehenden Kapiteln erarbeiteten Sachverhalte und dient der differenzierenden Auswahl von Investitionsvorhaben unter Berücksichtigung sowohl der quantitativen als auch qualitativen Parameter des Nutzens. Die Konzeption der integrierten Nutzenanalyse wird derart gestaltet, dass sie – im Sinne dieser Arbeit – der differenzierenden Auswahl einer Realisierungsalternative aus mehreren konkurrierenden Alternativen dient. Im anschließenden Kapitel 6 erfolgt schließlich die Evaluation der integrierten Nutzenanalyse am praktischen Beispiel. In der vorliegenden Arbeit dient die prozessuale Neuausrichtung der Segmentberichterstattung im Rechnungswesen als Gegenstand dieser Evaluation, da es sich hierbei um eine aktuelle Problemstellung von Unternehmungen handelt.[17]

Schließlich wird in Kapitel 7 die Konzeption der integrierten Nutzenanalyse einer kritischen Würdigung unterzogen. Diese bezieht sich nicht ausschließlich auf die theoretische Entwicklung dergleichen in Kapitel 5, sondern ebenso auf die

---

16 Vgl. auch: Willcocks/Lester (1999a), S. 69 ff.

17 Die Verbindung der Kosten bzw. des Nutzens der Informationstechnologie und der Verbesserung der zu Grunde liegenden Prozesslandschaft stellt gegenwärtig eines der wichtigsten Themengebiete in der betrieblichen Praxis dar. Eine Studie der Marktforschungsgesellschaft GartnerGroup belegt die Signifikanz dieser Problemstellungen. Vgl. GartnerGroup (2005a), ähnlich: Compass Deutschland (2005).

Möglichkeit der Transformation der integrierten Nutzenanalyse auf die konkrete Problemstellung des Kapitels 6.

Die nachstehende Abbildung 1-2 visualisiert diesen Gang der Untersuchung. Komplettiert wird die Arbeit durch das einleitende Kapitel 1 und das abschließende Kapitel 8. Letztgenanntes Kapitel liefert ein Resümee und schließt mit einem Ausblick möglicher zukünftiger Forschungsfragen.

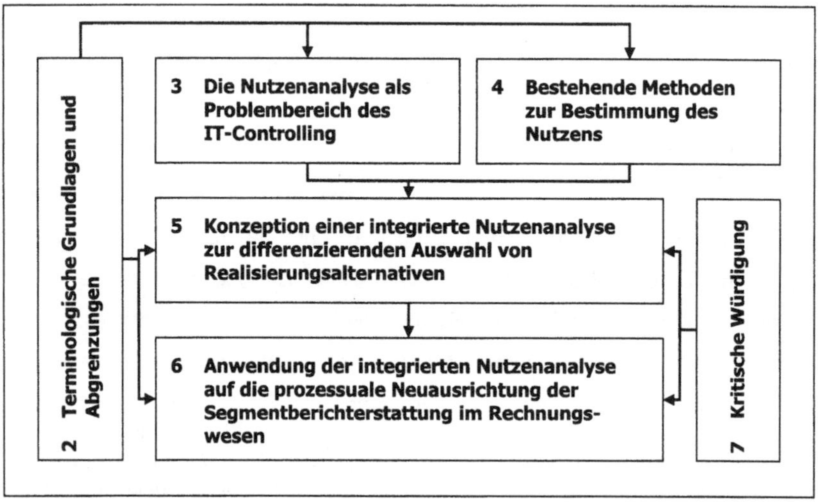

Abb. 1-2: Gang der Untersuchung

1.3 Erwartungshaltung an die vorliegende Arbeit

Die Erwartungshaltung, die dem hier zu entwickelnden Ansatz zu Grunde liegt, kann kurz und präzise dargestellt werden. Die integrierte Nutzenanalyse soll der vollständigen Erfassung des Nutzens, den ein Investitionsvorhaben in computergestützte Informationssysteme stiftet, dienen. Zugleich sind – auf Basis dieser Erfassung – die Bewertung miteinander konkurrierender Realisierungsalternativen und die begründete Auswahl einer Alternative zu ermöglichen. Die Priorisierung der Realisierungsalternativen erfolgt auf Basis der Ergebnisse der integrierten Nutzenanalyse.[18] Zudem wird die Konzeption der integrierten Nutzenanalyse zukunftsgerichtet gestaltet. Entscheidungsträger sollen in die Lage versetzt werden, die Auswahl eines Investitionsvorhabens „a Priori" treffen zu können. Ebenso wird die Nutzungsdauer der jeweiligen Realisierungsalternative in die Analyse einbezogen. Schließlich bedingt die Konzeption einer integrierten Nutzenanalyse deren Übertragbarkeit auf die betriebliche Praxis. Eine rein theoretische Analyse wird der Erwartungshaltung der vorliegenden Arbeit nicht gerecht. Vor diesem Hintergrund wird in den folgenden Kapiteln 2 bis 5 eine, in diesem Kontext noch nicht diskutierte, integrierte Nutzenanalyse entwickelt und im anschließenden Kapitel 6 auf ein praktisches Anwendungsbeispiel übertragen.

---

18 Ein grundsätzlich vergleichbarer Ansatz findet sich bei Willcocks und Lester. Zur Priorisierung führen sie fünf Bereiche an: „Cost", „Service to Business", „Business improvement", „Direct revenue/profit generation" und „Competitive edge contribution". Vgl. Willcocks/Lester (1999), S. 81 ff.

2 Terminologische Grundlagen und Abgrenzungen

Ziel des Kapitels 2 ist es, einen Überblick über die definitorischen Grundlagen einiger besonders wichtiger Begriffe, die in dieser Arbeit Verwendung finden, zu geben. Der Bedarf einer konsistenten Benutzung der Begrifflichkeiten ergibt sich einerseits aus dem wissenschaftlichen Anspruch dieser Ausarbeitung und andererseits aus der Notwendigkeit eines eindeutigen Verständnisses der Bezeichnungen. Eine klare Begriffsbildung stellt die Voraussetzung zur Vermeidung von Mehrdeutigkeiten und Inkonsistenzen dar.[19] Im weiteren Verlauf der Arbeit werden Teile der in diesem Kapitel angeführten Begriffsbestimmungen erneut aufgegriffen und zielführend spezifiziert. Der folgende Abschnitt 2.1 dient zunächst der Differenzierung der Begriffe Nutzen, Nutzenanalyse und integrierte Nutzenanalyse, um sie anschließend in den Kontext computergestützter Informationssysteme zu stellen. Hierauf aufbauend wird zum Abschluss des Abschnitts der Terminus Nutzen erneut aufgegriffen und für den Bedarf der vorliegenden Arbeit definiert. Der zweite Teil des Kapitels dient der Bestimmung des Begriffs Realisierungsalternative (Abschnitt 2.2). Ein exaktes Verständnis dieses Wortlautes ist von grundsätzlicher Bedeutung, da die Analyse des Nutzens von Realisierungsalternativen das Ziel dieser Arbeit darstellt. Die Erläuterung der Kausalitäten zwischen den Begrifflichkeiten stellt das Leitbild des letzten Abschnitts 2.3 dar. Es vervollständigt die Sichtweise und eröffnet dem Leser einen ersten Einblick in die Komplexität der vorzunehmenden Untersuchung.

2.1 Die Begriffe Nutzen, Nutzenanalyse und integrierte Nutzenanalyse im Kontext computergestützter Informationssysteme

Der Begriff „Nutzen" geht auf den im 17. Jahrhundert entstandenen, lateinischen Ausdruck „utilitas" zurück und wurde durch die Vertreter des Utilitarismus geprägt.[20]

---

19 Vgl. Bode (1997), S. 450 f.

20 Drosdowski führt aus: „Die seit dem 17. Jd. gebräuchliche Form 'Nutzen' hat sich aus der älteren stark flektierenden Form 'Nutz' (mhd., ahd. nuz) unter Einwirkung des schwach flektierenden frühnhd. 'Nutze' (mhd.) entwickelt." Drosdowski (1997), S. 493.

Beim Utilitarismus handelt es sich um eine teleologische Ethikauffassung. Er ist im engeren Sinne eine Konzeption, die ethische Urteile und/oder Regeln auf den Nutzen stützt, den eine Handlung stiftet. Die utilitaristische Philosophie sieht diese Handlung (nur) dann als vorteilhaft an, wenn der zu verteilende Nutzen nicht Einzelnen, sondern einer großen Anzahl von Betroffenen zu Gute kommt.[21]

Eine einheitliche Definition des Begriffs Nutzen existiert jedoch bis heute nicht. Der Brockhaus bestimmt den Nutzen in allgemeiner Form als „die auf der subjektiven Wertschöpfung beruhende Eigenschaft eines Gutes zur Bedürfnisbefriedigung eines Wirtschaftssubjektes."[22] Verschiedene wirtschaftswissenschaftliche Nachschlagewerke spezifizieren diese eher allgemein gehaltene Definition.[23] Vahlens Großes Wirtschaftslexikon bestimmt den Nutzen als „Grad der Bedürfnisbefriedigung, den ein Wirtschaftssubjekt aus dem Konsum eines Gutes zieht. Für den Nutzen eines Gutes sind die Eignung zur Befriedigung eines Bedürfnisses (Nützlichkeit) sowie die Knappheit (Seltenheit) relevant."[24] Der beigemessene Nutzen bestimmt sich demzufolge aus dem Grad der erzielbaren Bedürfnisbefriedigung und der Knappheit der Güter. Öffentliche Güter[25] besitzen deshalb keinen (messbaren) Nutzen. Sie sind weder knapp, noch existiert ein Markt für sie.[26] Soll auf der Grundlage dieser beiden Definitionen der Nutzen eines Untersuchungsgegenstandes bestimmt werden, erfolgt dies durch speziell geeignete „Nutzenanalysen". Nutzenanalysen existieren in vielfältigen Formen. In Kapitel 4 werden ausgewählte Verfahren zur Bestimmung des Nutzens angeführt. Jede dieser Nutzenanalysen ist für einen definierten Sachverhalt entwickelt und reflektiert diesen entsprechend gut. Das Dilemma der Nutzenanalyse

21 Vgl. O.V. (2005).
22 Brockhaus (1998), S. 80.
23 Vgl. Woll (1996), S. 515; Gabler (1997), S. 487; Gabler (2004), S. 2190.
24 Vahlen (1994), S. 1541.
25 Öffentliche Güter sind von marktgängigen oder privaten Gütern streng abzugrenzen. Während marktgängige oder private Güter durch die zwei Kriterien Ausschlussprinzip und Rivalität gekennzeichnet sind, fehlt bei öffentlichen Gütern zumindest eines dieser beiden Kriterien. Öffentliche Güter weisen sich entweder dadurch aus, dass Individuen vom Genuss eines Gutes nicht ausgeschlossen werden können – und zwar auch dann nicht, wenn sie keinen Beitrag zu dessen Erstellung beigetragen haben (Bsp. Hochwasserschutzmaßnahme) – oder dass ein Individuum durch den Konsum eines Gutes nicht den Konsum des gleichen Gutes durch ein anderes Individuum vermindert (Bsp. Betrachtung eines Denkmals). Vgl. Frey/Kirchgässner (2002), S. 49 ff.
26 Blankart (2003), S. 54 ff.

liegt jedoch darin, dass umfassend konzeptionierte Nutzenanalysen einen Nutzen nur allgemein bestimmen können, im Gegenzug dazu jedoch der Grad der Genauigkeit des bestimmten Nutzens mit zunehmender Beschränkung der Sichtweise einer Nutzenanalyse steigt. Konkrete Aussagen und/oder Handlungsanweisungen können demzufolge – unter Verwendung umfassender Nutzenanalysen – kaum getroffen werden.

Vor diesem Hintergrund bezeichnet eine „integrierte Nutzenanalyse" ein Bewertungsverfahren, das den Nutzen eines Untersuchungsgegenstandes „allumfassend" und – nach Möglichkeit – exakt erfasst. Diese eher idealistische Charakterisierung einer integrierten Nutzenanalyse wird in der vorliegenden Ausarbeitung insofern eingeschränkt, dass die Analyse speziell für die Bedarfe der – im folgenden Abschnitt 2.2 – definierten Realisierungsalternativen konzeptioniert wird, die wiederum im Kontext computergestützter Informationssysteme stehen.

Diese computergestützten Informationssysteme bestehen in der Darstellungsform als sozio-technisches System aus den Elementarten Aufgabe, Mensch und Technik.[27] Der Mensch bedient sich der Elementart Technik zur Lösung bestimmter Aufgaben.[28]

Nachstehende Abbildung 2-1 visualisiert diese Zusammenhänge. Die Darstellung des computergestützten Informationssystems als sozio-technisches System erfordert hierbei die Differenzierung der Begriffe Informationstechnologie und Informationstechnik. Im deutschen Sprachgebrauch[29] wird unter dem Begriff der Technologie[30] eine übergreifende, Wirtschaft und Gesellschaft umfassende Technikforschung und -lehre, die als eine Art „Beschreibungsebene" der Technik dient, verstanden. Die

27 Teubner verwendet nicht den Begriff des sozio-technischen Systems, sondern benutzt synonym die Bezeichnung „Mensch-Aufgabe-Technik-System". Vgl. Teubner (1999), S. 19 ff.

28 Gabriel und Beier sprechen in diesem Zusammenhang von computergestützten Informations- und Kommunikationssystemen (IuK-System), die aus den Elementarten Mensch bzw. Personal und IuK-Technik bestehen. Die Differenzierung des hier verwendeten Begriffs „computergestütztes Informationssystem" und des von Gabriel und Beier verwendet Begriffs „computergestütztes Informations- und Kommunikationssystem" erfolgt aus thematischen Gründen in Kapitel 3.1.2. Vgl. Gabriel/Beier (2003), S. 21 f.

29 Im Gegensatz zum deutschen Sprachgebrauch sind im englischen keine analogen Begrifflichkeiten bekannt. Für die Begriffe „Technologie" und „Technik" wird einheitlich der Term „Technology" verwendet. Vgl. Krcmar (2005), S. 28.

30 Der Begriff „Technologie" entstammt dem Griechischen und bedeutet in etwa Wort, Aussage, Rede, Lehre. Vgl. Teubner (1999), S. 21.

Technologie hat die Systematik und die Analyse konkreter Techniken zum Gegenstand. Die Technik[31] selbst bezeichnet Verfahren, Systeme oder Vorgehensweisen eines Vorhabens.[32] Eine Nutzenanalyse in computergestützten Informationssystemen kann sich sowohl auf den Begriff der Technologie als auch auf den der Technik beziehen.

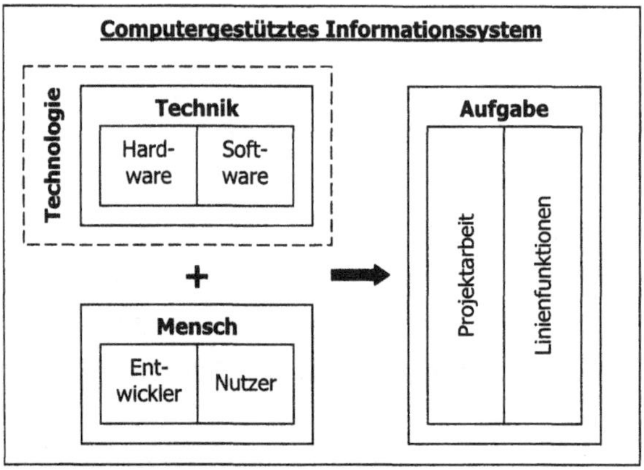

Abb. 2-1: Das computergestützte Informationssystem als sozio-technisches System

Eine für die Bedarfe computergestützter Informationssysteme (IS) geeignete Definition des Begriffs Nutzens findet sich bei Willcocks: „An IS benefit can be seen as an advantage or good, something produced with the assistance of computers and communications for an organization is prepared to pay, or has experienced as supporting the business and technical goals and priorities of defined stakeholders."[33]

Soll der Nutzen eines computergestützten Informationssystems oder Teilbereiche computergestützter IS bestimmt werden, ist entsprechend der angeführten Einschränkung des Begriffsverständnisses „integrierte Nutzenanalyse" der Untersuchungsgegenstand exakt zu definieren. Die vollständige Erfassung sich gegenseitig ausschließender Realisierungsalternativen in computergestützten IS erfordert deren

31 Etymologisch geht der Wortlaut „Technik" auf den griechischen Begriff „techne" zurück und bedeutet soviel wie Kunst oder Handwerk. Vgl. Hubig (1994), S. 3 und 6 ff.

32 In Anlehnung an: Wall (1996), S. 47 f.; Krcmar (2005), S. 27 f. i.V.m. Hubig (1994), S. 3 und 10; ähnlich: Gersch/Goeke (2004), S. 1529 ff. i.V.m. Specht et al. (2002), S. 12 f.

33 Willcocks (1994), S. 19.

Analyse in mehreren Dimensionen. Es sind sowohl quantitative als auch qualitative Parameter einzubeziehen.[34] Weiterhin ist die Knappheit der Ressourcen und der Grad der Bedürfnisbefriedigung zu berücksichtigen.

Die integrierte Nutzenanalyse umfasst demzufolge die Untersuchungsdimensionen Kosten, Zeit und Qualität (Magisches Dreieck). Zudem werden klassische Analysen häufig nur in den ersten Phasen eines Investitionsvorhabens eingesetzt.[35] Eine integrierte Nutzenanalyse erfordert jedoch zusätzlich die Bewertung der weiteren, zeitlich folgenden Phasen, d.h. sie muss die Nutzungsdauer des Investitionsvorhabens in die Analyse einbeziehen. Auf Grund der Kausalität zwischen der Nutzungsdauer und der Flexibilität einer Realisierungsalternative ist diese Untersuchungsdimension zielführend in einer integrierten Analyse zu berücksichtigen.[36]

Der Nutzen, der der integrierten Nutzenanalyse nach diesem Begriffsverständnis zu Grunde liegt, wird für den weiteren Verlauf der Arbeit wie folgt definiert:

> **„Der Nutzen einer Realisierungsalternative in computergestützten Informationssystemen stellt den Grad der Vorteilhaftigkeit eines eindeutig definierten Projektes unter Einbeziehung der Nutzungsdauer der Projektergebnisse in den Zielerreichungsdimensionen Kosten, Zeit und Qualität im Zeitverlauf dar."**

2.2 Der Begriff der Realisierungsalternative

Der gemeinsamen Betrachtung von Projekten und Prozessen als Untersuchungsgegenstand der integrierten Nutzenanalyse wird der Begriff „Realisierungsalternative" zugewiesen. Die zusammenfassende Betrachtungsweise ergibt sich – im Sinne dieser Arbeit – aus den wechselseitigen Abhängigkeiten von Projekten und

---

34 Vgl. Krcmar (2005), S. 395 ff.

35 Vgl. Lehner (2001).

36 Auf den Zusammenhang zwischen Zeit und Flexibilität wird in Kapitel 5.7.2.2.1 vertiefend eingegangen.

Prozessen.[37] Durch die Initiierung eines Projektes werden einerseits bestehende Prozesse modifiziert und/oder neu implementiert; andererseits bedürfen bestehende Prozesse ihrer Überarbeitung in Projektform. Im Ergebnis führt eine Projektarbeit demzufolge zur Neugestaltung der Prozesslandschaft einer Unternehmung.[38]

Die Bestandteile einer Realisierungsalternative werden in den folgenden beiden Abschnitten definiert. Abschnitt 2.2.1 widmet sich zunächst der Erarbeitung des Begriffs „Projekt". Anschließend folgen in Abschnitt 2.2.2 Erläuterungen zu dem in dieser Ausarbeitung verwendeten Begriffsverständnis des „Prozesses".

2.2.1 Projekte als erster Bestandteil einer Realisierungsalternative

Projekte – als erster Bestandteil einer Realisierungsalternative – können grundsätzlich als zeitlich befristete Formen der Zusammenarbeit charakterisiert werden.[39] In der Literatur lässt sich eine große Anzahl unterschiedlicher Definitionen finden, die jedoch bei näherer Betrachtung prinzipiell vergleichbare Aussagen beinhalten.[40] Eine für die Bedarfe des vorliegenden Ansatzes geeignete Begriffsdefinition findet sich bei Haberfellner. Haberfellner führt aus: „Projekte sind zeitlich begrenzte, einmalige Aufstellungen mit einem definierten Ziel, die mit einer bestimmten Menge an finanziellen und personellen Ressourcen bewältigt werden müssen. An der Bearbeitung der Aufgaben sind zumeist mehrere Personen aus unterschiedlichen Bereichen des Unternehmens beteiligt."[41] Eines der wichtigsten Merkmale eines Projektes ist demzufolge die eindeutige Fixierung des zeitlichen Horizontes, innerhalb dessen ein bestimmtes Projektziel – unter Einbeziehung finanzieller und personeller Ressourcen – zu erreichen ist.

---

37 Neben der integrierten Analyse von Projekt und Prozessen existieren vielfältige isolierte Analysemöglichkeiten dergleichen. Diese werden in der vorliegenden Arbeit nicht weiter verfolgt.

38 Mit der Bezeichnung „Unternehmung" sind im Folgenden privatwirtschaftliche Unternehmungen gemeint. Eine detaillierte Abgrenzung zu öffentlichen Unternehmungen findet sich u.a. bei Mühlenkamp. Vgl. Mühlenkamp (1994), S. 1 ff.

39 Vgl. Müller-Stewens/Lechner (2005), S. 452.

40 Vgl. Heinrich (2005), S. 195; Krcmar (2005), S. 165; Hansen (2005), S. 246; Stahlknecht/ Hasenkamp (2005), S. 214 ff.; DIN 69901.

41 Haberfellner (1992), Sp. 2090.

Für die Bedarfe computergestützer Informationssysteme ist die Definition von Haberfellner in Teilen zu modifizieren bzw. zu konkretisieren. Ein IS-Projekt bezieht sich nicht auf „allgemeine" Vorhaben, sondern auf die Entwicklung eines bestimmten computergestützten Informationssystems. Dieses computergestützte IS ist „von der Auflösung der Systementwicklung bis zur endgültigen Inbetriebnahme"[42] zu gestalten. Projekte im Umfeld computergestützter IS weisen folglich Besonderheiten auf, die sich von nicht-computergestützten IS-Projekten unterscheiden. Sie erfordern den Einsatz speziell geeigneter Projektmanagement-Techniken und -Methoden.[43] Beispielsweise können stochastische Verfahren zur Anwendung kommen, wenn der weitere Projektverlauf von einem Testergebnis abhängt. Weiterhin können in IS-Projekten Schleifen, die der Evaluation zwischenzeitlich erzielter Ergebnisse (Prototyp) dienen, eingesetzt werden. In nicht-computergestützten IS-Projekten sind Schleifen dahingehend eher unüblich, da vorwiegend Projektergebnisse mit den (angestrebten) Projektzielen der Planungsphase verglichen werden.[44]

Die Organisation von Projekten im Umfeld von computergestützten IS kann auf unterschiedliche Weise erfolgen. In dieser Ausarbeitung erfolgt die Dekomposition eines Projektes in die Phasen: Planung, Entscheidung, Steuerung und Kontrolle (Managementzyklus).[45] Hierbei werden in der Planungsphase – ausgehend von der Zielanalyse – mögliche Problemstellungen und deren (Problem)-Lösungsansätze erfasst und einer Bewertung unterzogen.[46] Auf Basis der erzielten Ergebnisse der Planungsphase erfolgt in der Entscheidungsphase die Wahl einer geeigneten Projektalternative. Durch diese Auswahl erhält die Alternative einen für die Lösung

---

42 Schwarze (1998), S. 198.

43 Vgl. auch: Valls/Weglarz (2005), S. 285 ff.

44 Schwarze führt weitere Besonderheiten von IS-Projekten an, die jedoch kritisch zu hinterfragen sind. So stellt Schwarze bspw. die menschliche Arbeitskraft als wichtigste Ressource in IS-Projekten heraus. Leider unterbleibt eine Begründung, warum dies bei klassischen betrieblichen Projekten nicht der Fall ist. Vgl. Schwarze (1998), S. 198.

45 Mag definiert die Projektphasen wie folgt: Planung, Entscheidung, Organisation, Realisation, Kontrolle und weicht somit von der angeführten Dekomposition ab. In Anlehnung an Gabriel und Beier wird in dieser Arbeit die Phase der Realisation jedoch eher dem Bereich der Durchführungsaufgaben als dem Bereich des Managements zugeordnet; d.h. die Phase Realisation stellt keinen Teil des Managementzyklusses dar und wird demnach nicht als Bestandteil desgleichen verstanden. Vgl. Mag (1995), S. 2 ff. i.V.m. Gabriel/Beier (2003), S. 76 ff.

46 Vgl. auch: Kopp/Leyk (2004), S. 1 ff.

der Problemstellung verbindlichen Charakter. In der Steuerungsphase kann vom Management Einfluss auf die Zielerreichung des Projektes genommen werden. Schließlich endet das Projekt mit der Kontrollphase, indem Vergleiche zwischen dem angestrebten Soll-Zustand und dem erreichten Ist-Zustand gezogen werden. Zugleich ermöglicht dieses Vorgehen Rückschlüsse auf die Qualität der Planungsphase. Werden die angestrebten Ziele erreicht, löst sich das entsprechende Projektteam wieder auf und das Projekt gilt als abgeschlossen.

Projekte besitzen demnach ein hohes Maß an Flexibilität. Sie ermöglichen durch ihre fortwährende Bildung, Auflösung und Neukonfiguration die unmittelbare Zusammenarbeit verschiedener Funktionen und Tätigkeitsbereiche innerhalb einer Unternehmung.[47]

2.2.2 Prozesse als zweiter Bestandteil einer Realisierungsalternative

Den zweiten Bestandteil einer Realisierungsalternative stellen – in dieser Ausarbeitung – Prozesse dar. Eine allgemein anerkannte Definition des Begriffs Prozess existiert nicht. Becker und Schütte definieren einen Prozess als eine „inhaltlich abgeschlossene, zeitliche und sachlogische Abfolge der Funktionen, die zur Bearbeitung eines betriebswirtschaftlich relevanten Objektes notwendig sind."[48] Eine weitere geeignete Definition findet sich bei Scheer. Scheer bezeichnet einen (Geschäfts)-Prozess[49] allgemein als eine „zusammengehörende Abfolge von Unternehmungsverrichtungen zum Zweck einer Leistungserstellung. Ausgang und Ergebnis des Geschäftsprozesses ist eine Leistung, die von einem internen oder externen 'Kunden' angefordert und abgenommen wird."[50]

47 Vgl. Müller-Stewens/Lechner (2005), S. 452.
48 Becker/Schütte (1996), S. 52 f.
49 Zur Abgrenzung des Prozessverständnisses von anderen Disziplinen werden betriebswirtschaftlich relevante Prozesse auch als Geschäftsprozesse bezeichnet. Dieser Begriffsauffassung wird im Weiteren gefolgt, d.h. Prozess und Geschäftsprozess werden bedeutungsgleich verwendet.
50 Scheer (2002), S. 3.

Es soll an dieser Stelle nicht der Versuch unternommen werden, den bereits existierenden Begriffsdefinitionen eine weitere hinzuzufügen. Vielmehr werden die wesentlichen, einen Prozess prägenden Merkmale herausgestellt. Prozesse beinhalten grundsätzlich die folgenden Komponenten:[51]

1. Zeitbezug,
   d.h. ein Prozess besitzt eine zeitlich-logische Abfolge von Funktionen, die in sich inhaltlich abgeschlossen sind. Ein Prozess wird durch das Eintreten eines Ereignisses ausgelöst und endet durch das Erfüllen einer bestimmten Aufgabe.[52]
2. Objektbezug,
   d.h. dass durch einen Prozess betriebswirtschaftlich relevante Objekte bearbeitet werden. Durch diese Objekte ist ein logischer Zusammenhang zwischen den Funktionen des Prozesses gegeben.[53]
3. Input-Output-Bezug,
   d.h. es finden Transformationen an den Objekten mit eindeutig festgelegtem Leistungsinput und spezifiziertem Leistungsoutput statt. Dieser Transformationsprozess dient der Wertschöpfung der Unternehmung.[54]
4. Kunden-Lieferanten-Bezug,
   d.h. Leistungen werden als Input von Lieferanten zur Aufgabenerfüllung angefordert und als Output an unternehmungsinterne und -externe Kunden weitergegeben.[55]
5. Erfolgsfaktorenbezug,
   d.h. dass die Durchführung von Prozessen zielorientiert erfolgen muss. Ein Prozess kann durch die Zielerreichungsdimensionen Kosten, Zeit und Qualität vollständig beschrieben werden.[56]

---

51 Vgl. Hirschmann (1998), S. 34 f.
52 Vgl. Bullinger (1994), S. 11 ff. i.V.m. Bullinger (1995), S. 779 ff.
53 Vgl. Nordsieck (1934), S. 76; Nippa/Picot (1996), S. 39 ff.
54 Vgl. Osterloh/Frost (1996), S. 98 ff.; Scheer (1994), S. 5 ff.
55 Vgl. Davenport/Short (1990), S. 11 ff.; Hammer/Champy (1993), S. 35.
56 Vgl. Ferstl/Sinz (1993), S. 589 ff.; Davenport (1993), S. 6; Österle (1995), S. 108 ff.

Ergänzend zu diesen Merkmalen können Prozesse nach unterschiedlichen Kriterien klassifiziert werden. So unterscheidet Scheer die operativen Logistik- und Leistungsgestaltungsprozesse und grenzt diese von den Informations- und Koordinationsprozessen einer Unternehmung ab. Die Informations- und Koordinationsprozesse dienen der Erfüllung der Unternehmungsziele und können als Hauptprozesse charakterisiert werden.[57] Porter grenzt Kernprozesse, die die primären Aktivitäten der Wertschöpfungskette umfassen und für die Unternehmung von grundsätzlicher Bedeutung sind, von Unterstützungsprozessen mit administrativen Aktivitäten ab.[58] Ebenso kann eine Differenzierung zwischen materiellen und informationellen Prozessen oder zwischen einmaligen Prozessen, sich wiederholenden Regelprozessen und Routineprozessen erfolgen.[59]

In dieser Ausarbeitung wird eine Unterscheidung in Anlehnung an die Unternehmungshierarchie vorgenommen. Der „Unternehmungsprozess" bezeichnet hierbei die gesamte Kette von Aktivitäten einer Unternehmung vom Lieferanten bis zum Kunden. Dieser Unternehmungsprozess zergliedert sich in mehrere „Hauptprozesse". Sie stellen von Abteilungen bzw. Kostenstellen geprägte Prozesse dar. Schließlich können Hauptprozesse in „Teilprozesse" disaggregiert werden, die sich aus einzelnen Ketten von Tätigkeiten – als kleinste Aktionen – zusammensetzen.[60]

In Ergänzung zu diesen Ausführungen werden im folgenden Abschnitt 2.3 die Kausalitäten der Begrifflichkeiten dargestellt. Hierbei wird insbesondere auf Realisierungsalternativen, d.h. auf die Verbindung von Projekten und Prozessen im Kontext computergestützter IS Bezug genommen.

---

57 Vgl. Scheer (1998), S. 96 ff. und S. 531 ff. i.V.m. S. 619 ff.
58 Vgl. Porter (2004), S. 39 ff.
59 Vgl. Elgass/Krcmar (1993), S. 42 ff.; Picot/Rohrbach (1995), S. 28 ff.
60 Vgl. Finkeißen (1999), S. 17.

2.3 Kausalitäten der Begrifflichkeiten Realisierungsalternative und integrierte Nutzenanalyse

Die in den vorstehenden Abschnitten erarbeiteten Begriffsverständnisse weisen einen hohen Grad an Interdependenzen auf. Projekte und Prozesse können sowohl einzeln als auch als Einheit Gegenstand einer Untersuchung sein, da die durch ein Projekt erzielten Ergebnisse eine Modifikation und/oder Neugestaltung bereits existierender Prozesse zur Folge haben. Die gemeinsame Betrachtung von Projekt und Prozessen – verstanden als Ergebnisse von Projekten – wurde mit dem Begriff Realisierungsalternative gekennzeichnet. Nachstehende Abbildung 2-2 visualisiert diesen Zusammenhang:

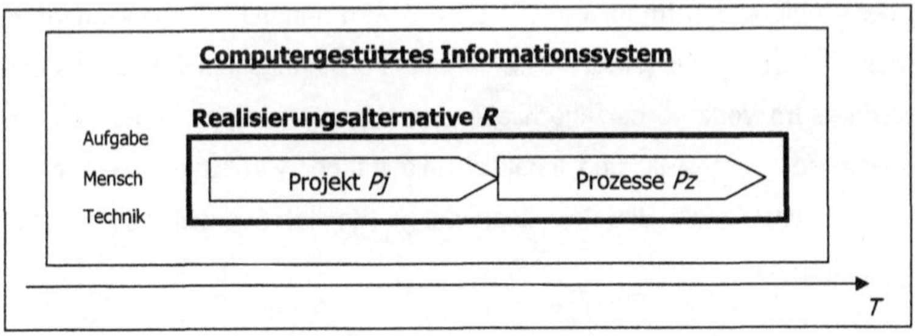

Abb. 2-2: Bestandteile von Realisierungsalternativen in computergestützten Informationssystemen

Realisierungsalternativen werden im Sinne dieser Ausarbeitung ausschließlich für die Bedarfe computergestützter IS definiert. Demzufolge sind sie – entsprechend den Ausführungen des Abschnitts 2.1 – im Kontext des sozio-technischen Systems zu gestalten. Die Berücksichtigung der Elementarten Aufgabe, Mensch und Technik spiegelt sich in ihrem internen Aufbau wieder. Da die Bestandteile einer Realisierungsalternative – also Projekte und Prozesse – temporalen Aspekten unterliegen, ist auch die Realisierungsalternative selbst unter Berücksichtigung des Zeitverlaufs (T) zu entwickeln.

Die vergleichende Bewertung einer Realisierungsalternative in computergestützten IS erfolgt durch die integrierte Nutzenanalyse. Im Gegensatz zu klassischen Nutzenanalysen, die grundsätzlich nur Projekte oder nur Prozesse zum Gegenstand der Untersuchung haben, bezieht die integrierte Nutzenanalyse beide Bestandteile in die Bewertung ein. Die durch die integrierte Nutzenanalyse bestimmte Vorteilhaftigkeit einer Realisierungsalternative bewertet das erreichte Nutzenniveau[61] unter Berücksichtigung des zeitlichen Verlaufs. Die gleichzeitige Anwendung der integrierten Nutzenanalyse auf mehrere Vorhaben ermöglicht zudem den Vergleich und die Bewertung unterschiedlicher Alternativen.

Mit der Klärung dieser Begrifflichkeiten sind die terminologischen Grundlagen für den Gang der Arbeit gelegt. Im folgenden Kapitel 3 wird nunmehr die Nutzenanalyse – in allgemeiner Form – wissenschaftlich in das Forschungsgebiet des IT-Controlling eingeordnet. Im Verlaufe der anschließenden Untersuchungen werden ausgewählte Nutzenanalysen vorgestellt und inhaltlich miteinander verglichen. Diese erarbeitete theoretische Basis stellt die Grundlage der in Kapitel 5 entwickelten integrierten Nutzenanalyse dar.

---

61 Zum Begriff des Nutzenniveaus vgl. Abschnitt 5.4.

3 Die Nutzenanalyse als Problembereich des IT-Controlling

Die Motivation zur Entwicklung einer integrierten Nutzenanalyse wurde im einleitenden Kapitel 1 begründet und der Begriff in Kapitel 2 terminologisch erläutert und abgegrenzt. Nunmehr stellt sich die Frage nach der wissenschaftlichen Zugehörigkeit dergleichen. Die Nutzenanalyse kann als interdisziplinäres Forschungsgebiet zwischen der volks- und betriebswirtschaftlichen Lehre nicht eindeutig abgegrenzt werden. Aus diesem Grund wird im vorliegenden Kapitel 3 der Versuch unternommen, das Forschungsgebiet der Nutzenanalyse im Sinne der Wirtschaftsinformatik – im Speziellen des Informationsmanagements – abzugrenzen und in das Gebiet des IT-Controlling einzuordnen.

In Abschnitt 3.1 erfolgt zunächst die Erläuterung der thematischen Kausalitäten des Untersuchungsgegenstandes. Den Kern der Ausführungen bilden die Abgrenzungen zu nahe stehenden Forschungsgebieten. So widmet sich der Abschnitt dem Gebiet des Controlling und seinen Interdependenzen zum IT-Controlling. Hierbei wird zunächst der Begriff des Controlling historisch hergeleitet und anschließend – an Hand der dem Controlling zugewiesenen Aufgabenbereiche – speziell auf die Informationsverarbeitung übertragen. Das so bezeichnete IT-Controlling stellt den Gegenstand der weiteren Ausführungen des Abschnitts dar.

Abschnitt 3.2 baut auf diesen Darstellungen auf. Der Begriff des IT-Controlling wird aufgegriffen und in das Forschungsgebiet des Informationsmanagements eingeordnet.

Der anschließende Abschnitt 3.3 widmet sich ergänzend der thematischen Einordnung des Forschungsgebiets der Nutzenanalyse in das des IT-Controlling. Die Vielzahl bereits bestehender Verfahren zur Bestimmung des Nutzens und die Subsumierung dergleichen in das Themengebiet des IT-Controlling werden zum Ausdruck gebracht. Der Abschnitt schließt mit der Zuordnung IT-orientierter Nutzenanalysen in das Gebiet des IT-Controlling.

Abschließend werden die erzielten Ergebnisse zusammenfassend problematisiert. Zugleich stellt der Abschnitt 3.4 den Übergang zu den bestehenden Methoden zur Bestimmung des Nutzens des Kapitels 4 dar.

3.1 Begriffsbestimmung und historische Entwicklung des Controlling und seine Interdependenzen zum IT-Controlling

Die Ursprünge des institutionalisierten Controlling sind nicht eindeutig bestimmt und für öffentliche und privatwirtschaftliche Institutionen different. Im Kontext hoheitlicher Bedarfe werden der Controller und seine Aufgabenbereiche bereits im Mittelalter erwähnt. Englische Könige beauftragten um 1500 den sogenannten „Countrollour", die ein- und ausgehenden Geldströme zu überwachen. Etymologisch reichen die Begriffe „Controller" bzw. „Controlling" sogar bis ins Jahr 1292 zurück. Der „countreroullour" (frz.) bzw. „counterroller" (engl.) war für die Führung der "contre rôle" bzw. „counter roll" verantwortlich.[62] Ein erstes öffentliches Amt wurde jedoch erst im Jahr 1778 in den USA zur Durchführung der Tätigkeiten des Controllers per Gesetz geschaffen.[63]

Für privatwirtschaftliche Unternehmungen reichen die Wurzeln des Controlling bis in das Ende des 19. Jahrhunderts zurück. So richtete die Eisenbahngesellschaft „Atchison, Topeka & Fe Railway System" 1880 als erste Unternehmung die Stelle des sogenannten „Comptroller" ein.[64] Größere Beachtung erfuhr das Controlling jedoch erst nach der Weltwirtschaftskrise zu Beginn des 20. Jahrhunderts. 1931 wurde der Verbund „Controller´s Institute of America" gegründet. 1962 erfolgte ein Namenswechsel des Verbundes in „Financial Executives Institute". Parallel wurde im Jahr 1944 die „Controllership Foundation" gegründet und ebenfalls 1962 in „Financial Research Foundation" umbenannt. Beide Institutionen bestehen noch heute.[65]

---

62 Vgl. Jackson (1950), S. 11 ff.
63 Vgl. Witt (1997), S. 2.
64 Vgl. Jackson (1949), S. 7 ff.; Horváth (2003), S. 23 ff.
65 Vgl. auch: Haase (1996), S. 293 ff.

Aus den Namensänderungen ist zu erahnen, welchen Wandel das Controlling und die ihm zugewiesenen Aufgaben insbesondere in den letzten Jahrhunderten vollzogen haben.[66] So sind die Obliegenheiten, die dem Controlling zugewiesen werden, nicht nur in quantitativer Hinsicht stark gewachsen. Auch die Qualität der zu erzeugenden Ergebnisse weist eine zunehmende Komplexität auf. Trotz der steigenden Bedeutung des Controlling existiert jedoch bis heute keine einheitliche Auffassung darüber, welche Aufgaben- und Tätigkeitsbereiche das Controlling bzw. der Controller zu erfüllen hat.[67] Voorhies beschreibt im Jahr 1944 fünf grundlegende Funktionen des Controlling: Rechnung, Revision, Zusammenarbeit mit externer Revision, Steuerungsfunktion und Interpretationsfunktion.[68] Eine von Reichmann et al. 1988 durchgeführte Studie kommt zu dem Schluss, dass Unternehmungen dem Controlling bis zu 70 verschiedene Einzelaufgaben zuweisen.[69] Auf Grund dieser Uneindeutigkeit ist es nicht verwunderlich, dass die eher allgemein gehaltene Definition von Knoeppel aus dem Jahr 1935 auch heute noch von grundsätzlicher Bedeutung ist: „We can define the controllership as the coordinating function in a business, working in a detached and unbiaded way, and charged with the responsibility of planning for profits and providing suitable profit control machinery. It is the investigative, analytical, suggestive and advisory function, studying the business at all points all the time, and formulating what the proposed practice should be with reference to sales and production controll, which when accepted or modified by the executive management, becomes the approved practice for use by the performance of 'line' function."[70]

Gegenwärtig werden die controllingspezifischen Aufgaben aus der Verknüpfung von Unternehmungszielen und Gewinnoptimierung abgeleitet. Da die Gewinnmaximierung jedoch zugleich die zentrale Zielsetzung aller Unternehmensbereiche sein sollte, ist eine nähere Bestimmung des Controlling auf diese Weise nicht möglich. Einen ergänzenden Ansatz zur Annäherung an den Begriff des Controlling stellen die Informations-, Planungs- und Kontrollfunktion sowie die Koordinationsorientierung

66 Vgl. Reichmann (2001), S. 1 ff.
67 Vgl. Möller (2002), S. 561 ff.
68 Vgl. Voorhies (1944), S. 30.
69 Vgl. Reichmann et al. (1988), S. 39.
70 Knoeppel (1935), zitiert bei Horváth (2001), S. 24.

desselben dar. Gleichwohl sind auch sie immer auf die Gewinnmaximierung bzw. Wertsteigerung einer Unternehmung ausgerichtet. So dient bspw. die Informationsorientierung hauptsächlich der Ermittlung, Erzeugung, Speicherung und Bereitstellung des Informationsbedarfs einer bestimmten Unternehmung. Die zentralen Aufgaben der Planung und Kontrolle lassen sich analog unter die Ausgestaltung der Budgetierung einzelner Vorhaben subsumieren.[71]

Vertreter eines koordinationsorientierten Ansatzes verstehen das Controlling als Koordinationsfunktion im Führungssystem, welches die Planung, Kontrolle und Informationsversorgung verbindet. Das Ausmaß der Koordinationsaufgabe findet in der Literatur unterschiedliche Gewichtung. So vertreten u.a. Küpper und Weber die Auffassung, dass sich die Koordination auf alle Führungsaufgaben bezieht, während u.a. Horváth, Hahn und Reichmann den Schwerpunkt des Controlling ausschließlich in der Planung, Kontrolle und Informationsversorgung sehen.[72] Horváth versteht das Controlling als Subsystem der Führung und unterscheidet streng zwischen dem Controller als institutionalen und dem Controlling als funktionalen Aspekt, wobei eine funktionale Betrachtung des Controlling auf die Verwendung der Controlling-Instrumente ausgerichtet ist.[73]

Erfolgt die Thematisierung des Begriffs Controlling nicht ablauf-, sondern aufbaubezogen, ist eine Unterscheidung zwischen der Organisationsstruktur des Controlling und dem Persönlichkeitsprofil des Controllers vorzunehmen. Die Analyse der (aufbaubezogenen) Organisationsstruktur bezieht sich auf die hierarchische Einordnung des Controlling in die Unternehmung. Diese kann beispielsweise als Stabsstelle der ersten oder zweiten Hierarchieebene der Führung oder in Form einer zentralen bzw. dezentralen Organisationsstruktur in der Unternehmung implementiert sein.[74]

---

71 Vgl. Schierenbeck/Lister (1998), S. 15.

72 Eine Zusammenfassung verschiedener Controllingkonzepte findet sich u.a. bei Hahn/ Hugenberg oder Eschenbach/Niedermayr. Vgl. Hahn/Hugenberg (2001), S. 276; Eschenbach/Niedermayr (1996), S. 52 ff.; Küpper (2005), S. 382 ff.

73 Zusätzlich führt Horváth den „instrumentalen Aspekt", unter den er Techniken und Methoden zur Unterstützung erfasst, an. Vgl. Horváth (2003), S. 211 ff.

74 Vgl. Küpper (2005), S. 282 ff.

Obgleich diese Differenzierungen auch für deutsche Unternehmungen zutreffen, begann die Akzeptanz des Controlling mit einer zeitlichen Verzögerung erst zum Ende der 1950er Jahre. Größere Verbreitung fand das Controlling Ende der 1960er Jahre zunächst in Großunternehmungen und anschließend auch in mittelständischen Unternehmungen. Besteht hinsichtlich der Aufgabenbereiche, die dem Controlling zugewiesen werden, zwischen US-amerikanischen und deutschen Unternehmungen weitestgehende Übereinstimmung, differiert deren Gewichtung jedoch stark. Die nachstehende empirische Untersuchung von Stoffel aus dem Jahr 1995 vermittelt einen diesbezüglichen Eindruck:[75]

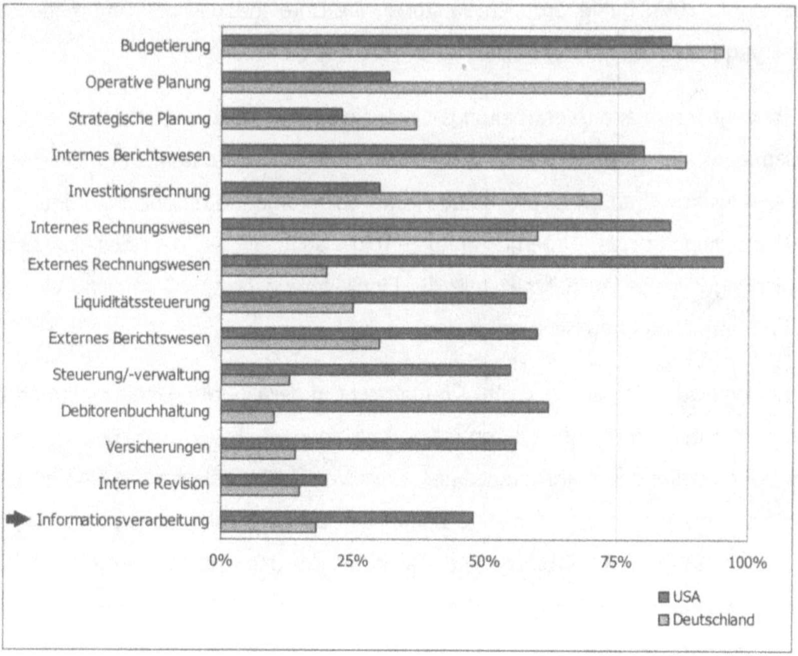

Abb. 3-1: Aufgabenfelder mit Controllingbeteiligung in den USA und Deutschland

in Anlehnung an: Stoffel (1995), S. 157.

---

75 Stoffel vergleicht in seiner Studie die deutsche, französische und US-amerikanische Controllingpraxis. An dieser Stelle werden lediglich die deutsche und die amerikanische Praxis gegenübergestellt. Für weitergehende Informationen vgl. Stoffel (1995), S. 248 ff.

Die Zuweisung der verschiedenen Aufgaben zum Controlling weichen zwischen US-amerikanischen und deutschen Unternehmungen gemäß oben stehender Abbildung 3-1 zum Teil erheblich voneinander ab. Stoffel spricht in diesem Zusammenhang gar von einem „deutschen" Controlling. Wird die Bedeutung grundlegender Aufgaben des Controlling wie z.B. der Budgetierung in weitestgehender Übereinstimmung gesehen, gehen die Meinungen, ob das Controlling u.a. auch die Aufgaben der Informationsverarbeitung zu erfüllen hat, zwischen den USA und Deutschland weit auseinander. So weisen in den USA nahezu 50% aller Unternehmungen koordinative Aufgaben der Informationsverarbeitung dem Tätigkeitsbereich des Controlling zu. In Deutschland sind es ca. 20%. Beide Gruppen verstehen die Unterstützung der Informationsverarbeitung jedoch als eine wesentliche Aufgabe des Controlling.

Es ist dem Informationsverarbeitungs-Controlling (IV-Controlling) inhärent, dass das gesamte in der Unternehmung vorhandene Informationssystem zum Objekt von Controllingaktivitäten wird. Die aufbau- und ablauforganisatorische Einordnung des IV-Controlling in die Unternehmung erfolgt adäquat zu der des klassischen Controlling. Einzige Ausnahme stellt die Eingliederung des IV-Controlling als einen Teil der Abteilung Controlling selbst dar.

In Analogie zum Begriff des Controlling herrscht in der Literatur Uneinigkeit darüber, wie genau der Begriff des IV-Controlling von anderen, bspw. dem Begriff des IT-Controlling definitorisch abzugrenzen ist. Erste Vorschläge gehen auf die Anfänge der 1980er Jahre zurück. Der damalige Begriff des DV-Controlling bezog sich inhaltlich auf die Gesamtheit aller Prozesse und Aktivitäten des Bereichs der Datenverarbeitung sowie der Planung, Steuerung und Kontrolle ihrer Wirtschaftlichkeit und lehnte sich somit eng an den des Controlling an. Die definitorische Bestimmung änderte sich jedoch im Zeitablauf. So wurden bspw. Begriffe wie Informatik-Controlling (IC), Informationssystem-Controlling (IS-Controlling), Controlling der Informationsverarbeitung und nicht zuletzt IV-Controlling – mit stets unterschiedlichen Intentionen – eingeführt.[76] Eine geeignete Definition im Verständnis dieser Ausführungen entwickelte jedoch erst Krcmar im Jahr 2000: „Das Informations-verarbeitungs-(IV)-Controlling soll für die Informationswirtschaft und den IKT-Einsatz im Unternehmen die Transparenz herstellen, die unternehmerische Entscheidungen über den Technikeinsatz erlaubt. Es stellt ein funktions- und bereichsübergreifendes Koordinationssystem für den IV-Bereich und die Informationswirtschaft dar."[77] Dieser Definition soll im weiteren Verlauf der Arbeit mit der Modifikation Folge geleistet werden, dass der Autor den einschränkenden Begriff der Technik durch den weiter gefassten Begriff der Technologie ersetzt und – auf Grund dessen – die Terminologie IT-Controlling (Informationstechnologie-Controlling) verwendet. Bestätigt wird diese Begriffsauffassung von Krcmar im Jahr 2005 selbst, indem er ausführt: „aus dem 'IV-Controlling' [wird] das 'IT-Controlling'" und weiter: „IT-Controlling ist das Controlling der IT im Unternehmen."[78]

Trotz des uneinheitlichen Begriffsverständnisses hat das IT-Controlling seinen festen Platz in der Wirtschaftswissenschaft, insbesondere der Betriebswirtschaftslehre erhalten und wird als „Kerndisziplin der Wirtschaftsinformatik"[79] betrachtet.[80] Die aktuelle Begriffsauffassung interpretiert das IT-Controlling als ein Instrument, das der Planung, Steuerung und der Kontrolle der Informationstechnologie einer Unternehmung dient.[81] Die hierzu verwendeten Werkzeuge sind äußerst vielfältig. Auf sie wird in Abschnitt 3.3 in Verbindung mit den Abschnitten 4.2.2 und 4.3.2 vertiefend eingegangen. Im folgenden Abschnitt 3.2 wird das IT-Controlling zunächst grundsätzlich in das Forschungsgebiet der Wirtschaftsinformatik eingeordnet und anschließend im Kontext der speziellen Ausprägung „Informationsmanagement" thematisiert.

---

[76] Vgl. Gadatsch/Mayer (2005), S. 31 i.V.m. Krcmar/Son (2004), S. 165 f.; Gruner et al. (2003), S. 73 f.

[77] Krcmar (2003), S. 329.

[78] Krcmar (2005), Vorwort zur 4. Auflage; Krcmar (2005), S. 420.

[79] Gadatsch/Mayer (2005), S. 31.

[80] Vgl. Kütz (2005), S. 9 ff.

[81] Vgl. Gadatsch/Mayer (2005), S. 32.

3.2 Thematische Einordnung des IT-Controlling in das Gebiet des Informationsmanagements

Nach der begrifflichen Bestimmung des IT-Controlling bedarf es seiner thematischen Einordnung. Die Wirtschaftsinformatik als interdisziplinäres Forschungsgebiet zwischen der Betriebswirtschaftslehre auf der einen und der Informatik auf der anderen Seite stellt hierzu den Bezugsrahmen dar.[82] Gegenstand der Wirtschaftsinformatik ist die Gestaltung computergestützter Informationssysteme. Hansen führt diesbezüglich sechs verschiedene Bereiche der Wirtschaftsinformatik an:[83] IS-Grundlagen, IS-Organisation, IS-Planung, IS-Entwicklung, IS-Betrieb und IS-Benutzerbetreuung. Das Informationsmanagement als übergeordnetes Forschungsgebiet des IT-Controlling bildet demnach – wie nachfolgend verdeutlicht wird – ein wesentliches Forschungsgebiet der Wirtschaftsinformatik.[84]

Die Ursprünge des Begriffs Informationsmanagement[85] gehen auf das Ende der 1970er Jahre zurück. Der durch die US-amerikanische Bundesverwaltung und amerikanische Unternehmungen geprägte Wortlaut „Information Management" ging

---

82 Vgl. Voß/Guternschwager (2001), S. 84 f.

83 Vgl. Hansen/Neumann (2005), S. 106 f.

84 Vgl. Voß/Gutenschwager (2001), S. 92 ff.

85 Der Begriff des Informationsmanagements legt die Vermutung nahe, dass der Wortlaut Information mit den umgangssprachlich verwandten Begriffen Daten und Wissen gleich zu setzen sei. Seiffert definiert diese umgangssprachliche Vereinheitlichung wie folgt: „Information ist eine [...] gegenwarts- und praxisbezogene Mitteilung über Dinge, die uns im Augenblick zu wissen wichtig ist." Seifert (1971), S. 24. Im wissenschaftlichen Sinne ist eine solche Gleichsetzung der verschiedenen Begrifflichkeiten jedoch nicht zulässig. Es ist streng zwischen den Begriffen Information, Daten und Wissen zu differenzieren. Der Begriff Information geht etymologisch auf den lateinischen Ausdruck „informatio" zurück. Dieser setzt sich wiederum aus den Teilbegriffen „in" und „forma" zusammen, was soviel bedeutet wie „eine Gestalt geben" oder auch „sich denken/darstellen". Der so bestimmte Begriff stellt grundsätzlich ein nicht maschinell verarbeitbares Wissen mit Zweckeignung dar. Im Gegensatz hierzu sind Daten als maschinell verarbeitbares Wissen ohne Zweckeignung zu charakterisieren, d.h. Daten sind eine Folge von Zeichen, dessen Bedeutung dem Nutzer zunächst nur bekannt ist. Die umgangsprachlich vergleichbaren Begrifflichkeiten unterscheiden sich demnach sowohl in der Möglichkeit ihrer maschinellen Verarbeitung als auch in der Möglichkeit ihrer Nutzung. Werden Daten von Personen z.B. zur Lösung eines Problems eingesetzt, werden sie – in einem zweiten Schritt – zu Informationen, da es sich nunmehr um maschinell verarbeitbares Wissen mit Zweckeignung handelt. Der verwendete Begriff des Wissens kann nach Kluwe aus Wahrnehmungen, Erfahrungen und Kenntnissen über die Realität charakterisiert werden. Ist dieses Wissen nicht maschinell verarbeitbar und besitzt keinen Zweckbezug, so handelt es sich weder um Informationen noch um Daten und ist im ökonomischen Sinne wertlos. Vgl. Gabriel/Beier (2003), S. 28 ff.; Krcmar (2005), S. 14 ff.; Kluwe (1990), S. 174 ff.; Voß/Gutenschwager (2001), S. 8 ff.

Mitte der 1980er Jahre in den deutschen Begriff „Informationsmanagement" über.[86] Das Informationsmanagement kann als direkte Schnittstelle zwischen der Betriebswirtschaft und der Wirtschaftsinformatik verstanden werden. Gabriel und Beier definieren das Informationsmanagement als die „Gesamtheit aller Führungsaufgaben in einer Organisation bzw. einer Wirtschaftseinheit bezogen auf deren computergestütztes bzw. computerunterstützbares Informations- und Kommunikationssystem. Das computergestützte bzw. computerunterstützbare Informations- und Kommunikationssystem wird bezüglich der vorhandenen und möglichen Technikunterstützung für die zu lösenden Aufgabenstellungen bzw. für die mit deren Lösung betrauten menschlichen Aufgabenträger untersucht und gestaltet."[87] Der von Gabriel und Beier verwendete Wortlaut des „Informations- und Kommunikationssystems" bezeichnet in seiner Konsequenz den gleichen Aspekt wie der des „Informationssystems". Ohne Information existiert keine Kommunikation und ohne Kommunikation sind Informationen entbehrlich.[88] Dieses Zusammenspiel der Begrifflichkeiten erfordert eine gemeinsame Betrachtung von Information und Kommunikation.[89] Aus Gründen der Vereinfachung wird im Folgenden – unter impliziter Einbeziehung der Kommunikation – ausschließlich auf den Begriff des „Informationssystems" (IS) referenziert.[90]

Das Informationsmanagement befasst sich nach Gabriel und Beier mit Führungsaufgaben, die computergestützt bzw. computerunterstützbar sind.[91] Die Abgrenzung des Informationsmanagements zu dem allgemein gültigem Begriff der Informationswirtschaft erfolgt in sofern, als dass die Informationswirtschaft neben den Führungsaufgaben auch die Durchführungsaufgaben der Unternehmung und neben den computergestützten auch die nicht-computergestützten Informationssysteme

---

86 Vgl. Ortner (1991), S. 315 ff.

87 Gabriel/Beier (2003), S. 27.

88 Vgl. Heinrich (2005), S. 7.

89 Vgl. Lange (2004), S. 22 ff.; anders: Streubel, die darauf hinweist, dass Informationen auch ohne Kommunikation entstehen können. Beispielhaft führt sie die Erkenntnis philosophischen Gedankenguts an. Vgl. Streubel (1996), S. 47.

90 Vgl. Lange (2004), S. 22.

91 Vgl. auch die Ausführungen von Horváth/Rieg (2001), S. 9 ff.

behandelt.[92] Somit stellt das Informationsmanagement in einem funktionalen Begriffsverständnis eine Teilmenge der Informationswirtschaft dar.[93]

Das Informationsmanagement begleitet sowohl strategische als auch operative Aufgaben mit entsprechenden Methoden.[94] Hierbei wird der Einsatz von computergestützten Informationssystemen in Abstimmung mit den Unternehmungszielen geplant, umgesetzt und betrieben. Das Informationsmanagement kann demnach als integraler Bestandteil der gesamten Unternehmungsaktivitäten verstanden werden.

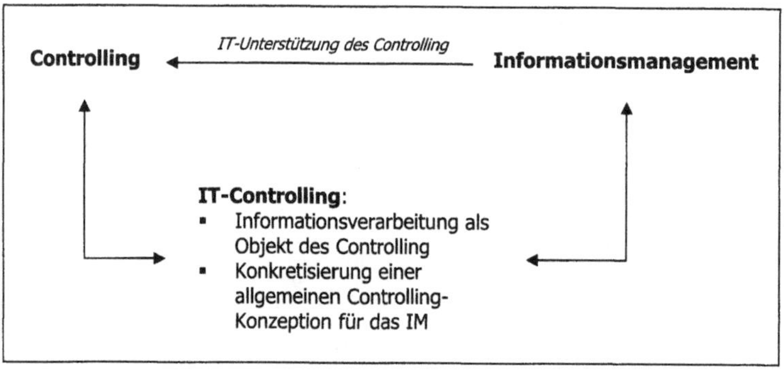

Abb. 3-2: Beziehungen zwischen Controlling und Informationsmanagement
in Anlehnung an: Gabriel/Beier (2003), S. 130.

---

92 Vgl. Gabriel/Beier (2003), S. 26 ff.

93 Erler führt die Begriffe des „Informationsmanagements" und der „Informationswirtschaft" an und ordnet sie thematisch in den Zusammenhang der Begriffe „Strategisches Informationsmanagement" und „Strategische Informationssystemplanung" ein. Vgl. Erler (2000), S. 3 ff.

94 Die Aufgaben, die das Informationsmanagement zu erfüllen hat, stellen keine inhaltlich selbstständigen Aufgaben betrieblichen Handelns dar, sondern sind immer von konkreten Erfordernissen der Unternehmung abhängig. Eine grundsätzliche Klassifikation der Aufgaben kann an Hand dreier Beschreibungsdimensionen erfolgen. Die erste Dimension wird in Übereinstimmung mit anderen Führungsaufgaben in strategische und operative Aufgaben unterteilt. Die genaue Klassifizierung dieser Unterscheidung nach Zeithorizont und Tragweite einer Maßnahme wird hierbei vorausgesetzt. In der zweiten Dimension werden die Aufgaben nach den Phasen des Managementzyklusses: Planung, Entscheidung, Steuerung und Kontrolle differenziert. Dies erscheint sachlogisch plausibel, da das Informationsmanagement als begleitende Funktion der Unternehmungsführung verstanden wird. In der dritten Dimension wird die volle Integration des Informationsmanagements in die konstituierende Struktur der Unternehmung gefordert. Eine Unterscheidung in die Elementarten Mensch, Technik, Aufgabe unterstützt dieses Vorgehen. Vgl. Gabriel/Beier (2003), S. 65 ff.; Voß/ Gutenschwager (2001), S. 73 ff.

Die von der Unternehmungsleitung definierten Ziele dienen als Richtungs- und Orientierungsgrößen, geben also die strategischen Vorgaben in konkreten Formulierungen wieder und dienen als anzustrebende Zustände. Das Zielsystem des Informationsmanagements unterscheidet sich demzufolge grundsätzlich nicht von anderen Führungsfunktionen einer Unternehmung.[95]

Ein Spezialgebiet des Informationsmanagements stellt das IT-Controlling dar. Es steht als interdisziplinäres Forschungsgebiet zwischen dem Controlling im ursprünglichen Sinn und dem Informationsmanagement und umfasst sowohl betriebswirtschaftliche als auch informationstechnologische Aspekte. Bei der Wahrnehmung der Führungsaufgaben des Informationsmanagements kommt dem Controlling der Informationsverarbeitung eine zentrale Rolle zu. Neben den primären Führungsfunktionen des Managements: Planung, Entscheidung, Steuerung und Kontrolle sind die sekundären Funktionen: Systembildung und Systemkopplung zu dessen Unterstützung zu leisten.[96] In diesem Fall muss das IT-Controlling als eine Teilmenge des Aufgabenbereichs des Informationsmanagements verstanden werden. Das Informations- und Koordinationsziel bezieht sich hierbei nicht direkt auf die

---

95 Das Informationsmanagement kann nach obigen Ausführungen als ein integraler Bestandteil der gesamten Unternehmungsaktivitäten mit sowohl strategischen als auch operativen Zieldimensionen verstanden werden. Daher unterscheiden sich die Zielsysteme innerhalb dieses Aktivitätenbereichs nicht von denen anderer Führungsbereiche. Ziele sind nach Mag „Maßstäbe, an denen zukünftiges Handeln gemessen werden kann." Mag (1995), S. 47. Sie dienen als Richtungs- und Orientierungsgrößen, geben also die strategischen Vorgaben in konkreten Formulierungen wieder und dienen leitend als Maßstab. Um hinreichend steuernd zu wirken, sind alle Zieldimensionen eindeutig zu fixieren. Als inhaltliche Festlegung ist der Zustand zu benennen, der nach Durchführung der jeweiligen Maßnahme erreicht werden soll. Hierbei gibt die Zielvorschrift Auskunft über die durchzuführenden Aktionen in Bezug auf eine definierte Zielgröße. Die Zieldauer betrifft die zeitliche Dimension der gesamten Maßnahme. Diese Anforderungen sind auf die Sach-, Formal- und sonstigen Ziele in ihrer jeweils strategischen oder operativen Ausprägung anzuwenden. Die Sachziele des Informationsmanagements bezeichnen anzustrebende Zustände, die – auf strategischer Ebene – aus den allgemeinen Unternehmungszielen und auf operativer Ebene aus den strategischen Sachzielen des Informationsmanagements abgeleitet werden. Formalziele sind in Analogie zu den Sachzielen in strategische und operative Ziele zu differenzieren. Aus strategischer Sicht werden Formalziele im Sinne des Informationsmanagements zum effizienten und effektiven Einsatz der Informationstechnologie in der Unternehmung formuliert. Aus ihnen werden konkrete Handlungsanweisungen abgeleitet und auf operativer Ebene umgesetzt. Die sonstigen Ziele variieren von Unternehmung zu Unternehmung und können diverse Inhalte haben. In der Regel stehen sie jedoch in enger Verbindung zu den Sach- und/oder Formalzielen der Unternehmung. Vgl. Gabriel/Beier (2003), S. 59 ff.; ähnlich: Heinrich (2005), S. 21 f.

96 Vgl. Gabriel/Beier (2003), S. 130 f.

Führungsfunktionen der Unternehmung, sondern auf die Führungsfunktionen des Informationsmanagements. Die Beziehungen zwischen dem Controlling und dem Informationsmanagement (IM) veranschaulicht Abbildung 3-2.

Das Informationsmanagement dient der informationstechnologischen Unterstützung des Controlling. Auf der anderen Seite stellt das Informationsmanagement selbst ein Objekt des Controlling dar. Dieses spezielle Anwendungsgebiet wird als IT-Controlling bezeichnet. Das IT-Controlling beschäftigt sich mit dem Controlling der Informationstechnologie, gegebenenfalls der Informationstechnik. Hierbei dient die Informationsverarbeitung als Objekt des Controlling. Im umgekehrten Fall wird das allgemeine Controlling auf die speziellen Bedarfe des Informationsmanagements ausgerichtet. Zwischen dem IT-Controlling auf der einen und dem Controlling und dem Informationsmanagement auf der anderen Seite bestehen somit wechselseitige Abhängigkeiten.

Wesentlich ist, dass das IT-Controlling für die Informationswirtschaft im Allgemeinen und für das Informationsmanagement im Speziellen entscheidungsunterstützende Informationen über den Technikeinsatz der Unternehmung für das Management bereitstellt.[97] Die Ziele des IT-Controlling decken sich demzufolge mit denen des Informationsmanagements und werden auf deren primäre Führungsfunktionen angewendet.

Graßhoff und Marzinzik stimmten hiermit überein. Sie stellen das Informationsmanagement in Analogie zu den bisherigen Ausführungen als Schnittmenge der beiden Bereiche Informationsverarbeitung und Unternehmensmanagement dar.

Aus nachstehender Abbildung 3-3 gehen die wechselseitigen Abhängigkeiten zwischen den verschiedenen wissenschaftlichen Disziplinen hervor. Während das klassische Controlling (hier: Unternehmenscontrolling) tendenziell eher die Bereiche Informationsmanagement und Unternehmensmanagement abdeckt und die Informationsverarbeitung nur tangiert, erweist sich das IT-Controlling als „echte" Schnittmenge zwischen beiden Bereichen.

97 Vgl. Gadatsch (2005), S. 520 f.

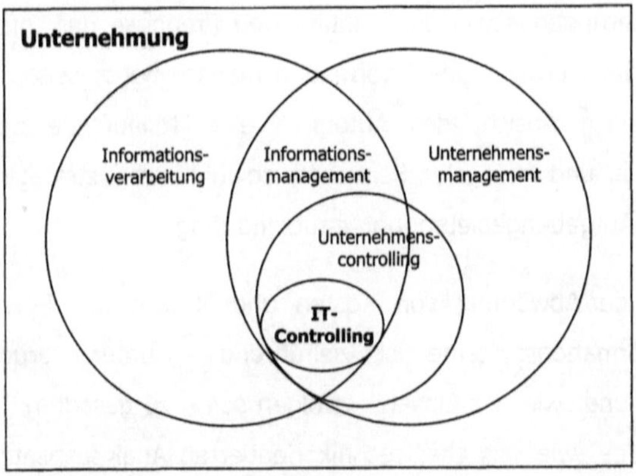

Abb. 3-3: Beziehungsgefüge zwischen Informationsverarbeitung, Unternehmens-management, Informationsmanagement, Unternehmenscontrolling und Informationscontrolling

in Anlehnung an: Graßhoff/Marzinzik (1998), S. 341.

Infolge dessen ist festzustellen, dass das IT-Controlling sowohl zum Themengebiet des Informationsmanagements als auch zu dem des Controlling gezählt werden kann. Es stellt in Analogie zur Wirtschaftsinformatik ein interdisziplinäres Forschungsgebiet als Schnittstelle zwischen zwei wissenschaftlichen Bereichen dar. Auf Grund der dem IT-Controlling inhärenten Aufgabenbereiche erfolgt in dieser Ausarbeitung die Einordnung in das Themengebiet des Informationsmanagements.

3.3 Die Nutzenanalyse als essenzielles Forschungsgebiet des IT-Controlling

Der Einsatz computergestützter Informationssysteme in der Unternehmung stellt ein ökonomisches Entscheidungsproblem dar. Ihr Einsatz ist mit nicht unerheblichen betrieblichen monetären und nicht-monetären Aufwändungen verbunden. Hierbei kommt dem IT-Controlling – verstanden als Konkretisierung einer allgemeinen Controlling-Konzeption für das Informationsmanagement – eine entscheidende Bedeutung zu. Auch wenn einige Autoren wie z.B. Krcmar die strategische Ausrichtung des IT-Controlling in Frage stellen, da sie die Aufgabe der Prognose der

Leistungsanforderungen sowie die Planung und Prognose der Informationsbedarfe als eher originäre Aufgabe des Informationsmanagements sehen[98], stellt das IT-Controlling – nach Ansicht des Autors – eine Teilaufgabe des Informationsmanagements dar und ist in allen Bereichen, sowohl in den strategischen als auch in den operativen Aufgabengebieten, unterstützend tätig.

Die vergleichende Abwägung von Kosten und Nutzen des Einsatzes computergestützter Informationssysteme ist zielführend – unter Berücksichtigung der Umstände „ob" und „wie" ihr Einsatz erfolgen soll – zu gestalten.[99] Ungeachtet der Beantwortung des „wie" als eher technikorientierten Analyseansatz, drängt sich im Sinne des IT-Controlling die Frage nach dem „ob" auf. Das IT-Controlling bedient sich zur Beantwortung dieser Fragestellung einer Fülle von IT-Controllinginstrumenten. Eine Vielzahl der Instrumente findet ihren Ursprung im allgemeinen Controlling und wurde entsprechend der jeweiligen Bedarfe adaptiert. Hierbei ist, ergänzend zu der Fragestellung nach der Effizienz (Leitfrage: „Doing the things right"), auch der sehr wichtige Aspekt der Effektivität (Leitfrage: „Doing the right things") zur Sicherstellung der Wirtschaftlichkeit zu berücksichtigen.[100] Die Effektivität wird in diesem Sinne als ein Maß für die Zielerreichung, die Effizienz als ein Maß für die Wirtschaftlichkeit verstanden.[101] Effizienz und Effektivität stellen somit (Formal)-Ziele des IT-Controlling dar.[102] Die Umsetzung dieser Konzepte erfolgt durch spezielle, für die Bewertung der IT entwickelte Werkzeuge.

In der Literatur existieren sehr unterschiedliche Klassifikations- und Abgrenzungsmöglichkeiten für die Methoden, Werkzeuge und Hilfsmittel des IT-Controlling. Ebenso erscheint die Anzahl der Instrumente gänzlich unüberschaubar. Zur Systematisierung dergleichen bestehen jedoch eine Reihe von Ansätzen. Eine sehr umfassende, wenngleich rein quantitative Auflistung der Instrumente findet sich bei

---

98 Vgl. Krcmar (1990).
99 Vgl. Krcmar (2003), S. 330 i.V.m. Krcmar (2005), S. 397 ff.
100 Vgl. Tulowitzki (2000), S. 527.
101 Vgl. Hierholzer (2000), S. 575.
102 Vgl. Krcmar/Buresch (2000), S. 4 f.

Jäger-Goy. Die Systematisierung erfolgt in Analogie zu der von Kaplan und Norton entwickelten Balanced Scorecard (BSC)[103] in vier Dimensionen, plus einer Querschnittsfunktion:[104]

- Controllinginstrumente der Finanzperspektive.
- Controllinginstrumente der Kundenperspektive.
- Controllinginstrumente der Lern- und Entwicklungsperspektive.
- Controllinginstrumente der internen Prozessperspektive.
- Basis- bzw. Querschnittscontrollinginstrumente.

Insgesamt werden in diesem Ansatz zur Kategorisierung der IT-Controllinginstrumente 124 verschiedene Verfahren unterschieden.

Eine thematisch orientierte Differenzierung treffen unter anderem Gabriel und Beier. In Analogie zur oben angeführten Abgrenzung der primären Führungsaufgaben des Informationsmanagements unterscheiden sie die Objekte des IT-Controlling als Teil des Informationsmanagements in strategisch und operativ und führen diese beispielhaft aus. Die Objekte des strategischen IT-Controlling unterstützen hierbei das strategische Informationsmanagement und regulieren entsprechend die langfristigen Rahmenbedingungen der Informationstechnologie einer Unternehmung. Die operativen Objekte des IT-Controlling ergänzen die strategischen um eher kurzfristig wirkende Instrumente. Sie können zum Teil aus den strategischen Rahmenbedingungen der Unternehmung – in diesem Sinne aus dem Informationsmanagement – abgeleitet werden.[105] Weitere interessante Ansätze sind in der Literatur in großer Zahl zu finden, sind aber für die Belange der Einordnung der Nutzenanalyse in das Themengebiet des IT-Controlling nicht weiter wertschöpfend. Der geneigte Leser wird auf das entsprechende Schriftgut verwiesen.[106]

---

103 Zur Balanced Sorcecard vgl. Kaplan/Norton (1997).
104 Vgl. Jäger-Goy (2000), S. 27.
105 Vgl. Gabriel/Beier (2003), S. 136 ff.
106 Vgl. Krcmar (2005), S. 400 ff.; Heinrich (2005), S. 168 ff.; Schwarze (1998), S. 299 ff.

Die Aufgaben und Ziele des IT-Controlling sind demnach äußerst vielfältig und von großem Umfang.[107] Die Heranziehung der Balanced Scorecard als Strukturierungshilfe verdeutlicht, dass das IT-Controlling nicht ausschließlich auf Instrumenten zur quantitativen, in diesem Sinne monetären Messung von Untersuchungsgegenständen beruht, sondern sich ebenso nicht monetärer qualitativer Bewertungsansätze bedient. In der Nennung von Jäger-Goy stehen monetäre Methoden zu nicht monetären Methoden im Verhältnis von mehr als 1:2.[108] Über die Qualität der jeweiligen Instrumente wird indes keine Aussage getroffen.

Ohne Zweifel stehen quantitative Methoden zur Messung der Wirtschaftlichkeit computergestützer Informationssysteme in der Praxis im Vordergrund.[109] Dessen ungeachtet besteht ein allgemeines Einverständnis über die Unvollkommenheit solcher zumeist monetärer Bewertungsmethoden.[110] Eine Verdichtung der Ergebnisse auf eine „einzige" monetäre Größe wird als nicht sinnvoll erachtet.[111] Dennoch stellt (nahezu) jede Unternehmung Berechnungen zu Deckungsbeiträgen, den Plankosten oder auch den Prozesskosten an. Hieraus werden Rückschlüsse auf den so bezeichneten Nutzen gezogen. Dieser Nutzenbegriff wird in Theorie und Praxis zwar häufig, jedoch oftmals ohne ein klares Begriffsverständnis verwendet. Um rationale und nachvollziehbare Investitionsentscheidungen treffen zu können, ist es allerdings unabdingbar, ein einheitliches Verständnis darüber, was optimiert werden soll, zu besitzen.[112] Aus diesem Grund wurde für die Bedarfe dieser Arbeit in Abschnitt 2.1 der Nutzen einheitlich definiert.

107 Eine differenzierte Darstellung der Ziele und Aufgaben des IT-Controlling findet sich u.a. bei Krcmar und Buresch. Der Leser sei jedoch darauf hingewiesen, dass die dort angeführte Systematisierung der zugewiesenen Inhalte der Ziele und Aufgaben in der Wissenschaft in dieser Art nicht allgemeingültig akzeptiert ist. So finden sich bspw. bei Schwarze sowohl eine hiervon abweichende Systematisierung als auch mehrere Verweise auf weitere namhafte Wissenschaftler mit hiervon differierenden Ansichten. Vgl. Krcmar/Buresch (2000), S. 1 ff.; Schwarze (1998), S. 298 ff.

108 Vgl. Jäger-Goy (2000), S. 27 ff.

109 Die Ausführungen von Kütz belegen diese Dominanz. Vgl. Kütz (2005), S. 97 ff.

110 Vgl. Kargl (1999), S. 85 ff.

111 Vgl. Kargl (1999), S. 92 f.; anders: Heinrich, der anführt, dass eine möglichst quantitative Erfassung der Größen zur Messung des Nutzens das Ziel der Bewertung von Investitionen sein sollte. Vgl. Heinrich (2005) S. 171 f.

112 Vgl. Krcmar (2005), S. 395 ff.

Zur Erfassung des Nutzens sind Messvorschriften aufzugreifen, die eine mehrdimensionale Bewertung desgleichen zulassen. Die Frage, die sich unmittelbar anschließt, ist die nach den Anforderungen, die an eine solche Messvorschrift zu stellen sind. Zur Beantwortung dieser Fragestellung können vier grundsätzliche Thesen angeführt werden, denen eine Vorschrift zur Bewertung des Nutzens genügen muss:[113]

1. Die Bewertung der Kosten ohne Betrachtung der durch sie erzielten Vorteile, also des Nutzens, ist ohne Aussage.
2. Der Nutzen der Informationstechnologie ist sowohl qualitativer als auch quantitativer Natur und muss in seiner Gänze erfasst werden.
3. Je strategischer und somit langfristiger eine Investition ist, desto problematischer ist ihre Bewertung.
4. Der Nutzen der computergestützten IS tritt hauptsächlich indirekt in Erscheinung. Die computergestützten IS stellen jedoch keinen Selbstzweck dar, sondern dienen im Allgemeinen zur Unterstützung anderer Aufgaben in der Unternehmung. Sie besitzen den Charakter einer Querschnittsfunktion.

Im Idealfall sind alle Kosten und Nutzen einer Investition und deren Bewertung für alle Entscheidungen und Fristigkeiten einer Unternehmung bekannt. Da dies jedoch leider nicht der Fall ist, fördern alle Instrumente, die dieser Problematik entgegen wirken, erstens tendenziell bessere Entscheidungen des Managements und in der Folge eine verbesserte Performance der Unternehmung und zweitens wissenschaftlich fundierte Aussagen über die Vorteilhaftigkeit eines Vorhabens und somit eine Zunahme der Planungssicherheit für die Unternehmung.

Wird der Systematisierung von Gabriel und Beier gefolgt, so ist eine IT-orientierte Nutzenanalyse in das Forschungsgebiet des IT-Controlling einzuordnen. Das IT-Controlling strebt – im Sinne einer unternehmerischen Gesamtstrategie – das Ziel an, dass das gesamte computergestützte IS zum wirtschaftlichen Erfolg der Unternehmung beiträgt, d.h. dass jede betriebliche Tätigkeit oder Maßnahme im

113 In Anlehung an: Krcmar (2005), S. 397.

Sinne des Wirtschaftlichkeitsprinzips wertsteigernd sein muss.[114] Das IT-Controlling stellt den Rahmen für die Entwicklung einer solchen Nutzenanalyse.

Auf Grund dieser Ausführungen ist die Schlussfolgerung zulässig, dass eine IT-orientierte Nutzenanalyse thematisch in den Aufgabenbereich des IT-Controlling einzuordnen ist. Sie kann – je nach Ausrichtung und Ausgestaltung – sowohl strategisch als auch operativ geprägt sein, auf Bewertungsverfahren der Wirtschaftswissenschaft basieren und unter Umständen gezielt für ein spezielles Einsatzgebiet der Wirtschaftsinformatik entwickelt werden. Die Konzeption einer solchen Nutzenanalyse bezeichnet eines der wichtigsten Forschungsgebiete des IT-Controlling. Sie ist von essenziellem Interesse sowohl für die Wissenschaft als auch für die betriebliche Praxis.

3.4 Zusammenfassende Problematisierung des Untersuchungsgegenstandes

Die bisherigen Ausführungen des dritten Kapitels stellen die integrierte Nutzenanalyse in den Kontext des IT-Controlling und somit des Informationsmanagements. Es wurde gezeigt, dass die Nutzenanalyse als essenzielles Forschungsgebiet des IT-Controlling von großer Bedeutung für Unternehmungen zur Bewertung computergestützer Informationssysteme ist. Das durch das Informationsmanagement bzw. das IT-Controlling verwaltete computergestützte IS stellt in der Unternehmung jedoch keinen Selbstzweck dar, sondern dient zur Unterstützung derselben. Insbesondere die in dieser Ausarbeitung betrachteten Prozesse sind ohne den Einsatz entsprechender Informationstechniken kaum realisierbar.

---

114 Bei der Erfüllung der Forderung der Wirtschaftlichkeit ist zwischen der absoluten und der relativen Wirtschaftlichkeit zu differenzieren. Absolut wirtschaftlich sind jene Projekte, deren Erträge größer als deren Aufwändungen sind. Die relative Wirtschaftlichkeit bezeichnet den Vergleich absoluter Wirtschaftlichkeiten von alternativen Maßnahmen. Die Nutzenanalyse als Teil des IT-Controlling liefert zu beiden Bereichen einen wesentlichen Beitrag, da mögliche Projekte einer zieladäquaten Bewertung unterzogen werden können. Vgl. Dobschütz (2000), S. 433.

Die Entscheidungen, die die Informationstechnologie einer Unternehmung betreffen, sind oftmals mit einem erheblichen Kapitalbedarf verbunden. Hierbei muss sichergestellt werden, dass das finanzielle Gleichgewicht der Unternehmung gewahrt bleibt. Jede organisatorische oder technische Maßnahme innerhalb einer Unternehmung stellt – im engeren Sinne – auch ohne den Abfluss finanzieller Mittel eine Investition dar.[115] Diese Opportunitätskosten[116] sind bei der Entscheidung zu Gunsten oder zu Ungunsten einer Investition zu berücksichtigen. Die Bedeutung der Entwicklung einer integrierten Nutzenanalyse, die sowohl quantitative als auch qualitative Parameter eines Investitionsvorhabens erfasst, ist somit von grundsätzlichem Interesse. Weiterhin bedingt die Schaffung von Kosten und Opportunitätskosten in letzter Konsequenz die Minderung der Liquidität der Unternehmung im Zeitverlauf. Die zeitliche Struktur der zu Grunde liegenden Realisierungsalternative muss demzufolge ebenfalls durch eine integrierte Nutzenanalyse erfasst werden.

Hieraus ist zu schlussfolgern, dass Aussagen über die Vorteilhaftigkeit einer Investition ohne ein bewertbares Wissen über deren Nutzen kaum Aussagekraft besitzen. Die ausschließliche Berücksichtigung der Kosten gibt den jeweiligen Sachverhalt nicht vollständig wieder. Die Entwicklung einer integrierten Nutzenanalyse, die sowohl quantitative als auch qualitative und somit zugleich monetäre als auch nicht-monetäre Parameter unter Berücksichtigung ihrer jeweiligen zeitlichen Struktur erfasst, ist demnach von elementarer Bedeutung. Die Wissenschaft hat zur Lösung von Teilen dieser Problemstellung verschiedene Ansätze entwickelt. Die

---

115 Vgl. Pietsch (2003), S. 21.

116 Opportunitätskosten (auch: Alternativkosten) sind als subjektiver Nutzenentgang innerhalb eines bestimmten Nutzenmaximierungskalküls zu charakterisieren. Sie stellen entgegen ihres Wortlautes keine Kosten im Sinne eines betriebswirtschaftlichen, im Rechnungswesen gängigen Begriffsverständnisses dar, sondern bezeichnen vielmehr den Nutzen der besten verworfenen Alternative. Dieses Begriffsverständnis führt jedoch in der theoretischen Betrachtung zu nicht unerheblichen Problemen. So führt Schneider aus: „Absurd erscheint es, bei unvollständigen Verträgen wegen der Gefahr nicht vorhersehbarer verborgener Handlungen von 'Kosten' des Risikotragens zu reden. [...] dazu müsste man die beste und die zweitbeste, aber verworfene Alternative schon vor der Entscheidung kennen." Schneider (1997a), S. 27. Dieser zweifelsohne interessante Denkansatz von Schneider soll hier jedoch nicht weiter vertieft werden. Der geneigte Leser wird auf das entsprechende Schriftgut verwiesen. Vgl. Schneider (1995), S. 269 ff.; auch: Reese (1999), S. 779.

meisten von ihnen werden heutzutage in der Praxis eingesetzt. Der tatsächliche Mehrwert, der durch den Einsatz dieser Instrumente für die Unternehmung erzielt werden kann, ist hingegen meist nicht eindeutig bestimmbar. Aus diesem Grund müssen die bereits bestehenden Methoden vor dem Hintergrund der Forderung einer integrierten Nutzenanalyse betrachtet werden.

Im nachfolgenden Kapitel 4 werden auf dieser Grundlage bestehende wirtschaftswissenschaftliche Methoden unterschiedlicher Disziplinen zur Bestimmung des Nutzens herangezogen und unter Wahrung dieser Zielsetzung adäquat bewertet.

4 Bestehende Methoden zur Bestimmung des Nutzens als wissenschaftliche Fundierung einer integrierten Nutzenanalyse

Die Betrachtung der Kosten und des Nutzens eines Investitionsvorhabens bildet die Grundlage einer jeden unternehmerischen Entscheidung. Während die Erfassung der Kosten im Allgemeinen eher unproblematisch erscheint, ist die Bestimmung des Nutzens zumeist mit hohen Unsicherheiten verbunden.[117] Ohne objektive Handlungsmaßstäbe über die Vorteilhaftigkeit eines Investitionsvorhabens zu besitzen, werden von den Verantwortlichen Entscheidungen mit oftmals weitreichenden Konsequenzen getroffen. Die Beurteilung von möglichen Alternativen erfolgt häufig ausschließlich auf Basis einer vergleichenden Evaluation der Kosten. Die fehlende Berücksichtigung des Nutzens wird zwar zur Kenntnis genommen, muss jedoch auf Grund fehlender Methoden zur Messung desgleichen toleriert werden.[118]

Aufbauend auf den Ausführungen des Kapitels 3 werden nachstehend unterschiedliche Ansätze zur Bestimmung des Nutzens aus wissenschaftlicher Sicht diskutiert. Begonnen wird mit der Dekomposition des Untersuchungsgegenstands unter Zuhilfenahme der Semiotik (Abschnitt 4.1). Die Semiotik kann in den verschiedenen wirtschaftswissenschaftlichen Disziplinen wertschöpfend eingesetzt werden. Die anschließenden Abschnitte 4.2 und 4.3 widmen sich ausgewählten Verfahren zur Bestimmung des Nutzens. Zunächst werden in Abschnitt 4.2 ein- und wenigdimensionalen Bewertungsverfahren angeführt. In Ergänzung hierzu thematisiert Abschnitt 4.3 ausgewählte mehrdimensionale Bewertungsverfahren. Letztgenannte gehen über die Methoden der ein- und wenigdimensionalen Verfahren hinaus und ermöglichen neben der ausschließlichen Erfassung rein quantitativer oder rein qualitativer Parameter auch die Bewertung der jeweils anderen Einflussgröße.

---

117 Vgl. Schumann (1993), S. 167 ff.

118 Eine systematische Evaluation verschiedener Bewertungsverfahren von computergestützten Informationssystemen findet sich bei Powell. Vgl. Powell (1999), S. 152.

Das Kapitel 4 schließt mit einer zusammenfassenden Wertung der bestehenden Verfahren zur Bestimmung des Nutzens. Die Möglichkeiten der Nutzenmessung werden in tabellarischer Form einander gegenübergestellt und vor dem Hintergrund der Entwicklung einer integrierten Nutzenanalyse evaluiert (Abschnitt 4.4).

4.1 Semiotische Ebenen zur Bestimmung des Nutzens

Bei der Bestimmung des Nutzens eines Vorhabens stellt sich neben der Frage „wie" bewertet werden soll grundsätzlich die Frage nach dem „was" zu bewerten ist. Eine Möglichkeit zur Beantwortung dieser Problemstellungen stellt die Bewertung des Nutzens einer Realisierungsalternative auf Basis der Semiotik dar.[119] Der Nutzen als informationelles Problem findet in diesem Sinne unter Beachtung differenter Beurteilungsaspekte Eingang in die Analyse. Die Semiotik, als Teil der Erkenntnistheorie, dient als Strukturierungshilfe.[120]

Grundsätzlich lassen sich in der Semiotik drei Ebenen unterscheiden:

1. Syntaktische Ebene (Syntaktik),
2. Semantische Ebene (Semantik),
3. Pragmatische Ebene (Pragmatik).

Die **syntaktische Ebene** ist eine Strukturlehre der Zeichen eines Sprachsystems und beschreibt die Beziehungen zwischen den (einzelnen) Zeichen. Es erfolgen ausschließlich Schlüsse auf Basis der formalen Regeln zur Reihung bzw. Kombination dieser Zeichen.[121] Maße und Metriken, bspw. zur Beurteilung von Prozessen als Bestandteil einer Realisierungsalternative, geben hierbei strukturelle Eigenschaften von graphischen und/oder textuellen Darstellungsformen wieder. So lassen sich z.B. durch einfache Auszählverfahren Bewertungen von Prozessen vornehmen.[122]

---

119 Vgl. Wild (1971), S. 319.

120 Vgl. Beier (2002), S. 25 ff.

121 Vgl. Gabriel/Beier (2003), S. 30 in Anlehnung an Trott zu Solz (1992).

122 Eine Methode zur Bewertung von Prozessen auf Basis der Syntaktik stellt die Process Value Estimation Methode dar. Sie spaltet Erlöse auf Basis der Anzahl der Prozessschritte, die zur Erreichung der Erlöse notwendig sind, auf. Vgl. Housel et al. (1994), S. 40 ff.

Beispielsweise kann die Häufigkeit der Verwendung eines bestimmten Prozesses in das Verhältnis der Gesamtzahl der Prozesse gesetzt werden. Kommt ein Prozess in Relation zu anderen Prozessen fortwährend zur Anwendung, kann hieraus geschlossen werden, dass er einen großen Nutzen für die Unternehmung besitzt, d.h. ein Prozess, der sieben mal zur Anwendung kommt, besitzt – ohne Kenntnis seines Bedeutungsgehaltes – einen größeren Wert für eine Unternehmung als ein Prozess, der nur fünf mal zur Anwendung kommt. Aussagen auf der syntaktischen Ebene besitzen jedoch darüber hinaus keinerlei Aussagekraft und sind demzufolge für die Bewertung des Nutzens im hier verfolgten Sinne eher ungeeignet.[123]

Die **semantische Ebene** betrachtet die inhaltliche Bedeutung, d.h. den Sinngehalt der Zeichen und befasst sich mit den Beziehungen zwischen Zeichen und bezeichnetem realen Objekt bzw. mit Aussagen und deren inhaltlichen Bedeutungen.[124] Maße und Metriken auf der semantischen Ebene thematisieren den Bedeutungsgehalt eines Untersuchungsgegenstandes. So dient die Semantik der Beurteilung eines bestimmten Prozesses. Ein Prozess, bspw. in der Kreditorenbuchhaltung einer Unternehmung, dient – in Sinne der Semantik – der Erfüllung einer bestimmten Aufgabe, d.h. er besitzt eine spezifische Bedeutung. Diese Bedeutung liegt bspw. in der Erfassung der Lieferanten(stamm)daten einer Unternehmung. Eine zielführende Bewertung des Nutzens auf semantischer Ebene ist hierdurch nicht gegeben, da keine eindeutigen Abbildungsbeziehungen benannt werden (können). Die Bewertung des Nutzens ist demzufolge nur auf theoretischer Ebene möglich.

Die **pragmatische Ebene** der Semiotik wird auch Zeichenverwendungsebene genannt, da sie die Bedeutung und Funktion von Aussagen für handelnde Subjekte bzw. die Wirkung von Zeichen und somit deren Zweckorientierung als Information auf informationsverarbeitende Menschen und Maschinen analysiert und hierfür die Beziehungen zwischen Zeichen und Verwender beschreibt.[125] Maße und Metriken auf

123 Vgl. Finkeißen (1999), S. 29.
124 Vgl. Gabriel/Beier (2003), S. 30.
125 Vgl. Lehner/Meier (1994).

der pragmatischen Ebene messen primär die pragmatische Wirkung von bspw. Prozessen. Eine Bewertung dergleichen ist grundsätzlich möglich. So könnten die Auswirkungen eines Prozesses mit und ohne bestimmten (Prozess)-Eigenschaften einander gegenüber gestellt werden. Die Pragmatik ergänzt demnach den durch die Semantik erzielten Bedeutungsgehalt eines Prozesses, d.h. die Semantik beschreibt den Prozess und dessen Bedeutung als solches; die Pragmatik dient – auf einer höheren, abstrakten Ebene – der Beantwortung der Fragestellung nach dem Zweck des Prozesses. So kann der angeführte Prozess der Kreditorenbuchhaltung sowohl dem Rechnungswesen als auch dem Controlling, dem Marketing und gegebenenfalls dem Vertrieb dienen. Die Zweckbestimmung eines Prozesses ist somit streng von dessen Bedeutungsgehalt zu unterscheiden.

Obgleich jeder Prozess zweifelsfrei einen eigenen pragmatischen Wert im Sinne einer eindeutigen spezifischen Wirkung aufweist, besitzen die gewonnenen Aussagen jedoch ausnahmslos retrospektiven Charakter. Eine prospektive Betrachtung des Untersuchungsgegenstandes ist auf Basis der Pragmatik nicht möglich. Hieraus ist zu schlussfolgern, dass auch die Pragmatik im Allgemeinen keinen praktikablen Bewertungsansatz für die hier verfolgten Ziele, der Bewertung des Nutzens einer Realisierungsalternative, darstellt.[126]

4.2 Ein- und wenigdimensionale Bewertungsverfahren zur Bestimmung des Nutzens

Ein- und wenigdimensionale Bewertungsverfahren zur Bestimmung des Nutzens bezeichnen in dieser Arbeit ausgewählte wirtschaftswissenschaftliche Verfahren, die sowohl der Beschreibung eines Investitionsvorhabens als auch der Evaluation desgleichen dienen bzw. dienen können. Sie beruhen in charakteristischer Weise auf beschränkten – quantitativ oder qualitativ geprägten – Beurteilungsmaßstäben zur Bewertung von Handlungsalternativen. Hierzu werden im anschließenden Abschnitt 4.2.1 zunächst ausgewählte Methoden der Wirtschaftswissenschaft zur Bestimmung des Nutzens – im Sinne einer A Priori-Analyse – angeführt und in der gebotenen

126 Vgl. Finkeißen (1999), S. 29 f.

Tiefe erörtert. Eine Zuordnung der jeweiligen Bewertungsverfahren zu den Disziplinen der Volkswirtschaftslehre und der Betriebswirtschaftslehre wird in dieser Arbeit nicht explizit verfolgt, da – nach Ansicht des Autors – einzelne Verfahren nicht eindeutig einem Forschungsgebiet zugeordnet werden können.

Im anschließenden Abschnitt 4.2.2 werden ausgewählte ein- und wenig-dimensionale Bewertungsverfahren aus diesem Themengebiet herausgegriffen und gesondert erläutert. Der Grund hierfür liegt in ihrer besonderen Eignung zur Bestimmung des Nutzens von computergestützten Informationssystemen. Gleichwohl sind auch in das Gebiet der Wirtschaftswissenschaft einzuordnen.

4.2.1 Ausgewählte Methoden der Wirtschaftswissenschaft

Den traditionellen Teil der wirtschaftswissenschaftlichen Ansätze zur Bestimmung des Nutzens stellt die volkswirtschaftlich geprägte Nutzentheorie als Teilbereich der mikroökonomischen Haushaltstheorie[127] dar.[128] Eine empirische Evaluierung der erzielten Ergebnisse scheitert jedoch regelmäßig an der dem Nutzen inhärenten Eigenschaft der Subjektivität, d.h. dass jedes Individuum einem konkreten Nutzen einen unterschiedlichen Wert beimisst. Aus diesem Grund existieren nur sehr wenige direkt auf die Praxis übertragbare volkswirtschaftliche Ansätze. So führt Woll grundsätzlich aus: Die Volkswirtschaftslehre ist „ein System von Annahmen, deren Explikationen Grundlage 'rationaler' Konsumentscheidungen sein können (Entscheidungskalkül), von denen wir jedoch nicht wissen, ob sie es tatsächlich sind."[129] Dennoch haben sich in der volkswirtschaftlichen Lehre zwei grundsätzliche Nutzen-

---

127 Zur Entstehung der Mikroökonomie führt Schneider aus: „Neben und aus der Grenznutzenschule der Nationalökonomie entwickelte sich vor allem im angelsächsischen Sprachraum noch vor 1900 die Mikroökonomie. Mikroökonomie heißt hier jene wissenschaftliche Gemeinschaft von Nationalökonomen und Mathematikern, die sich mit der Entscheidungslogik des Einkommensaspekts menschlicher Handlungen beschäftigen: das einzelwirtschaftliche Denken innerhalb der wissenschaftlichen Gemeinschaft 'Volkswirtschaftslehre'." Schneider (1994), S. 79. Die Mikroökonomie versteht sich hierbei nicht als eigenständige Wissenschaft, sondern als Teilbereich der volkswirtschaftlichen Theorie.

128 Es sei bereits an dieser Stellte darauf hingewiesen, dass Teile der in Kapitel 5 entwickelten integrierten Nutzenanalyse auf diesen Ansätzen beruhen.

129 Woll (1993), S. 121.

theorien herausgebildet: die kardinale und die ordinale Nutzentheorie. Nachstehende Tabelle 4-1 ordnet beide Theorien grundsätzlich ein und beschreibt ihre prinzipiellen Eigenschaften:

Kardinale Nutzentheorie	**Ordinale Nutzentheorie**
▪ Nutzen als Maß für die Bedürfnisbefriedigung	▪ Nutzen als Beschreibung einer Präferenzordnung
▪ Absolute Höhe relevant	▪ Nur Rangfolge relevant
▪ Grenznutzen und Nutzendifferenzen sind direkt interpretierbar	▪ Grenznutzen und Nutzendifferenzen sind nur in Bezug auf das Vorzeichen interpretierbar

Tab. 4-1: Kardinale versus ordinale Nutzentheorie
Quelle: Wiese (1999), S. 51.

In der **kardinalen Nutzentheorie** wird unterstellt, dass ein Haushalt in der Lage ist, zwei Nutzenzahlen (U_1) und (U_2) zweier beliebiger Verbrauchsmengen (x_1) und (x_2) im Sinne einer Kardinalskala zu vergleichen, d.h. deren Differenz zu beziffern.[130] Hierzu wird auf der Ebene der einzelnen Haushalte entweder das Prinzip der Konsumentenrente[131] oder das der individuellen Zahlungsbereitschaft[132] herangezogen. Die einzelnen Nutzenniveaus können sowohl positiv (steigen) als auch negativ (fallen) ausfallen und unterschiedliche Stärken aufweisen. Die Aggregation der Nutzenniveaus aller Haushalte ermöglicht eine gesamtwirtschaftliche Betrachtung. Das erzielte Nettoergebnis weist demzufolge auf die Wohlfahrt der gesamten

130 Die Differenz zwischen zwei Nutzenniveaus hängt (1) von der Wahl der Messskala und (2) von der Wahl des Nullpunktes und der Maßeinheit der Messskala ab. Messen bedeutet in diesem Zusammenhang die eindeutige Zuordnung von Zahlen auf Grund festgelegter Regeln. Vgl. Strobbel (1991), S. 81 f., Fußnoten.

131 Die Konsumentenrente beziffert die Differenz zwischen dem Betrag, den ein Konsument für den Kauf eines Gutes zu zahlen bereit ist, und dem Betrag, den der Konsument tatsächlich zahlt. Vgl. Pindyck/Rubinfeld (2005), S. 183 ff.

132 Die individuelle Zahlungsbereitschaft gibt an, welchen Betrag oder welchen Teil seines Einkommens ein Haushalt bereit ist aufzugeben, wenn er als Gegenleistung eine bestimmte Menge eines Gutes erhält. Trotz ihrer Ähnlichkeit ist die individuelle Zahlungsbereitschaft nur in bestimmten Konstellationen mit dem Begriff der Konsumentenrente gleichzusetzen. Vgl. Siebert (2003), S. 86 ff.

Gesellschaft hin.[133] Die bekanntesten Vertreter dieser Theorie sind Hermann Heinrich Gossen (1853), Stanlay Jevons (1871), Léon Walras (1874), Carl Menger (1871) und Alfred Marshall (1898).

Die kardinale Nutzentheorie wurde jedoch von Vilfredo Pareto 1906 revidiert.[134] Er wies darauf hin, dass für einen Haushalt lediglich die Unterscheidung der Nutzenzahlen (U_1) und (U_2) im Sinne einer Ordinalskala relevant seien, d.h. dass es ausreichend ist angeben zu können, ob der Nutzen (U_1) größer, kleiner oder gleich dem Nutzen (U_2) ist.[135] Eine gesamtwirtschaftliche Wohlfahrtssteigerung wird in der **ordinalen Nutzentheorie** bereits dann erzielt, wenn kein Haushalt eine Nutzeneinbuße erfährt. Entsprechend wird dieses Konzept als „Pareto-Kriterium" bezeichnet. Da das Pareto-Kriterium jedoch auf der realitätsfremden Annahme beruht, dass bei einer Umverteilung kein Individuum schlechter gestellt wird als es zuvor der Fall war, schlagen Kaldor und Hicks die Abkehr von der tatsächlichen zur „potenziellen Paretoverbesserung" vor.[136] Für dieses sogenannte „Kaldor-Hicks-Kriterium" ist es ausreichend, wenn diejenigen, denen eine Nutzenverbesserung zu Gute kommt, denjenigen mit Nutzeneinbußen einen Ausgleich gewähren könnten. Auf Grund der Differenzierung zwischen verteilungspolitischen und allokationstheoretischen Betrachtungsweisen spielt es in den Überlegungen von Kaldor und Hicks keine Rolle, ob diese Kompensation tatsächlich stattfindet.[137] Der positive bzw. negative Nutzen stellt sich ausschließlich als Differenz zwischen ursprünglichem und neuem (gesamtwirtschaftlichen) Nutzenniveau dar.[138]

133 Vgl. Hanusch (1994), S. 18.
134 Vgl. Geigant et al. (1994), S. 651 ff.
135 Vgl. Schumann et al. (1999), S. 46 f.
136 Vgl. Kaldor (1939), S. 549 ff.; Hicks (1940), S. 105 ff.
137 Gans und Marggraf sprechen von einem „Pareto-superioren" Zustand, den sie wie folgt definieren: „Ein Zustand 1 ist dann Pareto-superior gegenüber Zustand 2, wenn alle Konsumenten in Zustand 1 mindestens so gut mit Konsumgütern versorgt sind wie in Zustand 2 und sie deshalb Zustand 1 für mindestens so gut halten wie Zustand 2, und wenn wenigstens ein Konsument Zustand 1 dem Zustand 2 vorzieht, weil seine Versorgung mit Konsumgütern in Zustand 1 besser ist als in Zustand 2." Gans/Marggraf (1997), S. 46. Diese Definition entspricht dem angeführten Kaldor-Hicks-Kriterium.
138 Vgl. Hanusch (1994), S. 18 f.; Gans/Marggraf (1997), S. 47 ff.

Beiden Nutzentheorien, sowohl der kardinalen als auch der ordinalen Theorie, liegt jedoch dasselbe Grundverständnis einer allgemeinen Nutzenfunktion zu Grunde:

$$U = f(x_1, x_2, ..., x_n)\,.$$

Der Nutzen U, den ein Haushalt erzielen kann, stellt sich als Funktion einer Güterkombination $f = (x_1, x_2, ..., x_n)$ dar. Hierbei lässt sich die Auswahl der n Güter bzw. der Güterkombination an Hand der folgenden drei Hypothesen bestimmen: Während die erste Hypothese sowohl kardinal als auch ordinal interpretierbar ist und sich auf die Nutzenmaximierung im Allgemeinen bezieht, schließt die zweite Hypothese die ordinale Betrachtungsweise aus. Die Nutzenzuordnung der Haushalte erfolgt nach dieser Hypothese ausschließlich kardinal. Die dritte Hypothese ist als eine der wichtigsten der Volkswirtschaftlehre anzusehen. Sie wird anschließend aufgegriffen und vertiefend erläutert. Die drei Hypothesen der Nutzentheorie lauten:[139]

1. Ein Haushalt möchte in jeder Planperiode möglichst viel Nutzen aus dem Konsum von Gütern erzielen und handelt bei der Auswahl der Güterkombination rational.
2. Der Haushalt ordnet der Güterkombination bestimmte erwartete Nutzenwerte je Gut zu.
3. Der zusätzliche Nutzen, den der Verbrauch einer zusätzlichen Mengeneinheit eines Gutes dem Haushalt – bei gleich bleibenden Verbrauchsmengen aller anderen Güter – verschafft, nimmt mit steigendem Gesamtverbrauch des Gutes zunächst mit zunehmenden, später mit abnehmenden Zuwachsraten zu, sinkt dann auf null und wird anschließend negativ.

[139] Vgl. Strobbel (1991), S. 71 f.

Der in der dritten Hypothese beschriebene „zusätzliche Nutzen" wird in der Volkswirtschaftslehre als „Grenznutzen" bezeichnet. Dieser Grenznutzen (GU) stellt sich als partielle Ableitung des Gesamtnutzens (U) nach dem Gut (x) dar:

$$GU = \frac{\partial U}{\partial x}$$

Der Wiener Nationalökonom Friedrich von Wieser spricht in diesem Zusammenhang vom „Gesetz des abnehmenden Grenznutzens" oder auch vom 1. Gossen`schen Gesetz und bezieht sich hierbei auf den bereits erwähnten Hermann Heinrich Gossen, der 1854 als Erster zu dieser Erkenntnis gelangte. Nachstehende Abbildung veranschaulicht die dritte Hypothese bzw. das 1. Gossen`sche Gesetz:

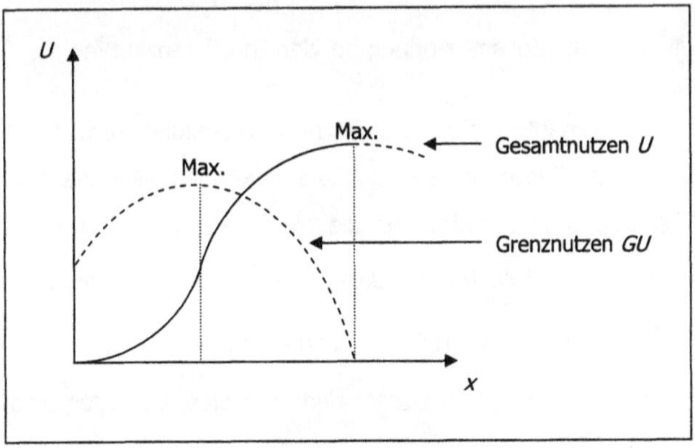

Abb. 4-1: Gesamtnutzen und Grenznutzen

Abbildung 4-1 visualisiert den Zusammenhang zwischen Gesamtnutzen und Grenznutzen. Das Maximum des Grenznutzens (GU) ist zu dem Zeitpunkt erreicht, in dem der Gesamtnutzen (U) seine maximale Steigung erreicht. Anschließend fällt der Grenznutzen stetig ab, bis er schließlich die Abszisse schneidet. Dies ist gleichbedeutend mit dem Maximum der Gesamtnutzenkurve. Mit fallendem Gesamtnutzen (U) wird der Grenznutzen (GU) schließlich negativ.[140]

Der so ermittelte Grenznutzen kann in einem Zwei-Güter-Raum auch als Indifferenzkurve (I) dargestellt werden. Indifferenzkurven vermögen sowohl kardinale als auch ordinale Nutzenniveaus wiederzugeben. Üblicher Weise greifen jedoch die Vertreter der ordinalen Nutzentheorie auf sie zurück. Indifferenzkurven bilden alle Gütermengenkombinationen, die den gleichen Nutzen stiften, ab.[141] In dem hier bezeichneten Zwei-Güter-Modell sind für den Haushalt alle Güterkombinationen (x_1, x_2) auf einer Indifferenzkurve gleichwertig, d.h. der Haushalt ist indifferent zwischen den Gütern (x_1) und (x_2). Die nachstehende Abbildung 4-2 veranschaulicht diesen Zusammenhang bei den Indifferenzkurven I_1, I_2, I_3.

Indifferenzkurven verlaufen in der graphischen Darstellungsform stets von links oben nach rechts unten. Berühren oder schneiden können sich die Kurven nicht, da ansonsten der Übergang von einer auf die andere Kurve möglich wäre. Ihr konvexer Verlauf ist darauf zurück zu führen, dass die relative Wertschätzung von Gut (x_1), gemessen an Gut (x_2), mit größerem Vorrat von Gut (x_1), sinkt. Unter Berücksichtigung des 1. Gossen`schen Gesetz bedeutet dies, dass der zusätzliche Nutzen (Konsum einer weiteren Einheit) von Gut (x_1) in dem Maße abnimmt, in dem sein Vorrat steigt und umgekehrt.[142]

---

140 Ferner kann aus der dritten Hypothese bzw. dem 1. Gossen`schen Gesetz der kardinal interpretierbare Satz, dass ein Haushalt seinen Gesamtnutzen dann maximiert, wenn der Grenznutzen der letzten zum Konsumgüterkauf verwendeten Einkommenseinheit bei allen Gütern gleich groß ist – d.h. dass der Nutzen der zuletzt gekauften Gütermenge sein Maximum erreicht hat – abgeleitet werden. Die Weiterentwicklung dieses Satzes führt zum 2. Gossen`schen Gesetz, dem „Gesetz vom Ausgleich der Grenznutzen". Da er jedoch für die verfolgte Zielstellung dieser Ausarbeitung nicht wertschöpfend ist, wird auf eine detailliertere Darstellung verzichtet. Vgl. Strobbel (1991), S. 74.

141 Vgl. Woll (1993), S. 127.

142 Berührt eine Indifferenzkurve eine Achse im Koordinatensystem, so ist zu schlussfolgern, dass ein Gut vollständig durch das andere Gut substituiert werden kann.

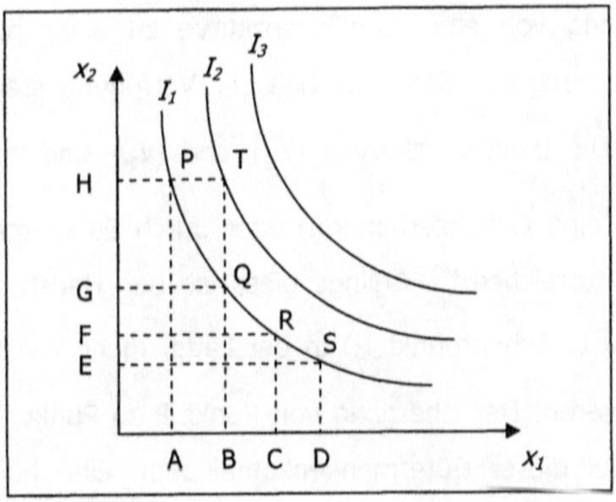

Abb. 4-2: Indifferenzkurven

Quelle: Heertje/Wenzel (2001), S. 84.

Implizit wird hierbei unterstellt, dass die Indifferenzkurven I_1, I_2 und I_3 den Grad der Nützlichkeit abbilden. Dieser Grad der Nützlichkeit wird in der Mikroökonomie auch als Nutzenindex bezeichnet und lässt sich für die vorstehende Abbildung in der Form

$$u_{I_1} < u_{I_2} < u_{I_3}$$

schreiben. Wenn hierbei (x_1) auf (I_1), (x_2) auf (I_2) und (x_3) auf (I_3) – wie im vorliegenden Fall – für beliebige Güterkombinationen der jeweiligen Indifferenzkurven I_1, I_2 und I_3 stehen, kann nach Debreu der Nutzenindex in die wohldefinierte Nutzenfunktion

$$u(x_1) < u(x_2) < u(x_3)$$

umgeformt werden.[143] Hieraus ist eindeutig zu schlussfolgern, dass das Nutzenniveau von (x_1) kleiner ist als das von (x_2), welches wiederum kleiner ist als das Nutzenniveau von (x_3). Je weiter die Indifferenzkurven also vom Ursprung entfernt liegen, d.h. je weiter rechts sie sich befinden, desto größer ist der ihnen beigemessene

143 Vgl. Heertje/Wenzel (2001), S. 83 ff.

Nutzen. Der Übergang von einer Indifferenzkurve zu einer höher/weiter rechts liegenden Kurve ist durch das dem Haushalt zur Verfügung stehende Einkommen (Y^v) restriktiert.[144] Die Indifferenzkurven (I_2) und (I_3) sind nur durch Erhöhung von Y^v (z.B. durch eine Gehaltserhöhung) oder durch Entsparen (z.B. durch eine Kreditaufnahme) zu erreichen.[145] Gelingt dies, ist der Haushalt bei konstantem Konsum von Gut (x_2) (Schnittpunkt H) in der Lage, mehr von Gut (x_1) (Schnittpunkt B) zu konsumieren. Der Übergang von Punkt P zu Punkt T in Abbildung 4-2 verdeutlicht, dass bei dieser Gütermengenkombination eine höhere/weiter rechts liegende Indifferenzkurve (I_2) erreicht werden kann. Diese höherwertige Indifferenzkurve ist mit einer Steigerung des Gesamtnutzens gleichzusetzen. Voraussetzung ist jedoch die Annahme der „Nichtsättigung", d.h. dass der Haushalt gewillt ist, weitere Einheiten von Gut (x_1) zu konsumieren. Die Annahme dürfte in der Realität nicht immer gegeben sein.[146]

Dieser theoretische Ansatz wird in Kapitel 5 wieder aufgegriffen und auf die Bedarfe der vorliegenden Arbeit übertragen. Die Kenntnis der Indifferenzkurven prägt die Entwicklung der integrierten Nutzenanalyse in besonderer Weise, da die individuellen Präferenzen unterschiedlicher Entscheidungsträger und/oder Entscheidungsstile durch die frei gestaltbare Lage der Indifferenzkurven abgebildet werden können.

---

144 Das verfügbare Einkommen ist das (Brutto)-Einkommen eines Haushalts abzüglich der Steuern, Sozialabgaben usw.

145 Vgl. Cezanne (2005), S. 88 ff.

146 Werden die Gütermengen x_1 und x_2 mit den Preisen p_1 und p_2 gewichtet, ergibt sich folgende Budget- bzw. Einkommensgleichung: $Y^v = p_1 \cdot x_1 + p_2 \cdot x_2$. Um diese Budgetgleichung in einem Koordinatensystem darstellen zu können, bedarf es der Transformation in die lineare Gleichung nach x, beispielhaft nach x_2: $x_2 = \frac{Y^v}{p_2} - \left(\frac{p_1}{p_2}\right) \cdot x_1$. Der Schnittpunkt der Gerade mit der x_2-Achse liegt demnach bei: $\left(\frac{Y^v}{p_2}\right)$; die Steigung der Gerade beträgt: $-\left(\frac{p_1}{p_2}\right)$. Der maximale Nutzen des Haushalts wird in der mikroökonomischen Haushaltstheorie immer dann – und nur dann – erzielt, wenn der Haushalt mit seinem zur Verfügung stehenden Einkommen die für ihn höchstmögliche Indifferenzkurve tangiert. Vgl. Cezanne (2005), S. 88 ff.

Die Forschungsergebnisse der Volkswirte führten dazu, dass sich im 20. Jahrhundert auch Betriebswirte mit der Problematik der Bewertung des Nutzens befassten.[147] Seither gehen auf die Betriebswirtschaftslehre viele Verfahren mit zahlreichen Abwandlungen und Anpassungen von Methoden zur Messung des Nutzens zurück. Beispielhaft sei die betriebswirtschaftliche Entscheidungslehre angeführt, die zunehmend für die gesamte Wirtschaftswissenschaft eingesetzt wird. Sie dient Entscheidungsträgern in entscheidungsspezifischen Situationen als Unterstützungsinstrument. Die zu Grunde liegenden entscheidungstheoretischen Ansätze lassen sich in beschreibende (deskriptive) und vorschreibende (präskriptive) Theorien differenzieren. Die **deskriptive Entscheidungstheorie** dient der Beantwortung der Fragestellung, warum in der Realität bestimmte – und nicht andere – Entscheidungen getroffen werden. Diese Theorie erhebt das Zustandekommen von Entscheidungen zum Untersuchungsgegenstand, d.h. sie geht nicht von bereits gegebenen, unwiderruflichen Entscheidungsprämissen aus. Experimentelle Erkenntnisse fließen in ihre Bewertung ein. Ziel der deskriptiven Entscheidungstheorie ist es, empirisch gehaltvolle Hypothesen im Entscheidungsprozess zu finden und diese bei Kenntnis der jeweiligen konkreten Entscheidungssituationen prognostisch anzuwenden. Die deskriptive Entscheidungstheorie befasst sich demzufolge nicht unmittelbar mit der Problemstellung „wie" Entscheidungen rational getroffen werden, sondern beschreibt und erklärt die „tatsächlich" getroffenen Entscheidungen. Durch entsprechende Rückschlüsse kann die deskriptive Entscheidungstheorie dazu verhelfen, zukünftig bessere, d.h. rationale Entscheidungen, zu treffen. Bei der präskriptiven (auch normativen) Entscheidungstheorie stehen nicht die tatsächlichen Entscheidungsprozesse im Vordergrund, sondern vielmehr die jeweilige Entscheidungslogik. Es wird nach Regeln zur rationalen Bewertung von Entscheidungssituationen gesucht.[148]

Die **präskriptive Entscheidungstheorie** will den Entscheidungsträger in bestimmten Entscheidungssituationen unterstützen. Von der spezifischen Situation wird weitestgehend abstrahiert. Die wichtigsten Entscheidungshilfen der präskriptiven Entscheidungstheorie sind durch Deduktion entwickelte Entscheidungs-

---

147 Vgl. Schneider (1994), S. 152 ff.
148 Vgl. Laux (2005), S. 1 ff. und S. 14 f.; Bamberg/Coenenberg (2004), S. 1 ff.

modelle.[149] Die präskriptive Entscheidungstheorie ist demnach im Wesentlichen eine Rationalitätsanalyse. Ein Ziel der präskriptiven Entscheidungstheorie ist die Untersuchung des Zielsystems des Entscheidungsträgers. Da die präskriptive Entscheidungstheorie der entscheidungslogischen Fundierung betrieblicher Entscheidungsprozesse dient und die deskriptive Entscheidungstheorie notwendige betriebliche Analysen und Prognosen unterstützt, sind für die Wirtschaftswissenschaft und deren Nutzentheorien beide Theorien gleichermaßen relevant. Die Verknüpfung der Theorien liefert dem Entscheider wertvolle Erkenntnisse, die er in einer bestimmten Entscheidungssituation einsetzten kann.[150]

Die betriebswirtschaftliche Entscheidungslehre kann jedoch das originäre Problem, das der vorliegenden Arbeit zu Grunde liegt – die Erfassung und Bewertung des Nutzens eines Investitionsvorhabens – nicht klären. Die auf dieser Theorie basierenden Modelle setzen die Kenntnis des Nutzens zumeist voraus oder gehen von einer grundsätzlich unproblematischen kardinalen oder ordinalen Messung desgleichen aus.[151] Aus diesem Grund wird die betriebswirtschaftliche Entscheidungs-

149 Vgl. Laux (2005), S. 15 ff.

150 Vgl. Eisenführ/Weber (2003), S. 1 ff.

151 In der betrieblichen Entscheidungslehre wird grundsätzlich zwischen einer und mehreren Zielsetzungen unterschieden. Zudem kann zwischen Entscheidungen unter Sicherheit, Risiko und Ungewissheit differenziert werden, denen wiederum statische und dynamische Modelle zuzuordnen sind. Für letztgenannte Entscheidungen unter Ungewissheit wird hierbei bspw. angenommen, dass sowohl die Aktionen als auch die Zustände endlich sind. Auch wenn dies nicht immer der Realität entspricht, kann die Annahme als „akzeptabel" bewertet werden, da Unternehmungen zumeist Entscheidungen aus einer begrenzten Anzahl von Alternativen treffen. Wissenschaftlich werden diesem Themengebiet die Maximin-Regel (syn.: Wald-Regel, Minimax-Regel): $\phi(a_i) = \min_j u_{ij}$, die Maximax-Regel: $\phi(a_i) = \max_j u_{ij}$, die Hurwicz-Regel (syn.: Pessimismus-Optimismus-Regel): $\phi(a_i) = \lambda \cdot \max_j u_{ij} + (1-\lambda) \cdot \min_j u_{ij}$, mit: $0 \leq \lambda \leq 1$, die Laplace-Regel (syn.: Prinzip des unzureichenden Grundes): $\phi(a_i) = \sum_{j=1}^{n} u_{ij}$, die Savage-Niehans-Regel (syn.: Minimax-Risiko-Regel, Minimax-Regret-Regel, Regel des größten Bedauerns): $s_{ij} = \max_k u_{kj} - u_{ij}$ bzw. $\phi(a_i) = \max_j \left(\max_k u_{kj} - u_{ij} \right)$ und die Krelle-Regel: $\phi(a_i) = \sum_{j=1}^{n} \omega(u_{ij})$ zugeordnet. Vgl. Bamberg/Coenenberg (2004), S. 42 und 130 ff.; Wald (1945), S. 265 ff. i.V.m. Neumann (1928), S. 295 ff. und Neumann/Morgenstern (1944); Mag (1990), S. 87 ff.; Hurwicz (1951); Laux (2005), S. 110; Savage (1951), S. 55 ff.; Niehans (1948), S. 433 ff.; Krelle (1968), S. 180 ff.

lehre in dieser Arbeit zwar stets implizit berücksichtigt, jedoch nicht in den Vordergrund der Ausführungen gestellt.

Im weiteren Verlauf werden nunmehr ein- und wenigdimensionale Bewertungsverfahren der Investitionsrechnung zur Bestimmung des Nutzens erarbeitet. Sie versetzen den Entscheidungsträger in die Lage, ein Investitionsvorhaben – wenngleich nur partiell – zu quantifizieren.[152]

In der Investitionsrechnung wird grundsätzlich zwischen statischen und dynamischen Verfahren unterschieden.[153] Die statischen Verfahren dienen der Beurteilung von durchschnittlichen Erfolgsgrößen. Die ermittelten Handlungsalternativen können unter der Voraussetzung der „vollständigen Investition" – d.h. der jeweils gesamte zur Verfügung stehende Betrag wird investiert – miteinander verglichen werden. Weiterhin berücksichtigen statische Verfahren konstante Zahlungsreihen. Die Abbildung schwankender Ein- und Auszahlungen kann durch sie nicht erfolgen.[154] Die Erfassung der Ein- und Auszahlungen erfordert den Einsatz dynamischer Verfahren. Sie basieren auf einer Anschaffungsauszahlung für eine Investition und anschließenden Zahlungsströmen und nicht, wie die statischen Verfahren, auf einer periodisierten Verteilung der Investition auf den Investitionszeitraum. Folglich wird durch dynamische Verfahren die Möglichkeit geschaffen, miteinander konkurrierende Investitionen über ihren Nutzungszeitraum zu bewerten. Der Handlungsspielraum wird – im Vergleich zu statischen Verfahren – zwar erweitert, jedoch zugleich komplexer.

---

152 Bei der Darstellung der verschiedenen Investitionsinstrumente werden bestimmte Spezifikationen wie z.B. die Einbeziehung der Steuern weitestgehend außer Acht gelassen. In der betrieblichen Praxis sind sie unter Umständen einzubeziehen.

153 Der Begriff der Investition wird in Anlehnung an Götze und Bloech als eine Tätigkeit, die mit Auszahlungen beginnt und in späteren Zeitpunkten Ein- und ggf. Auszahlungen erwarten lässt, definiert. Vgl. Götze/Bloech (2004), S. 5 f.

154 Die Begriffe Ein- und Auszahlung sind exakt von denen der Erträge und Aufwände bzw. denen der Erlöse und Kosten zu differenzieren. Im Sinne der Ausführungen sind unter Einzahlungen Zuflüsse an Geld und unter Auszahlungen Abflüsse an Geld zu verstehen. Erträge bzw. Aufwände stellen hingegen die für eine Abrechnungsperiode umgerechneten Geldzu- bzw. -abflüsse dar. Erlöse bzw. Kosten sind als Einnahmen bzw. Ausgaben zu verstehen, die im Sinne eines ausdrücklich zu Grunde gelegten Gewinnverständnisses auf eine Abrechnungsperiode umgerechnet werden. Bei identischer Zweckbestimmung können sich die Begriffspaare überschneiden. Vgl. Schneider (1997), S. 46 ff.

Abbildung 4-3 gibt einen Überblick über die statischen und dynamischen Verfahren und veranschaulicht zugleich die nachfolgend erläuterten Methoden der Investitionsrechnung:

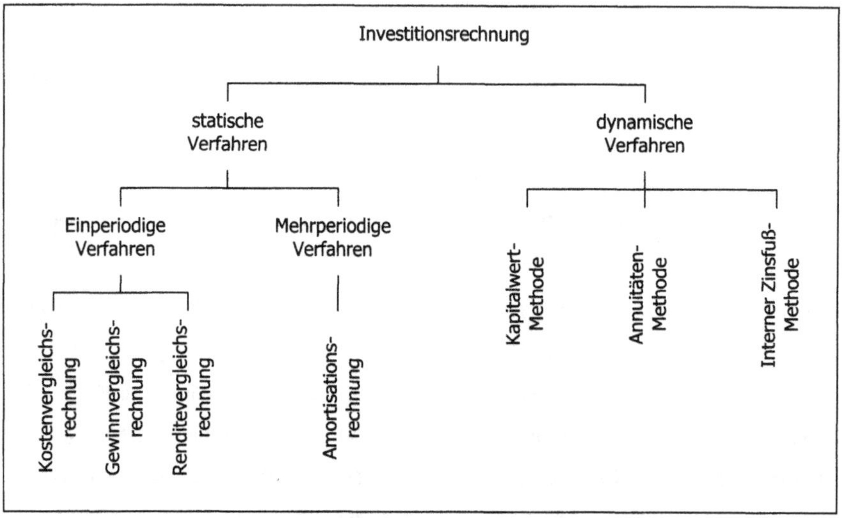

Abb. 4-3: Methoden der Investitionsrechnung

Statische Verfahren lassen sich in „Einperiodige Verfahren" und „Mehrperiodige Verfahren" unterscheiden. Zu den einperiodigen Verfahren zählen die Kostenvergleichsrechnung, die Gewinnvergleichsrechnung und die Renditevergleichsrechnung. Die Amortisationsrechnung wird indes zu den mehrperiodigen Verfahren gezählt. Den dynamischen Verfahren sind die Kapitalwert-Methode, die Annuitäten-Methode und die interne Zinsfuß-Methode zuzurechnen.[155] Nachstehend werden die einzelnen Ansätze für die in dieser Ausarbeitung jeweils notwendigen Tiefe erörtert.

155 Götze und Bloech nehmen eine andere Differenzierung dynamischer Verfahren vor. Sie unterscheiden grundsätzlich Verfahren mit einem „einheitlichen Kalkulationszinssatz" und „Verfahren mit unterschiedlichen Zinssätzen für die Anlage und Aufnahme finanzieller Mittel". Zu erstgenannten Verfahren gehören die vorgestellten Kapitalwert-, Annuitäten- und interne Zinsfuß-Methode (hier: Interner Zinssatz-Methode), ergänzt um die dynamische Amortisationsrechnung. Verfahren unter Berücksichtigung unterschiedlicher Zinssätze sind die Vermögenswertmethode, die Sollzinssatzmethode und die Methode der vollständigen Finanzpläne (VOFI-Methode). Vgl. Götze/Bloech (2004), S. 66 ff.

Charakteristisch für einperiodige Verfahren sind ihr (stets) gleicher Bezugszeitraum und die Berücksichtigung von Erfolgsrechnungsgrößen. Als Bezugszeitraum gilt genau eine Abrechnungsperiode, die zumeist ein Jahr beträgt. Der Investitionsverlauf, mit zu Beginn hohen Anfangsauszahlungen und anschließend variablen Betriebskosten, findet bei einperiodigen Verfahren keine Berücksichtigung. Um dennoch entscheidungsrelevante Ergebnisse erzielen zu können, wird der eher pragmatische Ansatz der Ermittlung eines „typischen"/ durchschnittlichen Abrechnungszeitraums gewählt.[156] Die Bewertung von Handlungsalternativen auf Basis einperiodiger Verfahren kann demzufolge mit großen Unsicherheiten verbunden sein. Dennoch erfreuen sich einperiodige Verfahren – auf Grund ihrer Einfachheit – in der Praxis großer Beliebtheit.

Eine wichtige Methode der einperiodigen Verfahren stellt die **Kostenvergleichsrechnung** dar. Sie berücksichtigt ausschließlich die Kosten als entscheidungsrelevante Größe. Positive Erfolgskomponenten wie bspw. die Erlöse oder der Nutzen einer Investition finden in der Kostenvergleichsrechnung keine Berücksichtigung. Das Entscheidungskriterium der Kostenvergleichsrechnung lautet: „Wähle die Investition mit den kleinsten (durchschnittlichen) Kosten!"[157]

Die Beseitigung dieser einseitigen Sichtweise stellt den Zweck der vorliegenden Arbeit dar. In Ermangelung geeigneter Messparameter werden die Erlöse und/oder der Nutzen bei der Investitionsentscheidung vernachlässigt. Diese „Nichtberücksichtigung" ignoriert allerdings die Tatsache, dass hohe Investitionsausgaben durchaus effizient sein können. Im Umkehrschluss kann nicht davon ausgegangen werden, dass die kostengünstigste Alternative einer Investition einen positiven Nutzen, z.B. in Form eines Gewinns, ermöglicht.

---

156 Werden periodisierte Abrechnungszeiträume herangezogen, beziehen sich einperiodige Verfahren nicht mehr auf Ein- und Auszahlungen, sondern auf die Erfolgsrechengrößen Aufwand und Ertrag. In Folge dessen sind Abschreibungen und nicht durchschnittliche Ein- und Auszahlungen als relevante Größe zu berücksichtigen.

157 Vgl. Kruschwitz (2005), S. 35.

Im Gegensatz zur Kostenvergleichsrechnung berücksichtigt die **Gewinnvergleichsrechnung** nicht nur die Kosten, sondern ebenso die möglichen Gewinne einer Investition. Das dieser Methode zu Grunde liegende Entscheidungskriterium lautet: „Wähle die Investition mit dem größten (durchschnittlichen) Gewinn!“[158] Der durchschnittliche Gewinn ist als Differenz zwischen den durchschnittlichen Umsätzen und den durchschnittlichen Kosten definiert.[159] Die durchschnittlichen Kosten enthalten in der Gewinnvergleichsrechnung neben den direkt erfassbaren Kosten wie z.B. den Lohnkosten oder den Kosten für den Verbrauch von Roh-, Hilfs- und Betriebsstoffen auch die kalkulatorischen Abschreibungen und die kalkulatorischen Zinsen. Ziel ist die Einbeziehung aller relevanten Kosten, die auf Grund einer Investitionsentscheidung entstehen können. Da der Gewinn jedoch nicht mit dem Nutzen einer Investition gleich zu setzen ist, stellt die Gewinnvergleichsrechung keinen Ansatz zur Entwicklung einer integrierten Nutzenanalyse dar.

Die **Renditevergleichsrechnung** überwindet die Probleme der Kosten- bzw. Gewinnvergleichsrechnung, indem sie die Gewinne einer Investition zu dem durch sie gebundenen Kapital ins Verhältnis setzt. Das Entscheidungskriterium der Renditevergleichsrechnung lautet daher: „Wähle die Investition mit der größten (durchschnittlichen) Rendite!“[160] Die Rendite bestimmt sich als Quotient zwischen dem „Gewinn vor Zinsen“ und dem Kapitaleinsatz. Folglich soll ausschließlich diejenige Investition gewählt werden, deren Rendite größer (oder gleich) der geforderten Mindestverzinsung ist. Bei gleichem Kapitaleinsatz für Handlungsalternativen führt die Renditevergleichsrechnung zu denselben Entscheidungen wie die Gewinnvergleichsrechnung. Hieraus ist zu schlussfolgern, dass mit Hilfe der Renditevergleichsrechnung, ebenso wie mit der Gewinnvergleichsrechnung, kaum sinnvolle Entscheidungen im hier verfolgten Sinn getroffen werden können.

158 Vgl. Kruschwitz (2005), S. 33 ff.
159 Vgl. Götze/Bloech (2004), S. 58.
160 Vgl. Kruschwitz (2005), S. 35 ff.

In Ergänzung zu den einperiodigen Verfahren berücksichtigt die **Amortisationsrechnung**[161] mehrere Perioden und erfasst nicht die Kosten und/oder Erlöse einer Investition, sondern deren (ein- und ausgehende) Zahlungsströme.[162] Das zu lösende Problem liegt in der Ermittlung der Dauer des Rückflusses der Investitionsausgabe, bis zur Erreichung des Break-Even-Points, d.h. die Zeitdauer, bis die Zahlungseingänge die getätigten -abgänge übersteigen.[163] Das Entscheidungskriterium der Amortisationsrechnung lautet: „Wähle die Investition mit der kürzesten Amortisationsdauer!"[164] Die Bestimmung der Dauer bis zum Erreichen des Break-Even-Points eines Investitionsvorhabens stellt jedoch keinen Zusammenhang zu der Vorteilhaftigkeit bzw. zum Nutzen desselben her. Vor diesem Hintergrund kann auch die Investitionsrechnung zur Entwicklung einer integrierten Nutzenanalyse nur unterstützend wirken.

Insgesamt ist festzustellen, dass statische Verfahren entweder die zeitliche Struktur von Ein- und Auszahlungen eines Investitionsvorhabens vernachlässigen oder keine Möglichkeit zur Abwägung von sich gegenseitig ausschließenden Handlungsalternativen bieten. Beide Kriterien sind jedoch von grundsätzlichem Interesse für Investitionsentscheidungen. Die Überwindung dieser Mängel begründet die Entwicklung dynamischer Verfahren.

Die **Kapitalwert-Methode**, als Methode der dynamischen Verfahren, dient der summarischen Berechnung aller auf einen Zeitpunkt abgezinster Ein- und Aus-

---

161 Synonym: Kapitalrückflussrechnung, Kapitalwiedergewinnungsrechnung, Pay-off-Rechnung oder Pay-back-Rechnung.

162 Zur Differenzierung der Begrifflichkeiten wird auf Fußnote 154 verwiesen.

163 Zur Ermittlung dieser Dauer finden zwei unterschiedliche Verfahren Anwendung: die Kumulationsmethode und die Durchschnittsrechnung. Bei der Kumulationsmethode wird der Zeitbedarf bis zum Break-Even-Point in einem sukzessiven Rechenverfahren ermittelt. Die Ein- und Auszahlungen werden solange aufaddiert, bis die Einzahlungen die Auszahlungen übersteigen. Dieses Vorgehen ermöglicht die Berücksichtigung unterschiedlicher Zahlungsströme. Sind die Rückflüsse der Investition jedoch in etwa gleich bleibend, vereinfacht die Durchschnittsmethode die Berechnung. Bei der Durchschnittsmethode wird durch Bildung des Quotienten: ursprünglicher Kapitaleinsatz geteilt durch durchschnittlicher Rückfluss je Jahr die Amortisationsdauer bestimmt. Der Rückfluss stellt sich als Summe von Gewinn (unter der Voraussetzung, dass der Gewinn im selben Jahr in eine Einzahlung umgewandelt wird und die Kosten bis auf kalkulatorische Abschreibungen und kalkulatorische Zinsen zu Auszahlungen werden), kalkulatorischen Abschreibungen und kalkulatorischen Zinsen dar. Vgl. Hoffmeister (2000), S. 79 ff.

164 Vgl. Kruschwitz (2005), S. 37 ff.

zahlungen über die Nutzungsdauer einer Investition. Um die Kapitalwert-Methode als dynamisches Entscheidungsverfahren einsetzen zu können, bedarf es der Erfüllung der folgenden drei Bedingungen:[165]

1. Die Zahlungsströme der Investition müssen sich abschätzen lassen.
2. Die Zahlungsströme der Investition müssen sich isolieren lassen, d.h. sie müssen verursachungsgerecht zuzuordnen sein.
3. Die Einzahlungsüberschüsse müssen zum Kalkulationszinsfuß reinvestiert bzw. gegebenenfalls auftretende Auszahlungsüberschüsse zu diesem Zinssatz finanziert werden.

Unter Wahrung dieser Prämissen berechnet sich der Kapitalwert (C_0) einer Investition:[166]

$$C_0 = -A_0 + \frac{E_1}{q} + \frac{E_2}{q^2} + \ldots + \frac{E_n}{q^n}$$

mit: C_0 = Kapitalwert im Bezugszeitpunkt

A_0 = Auszahlung im Bezugszeitpunkt

E_t = Einzahlungsüberschüsse in den Zeitpunkten t=1,2,...,n

$\frac{1}{q^t}$ = Abzinsungsfaktor: $\frac{1}{(1+k)^t}$ in den Zeitpunkten $t = 1,2,\ldots,n$

k = Kalkulationszinsfuß

A_0 bezeichnet hierbei die Anfangsauszahlung der Investition, die durch die fortlaufenden Ein- und Auszahlungen E kompensiert wird. Unter Berücksichtigung des Zeitverlaufs werden diese Ein- bzw. Auszahlungen auf den Zeitpunkt $t = t_0$ abgezinst. Der Kapitalwert ist von der Höhe der Einzahlungsüberschüsse, seiner zeitlichen Verteilung und dem Abzinsungsfaktor abhängig.[167] Die Grundlage der Berechnung stellen folglich (unterschiedliche) Zahlungsströme und nicht periodisierte

165 Vgl. Süchting (1995), S. 309 ff.
166 Vgl. Süchting (1995), S. 304.
167 Vgl. Schneider (1992), S. 77 ff.

Werte dar. Ziel der Kapitalwert-Methode ist die Vermeidung von Bewertungsmanipulationen durch Glättung unterschiedlicher Ein- und Auszahlungsströme.[168]

Die Vorteilhaftigkeit einer Investition lässt sich entsprechend definieren: Eine Investition ist dann positiv zu bewerten, wenn ihr Kapitalwert (C_0) größer als Null ist, d.h. dass der Barwert der Einzahlungsüberschüsse (E) abzüglich seiner Anfangsauszahlung (A_0) einen positiven Wert aufweist:

$$C_0 > 0.$$

Die Vergleichbarkeit mit anderen Investitionsobjekten ist in sofern gegeben, dass neben diesem grundsätzlichen Vorteilhaftigkeitskriterium der Kapitalwert der potenziellen Investition größer sein muss als der Kapitalwert einer jeden anderen zur Wahl stehenden Handlungsalternative.[169] Ist der Kapitalwert (C_0) der Alternative 1 größer als der der Alternative 2, so ist die erste Investition – auf Grund des größeren Wertes (C_0) – der anderen vorzuziehen.

Generell ist festzustellen, dass die Kapitalwert-Methode die in der Wissenschaft am meisten akzeptierte Methode der dynamischen Investitionsrechnung darstellt. Auch für die Praxis ist sie gut geeignet, da die Modellannahmen eine höhere Realitätsnähe aufweisen als dies bei den statischen Verfahren der Fall ist. Ebenso ist der Rechenaufwand gering und denkbar einfach. Die Datenermittlung bereitet hingegen Probleme, da die zukünftigen Ein- und Auszahlungsströme, die Nutzungsdauer und der Abzinsungsfaktor prognostiziert werden müssen. Dennoch stellt die Kapitalwert-Methode einen – für die Bedarfe der vorliegenden Arbeit – wichtigen Ansatz zur Beurteilung der Vorteilhaftigkeit einer Investition dar.

---

168 Auf Grund der unterschiedlichen Zeitpunkte der Ein- und Auszahlungen werden diese durch die Anwendung des Abzinsungs-/Diskontierungssatzes unterschiedlich stark gewichtet.

169 Vgl. Götze/Bloech (2004), S. 71 ff.

Beim zweiten angeführten Verfahren, der **Annuitäten-Methode**, handelt es sich um eine abgewandelte Form der Kapitalwert-Methode. Die Barwerte der Anfangsauszahlungen und die Barwerte der Einzahlungsüberschüsse einer Investition werden bei der Annuitäten-Methode auf die Nutzungsdauer der Investition in gleich bleibende Jahresraten (Annuitäten) umgerechnet und miteinander verglichen.[170] Die zur Bewertung notwendigen Barwerte sind mit Hilfe von Wiedergewinnungsfaktoren zu bestimmen.[171] Die Investition ist dann vorteilhaft, wenn ihre „interne Rendite" größer ist als der Kalkulationszinsfuß. Dies ist der Fall, wenn die Annuität der Einzahlungsüberschüsse (An_E) die Annuität der Anfangsauszahlungen (An_A) übersteigt:[172]

$$An_E > An_A \text{ bzw. } An_E - An_A = An_{C_0} > 0\,.$$

Die Möglichkeit der Vergleichbarkeit der Handlungsalternativen mit anderen Investitionsobjekten ist bei der Annuitäten-Methode – in Analogie zu der Kapitalwert-Methode – gegeben. Bei der Annuitäten-Methode wird diejenige Investition vorgezogen, deren Annuität größer ist als die der anderen zur Wahl stehenden Alternativen. Die Annuitäten-Methode führt im Ergebnis also zu den gleichen Erkenntnissen wie die Kapitalwert-Methode. Ihre Existenzberechtigung besteht darin, dass sie auf Grund der Bestimmung des Wiedergewinnungsfaktors zum Teil sehr einfache Berechnungen ermöglicht. Zudem erlaubt die Kapitalwert-Methode die für die Praxis häufig praktikablere Gegenüberstellung der Auszahlungsannuitäten.

Der Nutzen einer Investition kann allerdings auch mit der Annuitäten-Methode – vergleichbar der Kapitalwert-Methode – nicht „vollständig" bestimmt werden. Dennoch stellt auch die Annuitäten-Methode einen sehr interessanten und wichtigen Ansatz zur Bewertung der Vorteilhaftigkeit eines Investitionsvorhabens dar.

---

170 Vgl. Schneider (1992), S. 79 ff.

171 Eine Herleitung der Kapitalwiedergewinnungsfaktoren findet sich u.a. bei Hoffmeister. Die Faktoren können unter Berücksichtigung der Nutzungsdauer und des Kalkulationszinsfußes aus Tabellen entnommen werden. Vgl. Hoffmeister (2000), S. 125 ff.

172 Vgl. Süchting (1995), S. 320 f.

Die Methode des **internen Zinsfußes** beruht ebenfalls auf der Kapitalwert-Methode, gibt jedoch im Gegensatz zu ihr die Verzinsung einer Investition und damit, ähnlich der Annuitäten-Methode, ihre Rendite an. Die Basis der internen Zinsfuß-Methode stellt die bereits bekannte Gleichung zur Berechnung des Kapitalwertes dar:

$$C_0 = -A_0 + \frac{E_1}{q} + \frac{E_2}{q^2} + \ldots + \frac{E_n}{q^n}$$

Zur Ermittlung des internen Zinsfußes wird der Faktor (q) durch den Faktor $(1+r)$ ersetzt:

$$C_0 = -A_0 + \frac{E_1}{(1+r)} + \frac{E_2}{(1+r)^2} + \ldots + \frac{E_n}{(1+r)^n}$$

mit: r = Rendite

Zur Bewertung der Handlungsalternativen wird nach der Rendite (r) aufgelöst und der Kapitalwert $C_0 = 0$ gesetzt. Hierdurch entspricht die Rendite dem Kalkulationszinsfuß. Die Vorteilhaftigkeit der Investition ist in diesem Fall gleich Null. Eine Investition ist jedoch nur dann vorteilhaft, wenn der interne Zinsfuss größer als der Kalkulationszinssatz (k) ist:

$$r > k\,.$$

mit: k = Kalkulationszinssatz

Da es sich bei der Gleichung – auf Grund der Nutzungsdauer – indes um eine Gleichung n-ten Grades handelt, existiert aus rein mathematischen Gründen keine allgemeine Lösungsformel. In den Fällen, in denen $n > 4$ ist, sind die Zinssätze ausschließlich durch Probieren und anschließendes Interpolieren (näherungsweise) bestimmbar.[173]

Die interne Zinsfuß-Methode ist demnach adäquat zur Kapitalwert-Methode und der Annuitäten-Methode zu bewerten. Vorteile gegenüber der Kapitalwert-Methode besitzt sie – ähnlich der Annuitäten-Methode – in Bezug auf ihre Interpretierbarkeit,

173 In den Fällen $n \leq 4$ existieren allgemeine Lösungsformeln. Der geneigte Leser wird u.a. auf Schneider und/oder Süchting verwiesen. Vgl. Schneider (1992), S. 86 ff.; Süchting (1995), S. 312.

da die Verzinsung (Rentabilität) des gebundenen Kapitals bei der internen Zinsfuß-Methode bekannt ist.[174]

In Analogie zur Differenzierung dieser ein- und wenigdimensionalen Bewertungsverfahren der Wirtschaftswissenschaft werden im folgenden Abschnitt 4.2.2 ausgewählte Verfahren mit besonderer Eignung zur Bestimmung des Nutzens computergestützter Informationssysteme erarbeitet. Hierzu zählen die TCO-Analyse der GartnerGroup, das Modell von Porter und Miller, das 4-Ebenen-Modell von Picot und Reichwald, das Verfahren von Sassone und Schwartz und verschiedene Kennzahlenmethoden.

4.2.2 Ausgewählte Methoden mit besonderer Eignung zur Bewertung von computergestützten Informationssystemen

Die Wirtschaftsinformatik – als interdisziplinäres Forschungsgebiet zwischen der Wirtschaftswissenschaft im weiteren bzw. der Betriebswirtschaftslehre im engeren Sinne auf der einen und der Informatik auf der anderen Seite – verfolgt das Ziel der effizienten und effektiven Gestaltung der computergestützten Informationssysteme in der Unternehmung.[175] Die Wirtschaftsinformatik dient der Lösung von Aufgaben unter Einbeziehung der Elementarten Mensch und Technik, d.h. unter Wahrung des sozio-technischen Systems. Hierdurch kann die Wirtschaftsinformatik die Automatisierung der Informationsverarbeitungsaufgaben einer Unternehmung unterstützen und stellt deren Fach- und Führungskräften (entscheidungsrelevante) Informationen zur Verfügung.[176]

174 Vgl. Liebich (1986), S. 81.

175 Weitere angrenzende Wissenschaftsgebiete der Wirtschaftsinformatik sind u.a. die Mathematik, Arbeitswissenschaft und Recht. Auf sie wird hier kein weiterer Bezug genommen.

176 Die Wirtschaftsinformatik beruht auf verschiedenen Verfahren bzw. Methoden der wirtschaftswissenschaftlichen Lehre – insbesondere der Betriebswirtschaftslehre – zur Messung des Nutzens. Diese Methoden sind zumeist auf die speziellen Bedarfe der Wirtschaftsinformatik transformiert. In Ergänzung hierzu wurden in den letzten Jahrzehnten spezielle, nur auf die Bedarfe der Wirtschaftsinformatik ausgerichtete Verfahren entwickelt.

Ein- und wenigdimensionale Bewertungsverfahren zur Messung des Nutzens computergestützter Informationssysteme bezeichnen in diesem Sinne Verfahren, die zur Bewertung von Handlungsalternativen auf beschränkten Beurteilungsmaßstäben beruhen. So wird mit ein- und wenigdimensionalen Bewertungsverfahren der Versuch unternommen, die Vorteilhaftigkeit eines Investitionsvorhabens durch rein quantitative Maßstäbe zu begründen.[177] Beispielhaft sei die im Folgenden angeführte TCO-Analyse genannt, die mögliche Handlungsmaßnahmen ausschließlich von der monetären Bewertung des Untersuchungsgegenstandes abhängig macht. In Analogie lassen sich die weiteren – oben bereits angeführten – Modelle und Methoden[178] zu der Kategorie der ein- und wenig-dimensionalen Bewertungsverfahren zählen.

Der Begriff **Total Cost of Ownership**[179] (TCO) wurde im Jahre 1987[180] von der amerikanischen Marktforschungs- und Unternehmungsberatungsgesellschaft Gartner Group publiziert und bezeichnet „a holistic view of information technology costs over time."[181] Analog definieren Hansen und Neumann die TCO-Analyse als eine Methode

177 Vgl. auch die Ausführungen von Farbey et al. (1999), S. 183 ff.; Heinrich/Pomberger (2001), S. 19 ff.; Baumöl (2000), S. 609 ff.; Gruner et al. (2003), S. 148 ff.

178 Modelle bezeichnen gedankliche Abbildungen von Problemen und Problemlösungsversuchen in Worten, Symbolen und ihren Verknüpfungen. Sie stellen problemrepräsentative Artefakte der realen Welt dar. Dahingegen unterstützen Methoden die Bearbeitung dieser problemrepräsentierenden Modelle und dienen der Bearbeitung der Problemlösungsfindung, d.h. Methoden stellen logische Verfahren zur Lösungsfindung dar. Vgl. Schneider (1995), S. 10 und 169 ff.; Zelewski (1999), S. 44 ff.

179 Ähnliche Methoden stellen die Real Cost of Ownership (RCO) oder die Lowest Cost of Ownership dar. Auf sie wird in dieser Ausarbeitung – auf Grund der fehlenden zusätzlichen Wertschöpfung für die hier verfolgten Ziele – nicht explizit eingegangen. Vgl. Pietsch (2003), S. 149.

180 Zu Beginn der 1980er Jahre erfuhr die Kostenanalyse einen Wandel, indem die eher wagen Formulierungen aus den 1970er Jahren aufgegriffen und konkretisiert wurden. Ein wesentliches Merkmal war die erstmalige Erfassung der Kosten des gesamten Lifecycle eines IV-Systems. Ergänzend wurden erstmals auch nicht vorhersehbare Probleme, die bei der Kostenerfassung entstehen können, in die Analysen einbezogen. Ein allgemein anerkannter Algorithmus wurde zum damaligen Zeitpunkt jedoch (noch) nicht entwickelt. Im Jahr 1986 kam es zu einem entscheidenden Wandel, als die GartnerGroup die Frage nach den vollständigen Kosten eines PC´s stellte: „What does it really cost to own a PC?" Obwohl zunächst lediglich die Hard- und Softwarekosten erfasst wurden, war das Grundkonzept der heutigen TCO-Analyse gelegt. Das erste TCO-Modell entwickelte die GartnerGroup im Jahr 1987 und postulierte für einen Zeitraum von fünf Jahren Kosten in Höhe von $ 19,296 für einen DOS-basierten PC, was etwa $ 4,000 pro PC und Jahr entspricht. Sechs Jahre später entwickelte die GartnerGroup ein weiteres Modell, das die Kosten des LAN´s ermittelte. Schließlich wurden beide Modelle im Jahr 1995 zum sogenannten PC/LAN TCO-Modell zusammengeführt. Vgl. Botschatzke (1993), S. 25 ff.; Lockemann et al. (1983), S. 101 ff.; Droste (1986), S. 102 ff. und S. 257 ff.; GartnerGroup (1999).

181 Kirwin (1998), S. 3.

zur „Berücksichtigung aller Kosten, die in Zusammenhang mit der Anschaffung und dem Betrieb (inklusive Wartung und Benutzerbetreuung) einer IT-Komponente [hier: Informationstechnik] stehen."[182] Nach beiden Definitionen stellt die TCO-Analyse folglich eine Methode zur Erfassung sämtlicher Kosten eines computergestützten IS über dessen gesamten Lebenszyklus dar.[183]

Die TCO-Analyse resultiert aus dem Bestreben, die Belastungen, die einer Unternehmung durch den Einsatz computergestützter IS entstehen, vollständig monetär zu quantifizieren. Die zu ermittelnden Kosten zur Aufstellung der TCO-Analyse werden in direkte und indirekte Kosten unterschieden.[184] Direkte Kosten bezeichnen diejenigen Kosten, die im Rahmen der klassischen Kostenrechnung erhoben werden und budgetierbar sind. Indirekte Kosten stellen hingegen nicht oder nur schwer budgetierbare Kostenarten[185] dar. Sie stehen in keinem unmittelbaren, sondern nur in einem mittelbaren Zusammenhang mit einem Investitionsvorhaben. Indirekte Kosten bezeichnen also solche Kosten, die vom Rechenwert der Unternehmung nicht oder nicht unmittelbar erfasst werden.[186]

Zur Berechnung der Total Cost of Ownership werden die folgenden Kostenarten erfasst:[187]

- Hardware und Software,
  d.h. Kosten für die Anschaffung oder Leasinggebühren für Server, Computer, Peripheriegeräte, Netzwerk(en), usw.

---

182 Hansen/Neumann (2005), S. 537.

183 Vgl. Jaeger (2000), S. 453.

184 Die in dieser Arbeit angeführte TCO-Analyse wurde von weiteren Unternehmungen aufgegriffen und zum Teil leicht modifiziert. Ein gelungener Überblick zur TCO-Analyse findet sich bei Kütz. Vgl. Kütz (2005), S. 119 ff.

185 Kostenarten sind nach Coenenberg „i.w.S. eine Kategorie von Kosten, die hinsichtlich des zugrunde gelegten Kriteriums die gleiche Merkmalsausprägung besitzen." Coenenberg (2003), S. 49. Eine ähnliche, wenngleich detailliertere Definition liefert Schneider, der unter Kostenarten Ausgaben „für Gruppen an (dokumentierten oder prognostizierten) Arten von Sachen, Diensten, Verfügungsrechten [versteht], die im Hinblick auf einen vorgesetzten Gewinnbegriff zeit- und beitragsmäßig umgerechnet und für eine Abrechnungsperiode gesondert in Planungs- und Kontrollrechnungen erfasst werden." Schneider (1997), S. 415 f. Die adäquate Zuordnung der Kosten zu den Kostenstellen und Kostenträgern erfolgt mittels Verursachungs- und/oder Durchschnittsprinzip.

186 Vgl. Remenyi et al. (1995), S. 79.

187 Vgl. Berg et al. (1998).

- Management und Verwaltung,
  d.h. Kosten, die direkt mit der Pflege und dem Betrieb des Netzwerks, des EDV-Systems und Datenspeicherung verbunden sind und – hierauf bezogen – alle Personalkosten sowie Kosten für professionellen Service von Drittanbietern.
- Support,
  d.h. Kosten für Arbeitszeiten und Arbeitskosten im Bereich Help Desk, Schulungen, Einkauf von HW und SW, Reisetätigkeiten, Wartungs- und Support-Verträge, usw.
- Entwicklung,
  d.h. Kosten für Design von Applikationen, deren Entwicklung, Test und Dokumentation einschließlich Weiterentwicklung, Anpassung und Wartung.
- Kommunikationskosten,
  d.h. Kosten für die Kommunikation zwischen Computern, wie Standleitungsgebühren, Serverzugang, Zugang von Remot-Usern, allokierte WAN Kosten, usw.

Die Ermittlung der indirekten Kosten erfolgt unter Zuhilfenahme klassischer Erhebungstechniken. Die GartnerGroup führt hierzu bspw. Interviews und Umfragen durch.[188] Zur Kategorie der indirekten Kosten sind – im Speziellen – die folgenden Kostenarten zu zählen:

- End User IS Kosten,
  d.h. Kosten die entstehen, wenn Anwender IT-Probleme selbst oder für andere Anwender lösen, anstatt auf formelle Support-Kanäle zuzugreifen, „Selbstschulungen" (inoffizielle Schulungen) durchführen, usw.
- Downtime,
  d.h. die in Personalkosten gemessene entgangene Produktivität, die durch geplante Nicht-Verfügbarkeit des Netzwerks, des Systems oder von Applikationen verursacht wird.

---

188 Vgl. Pietsch (2003), S. 151.

In einem zweiten Schritt werden die Kosten den vier Kostenkategorien Kapitalkosten, Administration, Technischer Support und Endanwender Operationen zugewiesen. Die so ermittelten Kosten werden in einer Übersicht entsprechend zusammengestellt und ausgewertet (vgl. Tabelle 4-2).

Kostenkategorie		**Kostenart**
Direkte Kosten	Kapitalkosten	Hardware
		Software
		Zinskosten
	Administration	Sicherheit
		Formale Audits
		Applikationsunterstützung
		Beschaffung
	Technischer Support	User Help Desk
		Dokumentation
		Datenextraktion
		Anwendungsberatung
		Training
		Installation und Upgrade
		Service
Indirekte Kosten	Endanwender Operationen	Datenmanagement
		Anwendungsentwicklung
		Formales Lernen
		Lernen am Fallbeispiel
		Futz Factor[189]
		Unterstützung von Kollegen
		Support

Tab. 4-2: Kostenkategorien in der TCO-Analyse
in Anlehnung an: Pietsch (2003), S. 150.

189 Unter dem Begriff „Futz Factor" wird im Kontext der TCO-Analyse eine Kostenart verstanden, die sich auf unproduktive Arbeitszeiten bezieht. Diese sind bspw. in der Gestaltung von Oberflächen oder in der Erstellung von nicht wertschöpfenden Icons zu sehen. Vgl. Pietsch (2003), S. 148 ff.

Das Ziel der TCO-Analyse ist das Erreichen einer verbesserten Beurteilungsfähigkeit von Investitionsalternativen für den Entscheidungsträger durch Einbeziehung sämtlicher direkter und indirekter Kosten, die mit der Anschaffung und dem Betrieb von Informationstechniken verbunden sind. Durch den Vergleich mit anderen Unternehmungen (Benchmark) oder dem internen Vergleich, z.B. verschiedener Tochtergesellschaften einer Unternehmung, können Ansätze zur Reduktion der Kostentreiber gefunden werden. Die Ergebnisse der TCO-Analyse können technische Verbesserungen, Prozessoptimierungen, eine Verbesserung der Mitarbeiterqualifikation durch zielgerechte Schulungsmaßnahmen, usw. sein.[190]

Die TCO-Analyse stellt somit einen Ansatz dar, der die Kosten, die im Zusammenhang mit der Beschaffung und dem Betrieb von Hardware und Software in einer Unternehmung entstehen, vollständig erfasst. Sie macht die Kostenstruktur dergleichen transparent und ermöglicht dem Entscheidungsträger, zieladäquate Maßnahmen durchzuführen. Allerdings stellt die TCO-Analyse eine weitestgehend statische Methode dar. Die Kosten der TCO-Analyse werden zu einem bestimmten Stichtag ermittelt. Wird die TCO-Analyse – wie es die GartnerGroup empfiehlt – jährlich durchgeführt, gewinnt sie zwar an Dynamik, es werden jedoch nur mehrere statische (Stichtags)-Analysen einander gegenüber gestellt. Ferner handelt es sich bei der TCO-Analyse um eine reine Kostenanalyse. Der Nutzen der zu beschaffenden Hard- und Software fließt nicht ein. Dennoch trägt die TCO-Analyse einen entscheidenden Beitrag zur Entwicklung der integrierten Nutzenanalyse der vorliegenden Arbeit bei. Durch die Differenzierung in direkte und indirekte Kosten wird eine Möglichkeit geschaffen, die für die integrierte Nutzenanalyse ebenfalls wesentliche Kostenanalyse abschließend zu gestalten. Die Entwicklung der integrierten Nutzenanalyse des Kapitels 5 beruht – in diesem Sinne – auf den Grundsätzen der TCO-Analyse.

---

190 Vgl. Gabriel/Beier (2003), S. 148 f. i.V.m. Jaeger (2000), S. 471 ff.

Im Modell von **Porter/Miller** werden zur Erfassung des Nutzens von computergestützten Informationssystemen zwei grundsätzliche Problemfelder unterschieden. Porter und Miller weisen auf den Einfluss der Informationstechnologie auf jede physische und jede informelle Aktivität in der Unternehmung und auf den Wettbewerb der Unternehmung mit anderen Unternehmungen – durch Veränderung der Branchenstruktur, durch Schaffung von Wettbewerbsvorteilen und durch Implementierung neuer Geschäftsbereiche – hin.[191] Nach Porter und Miller durchdringt die Informationstechnologie die gesamte Wertschöpfungskette einer Unternehmung. Jede Aktivität benötigt und verwendet in dieser Sichtweise Informationen und bringt neue Informationen hervor.[192] Die erzielten Wettbewerbsvorteile durch die Informationstechnologie können nach Porter wie folgt klassifiziert werden:

	Technological Leadership	**Technological Followership**
Cost Advantage	▪ Pioneer the lowest cost product design ▪ Be the first firm down the learning curve ▪ Create low cost ways of performing value activities	▪ Lower the cost of the product or value activities by learning from the leader´s experience ▪ Avoid R&D costs through imitation
Differentiation	▪ Pioneer a unique product that increases buyer value ▪ Innovate in other activities to increase buyer value	▪ Adapt the product or delivery system more closely to buyer needs by learning from the leader´s experience

Tab. 4-3: Technological Leadership and Competitive Advantage
Quelle: Porter (2004), S. 181.

Aus Tabelle 4-3 geht hervor, dass sich Unternehmungen beim Aufbau ihres computergestützten Informationssystems zwischen der „Technologischen Führung" und der „Technologischen Gefolgschaft" entscheiden. Durch diese Differenzierung wird die Unternehmung in die Lage versetzt, entweder die Kosten zu reduzieren oder sich gegenüber dem Wettbewerb (stärker) zu differenzieren. Nach Porter neigen Unternehmungen dazu, in der Technologischen Führung in erster Linie einen Bezug zur Abgrenzung vom Wettbewerb herzustellen, während die Technologische Gefolgschaft

191 Vgl. Porter/Miller (1986), S. 26 ff.
192 Zur definitorischen Abgrenzung des Begriffs „Information" wird auf Abschnitt 3.2, insbesondere Fußnote 85 verwiesen.

vorwiegend Kostensenkungspotenziale aufweist. Dies ist jedoch nicht immer der Fall. Eine technologisch führende Unternehmung kann durch Innovation, z.B. durch die Einführung eines neuen kostengünstigen Verfahrens, einen Kosten-vorteil erzielen. Ebenso kann eine Unternehmung, die technologisch anderen folgt, eine Technik wirkungsvoller gestalten und sich somit von anderen Unternehmungen differenzieren. Als entscheidendes Kriterium bei der Wahl zwischen diesen beiden Alternativen sieht Porter die Dauerhaftigkeit der technologischen Führerschaft und deren Vorteile bzw. Nachteile. Die Vor- und Nachteile werden von einer Unternehmung jeweils in Relation zu der Alternative eingeschätzt, diese Vorreiterstellung nicht einzunehmen.[193] Porter bzw. Porter und Miller treffen somit keine konkreten Aussagen über den quantitativen Wert der Informationstechnologie. Es ist jedoch darauf hinzuweisen, dass es sich bei dem Ansatz von Porter und Miller – im Gegensatz zu den bisherigen Verfahren – um ein (allgemeines) Modell und um keine (konkrete) Methode handelt.[194] Die Entwicklung realer Bewertungsmaßstäbe stellt somit kein Ziel des Ansatzes dar. Dennoch können durch das Modell von Porter und Miller für die Entwicklung der integrierten Nutzenanalyse wertvolle Rückschlüsse erzielt werden. So kann die Lage der in Abschnitt 4.2.1 erläuterten Indifferenzkurven in entscheidendem Maße vom unterschiedlichen Bestreben einer Unternehmung abhängen. In Abschnitt 5.7.1 wird auf diesen Zusammenhang vertiefend eingegangen.

Das **4-Ebenen-Modell** von Picot und Reichwald dient der Wirtschaftlichkeitsbeurteilung von Investitionsvorhaben in computergestützte Informationssysteme. Picot und Reichwald verwenden ebenso wie Porter und Miller den Begriff des Modells. Da das 4-Ebenen-Modell jedoch in weiten Bereichen auf wohl definierten Methoden beruht, erscheint es dem Autor opportun, das Modell im Sinne einer Methode zu klassifizieren.

---

193 Vgl. Porter (2004), S. 181 ff.
194 Zur Differenzierung der Begrifflichkeiten vgl. Fußnote 178.

Picot und Reichwald unterscheiden in ihrem 4-Ebenen-Modell drei grundsätzliche Untersuchungsphasen:[195]

1. Bestimmung und Analyse von Untersuchungszielen und -objekten.
2. Formulierung und Messung der Wirtschaftlichkeitsindikatoren.
3. Zusammenfassende Wirtschaftlichkeitsbeurteilung.

Die Phasen unterteilen sich in weitere Arbeitsschritte (Schritt 1 bis 9). Die Phase 1 beinhaltet zunächst die Problemdefinition (Schritt 1), gefolgt von der für dieses Modell wesentlichen Ebenenbestimmung (Schritt 2). Hierbei werden vier Analyseebenen differenziert. Auf Ebene I werden ausschließlich die mit dem isolierten Arbeitsplatz verbundenen Aufgaben sowie die arbeitsplatzbezogenen Einrichtungen und Sachmittel betrachtet. Ebene II ergänzt die Analyse um die verbundenen vor- und nachgelagerten Arbeitsplätze. In Ebene III werden die Auswirkungen auf die langfristigen Funktions- und Leistungsfähigkeiten der Gesamtorganisation geprüft. Ebene IV berücksichtigt schließlich die gesamtwirtschaftlichen unternehmungsinternen und -externen Auswirkungen der Aktivitäten, d.h. die Auswirkungen bzw. Konsequenzen eines Investitionsvorhabens auf die Umwelt der Unternehmung werden in die Analyse mit einbezogen. In weiteren Arbeitsschritten werden Alternativen formuliert (Schritt 3) und Situationsanalysen betrieben (Schritt 4). Nach Abschluss dieser ersten Phase widmet sich Phase 2 der Wirtschaftlichkeitsbetrachtung der in Phase 1 identifizierten vier Ebenen (Schritte 5 bis 8).[196] In Phase 3 werden die gewonnenen Einzelergebnisse abschließend zusammengefasst (Schritt 9) und in Form eines Gesamturteils mit Gestaltungsempfehlungen über die Vorteilhaftigkeit des Investitionsvorhabens dargestellt.

Für die Entwicklung der integrierten Nutzenanalyse im 4-Ebenen-Modell von Picot und Reichwald ist die Dekomposition des Untersuchungsgegenstandes in mehrere Ebenen dienlich. Die Komplexität der Analyse kann hierdurch reduziert werden. Dies erleichtert die Bewertung eines Investitionsvorhabens zwar grundsätzlich, da auf

---

195 Vgl. Picot/Reichwald (1985); Picot/Reichwald (1987), S. 95 ff.

196 Die konkrete Umsetzung dieser Wirtschaftlichkeitsbetrachtung wird von Picot und Reichwald nur beispielhaft angeführt.

jeder Ebene gegebenenfalls unterschiedliche Bewertungsmethoden eingesetzt werden können; die Frage nach dem „wie" der jeweilige Nutzen zu quantifizieren ist, beantwortet dieses Modell jedoch nicht. Ebenso erscheint die Betrachtung des Nutzens in den genannten Dimensionen, d.h. die Einbeziehung unternehmungsexterner Ereignisse, zwar theoretisch sinnvoll, sie ist praktisch allerdings nur bedingt umsetzbar. Selbst die Bestimmung des (Gesamt)-Nutzens computergestützter IS nur einer Unternehmung erweist sich als höchst problematisch. Für die Bedarfe der integrierten Nutzenanalyse stellt das 4-Ebenen-Modell von Picot und Reichwald demnach einen interessanten Ansatz dar, kann jedoch kaum zu deren Entwicklung beitragen. Anderseits könnte die integrierte Nutzenanalyse einen „Baustein" der im 4-Ebenen-Modell zur Anwendung kommenden Bewertungsmethoden darstellen.

Das Verfahren von **Sassone/Schwartz** unterscheidet sich wesentlich von dem vorgenannten.[197] Sassone und Schwartz beziehen sich in ihren Ausführungen nicht auf computergestützte Informationssysteme im Allgemeinen, sondern beschränken sich auf die Analyse automatisierter Büroorganisationen.

Zur Steigerung des Wertes dergleichen unterscheiden Sassone und Schwartz zwei Bereiche:

1. Verbesserung der Produktivität der Mitarbeiter.
2. Neue Strukturierung der Aufgaben.

Die Verbesserung der Produktivität der Mitarbeiter hat eine Leistungssteigerung durch Erhöhung des Outputs bei konstantem Zeitverbrauch oder eine Verkürzung des Zeitbedarfs bei Beibehaltung des Status Quo zur Zielsetzung. Die Neustrukturierung der Aufgaben bezieht sich auf die Steigerung der Wirksamkeit der Arbeit durch höherwertige Aufgaben der Mitarbeiter. Sassone und Schwartz unterscheiden demnach verschiedene Wertigkeiten von Arbeit, wobei die Arbeit als solches einen „hedonistischen" Wert darstellt. Der volkswirtschaftlich geprägte Begriff „hedonistisch" ist in diesem Zusammenhang als die durch unterschiedliche Bestandteile mit jeweils verschiedenen Nutzeneffekten zusammengesetzte Arbeit zu verstehen. Diese

197 Vgl. Sassone/Schwartz (1986), S. 83 ff.

sind im Verfahren von Sassone und Schwartz die Arbeit des Mitarbeiters selbst, die Zuarbeiten anderer Mitarbeiter und die unproduktive, nicht genutzte Arbeitszeit. Werden mehrere Mitarbeiter in die Analyse einbezogen, treffen Sassone und Schwartz die Annahme, dass jeder Mitarbeiter zumindest zeitweise im bzw. für den Tätigkeitsbereich eines anderen Mitarbeiters arbeitet.[198] Durch Gewichtung und Addition der einzelnen Teilwerte wird der tatsächliche Wert der Arbeit ermittelt und individuell zugewiesen. Diese hedonistischen Werte können anschließend für jeden einzelnen Mitarbeiter so optimiert werden, dass ein maximaler Wert erzielt wird. Weiterhin unterstellen Sassone und Schwartz die Möglichkeit, die Kapazität von 100% auf z.B. 110% je Mitarbeiter zu erhöhen. Sowohl die Verschiebung innerhalb der einzelnen Tätigkeiten als auch die Erhöhung der Kapazität kann durch die Informationstechnik erfolgen, d.h. durch den Einsatz der Informationstechnik ist eine solche Verschiebung bzw. Erhöhung erst möglich. Das so erzielte Ergebnis weisen Sassone und Schwartz als den Nutzen computergestützter IS in Büroorganisationen aus.

Als vorteilhaft erweist sich das Verfahren von Sassone und Schwartz in Bezug auf seine gute Übertragbarkeit auf die betriebliche Praxis. Ebenfalls positiv ist die Exaktheit der Bewertung zu werten. Die Ergebnisse lassen sich eindeutig ableiten. Allerdings setzt die Erstellung der Arbeitsprofile konkretes Arbeitsmaterial voraus, das meist nur sehr zeitintensiv ermittelt werden kann. Weiterhin kann das Verfahren sehr komplex werden und ist zum Teil nicht einfach nachvollziehbar. Dem Ansatz inhärent ist die Problematik der hedonistischen Arbeitsaufteilung. Sie setzt die Einbeziehung höherwertiger Arbeitsaufgaben in der Untersuchung voraus. Ob dies immer der Fall ist, kann zumindest hinterfragt werden. Grundsätzlich stellt das Verfahren von Sassone/Schwartz jedoch einen bemerkenswerten, wenngleich gänzlich anderen Ansatz zur Messung des Nutzens dar. Für die Belange der integrierten Nutzenanalyse kann es lediglich unterstützend wirken.

---

198 Als Beispiel führen Sassone und Schwartz eine Sekretärin und deren Sachbearbeiter in einer Unternehmung an. Beide arbeiten sowohl für sich selbst, als auch für ihren Vorgesetzten.

Kennzahlenmethoden stellen im engeren Sinne keine eigenen Methoden, sondern vielmehr eine Aggregation verschiedener, zum Teil aus der betriebswirtschaftlichen Lehre auf die Wirtschaftsinformatik abgeleiteter Methoden dar.[199] Diese betriebswirtschaftlichen Methoden werden entsprechend den speziellen Anforderungen adaptiert. Um den Anforderungen der Wirtschaftsinformatik gerecht zu werden, ist hierbei mindestens die Erfüllung nachstehender Bedingungen geboten:

1. Der Untersuchungsgegenstand muss hinsichtlich des Betriebssystems, der Applikation, der Anwender usw. eindeutig bestimmt werden können.
2. Die Kennzahlen müssen eindeutig messbar sein.
3. Die Daten müssen auf derselben Datenbasis beruhen oder sich entsprechend adaptieren lassen.

Sind diese Voraussetzungen erfüllt, lassen sich vielfältige Verfahren zur Beurteilung der Vorteilhaftigkeit von Investitionsvorhaben auf die Bedarfe der Wirtschaftsinformatik übertragen.[200]

Beispielsweise transformieren Laukamm und Walsh die Berechnung der Produktivität:

$$\text{Produktivität} = \frac{\text{Output}}{\text{Input}}$$

in die für die Wirtschaftinformatik nutzbare Kennzahl:[201]

$$\text{Produktivität} = \frac{\text{Leistung}}{\text{Ressourcen (Mitarbeiter/Maschinen)}}$$

Durch Anwendung dieser adaptierten betriebswirtschaftlichen Methoden können die unterschiedlichsten Kennzahlen erhoben werden. So kann bspw. die Ermittlung der Verfügbarkeit eines Systems oder dessen Antwortzeiten angeführt werden. Kennzahlensysteme stellen somit einen wesentlichen Beitrag zur Beurteilung der Vorteilhaftigkeit eines Projektes dar. Sie haben jedoch den Nachteil, dass ihre Anwendung meist erst a Posteriori sinnvoll ist. Zudem können sie nicht das funda-

199 Vgl. Küpper (2005), S. 359 ff.; Brealey et al. (2004), S. 450 ff.
200 Vgl. insbesondere Kütz (2003); Gadatsch/Mayer (2005), S. 135 ff.
201 Vgl. Laukamm/Walsh (1986), S. 101 ff.

mentale Problem der Quantifizierung qualitativer Parameter lösen. Auf Grund ihrer hohen Praxistauglichkeit und ihrer (zumeist) leichten Ermittlung sind sie jedoch für die Entwicklung der integrierten Nutzenanalyse unverzichtbar.

Nach diesen Ausführungen zu den ein- und wenigdimensionalen Bewertungsverfahren widmet sich der folgende Abschnitt 4.3 den mehrdimensionalen Verfahren. Sie gehen über die genannten Bewertungsverfahren hinaus und erheben für sich den Anspruch der vollständigen Erfassung des Nutzens eines Investitionsvorhabens.

4.3 Mehrdimensionale Bewertungsverfahren zur Bestimmung des Nutzens

Mehrdimensionale Bewertungsverfahren bezeichnen Verfahren, die mehrere Bewertungskriterien zur Entscheidungsfindung heranziehen. Sie gehen über die ein- und wenig dimensionalen Verfahren des vorstehenden Abschnitts 4.2 hinaus. Neben quantitativen Parametern fließen auch qualitative Parameter in die Bewertung ein. Hierzu werden die Untersuchungsgegenstände zumeist einer Punktbewertung unterzogen, d.h. sowohl die quantitativen als auch die qualitativen Ausprägungen eines Untersuchungsgegenstandes werden in ein einheitliches und somit vergleichbares Verfahren einbezogen. Die bekanntesten, dem Bereich der Wirtschaftswissenschaft zuzuordnenden, mehrdimensionalen Bewertungsverfahren sind die Nutzwertanalyse und die Balanced Scorecard. Im nachstehenden Abschnitt 4.3.1 werden beide Verfahren in der gebotenen Tiefe erläutert. Analog zu Abschnitt 4.2.2 werden diese Ausführungen durch die in Abschnitt 4.3.2 angeführten Bewertungsverfahren ergänzt. Hierbei handelt es sich um zwei ausgewählte, auf die Bedarfe der Wirtschaftsinformatik transformierte, mehrdimensionale Verfahren, die sich in besonderer Weise zur Bewertung des Nutzens von computergestützten Informationssystemen eignen. Beide Bewertungsverfahren tragen die Bezeichnung Nutzenanalyse. Um sie unterscheiden zu können, werden sie im Folgenden mit der Bezeichnung „Nutzenanalyse" und „Nutzenanalyse nach Nagel" benannt.

4.3.1 Ausgewählte Methoden der Wirtschaftswissenschaft

Gegenstand des Abschnitts 4.3.1 sind Ausführungen zu ausgewählten mehrdimensionalen Bewertungsverfahren der Wirtschaftswissenschaft. Im Besonderen werden die Nutzwertanalyse und die Balanced Scorecard angeführt. Die thematische Einordnung der Balanced Scorecard in den vorliegenden Abschnitt fällt – im Gegensatz zur Nutzwertanalyse – jedoch schwer. Einerseits handelt es sich bei der Balanced Scorecard um ein Bewertungsverfahren, das der Wirtschaftswissenschaft, insbesondere der Betriebswirtschaftslehre dient, andererseits stellt die Balanced Scorecard einen Ansatz dar, der vollständig auf die Bedarfe computergestützter Informationssysteme adaptiert werden kann und demnach zum nachfolgenden Abschnitt 4.3.2 zu zählen wäre. Zudem ist die Balanced Scorecard grundsätzlich eine Methode zu Planung unternehmerischen Handelns.[202] Ungeachtet dessen ist sie für die Bedarfe der integrierten Nutzenanalyse von großer Bedeutung und unterstützt die Konzeption dergleichen. Aus diesem Grund wird die Balanced Scorecard in dieser Ausarbeitung und in diesem Abschnitt angeführt. Sie bildet jedoch zugleich den Übergang zu den mehrdimensionalen Bewertungsverfahren zur Bestimmung des Nutzens computergestützter Informationssysteme des folgenden Abschnitts. Die nachstehende Bearbeitung der angeführten Verfahren erfolgt in der genannten Reihenfolge.

Die **Nutzwertanalyse** kann nach Mag bzw. Zangemeister als die „Analyse einer Menge komplexer Handlungsalternativen mit dem Zweck, die Elemente dieser Menge entsprechend den Präferenzen des Planers bzw. Entscheidungsträgers bezüglich eines multidimensionalen Zielsystems zu ordnen“[203], definiert werden. Ziel der Nutzwertanalyse ist die zeitgleiche und effiziente Erfassung mehrerer Bewertungskriterien (Multikriterienverfahren) eines Untersuchungsgegenstandes.[204]

202 Vgl. Gaiser/Greiner (2004), S. 124 ff.
203 Mag (1995), S. 91 in Anlehnung an Zangemeister (1976).
204 Eine sehr ausführliche Darstellung der Nutzwertanalyse findet sich u.a. bei Hoffmeister. Vgl. Hoffmeister (2000), S. 278 ff.

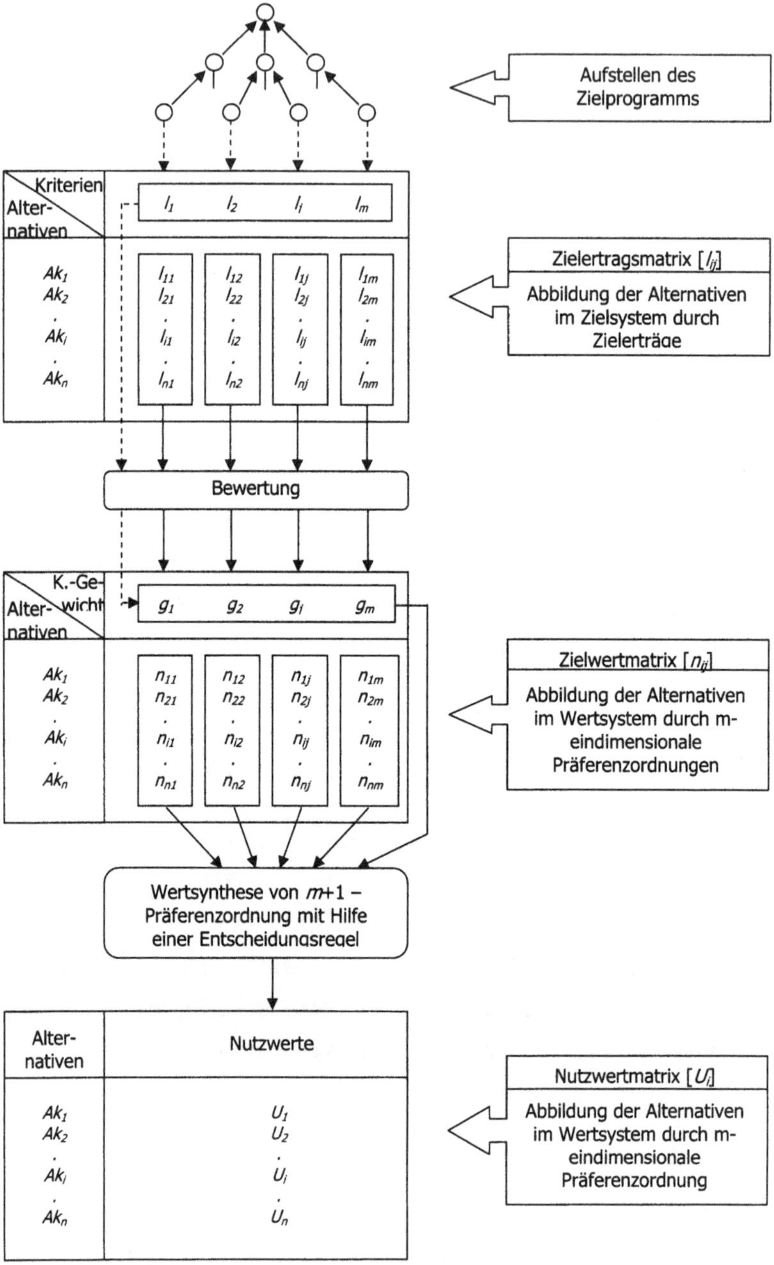

Abb. 4-4: Elemente und Schritte der Nutzwertanalyse

in Anlehnung an: Mag (1995), S. 94.

Aus Abbildung 4-4 geht der Aufbau der Nutzwertanalyse hervor. Zunächst werden die zu erreichenden (wünschenswerten) Zielkriterien l_j (mit: $j=1,...,m$) des betrachteten Vorhabens und die verschiedenen Handlungsalternativen Ak_i (mit: $i=1,...,n$) ermittelt und in die Zielertragsmatrix $Lm=(l_{ij})$ übertragen. Anschließend wird jedes Bewertungskriterium gewichtet (Gewicht g, mit: $0 \leq g \leq 1$), um der Relevanz der bewerteten Kriterien zur Zielerreichung zu entsprechen. Zur Vergleichbarkeit der verschiedenen Werte werden die ermittelten Daten in Nutzenziffern transformiert. Diese Nutzenziffern stellen zugleich die Zielbeiträge der Zielwertmatrix (n_{ij}) dar. Die so ermittelten Einzelwerte werden für jede Handlungsalternative summiert und in einer Nutzwertmatrix (U_i) abgebildet. Folglich kann jeder Alternative (Ak_i) ein individueller Nutzwert zugerechnet werden. Der Nutzwert mit der höchsten Kennzahl, d.h. mit dem maximalen Gesamtnutzen stellt diejenige Alternative dar, die gewählt werden sollte.[205]

Die Nutzwertanalyse ist ein geeignetes Verfahren zu Beurteilung von Handlungsalternativen unter Einbeziehung quantitativer und qualitativer Parameter. Die erzielten Ergebnisse hängen jedoch in entscheidendem Maße von den gewählten Bewertungskriterien, den Kriteriengewichten und den Transformationsregeln zur Erzeugung der Nutzenziffern ab. Rein objektive Entscheidungen können demzufolge kaum getroffen werden. Dennoch stellt die Nutzwertanalyse eine wesentliche Weiterentwicklung bisheriger Methoden dar. Der Ansatz der Erfassung von sowohl quantitativen als auch qualitativen Parametern wird in Kapitel 5 zur Entwicklung der integrierten Nutzenanalyse aufgegriffen und begründet einen fundamentalen Bestandteil dergleichen.

Die **Balanced Scorecard (BSC)** nach Kaplan und Norton überwindet – in Analogie zur Nutzwertanalyse – die „Eindimensionalität" der Untersuchung und bezieht neben den quantitativen auch die qualitativen Parameter in die Analyse ein. Die Balanced Scorecard geht somit über den rein finanziellen Fokus vieler Analysemethoden

205 Vgl. Kuhn (1990), S. 43 ff.; Mag (1995), S. 91 ff.

hinaus, d.h. die eher vergangenheitsorientierten finanziellen Kennzahlen werden „um die treibenden Faktoren zukünftiger Leistungen"[206] – den Zeitbedarfen, der Qualität und der Kundenzufriedenheit – ergänzt. Zugleich ermöglicht die Balanced Scorecard die Verbindung der strategischen mit der operativen Ebene einer Unternehmung (Top-Down-Ansatz).[207] Auf Grund dessen gewährleistet die Balanced Scorecard die operative Umsetzung strategisch relevanter Geschäftsprozesse.[208] Kaskadierende Scorecards sorgen dabei für die notwendige Transparenz.

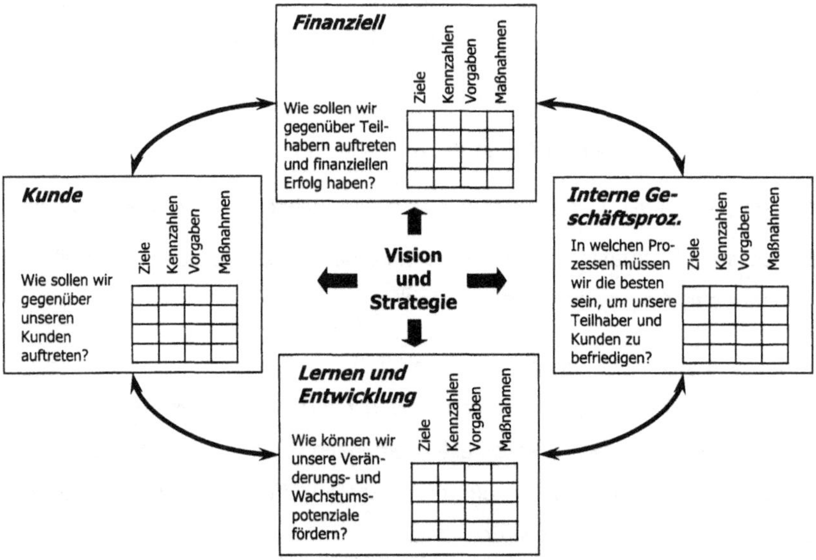

Abb. 4-5: Die Balanced Scorecard bildet den Rahmen zur Umsetzung einer Strategie in operative Größen

Quelle: Kaplan/Norton (1997), S. 9.

206 Kaplan/Norton (1997), S. 8.

207 Vgl. Speckbacher/Pfneissl (2004), S. 107 ff.; Priller/Rathnow (2004), S. 102 ff.; Weigand (1998).

208 In der Balanced Scorecard werden zwei Arten von Maßgrößen unterschieden: nachlaufende Ergebnisgrößen (auch: result measures, Spätindikatoren) und vorlaufende Treibergrößen (auch: process measures, Frühindikatoren). Erstere Maßgrößen sind vergangenheitsorientiert und reflektieren das Ergebnis bzw. die Ergebnisse konkreter Handlungsmaßnahmen. Die letztgenannten Größen sind hingegen gegenwartsorientiert und werden erst während des laufenden Prozesses der Balanced Scorecard ermittelt. Vgl. Pietsch (2003), S. 105.

Abbildung 4-5 stellt die Balanced Scorecard nach Kaplan und Norton schematisch dar. Ausgehend von der Vision und/oder Strategie einer Unternehmung werden die vier Perspektiven: Finanzielle Perspektive, Kundenperspektive, Interner Geschäftsprozess und Lernen und Entwicklung formuliert. Die finanzielle Perspektive kann hierbei als übergeordnete Perspektive bezeichnet werden. Sie stellt den Fokus der anderen drei Perspektiven dar, d.h. die Kennzahlen und die Ziele der anderen Perspektiven sind auf sie ausgerichtet. Die strategische Zielsetzung der finanziellen Perspektive transformiert die Zielstellungen der Unternehmung zudem auf die den Anteilseignern zugängliche Ebene. Weiterhin verdeutlicht die finanzielle Perspektive, inwieweit die Implementierung der Strategie zur Erreichung der Ziele der Unternehmung beiträgt.[209]

Die Kundenperspektive reflektiert die strategischen Ziele der Unternehmung auf die unternehmungsspezifischen Kunden- und Marktsegmente. So können die Kundenzufriedenheit, -treue, -erhaltung, -akquisition und -rentabilität der Zielkunden untersucht werden. Ziel ist die Gewinnung von (ergänzenden) Informationen über den Kunden, da nur die Kunden, die die Produkte und/oder Dienstleistungen der Unternehmung kaufen, derselben einen finanziellen Erfolg zuführen. Die Kundenperspektive der Balanced Scorecard setzt somit die Unternehmungsstrategie in spezifische Ziele in Bezug auf Zielkunden und Marktsegmente um.[210]

Die interne (Geschäfts)-Prozessperspektive dient der Identifikation der wesentlichen Unternehmungsprozesse, die für das Erreichen der Ziele von Kunden und Anteilseignern erfolgskritisch sind.[211] Die Zielsetzung der Unternehmung besteht sowohl in der Verbesserung der bestehenden Prozesse als auch in der strategischen Ausrichtung derselben auf die in der Finanz- und Kundenperspektive definierten Ziele.[212]

---

209 Vgl. Kaplan/Norton (1997), S. 46 ff.
210 Vgl. Kaplan/Norton (1997), S. 62 ff.
211 Vgl. Pietsch (2003), S. 107.
212 Vgl. Kaplan/Norton (1997), S. 89 ff.

Die verbleibende Perspektive „Lernen und Entwicklung"[213] stellt die Grundlage zur Erreichung der Ziele der anderen drei Perspektiven dar. Sie dient der Entwicklung der notwendigen Infrastruktur durch die Gestaltung der drei Faktoren: Personal, Prozesse und Systeme, d.h. dass die Potenziale der Mitarbeiter im Sinne einer zielgerichteten Nutzung ihres Wissens (Mitarbeiterpotenzial), die Potenziale der Informationssysteme und die Motivation, Empowerment und Zielausrichtung der Mitarbeiter unter Berücksichtigung der anderen drei Perspektiven entwickelt werden sollten.[214]

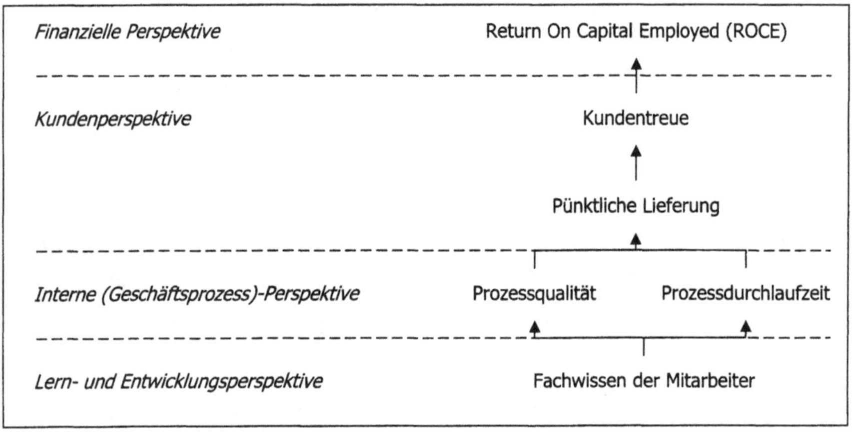

Abb. 4-6: Ursache-Wirkungskette in der BSC
Quelle: Kaplan/Norton (1997), S. 29.

Werden die vier Perspektiven der Balanced Scorecard in einen kausalen Ursache-Wirkung-Zusammenhang gestellt, ergeben sich die in Abbildung 4-6 dargestellten Abhängigkeiten. Die Lern- und Entwicklungsperspektive bildet hier das Fundament, auf der die interne (Geschäftsprozess)-Perspektive mit ihren Ausprägungen Prozessqualität und Prozessdurchlaufzeit aufbaut. Hierauf basiert die Kundenperspektive. Sie ist durch eine pünktliche Lieferung (just-in-time) und die Kundenbindung bzw.

---

213 Auch: Potenzialperspektive.
214 Vgl. Kaplan/Norton (1997), S. 121 ff.

Kundentreue gekennzeichnet. Diese zunächst nicht-monetären Parameter beeinflussen die finanzielle Situation der Unternehmung. Abschließend wird in der finanziellen Perspektive der Return on Capital Employed errechnet.[215]

Nach Kaplan und Norton ist die Balanced Scorecard eine flexible Methode. Sie ist nicht auf die vier genannten Perspektiven beschränkt, sondern kann um weitere Perspektiven erweitert (oder eingeschränkt) werden.[216] Für die Bedarfe des Informationsmanagements bzw. des IT-Controlling kann es zweckmäßig sein, eine fünfte Perspektive zur Bewertung der Lieferanten einzufügen (Lieferantenperspektive). Im Falle des Outsourcing oder der Vereinbarung von Leasingverträgen (bspw. in Form eines Service-Level-Agreements, SLA) mit externen IV-Dienstleistern wäre dies folgerichtig.[217] Ferner erscheint es sinnvoll, die Balanced Scorecard um eine Innovationsperspektive zu erweitern. Die zukünftige Wettbewerbsfähigkeit einer Unternehmung hängt – wie aus dem Modell von Porter und Miller hervorgeht (vgl. Abschnitt 4.2.2) – u.a. von der kontinuierlichen Weiterentwicklung der Informationstechnologie ab.[218] Die den vier (ursprünglichen) Perspektiven zu Grunde liegenden Fragestellungen können problemlos auf diese speziellen Bedarfe angepasst werden. Beispielhaft sei die Fragestellung nach dem Anteil, den die Informationstechnologie zur Erreichung der Gesamtstrategie einer Unternehmung beitragen kann, angeführt.[219]

Die Balanced Scorecard stellt somit ein bemerkenswertes Instrumentarium zur Erfassung quantitativer und qualitativer Parameter dar. Die Dekomposition des Untersuchungsgegenstandes in unterschiedliche Perspektiven ermöglicht eine realitätsnahe Form der Analyse. Zugleich verbindet die Balanced Scorecard die strategische mit der operativen Hierarchieebene einer Unternehmung. Dies ermöglicht

215 Zur Berechnung des Capital Employed vgl. Steffen (2000), S. 379.
216 Vgl. Tewald (2000), S. 628.
217 Vgl. Werners/Slaghuis (2004), S. 352 ff.; Jäger-Goy (1999), S. 12.
218 Vgl. Kütz (2002), S. 51 ff.
219 In der Literatur finden sich zahlreiche Ansätze, die die Balanced Scorecard auf die Bedarfe der Informationstechnologie übertragen. Der geneigte Leser sei insbesondere auf die Ausführungen von Bernhard aus dem Jahr 2002, Tewald und Weber/Schäffer verwiesen. Weiterhin wird der Einsatz der Balanced Scorecard in der IT zunehmend computergestützt realisiert. Zur Vertiefung dieser Problematik eignet sich die Veröffentlichungen von Bernhard, 2002a und/oder Haack/Sturm. Vgl. Bernhard (2002), S. 237 ff.; Tewald (2000), S. 621 ff.; Weber/Schäffer (2000); Bernhard (2002a), S. 279; Haack/Sturm (2002), S. 293.

die Umsetzung der Unternehmungsziele in konkrete Maßnahmen. Schließlich ist die Anpassbarkeit der Balanced Scorecard an die Bedarfe der jeweiligen Unternehmung – auch unter Berücksichtigung des IT-Controlling – als äußerst positiv zu werten. Keine andere Methode weist eine solche Flexibilität unter gleichzeitiger Wahrung der operativen Umsetzung der Unternehmungsstrategie auf. Kirsch et al. weisen jedoch auf ein der Balanced Scorecard inhärentes Dilemma hin: „Je häufiger die konzeptionelle Gesamtsicht in Frage gestellt wird, desto größer ist die Gefahr, dass das hinter dieser Gesamtsicht stehende Commitment einer Erosion unterliegt und nicht mehr ernst genommen wird."[220] Der zu häufige Einsatz und die damit einhergehende häufige Verbindung der strategischen mit der operativen Ebene können demnach zu einem Problem für die Formulierung der konzeptionellen Gesamtsicht der Unternehmung führen. Dessen ungeachtet leistet die Balanced Scorecard für die in Kapitel 5 zu entwickelnde integrierte Nutzenanalyse einen wesentlichen Beitrag. Die Dekomposition des Untersuchungsgegenstandes in finanzielle und nicht-finanzielle Aspekte unter zeitgleicher integrierter Betrachtung der strategischen und der operativen Hierarchieebene und – nicht zuletzt – die Möglichkeiten der flexiblen Anpassbarkeit auf die individuellen Bedarfe einer Unternehmung dienen bei der Konzeption der integrierten Nutzenanalyse als Orientierungsgröße.

In Ergänzung zu diesen mehrdimensionalen Bewertungsverfahren der Wirtschaftswissenschaft werden im anschließenden Abschnitt 4.3.2 zwei ausgewählte mehrdimensionale Bewertungsverfahren zur Bestimmung des Nutzens von computergestützten Informationssystemen erarbeitet. Da beide Verfahren – wie angeführt – die Bezeichnung Nutzenanalyse tragen, werden sie nachstehend durch die Bezeichnungen „Nutzenanalyse" und „Nutzenanalyse nach Nagel" differenziert.

4.3.2 Ausgewählte Methoden mit besonderer Eignung zur Bewertung von computergestützten Informationssystemen

Die nachstehenden ausgewählten mehrdimensionalen Bewertungsverfahren zur Bestimmung des Nutzens stellen die Bewertung computergestützter Informations-

220 Kirsch et al. (1979), S. 324.

systeme in den Mittelpunkt der Analyse. Sie sind dem Themengebiet der Wirtschaftswissenschaft zuzuordnen und dienen hierbei insbesondere den Bedarfen der Wirtschaftsinformatik. Die Erarbeitung der Verfahren erfolgt in der Reihenfolge: „Nutzenanalyse" und „Nutzenanalyse nach Nagel".

Die **Nutzenanalyse** basiert auf keinem, bspw. der Nutzwertanalyse vergleichbarem Punktwertverfahren, sondern bewertet mögliche Investitionsalternativen an Hand der subjektiven Einschätzungen ihrer Realisierbarkeit. Die Bewertung dieser Alternativen erfolgt in mehreren Stufen. Es wird grundsätzlich zwischen Nutzenkategorien und Realisierungschancen differenziert.

Die Nutzenkategorien unterscheiden sich in die drei Bereiche:

1. Direkter Nutzen (Nutzenkategorie I),
2. Relativer Nutzen (Nutzenkategorie II),
3. Schwer fassbarer Nutzen (Nutzenkategorie III).

Die Nutzenkategorie I dient der Ermittlung von Einsparpotenzialen bereits bestehender Kosten.[221] Die Bestimmung dieser Kosten stellt im Allgemeinen keine besondere Problemstellung dar. Die Erfassung der Kosten im Sinne der Nutzenkategorie II verursacht hingegen größere Schwierigkeiten. Der relative Nutzen bezieht sich auf die Möglichkeiten der Ermittlung zukünftiger Einspareffekte, d.h. zukünftiger Kostenreduktionen durch das Investitionsvorhaben. Beispielhaft kann die Optimierung von Prozessabläufen angeführt werden. Zur Bewertung des relativen Nutzens sind Schätzungen oder Vergleiche mit den jeweiligen Ist-Zuständen aufzustellen. Die Nutzenkategorie III bezeichnet schließlich den schwer fassbaren Nutzen. Sie bezieht sich auf die nicht unmittelbar messbaren Vorteilhaftigkeiten von Investitionsalternativen. Die Nutzenkategorie III beschreibt somit die möglichen Nebeneffekte, die aus einem Investitionsvorhaben resultieren können. Diese Vorteilhaftigkeiten können zum Teil in immateriellen Vorteilen für die Unternehmung liegen. Ihre Erfassung und (monetäre) Bewertung stellt den Entscheidungsträger jedoch vor

221 Die zu ermittelnden Kosten sind bspw. Kosten des Personals, Maschinenkosten, Materialkosten und/oder Raumkosten.

zum Teil unüberwindbare Hindernisse. Beispielhaft kann eine erhöhte Datensicherheit durch eine prozessuale Neuausrichtung angeführt werden. Der Nutzen einer solchen Maßnahme ist kaum bestimmbar.

Nach dieser Differenzierung werden in einem zweiten Schritt die drei Nutzenkategorien hinsichtlich ihrer Realisierbarkeit bewertet. Die drei Dimensionen Hoch, Mittel und Gering bezeichnen hierbei den Grad ihrer Realisierungsmöglichkeiten. Die Zuordnung der Nutzenkategorien zu den Stufen der Realisierbarkeit sollte grundsätzlich individuell verfolgen. In Ausnahmefällen, in denen die Zuordnung (große) Probleme bereitet, kann die sogenannte Standardaufteilung verwendet werden. Bei der Standardaufteilung erfolgt die Einstufung nach der Wertigkeit der Nutzenkategorie und der Gruppierung nach Realisierungschancen.

Nutzenkategorie \ Realisierungschance (in T€)		Hoch	Mittel	Gering
I	Direkter Nutzen	1	3	6
II	Relativer Nutzen	2	5	8
III	Schwer fassbarer Nutzen	4	7	9

Tab. 4-4: Standardaufteilung bei der Nutzenanalyse
in Anlehnung an: Nagel (1990), S. 76.

Wie aus Tabelle 4-4 hervorgeht, wird bei Verwendung der Standardaufteilung davon ausgegangen, dass die größte Realisierungschance bei der Nutzenkategorie I/Hoch und die geringste bei der Nutzenkategorie III/Gering liegt. Zwischen diesen beiden Eckwerten wird unterstellt, dass das Risikogefälle zwischen den Nutzenkategorien I, II und III geringer ist als das zwischen den Realisierungschancen Hoch, Mittel und

Gering. Entsprechend erfolgt die Reihenfolge der Umsetzung der Nutzenanalyse in der Arbeitsschrittfolge 1 bis 9. Tabelle 4-5 visualisiert dieses Vorgehen in sequenzieller Form:[222]

Direkter Nutzen	1		3			6			
Relativer Nutzen		2			5			8	
Schwer fassbarer Nutzen				4			7		9

Tab. 4-5: Sequenzielle Abfolge der Nutzenanalyse
in Anlehnung an: Nagel (1990), S. 83.

Die Standardaufteilung bezeichnet somit die Reihenfolge der Arbeitsschritte, geordnet nach ihren Realisierungschancen. Schritt 1 ist am besten/leichtesten zu bewerten und besitzt die besten Realisierungschancen und ist daher vorrangig, d.h. als erster Arbeitsschritt umzusetzen; gefolgt von Arbeitsschritt 2 usw. Der Arbeitsschritt 9 bezeichnet hingegen einen kaum fassbaren Nutzen mit einer (sehr) geringen Realisierungschance. Konsequenter Weise sollte dieser neunte Arbeitsschritt als letzter bearbeitet werden, da er die geringsten Erfolgsaussichten mit voraussichtlich großen Aufwänden bezeichnet.[223]

Im Anwendungsfall werden die verschiedenen Untersuchungsbereiche entsprechend dem beschriebenen Vorgehen den drei Nutzenkategorien und den entsprechenden Realisierungschancen zugewiesen. Anschließend werden die erzielten Ergebnisse in einer Tabelle zusammengefasst. Werden im Sinne eines Investitionsvorhabens mehrere Jahre abgebildet, können diese ebenfalls in das Nutzen-Sammelblatt integriert werden. Hierdurch stehen dem Entscheidungsträger in der Unternehmung

---

222 Vgl. IBMUSA (1981).
223 Vgl. Zeigermann (1984).

die Ausgangswerte für Wirtschaftlichkeitsberechnungen zur Verfügung. Im Wesentlichen kann der Entscheider Rückschlüsse über:

- den Nutzen im ungünstigsten Fall;
- den maximal erzielbaren Nutzen;
- die akkumulierten Werte jeder Realisierungsstufe, d.h. die Kumulation der Werte im Zeitverlauf;
- den Zeitpunkt des Break-Even-Points, bei welchem der Nutzen (nicht: Erträge) die zu erwartenden Kosten übersteigt,

eines Investitionsvorhabens erzielen.[224]

Somit stellen sich die einzelnen Teilschritte der Nutzenanalyse zusammenfassend wie folgt dar:

1. Erfassung und Auflistung der Vorteile einer Handlungsalternative.
2. Zuordnung der ermittelten Vorteile zu den Nutzenkategorien I, II und III.
3. Ermittlung und Zuordnung der individuellen Realisierungschancen.
4. Einordnung der Werte in die Nutzenmatrix (hier: Zuordnung zu den Arbeitsschritten 1 bis 9).
5. Ermittlung des Nutzens für jedes Nutzenfeld.
6. Graphische Abbildung des Nutzenverlaufs.
7. Einarbeitung des Kostenverlaufs in Punkt 6.
8. Ermittlung des Break-Even-Points bzw. der Break-Even-Points bei mehreren Investitionsalternativen.

Die Vorteile der Nutzenanalyse liegen in der Erfassung des Nutzens unter gleichzeitiger Gewichtung ihrer (jeweiligen) Realisierungschance. Die Nutzenanalyse ermöglicht eine sehr umfangreiche Bewertung des Nutzens durch Einbeziehung des direkten, relativen und schwer fassbaren Nutzens. Die Einteilung in die Realisierungschancen Hoch, Mittel und Gering sind – zumindest für die Praxis – ausreichend. Schließlich erweist sich die Berücksichtigung des Zeitverlaufs bis zur Erreichung des

224 Vgl. Nagel (1990), S. 77 ff.

Break-Even-Points zwischen Kosten und Nutzen als sinnvoll. Die Nutzenanalyse stellt somit eine äußerst umfassende Bewertungsmethode dar. Die Komplexität der Methode stellt den Entscheidungsträger jedoch bei umfangreichen Investitionsvorhaben vor zum Teil große Umsetzungsprobleme. Sowohl die Erfassung des jeweiligen Einzelnutzens als auch die Ermittlung der individuellen Zeitbedarfe können sich als äußerst komplex erweisen. Zudem ist die in der Standardaufteilung starre Festlegung der Rangfolge der Arbeitsschritte 1 bis 9 kritisch zu hinterfragen. Die Nutzenfelder können nicht gemäß der speziellen Bedarfe einer Unternehmung gewichtet werden. Schließlich eignet sich die Nutzenanalyse (ausschließlich) für Investitionsvorhaben, deren Zielsetzung sich auf mögliche Einspareffekte gegenwärtiger und/oder zukünftiger Vorhaben beschränkt. Die Realisierung von Wettbewerbsvorteilen durch den Einsatz neuer Technologien kann unter Zuhilfenahme der Nutzenanalyse nicht erfolgen. Die Nutzenanalyse ist jedoch eine der ersten Methoden, die konsequent den Nutzen eines Investitionsvorhabens analysiert. In diesem Sinne stellt sie ein Leitbild der in Kapitel 5 entwickelten integrierten Nutzenanalyse dar.

Die **Nutzenanalyse nach Nagel** geht – in Analogie zur Nutzenanalyse – über die zuvor erarbeiteten Methoden hinaus. Nagel stellt die Ermittlung des Nutzens in den Kontext der Möglichkeiten der Schaffung von strategischen Wettbewerbsvorteilen einer Unternehmung durch den Einsatz computergestützter Informationssysteme. Hierzu unterscheidet Nagel fünf Arbeitsschritte:[225]

1. Ermittlung der Qualität der IS (technischer Status).
2. Unterstützung der Erfolgsfaktoren der IS.
3. Erarbeitung der strategischen Vorteile der IS.
4. Festlegung der IS-Aktivitäten.
5. Kosten-Nutzen-Analyse.

Die Ermittlung der Qualität der computergestützten Informationssysteme (Schritt 1) bezieht Nagel auf den technischen Status dergleichen. Nagel führt sechs durch empirische Untersuchungen erzielte Faktoren, die den Erfolg einer Unternehmung

225 Vgl. Nagel (1990), S. 165 ff.

entscheidend beeinflussen, an: Geschäftsgrundsätze und Ziel-/Kontrollsysteme, strategieorientierte Organisation, verstärkte Nutzung des Mitarbeiterpotenzials, adäquates Führungssystem und praktizierte Kundennähe. Die Integration dieser Erfolgsfaktoren ist durch die Kundenorientierung und die Informationssysteme der Unternehmung gegeben.[226] Die Qualität der computergestützten IS, die diese Erfolgsfaktoren unterstützen, ist für eine Unternehmung von großer Bedeutung und daher zu erfassen. Deren Messung kann nach Nagel an Hand eines „beliebigen" Phasenmodells erfolgen. Beispielhaft führt er die Phasen: Start, Ausweitung, Konsolidierung, Wachstum und Integration an und stellt sie unter Zuhilfenahme einer Matrix – im Kontext der Bedarfe der computergestützten IS – den adaptierten Erfolgsfaktoren: IS-Strategie, IS-Planung, IS-Führung und Organisation, Daten, Anwendungen und Produktion gegenüber. Jede dieser Phasen wird anschließend gemäß ihrer Qualität beurteilt. Beispielhaft kann der Grad der Verfügbarkeit der Produktion angeführt werden.[227]

Anschließend wird in Schritt 2 der Grad der Unterstützung der Erfolgsfaktoren durch die Informationssysteme analysiert, d.h. es werden Berechnungen aufgestellt, in wieweit u.a. die Informationstechnologie zum Erfolg der Unternehmung beiträgt. Hierzu werden die Erfolgsfaktoren gewichtet und mit Hilfe der sogenannten Vernetzungsanalyse[228] dargestellt. Der Entscheidungsträger wird hierdurch in die Lage versetzt, essenzielle Faktoren vorrangig zu bearbeiten.[229]

In einem dritten Schritt werden die strategischen Wettbewerbsvorteile, die durch computergestützte IS erzielt werden können, analysiert. Die Grundlagen hierfür sieht Nagel insbesondere in den Bereichen Unternehmungsstrategie, Wertschöpfungskette, Erfolgsfaktoren, neue Prozesse mit Lieferanten, neue Prozesse mit Kunden und

---

226 Die Ausführungen von Nagel decken sich in diesem Punkt mit denen von Porter. Letzterer führt zur Erzielung der Kundenbindung die Ausrichtung der Unternehmung in die Bereiche: Kostenführerschaft, Differenzierung und Nischenstrategie an. Durch Anpassungen der Unternehmung, ausgehend von der Kostenführerschaft hin zur Differenzierung, stellt sich die Unternehmung zunehmend auf die Bedarfe der Kunden ein (Kundenorientierung). Vgl. Porter (2004), S. 37 ff.

227 Vgl. Nagel (1990), S. 170 ff.

228 Zur Vernetzungsanalyse vgl. Nagel (1990), S. 182 ff.

229 Vgl. Nagel (1990), S. 178 ff.

Erschließung neuer Märkte. Die Definition neuer Prozesse mit Kunden – mit der Zielsetzung einer erhöhten Kundenorientierung – bedingt bspw. die Senkung der Kosten der Geschäftsprozesse und die Erhöhung der Qualität und der Flexibilität der Prozesse.[230]

Um den Nutzen dieser Aktivitäten festzustellen, wird in Schritt 4 festgelegt, in welcher Reihenfolge deren Erarbeitung erfolgen soll, d.h. die IS-Aktivitäten werden – durch die Unternehmungsstrategie beeinflusst – einer Priorisierung unterzogen. Hierbei wird insbesondere auf die unterschiedlichen Reifegrade der einzelnen IS-Funktionen und die gegenwärtigen Engpässe Bezug genommen.[231]

Schließlich folgen in Schritt 5 die Kalkulation der Kosten und des Nutzens der computergestützten IS. Zur Bestimmung dieser Größen unterscheidet Nagel die folgenden sechs Teilschritte:

1. Ermittlung der „Muss-Investition".
2. Priorisierung der „Muss-Investition".
3. Aufstellung einer Argumenten-Bilanz.
4. Ermittlung der Wertansätze des Brutto-Nutzens durch das Erarbeiten von Leistungskriterien.
5. Abschätzen des Risikos.
6. Ermittlung des Netto-Nutzens.

Teilschritt 1 dient der Ermittlung der notwendigen IS-Investitionen. Durch die Bewertung der Realisierungschancen der Investition und ihrer Unterstützung der Erfolgsfaktoren können Muss-Investitionen, wirtschaftlich zu überprüfende Investitionen und technisch/organisatorisch zu verfolgende Investitionen differenziert werden. Muss-Investitionen sind existenznotwendige Investitionen einer Unternehmung. Sie tragen entscheidend zum Erfolg bei. Sofern sich die Kosten vertreten lassen, bedürfen sie daher keiner weiteren Analyse. Wirtschaftlich zu überprüfende Investitionen sind hingegen Investitionen, die eine exakte Nutzenbetrachtung

230 Vgl. Nagel (1990), S. 185 ff.
231 Vgl. Nagel (1990), S. 192 ff.

erfordern. Nur Investitionen, die vorteilhaft für die Unternehmung sind, sind zu realisieren. Technisch/organisatorisch zu verfolgende Investitionen sind schließlich solche, die erst bei einer Verbesserung ihrer Realisierungsmöglichkeiten berücksichtigt werden sollten. Die Bewertung der Alternativen kann bspw. unter Zuhilfenahme von oben genannten Kennzahlenmethoden (Abschnitt 4.2.2) erfolgen. Nach der Ermittlung der Muss-Investitionen werden diese in Teilschritt 2 einer Priorisierung unterzogen. Als Instrument zur Aufstellung der Rangfolge hinsichtlich der Realisierung der Investition kann u.a. die im Abschnitt 4.3.1 (Mehrdimensionale Bewertungsverfahren) erläuterte Nutzwertanalyse dienen. Als Entscheidungskriterium für die Rangfolge der Alternativen können die durch die Investition erzielbaren strategischen Vorteile herangezogen werden. Im dritten Teilschritt werden qualitative Faktoren in die Bewertung einbezogen. Es sind sowohl Vorteile und Nachteile, als auch fördernde Faktoren und hemmende Faktoren in die Bewertung aufzunehmen und einander gegenüber zu stellen. Positiv kann sich bspw. eine Erhöhung der Qualität oder ein besserer und schnellerer Informationsfluss auswirken; negativ sind ein eventueller Akzeptanzverlust der Mitarbeiter oder Verständnisprobleme in der Handhabung der neuen Informationstechnik bspw. eines PC`s zu bewerten. Der Teilschritt 4 dient der quantitativen Ermittlung der Wertansätze des Brutto-Nutzens durch die Erarbeitung von Leistungskriterien. Grundsätzlich sind empirisch ermittelte Werte den einzelnen Leistungskriterien zuzuordnen. Kann oder soll dies nicht geschehen, müssen (unternehmungs)-individuelle Ansätze gefunden werden. Einen möglichen Ansatz zur Ermittlung des Brutto-Nutzens wurde mit dem Modell von Sassone und Schwartz (Abschnitt 4.2.2) vorgestellt. Durch leichte Adaption kann das Modell angepasst werden.

Nachfolgende Tabelle 4-6 verdeutlicht dieses Vorgehen beispielhaft. Es geht hervor, dass der Brutto-Nutzen in fünf Schritten ermittelt wird. Zunächst sind alle direkt messbaren Kosteneinsparungen aufzunehmen. Anschließend werden sowohl alle quantitativen als auch qualitativen Kriterien aufgelistet und bewertet. Die Durchschnittsbewertung der quantitativen Kriterien wird den Kosteneinsparungen gleichgesetzt und mit den durchschnittlichen qualitativen Kriterien gewichtet (Faktor ¾).

Der gesamte Brutto-Nutzen stellt schließlich die Summe der quantitativen Nutzenelemente (Kosteneinsparungen) und der gewichteten qualitativen Nutzenelemente dar.

1. Nutzen durch Kosteneinsparungen/ Produktivitätsverbesserungen: € 200.000,-						
2. Auflistung der quantitativen Kriterien	**4. Bewertung der Nutzenelemente**					
	Niedrig		Mittel		Hoch	
Zeiteinsparung durch EDV:	1	2	3	4	5	6
▪ Datenabfragen				X		
▪ Standardisierte Berichte				X		
▪ Individuelle Berichte			X			
▪ Kommunikation					X	
3. Auflistung der qualitativen Kriterien						
▪ Informationsverfügbarkeit				X		
▪ Informationsgehalt		X				
▪ Kundenorientierung				X		
▪ Verbesserung der Arbeitsorganisation		X				
▪ Höhere Zufriedenheit bei der Arbeit			X			
5. Ermittlung des Wertes der quantitativen Nutzenelemente						
▪ Durchschnittsbewertung der						
▪ quantitativen Kriterien	16/4 = 4,0					
▪ qualitativen Kriterien	15/5 = 3,0					
▪ Zugeordneter Wert der						
▪ quantitativen Nutzenelemente	€ 200.000,-					
▪ qualitativen Nutzenelemente	<u>€ 150.000,-</u>					
▪ Gesamt-Nutzen	€ 350.000,-					

Tab. 4-6: Wertvergleichs-Methode
Quelle: Nagel (1990), S. 202.

Im vorletzten Arbeitsschritt (Teilschritt 5) werden die Wahrscheinlichkeiten der Nutzenrealisierung ermittelt. Während im Grundsatz davon ausgegangen wird, dass die Wahrscheinlichkeit bei der Realisierung von Kosteneinsparungen 100% beträgt, ist die Ermittlung der Wettbewerbsvorteile durch die Investition nur sehr schwer messbar. Nachstehendes Verfahren bietet ein Hilfsmittel zu deren Bestimmung.

In Tabelle 4-7 sind waagerecht verschiedene Eintrittswahrscheinlichkeiten abgetragen. Senkrecht werden die Erwartungen verschiedener Schätzer angeführt. Diese entscheiden auf Grundlage ihrer individuellen Präferenzen, für wie wahrscheinlich sie den Eintritt des jeweiligen Zustandes einschätzen. Abschließend werden diese subjektiven Wahrscheinlichkeiten addiert und können als Indikatoren oder Gewichtungsfaktoren zur Beurteilung der tatsächlichen Eintrittswahrscheinlichkeiten herangezogen werden. Die Multiplikation der so fixierten Wahrscheinlichkeit mit dem Brutto-Nutzen stellt zugleich den letzten Arbeitsschritt (Teilschritt 6) dar. Das Ergebnis der Analyse gibt den kalkulierten Netto-Nutzen einer Investition wieder.[232]

pessimistisch (pes): 5%
wahrscheinlich (w): 10%
optimistisch (o): 5%

Schätzer \ Wahrscheinlichkeit	60%	70%	80%	90%	100%
1			pes	w	o
2		pes	w	o	
3	pes		w	o	
4		pes	w	o	
5	Pes		w	o	
	10%	10%	45%	30%	5%

Tab. 4-7: Ausprägungen der Erwartungen
Quelle: Nagel (1990), S. 203.

Nagel überwindet demnach viele Schwächen vorstehender Bewertungsverfahren. Insbesondere versetzt das Verfahren eine Unternehmung in die Lage, den „Gesamtnutzen" einer Investition zu quantifizieren, da sowohl qualitative als auch quantitative Parameter einbezogen werden. Weiterhin ist die Vollständigkeit des Verfahrens hervorzuheben. Keine andere Methode stellt den Nutzen in einen vergleichbaren ganzheitlichen Kontext. Das Verfahren stellt eine, wenn nicht die umfangsreichste und vollständigste Methode der einschlägigen wissenschaftlichen Literatur dar. Leider sind die Verfahren zur Quantifizierung des Nutzens jedoch nicht immer objektiv nachvollziehbar. Das in Tabelle 4-6 angeführte Verfahren kann leicht zu anderen Ergebnissen führen. Insbesondere ist in Frage zu stellen, warum ein Quotient aus qualitativen und quantitativen Parametern den Faktor zur Ermittlung zusätzlichen qualitativen Nutzens darstellt. Aus diesem Grund ist festzustellen, dass die

232 Vgl. Nagel (1990), S. 193 ff.

Nutzenanalyse nach Nagel sicherlich umfassend und als abschließend zu bewerten ist, den konkreten Bedarfen der integrierten Nutzenanalyse jedoch nicht in ausreichendem Maße gerecht wird. Die integrierte Nutzenanalyse stellt eine Methode zur Erfassung des Nutzens einer Realisierungsalternative dar. Die Nutzenanalyse nach Nagel ist dahingehend eher generalistisch zu bewerten.

Im folgenden Abschnitt 4.4 werden die in Kapitel 4 angeführten Verfahren zur Bestimmung des Nutzens einander gegenüber gestellt und vor dem Hintergrund der Bedarfe der Entwicklung einer integrierten Nutzenanalyse bewertet.

4.4 Zusammenfassende Wertung zur integrierten Nutzenanalyse

Auf der Grundlage der Forderung der Bestimmung des Nutzens von alternativen Investitionsvorhaben ist im vorliegenden Kapitel 4 ein umfassendes Verständnis relevanter Bewertungsansätze aus unterschiedlichen wirtschaftswissenschaftlichen Disziplinen und Denkansätzen aufgebaut worden. Die Fülle der Verfahren erfordert die Systematisierung dergleichen in die Bereiche Semiotik, ein- und wenigdimensionale Bewertungsverfahren und mehrdimensionale Bewertungsverfahren. Alle vorgestellten Ansätze sind für spezielle, eindeutig definierte Untersuchungsgegenstände geeignet.

Für die Entwicklung der integrierten Nutzenanalyse erweisen sich jedoch – wie bereits in den vorstehenden Abschnitten erarbeitet – einige Modelle bzw. Methoden als mehr oder weniger geeignet. Die nachstehende Tabelle 4-8 stellt in sofern keine Bewertung der jeweiligen Verfahren als solche dar, sondern evaluiert sie vor dem Hintergrund der Möglichkeit der Erfassung des Nutzens im Sinne der vorliegenden Arbeit.

Die Wertung der Modelle bzw. Methoden erfolgt grundsätzlich an Hand der nachfolgenden Fragestellungen in den Dimensionen: „Kriterium ist gut erfüllt", „Verfahren ist dafür geeignet", „Verfahren ist dafür nicht ausgelegt". Die entsprechenden Fragen lauten:

1. Kann eine quantitative, monetäre Bewertung erfolgen?
2. Kann eine quantitative, nicht monetäre Bewertung erfolgen?
3. Kann eine qualitative Bewertung quantifiziert werden?
4. Kann eine rein qualitative Bewertung erfolgen?

Zur Bewertung der Verfahren (Bewertbarkeit) ist streng zwischen dem Input – verstanden als Basis der Untersuchung – und dem Output als erzielbares Ergebnis der Analyse zu unterscheiden. Es muss die Frage beantwortet werden, ob im Sinne der Bewertbarkeit der Verfahren die Inputfaktoren in z.B. quantitativen, monetären Dimensionen als Bewertungsmaßstab herangezogen werden oder ob der Output – gemessen in diesen Dimensionen – als Grundlage der Bewertung dient. Beide Sichtweisen stimmen nicht zwingend überein. So können bspw. Transformationsprozesse innerhalb des Bewertungsverfahrens vollzogen werden. Der zu bewertende Nutzen ist in diesem Sinne als Funktion des Inputs zu verstehen: $Nutzen = f\left(Input\right)$. Da das Ziel dieser Arbeit jedoch die Entwicklung einer integrierten Nutzenanalyse zur Bewertung von Realisierungsalternativen – also des Outputs – ist, sind die Verfahren im Sinne des erzielbaren Outputs zu bewerten.

Abschließend wird jedes Verfahren hinsichtlich seiner Relevanz für die betriebliche Praxis und – insbesondere – seiner Relevanz für die im folgenden Kapitel 5 entwickelte integrierte Nutzenanalyse beurteilt.

Verfahren			Bewertbarkeit: Quantitativ, monetär	Bewertbarkeit: Quantitativ, nicht monetär	Bewertbarkeit: Qualitativ, quantifizierbar	Bewertbarkeit: Rein Qualitativ	Relevanz für integrierte Nutzenanalyse
Semiotik	Syntaktik		—	•	—	—	gering
Semiotik	Semantik		—	•	—	•	gering
Semiotik	Pragmatik		—	—	—	•	mittel
Ein- & wenigdimensionale Bewertungsverfahren	Ausgewählte Methoden der Wirtschaftswissenschaft	Kardinale Nutzentheorie	•	●	—	—	mittel
		Ordinale Nutzentheorie	—	—	—	●	hoch
		Kostenvergleichsrechnung	●	—	—	—	mittel
		Gewinnvergleichsrechnung	●	—	—	—	mittel
		Renditevergleichsrechnung	●	—	—	—	mittel
		Amortisationsrechnung	●	—	—	—	mittel
		Kapitalwert-Methode	●	—	—	—	mittel
		Annuitäten-Methode	●	—	—	—	mittel
		Interne Zinsfuss-Methode	●	—	—	—	mittel
	Ausgewählte Meth. zur Bewertung von computergest. IS	Total Cost of Ownership	●	—	—	—	hoch
		Modell von Porter/Miller	•	●	—	●	mittel
		4-Ebenen-Modell	•	●	—	•	gering
		Verf. v. Sassone/Schwarz	•	●	—	•	gering
		Kennzahlenmethoden	●	●	—	•	mittel
Mehrdimensionale Bewertungsverfahren	Ausg. Meth. d. Wirtschafts-wissenschaft	Nutzwertanalyse	•	●	●	•	hoch
		Balanced Scorecard	●	●	●	●	hoch
	Ausg. Meth. zur Bewertung von computergest. IS	Nutzenanalyse	●	●	●	•	hoch
		Nutzenanalyse nach Nagel	●	●	●	●	hoch

● Kriterium ist gut erfüllt

• Das Verfahren ist dafür geeignet.

— Das Verfahren ist nicht dafür ausgelegt.

Tab.4-8: Zusammenfassende Wertung ausgewählter Verfahren zur Bewertung des Nutzens

Aus Tabelle 4-8 gehen die verschiedenen Intentionen der unterschiedlichen Bewertungsansätze hervor. Grundsätzlich ist festzustellen, dass die meisten Verfahren eine monetäre und/oder nicht-monetäre quantitative Bewertung des Untersuchungsgegenstandes ermöglichen. Zugleich ist der Tabelle zu entnehmen, dass nur sehr wenige Verfahren dem Nutzer die Möglichkeit eröffnen, die Qualität eines Vorhabens zu quantifizieren. Im Grundsatz lassen ausschließlich mehrdimensionale Bewertungsverfahren diese Auswertungsmöglichkeit zu.[233]

Schließlich geht aus nachstehender Tabelle hervor, dass nur die wenigsten Verfahren den Anforderungen einer integrierten Nutzenanalyse genügen. Eine Ausnahme stellen die mehrdimensionalen Bewertungsverfahren dar. Die Nutzwertanalyse, die Balanced Scorecard, die Nutzenanalyse und die Nutzenanalyse nach Nagel ermöglichen die Verbindung quantitativer und qualitativer Parameter in einem Ansatz.

Hierbei können Kennzahlenmethoden als ein- und wenigdimensionale Bewertungsverfahren partiell unterstützend eingesetzt werden. Für die Bedarfe der ganzheitlichen Bewertung einer Realisierungsalternative sind weiterhin die TCO-Analyse – unter Berücksichtigung finanzmathematischer Kalkulationen – und die ordinale Nutzentheorie (Indifferenzkurven) von großer Relevanz. Obwohl der letztgenannten ordinalen Nutzentheorie in der betrieblichen Praxis im Allgemeinen eine eher untergeordnete Bedeutung zukommt, avanciert die Kenntnis über (ordinale) Indifferenzkurven für die Entwicklung der integrierten Nutzenanalyse zum wesentlichen Bestandteil dergleichen.

Im folgenden Kapitel 5 werden die bisher vorgestellten Ansätze aufgegriffen und entsprechend der verfolgten Zielstellung angepasst. Ziel ist die Entwicklung einer praxisrelevanten Methode, die den Entscheidungsträger einer Unternehmung in die Lage versetzt, Investitionsentscheidungen bereits vor Aufnahme eines entsprechenden Projektes unter Einbeziehung der Nutzungsdauer der Projektergebnisse – eine vollständige Realisierungsalternative – bewerten zu können.

233 Hirschheim und Smithson führen in diesem Zusmmenhang pointiert aus: „Unfortunately [...] much of what has been done under the umbrella of information systems evaluation has been ill conceived." Hirschheim/Smithson (1999), S. 381.

5 Konzeption einer integrierten Nutzenanalyse zur differenzierenden Auswahl von Realisierungsalternativen

Aus den bisherigen Ausführungen zu den bestehenden Methoden zur Erfassung des Nutzens geht die Problematik hervor, in der sich die wissenschaftliche Forschung gegenwärtig befindet. Einerseits existieren eher allgemeingültige volkswirtschaftliche Theorien, deren positive Evaluierung bereits Dekaden, zum Teil Jahrhunderte zurück liegt. Andererseits wurden ab Mitte des 20. Jahrhunderts betriebswirtschaftliche Methoden entwickelt, die sich zumeist auf konkret zu lösende Problemstellungen beziehen. Diese Koexistenz zweier Wissenschaften verhindert die Entwicklung integrativer Ansätze für die Praxis.[234] Für die speziellen Bedarfe der Wirtschaftsinformatik sind solche themenübergreifenden Theorien jedoch von essenzieller Bedeutung.[235] Im Besonderen gilt dies für das Forschungsgebiet des IT-Controlling.

Vor diesem Hintergrund wird im vorliegenden Kapitel 5 eine Nutzenanalyse konzeptioniert, die geeignete volkswirtschaftliche Nutzentheorien zusammen mit Methoden der Betriebswirtschaftslehre und der Wirtschaftsinformatik zielorientiert aufgreift und in einem integrierenden Ansatz für die Bedarfe des IT-Controlling vereint. Die integrierte Nutzenanalyse dient in ihrer Konsequenz der differenzierenden Auswahl einer Realisierungsalternative aus mehreren alternativ möglichen.[236] Diese Auswahl bedingt, dass die Präferenzrelation des Entscheidungsträgers vollständig und transitiv ist.[237] „Vollständigkeit" bezeichnet in diesem Zusammenhang die Möglichkeit des Vergleichs von zwei miteinander konkurrierenden Alternativen, d.h. für zwei Realisierungsalternativen (R_1) und (R_2) muss gelten: $R_1 \succ R_2$, $R_1 = R_2$ oder $R_1 \prec R_2$. Der Entscheidungsträger muss zwischen zwei Alternativen Indifferenz oder Präferenz

234 Vgl. Schneider (2000), S. 431 ff.

235 Vgl. Abschnitt 3.3.

236 Ein Ansatz zur Priorisierung des ersten Bestandteils einer Realisierungsalternative, den Projekten, findet sich bei Hochstrasser. Hochstrasser führt verschiedene Kriterien an, an Hand derer er IT-Projekte evaluiert. Da in der vorliegenden Arbeit jedoch eine vollständige Realisierungsalternative bewertet werden soll, wird dem Ansatz von Hochstrasser nicht gefolgt. Vgl. Hochstrasser (1994), S. 151 ff.

237 Vgl. Bamberg/Coenenberg (2004), S. 35 ff.

feststellen können. Die „Transitivität" ergänzt diese Bedingung und fordert, dass für die Bewertung von drei Realisierungsalternativen R_1, R_2 und R_3 gilt: Wenn $R_1 \succ R_2$ und $R_2 \succ R_3$, dann ist auch $R_1 \succ R_3$.[238] Die Transitivität beschreibt demnach die Logik des Entscheiders zur Auswahl einer Realisierungsalternative.[239] Beide Bedingungen werden im Folgenden vorausgesetzt.

Die Konzeption der integrierten Nutzenanalyse erfolgt zudem – entsprechend den Ausführungen des Abschnitts 1.3 – im Sinne einer Kardinalskala.[240] Das Ziel des vorliegenden Kapitels ist die Erstellung einer Rangfolge der Vorteilhaftigkeit der konkurrierenden Realisierungsalternativen. Diejenige Alternative ist auszuwählen, die der Unternehmung im Zeitverlauf den größten Nutzen stiftet.

Das Kapitel gliedert sich hierzu wie folgt: Zunächst werden in Abschnitt 5.1 die Anforderungen, die an eine integrierte Nutzenanalyse gestellt werden, angeführt. Anschließend widmet sich Abschnitt 5.2 der Fixierung des Zeitpunktes der Durchführung der in der vorliegenden Arbeit entwickelten Analyse. Hierauf aufbauend dient der Abschnitt 5.3 der Bestimmung der Untersuchungsdimensionen, die eine vollständige Erfassung einer Realisierungsalternative gewährleisten. Anschließend werden in Abschnitt 5.4 die Bestandteile zur Bestimmung der Ausprägungen des Nutzens – synonym wird der Begriff des Nutzenniveaus verwendet – einer Realisierungsalternative definiert. Im darauf folgenden Abschnitt 5.5 wird – unter Berücksichtigung der in Abschnitt 5.3 bestimmten Unter-

---

238 Der Fall $R_x = R_y = R_z$ wird auf Grund seiner untergeordneten Relevanz an dieser Stelle vernachlässigt. Gleichwohl gelten die angeführten Bestimmungen auch für diesen Fall.

239 In der betrieblichen Praxis ist es möglich, dass das Postulat der Transitivität verletzt wird, da „Ergebnisunterschiede oft erst jenseits bestimmter Fühlbarkeitsschwellen empfunden werden". Bamberg/Coenenberg (2004), S. 36.

240 Die Aufstellung einer Rangfolge von sich ausschließenden Realisierungsalternativen wird als Ordinalskala bezeichnet. Ordinalskalen sind streng von Nominal- und Kardinalskalen zu trennen. Die Nominalskala beruht lediglich auf klassenbildenden, klassifikatorischen Begriffen. Es handelt sich um eine reine Aufzählung von den Nutzen beschreibenden Messinhalten. (Auf den Begriff „Messinhalt" wird in Abschnitt 5.1 vertiefend eingegangen.) Demgegenüber ermöglicht die Kardinalskala die Messung der quantitativen Abstände zwischen unterschiedlichen Nutzenniveaus der Realisierungsalternativen. Die Kardinalskala geht somit über die qualitative Differenzierung der Ordinalskala hinaus. Vgl. Schneider (1997a), S. 167 ff.

suchungsdimensionen – die integrierte Nutzenanalyse konzeptioniert. Die Bewertung der Vorteilhaftigkeit einer Realisierungsalternative erfolgt an Hand des Nutzenniveaus in Abschnitt 5.6 durch die Einführung einer Entscheidungsmatrix. Der Abschnitt 5.7 erweitert die Analyse und führt eine Methode zur Differenzierung mehrerer Realisierungsalternativen unter der in Abschnitt 2.1 geforderten Berücksichtigung temporaler Aspekte an. Der Abschnitt 5.7 stellt den Schwerpunkt des Kapitels dar. Das Kapitel schließt mit einer Zusammenfassung zur Konzeption der integrierten Nutzenanalyse (Abschnitt 5.8).

5.1 Anforderungen an eine integrierte Nutzenanalyse

Die Konzeption einer integrierten Nutzenanalyse bedarf der grundsätzlichen Differenzierung des zu analysierenden Messinhaltes und des eingesetzten Messverfahrens.[241] Im Sinne dieser Arbeit widmet sich der vorliegende Abschnitt 5.1 zunächst dem Messinhalt, um die Fragestellung „Was soll bewertet werden?" zu beantworten. Hierzu wird ein Anforderungsprofil erstellt, das die vollständige Erfassung des Nutzens einer Realisierungsalternative in computergestützten Informationssystemen (IS) ermöglicht.[242] Das Anforderungsprofil erfordert die Integration von auf die Bedarfe der Wirtschaftsinformatik übertragenen Methoden der Volks- und Betriebswirtschaft. Dieses Vorgehen ermöglicht die Analyse sowohl quantitativer als auch qualitativer Parameter des Investitionsvorhabens. In den hierauf aufbauenden Abschnitten 5.2 bis 5.7 wird anschließend die Fragestellung nach dem Messverfahren thematisiert. Die zu Grunde liegende Leitfrage lautet „Wie wird das Nutzenniveau einer Realisierungsalternative bestimmt?"[243]

Die Definition des erstgenannten Messinhalts erfordert die Dekomposition des Anforderungsprofils in verschiedene Teilbereiche. Es können vier Ebenen der Analyse

241 Vgl. Rughase (1999), S. 46 ff. i.V.m. Friedrichs (1990), S. 163 ff.

242 Die vollständige Erfassung der Ausprägungen des Nutzens bspw. durch Kennzahlen und/oder Kennzahlensysteme ist durch reine Deduktion nicht möglich. Aus diesem Grund muss ein auf Basis der wissenschaftlichen Literatur erstelltes Anforderungsprofil entwickelt werden. Vgl. Kütz (2003), S. 46 ff.

243 Vgl. Gernert/Ahrend (2001), S. 113 ff.

unterschieden werden. Jede Ebene baut auf der vorhergehenden auf und erweitert die Betrachtungsweise. Aus nachstehender Abbildung 5-1 geht die Differenzierung der Analyseebenen hervor:

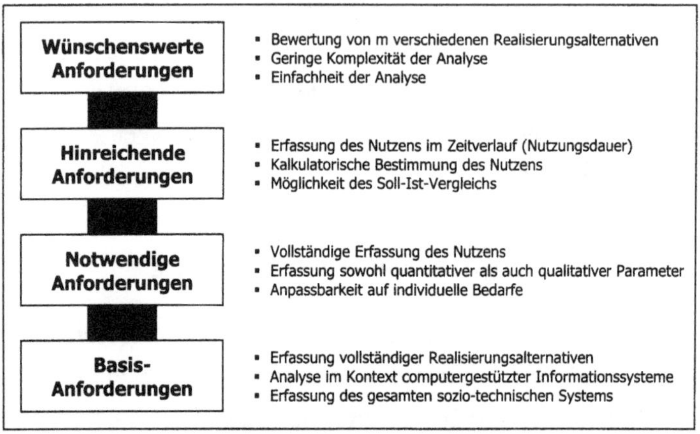

Abb. 5-1: Anforderungsprofil an eine integrierte Nutzenanalyse

Die unterste Ebene bezeichnet die „Basis-Anforderungen" einer integrierten Nutzenanalyse.[244] Sie spiegelt die grundsätzlichen Anforderungen, die an eine integrierte Nutzenanalyse gestellt werden, wider. So ist – im Sinne dieser Arbeit – die Erfassung einer vollständigen Realisierungsalternative im Kontext computergestützter IS zwingend erforderlich. Zudem wurde in Kapitel 2 bestimmt, dass Realisierungsalternativen stets im Kontext des sozio-technischen Systems „Aufgabe, Mensch und Technik" stehen.[245] Dessen ganzheitliche Berücksichtigung stellt die originäre Forderung an die Entwicklung der integrierten Nutzenanalyse dar. Vor diesem Hintergrund ist die Erfassung der Elementarten des sozio-technischen Systems den Basis-Anforderungen, die an die Analyse einer Realisierungsalternative gestellt werden, zuzuordnen.

244 Gadatsch und Mayer unterscheiden für einen standardisierten IT-Arbeitsplatz „Basis-Anforderungen" in die Teilbereiche „Hardware-Anforderungen" und „Allgemeine Anforderungen". In den Ausführungen von Gadatsch und Mayer dienen sie der Definition von grundlegenden Leistungsmerkmalen. Für die Bedarfe der vorliegenden Arbeit sind die Basis-Anforderungen entsprechend modifiziert. Vgl. Gadatsch/Mayer (2005), S. 90 ff.

245 Vgl. insbesondere Abschnitt 2.1.

Aufbauend auf dieser grundlegenden Ebene bilden die „Notwendigen Anforderungen" den Schwerpunkt der Analyse.[246] Die Forderung der Entwicklung einer integrierten Nutzenanalyse bedingt die vollständige Erfassung des Nutzens einer Realisierungsalternative. Sie muss sowohl die Bewertung (monetärer und/oder nicht monetärer) quantitativer als auch qualitativer Parameter eines Investitionsvorhabens ermöglichen. Um die Analyse auf die individuellen Bedarfe einer Unternehmung anpassen zu können, ist es ebenso unerlässlich, die Untersuchung möglichst flexibel zu gestalten.[247] In diesem Sinne ist die integrierte Nutzenanalyse eher als Rahmenkonzept, denn als konkrete Methode zu verstehen.

Die dritte Ebene des Anforderungsprofils bilden die „Hinreichenden Anforderungen". Sie sind nicht zwingend erforderlich, erweisen sich jedoch zur Bewertung der Vorteilhaftigkeit einer Realisierungsalternative als wertschöpfend. Die Forderung der Vollständigkeit des ermittelten Nutzenniveaus bedingt die Berücksichtigung der gesamten Nutzungsdauer (ND) einer Realisierungsalternative, d.h. zur vollständigen Erfassung des Nutzens muss das ermittelten Ausprägungen des Nutzens temporalen Aspekten unterzogen werden. Der zukünftige Nutzenzuwachs wird – in diskontierter Form – in der Analyse berücksichtigt. Weiterhin muss das Ergebnis der integrierten Nutzenanalyse den Entscheidungsträger in die Lage versetzen, die Auswahl einer Realisierungsalternative a Priori zu bestimmen.[248] Eine A Posteriori-Analyse, also eine Analyse erst nach der Umsetzung der Realisierungsalternative,

---

246 Die Begriffe „notwendig" und „hinreichend" werden im wissenschaftlichen Sinn wie folgt differenziert: Eine Bedingung gilt als notwendig, wenn der Zustand A nicht ohne den Zustand B eintreten kann. A ist für B notwendig. Der Umkehrschluss ist nicht zulässig. Hinreichend ist eine Bedingung, wenn der Zustand B impliziert, dass auch A eintreten muss, d.h. A stellt die Basis für B dar. Vgl. Joerden (2005), S. 19 ff.

247 Die Möglichkeit, die integrierte Nutzenanalyse flexibel auf die individuellen Bedarfe einer Unternehmung anzupassen, avanciert zum entscheidenden Erfolgsfaktor dergleichen. Ohne eine flexible Gestaltung der Analyse wäre ihr Einsatz in der betrieblichen Praxis nicht möglich. Vgl. Wössner (1990), S. 69 ff.

248 Eine A Priori-Analyse bezeichnet eine solche, die aus den gegebenen Größen mit Hilfe eines Entscheidungskriteriums die optimale Alternative auswählt. Der Zeitpunkt der Analyse wird mit $t = t_0$ definiert. Die Bewertung der Vorteilhaftigkeit einer Realisierungsalternative erfolgt vor der Umsetzung dergleichen. Vgl. Mag (1990), S. 142 ff.; Dennis (1982), Teil I, S. 1050 f.

wird der Zielsetzung der integrierten Nutzenanalyse nicht gerecht.[249] Eine integrierte Nutzenanalyse muss, um sinnvoll eingesetzt werden zu können, zukunftsgerichtet sein.[250] Auf Basis dieser A Priori-Analyse besitzt der Entscheidungsträger die Möglichkeit, einen differenzierten Soll-Ist-Vergleich durchzuführen. Er kann sowohl die positiven als auch die negativen Konsequenzen der Umsetzung einer Realisierungsalternative differenziert bewerten.

Komplettiert werden die Forderungen an die Entwicklung der integrierten Nutzenanalyse durch die „Wünschenswerten Anforderungen". Diese Anforderungen sind nicht essenziell, sollten jedoch nach Möglichkeit erfüllt werden. So ist die integrierte Nutzenanalyse in der Art und Weise zu gestalten, dass mehrere verschiedene Realisierungsalternativen bewertet und einander gegenübergestellt werden können. Diejenige Alternative, die der Unternehmung den größten Nutzen stiftet, ist auszuwählen. Ergänzend ist eine geringe Komplexität und einfache Nachvollziehbarkeit der Analyse vorteilhaft und wird deshalb dieser Ebene zugeordnet.[251]

Auf Grundlage dieses Anforderungsprofils wird in den folgenden Kapiteln eine integrierte Nutzenanalyse zur differenzierenden Auswahl einer Realisierungsalternative in computergestützten Informationssystemen entwickelt. Begonnen wird im folgenden Abschnitt 5.2 mit der Bestimmung des Zeitpunktes der Analyse.

5.2 Bestimmung des Analysezeitpunktes zur Auswahl einer Realisierungsalternative

Eine Realisierungsalternative besteht gemäß Abschnitt 2.2 aus den Bestandteilen Projekt und Prozesse. Die Auswahl eines bestimmten Projektes führt zur Modifikation der bestehenden Prozesslandschaft. Auf Grund dieser Verquickung bedingt das

249 Analog: Schneider (1997a), S. 112 ff.

250 Eine A Posteriori-Analyse bewertet den Einfluss zusätzlicher Informationen auf das vorhandene Wissen in den Zeitpunkten $t = t_1, t_2, \ldots, t_n$. Aus dem folgenden Kapitel 5.2 geht jedoch hervor, dass der Zeitpunkt der Analyse im Sinne dieser Ausarbeitung auf den Zeitpunkt $t = t_0$ fixiert werden muss. Vgl. Mag (1990), S. 142 ff.

251 Der Begriff Komplexität beschreibt den Umfang der exakten Beschreibung der Abhängigkeiten in der integrierten Nutzenanalyse. Ähnlich: Hansen/Neumann (2005), S. 169.

Management einer Realisierungsalternative zugleich das Management des Projektes als initiierenden Bestandteil der analysierten Realisierungsalternative.

In der wissenschaftlichen Literatur existieren unterschiedliche Ansätze zum Thema Projektmanagement und/oder der Organisation von Projekten.[252] Nach gängigem Verständnis verfolgt das Projektmanagement das Ziel, ein Projekt effizient und effektiv auszuführen.[253] Einen wesentlichen Bestandteil eines Projektes stellt hierbei der Faktor Zeit dar. Im Kontext des Projektmanagements kann Zeit als „zur rechten Zeit" interpretiert werden. Im Sinne der vorliegenden Arbeit ist somit die Frage zu beantworten, welchen zeitlichen Restriktionen ein Projekt und infolgedessen eine Realisierungsalternative unterliegt.

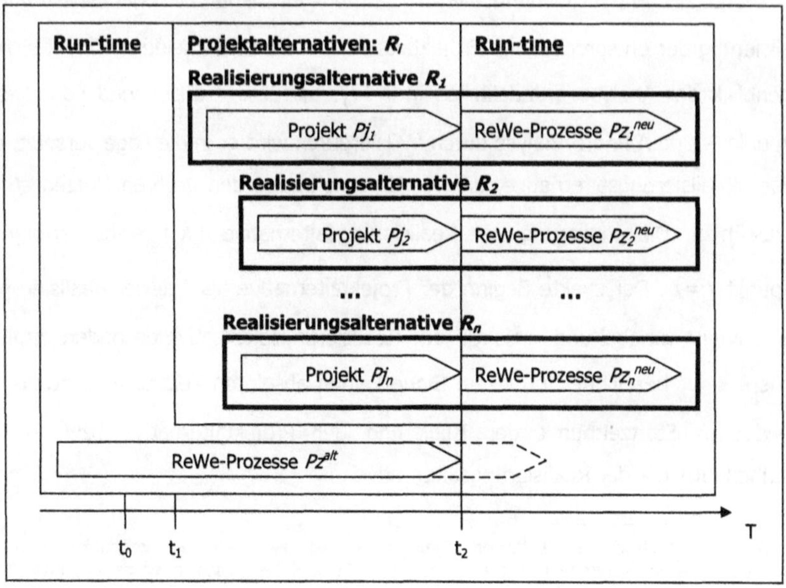

Abb. 5-2: Realisierungsalternativen einer Unternehmung mit Zeitbezug

252 Vgl. Gabriel/Beier (2003), S. 102 ff.; Hering (1999), S. 381 ff.; Fiedler (2005), S. 2 ff.
253 Ähnlich: Ebert (2004), S. 204.

Grundsätzlich kann diese Fragestellung in der Weise beantwortet werden, dass jedes Projekt – unabhängig vom Zeitpunkt seiner Initiierung – an einem bestimmten Stichtag abgeschlossen sein muss. Dieser Zeitpunkt bildet zugleich die Aktivierung der durch das Projekt erzielten Ergebnisse.[254] Im vorliegenden Fall handelt es sich um die prozessuale Neuausrichtung des Rechnungswesens, insbesondere der Segmentberichterstattung. Der bezeichnete Zeitpunkt wird in nachstehender Abbildung mit $t = t_2$ bestimmt.

Die Abbildung 5-2 visualisiert verschiedene Realisierungsalternativen (R_i) $(i = 1, ...n)$ in Abhängigkeit des fixierten Endzeitpunktes der Projektalternativen Pj_i $(i = 1, ...n)$ mit $t = t_2$. Bis zur Erreichung dieses Zeitpunktes bedarf es der vollständigen Realisierung der entsprechenden Projektalternative. Der Entscheider befindet sich im Augenblick der Analyse grundsätzlich in $t = t_0$. Er führt – ausgehend von diesem Zeitpunkt – eine A Priori-Analyse durch.[255] Hierdurch wird er in die Lage versetzt, diejenige Realisierungsalternative, die der Unternehmung den größten Nutzen stiftet, auszuwählen. Die Initiierung der Realisierungsalternative (R_i) selbst erfolgt im Zeitpunkt $t = t_1$. Der exakte Beginn der Projektalternative als Teil der Realisierungsalternative ist variabel und muss für jede Realisierungsalternative gesondert ermittelt werden. $t = t_1$ bezeichnet in diesem Sinne keinen absoluten Zeitpunkt, sondern den individuellen Startzeitpunkt der Initiierung der Projektalternative bzw. – hier gleichbedeutend – der Realisierungsalternative.

---

254 Bei der Analyse der zeitlichen Dimensionen ist zwischen der zeitpunkt- und der zeitraumbezogenen Betrachtungsweise zu unterscheiden. Die Entscheidungsfindung im Rahmen der zeitpunktbezogenen Analyse erfordert die Diskontierung der Untersuchungsdimensionen auf den Zeitpunkt der Analyse $t = t_0$. Die zeitraumbezogene Analyse betrachtet hingegen Bewegungsgrößen oder Veränderungen im Zeitverlauf. Eine integrierte Nutzenanalyse zur Auswahl von Realisierungsalternativen bezieht sich ihrem Wesen nach im Ergebnis auf die erstgenannte, zeitpunktbezogene Betrachtungsweise. Zur Erlangung der Ergebnisse werden jedoch zum Teil zeitraumbezogene Größen in die Analyse einbezogen. In Anlehnung an: Kütz (2003), S. 57 ff.

255 Die Untersuchungsdimensionen einer Realisierungsalternative sind stets auf den Zeitpunkt $t = t_0$ zu „diskontieren“ bzw. mit dem Status quo der (aktuellen) Prozesslandschaft zu vergleichen. Daher ist auch das ermittelte Nutzenniveau einer Realisierungsalternative, welches temporale Aspekte des Nutzenzuwachses in die Analyse einbezieht, stets auf diesen Zeitpunkt abzuwerten.

Begleitend zu den Prozessen des laufenden Betriebs $\left(Pz^{alt}\right)$ wird die ausgewählte Projektalternative als Teil der (gesamten) Realisierungsalternative umgesetzt. Diese sogenannte Run-time bezeichnet die Prozesslandschaft sowohl vor, während, als auch nach der Realisierung des Projektes.[256] Die bisherigen Prozesse des Rechnungswesens ReWe-Prozesse $\left(Pz^{alt}\right)$ und die prozessuale Neuausrichtung der ReWe-Prozesse $\left(Pz^{neu}\right)$ können zudem – aus Gründen der Sicherheit und/oder der Überprüfung ihrer Funktionalitäten – unter Umständen eine gewisse Zeit parallel laufen.[257] Die hierdurch erzeugten Redundanzen sind bei der Analyse der Kosten der Realisierungsalternativen mit zu berücksichtigen, da es sich um eine – im theoretischen Idealfall nicht notwendige – doppelte Datenhaltung handelt.

Nach der Bestimmung des Analysezeitpunktes erfolgt im nachstehenden Abschnitt 5.3 die Definition der zugehörigen Untersuchungsdimensionen. Ziel ist die Schaffung einer Analysebasis, um die Realisierungsalternativen $\left(R_i\right)$ – ausgehend von dem einheitlichen Analysezeitpunkt $t = t_0$ – a Priori, im Sinne dieser Arbeit kalkulatorisch bewerten zu können.

5.3 Definition der Untersuchungsdimensionen von Realisierungsalternativen

Die Definition der Untersuchungsdimensionen erfolgt unter Zuhilfenahme des Magischen Dreiecks. Das Magische Dreieck setzt sich aus den Faktoren Kosten, Zeit und Qualität zusammen. In jüngeren wissenschaftlichen Publikationen wird die Flexi-

---

256 Der Begriff der „Run-time" wird in Anlehnung an den Begriff der „Wartung & Pflege" (ähnlich: „Betrieb & Wartung") des Software-Engineering gewählt. Er bezeichnet den Zeitraum der Nutzung der implementierten Prozesse und muss – um einen störungsfreien Ablauf dergleichen zu gewährleisten – durchgängig aufrecht gehalten werden. Vgl. Hansen/Neumann (2005), S. 264 ff.

257 Die Überschneidung von alten Prozessen $\left(Pz^{alt}\right)$ und neuen Prozessen $\left(Pz^{neu}\right)$ wird als Redundanz bezeichnet. Aus Gründen der Sicherheit kann eine gewisse Redundanz bewusst verursacht werden. Vgl. Schwarze (1998), S. 228.

bilität als vierte entscheidungsrelevante Dimension angeführt.[258] Diese Auffassung wird auch in der vorliegenden Arbeit vertreten. Aus thematischen Gründen fließt der Faktor Flexibilität jedoch erst in Abschnitt 5.7 in die Analyse ein und wird bis dahin zurückgestellt. Im folgenden Abschnitt 5.3.1 wird das Magische Dreieck zunächst in seiner ursprünglichen Form erörtert, um es im anschließenden Abschnitt 5.3.2 auf die speziellen Bedarfe von Realisierungsalternativen anzupassen. Der Abschnitt schließt mit einer Gesamtdarstellung der Untersuchungsdimensionen (Abschnitt 5.3.3).

5.3.1 Das Magische Dreieck: Kosten, Zeit und Qualität

Das Magische Dreieck[259] bezeichnet in seiner ursprünglichen Form das Spannungsverhältnis zwischen den Faktoren: Kosten (K), Zeit (T) und Qualität (Q). Da ein einheitliches Begriffsverständnis der Faktoren in der wissenschaftlichen Literatur nicht existiert, werden für die Anforderungen dieser Ausarbeitung die Begriffe Kosten, Zeit und Qualität zunächst in allgemeiner Form definiert. Anschließend werden sie auf die speziellen Bedarfe einer Realisierungsalternative übertragen:[260]

1. Der Begriff **Kosten** wird in der Betriebswirtschaftslehre allgemein als der bewertete betriebsbedingte Güter- und Leistungsverzehr einer Periode definiert.[261] Schneider spezifiziert dieses Verständnis und führt aus: „Kosten werden [...] als Ausgaben verstanden, die gemäß einem ausdrücklich zugrunde gelegten Gewinnbegriff für einen Abrechnungszeitraum und in der Höhe umgerechnet sind."[262] Dieses allgemeine Begriffsverständnis wird in den folgenden Abschnitten aufgegriffen und auf die jeweils speziellen Bedarfe einer Realisierungsalternative angepasst.

258 Vgl. Österle (1995), S. 54 und 108 ff.; Hering (1999), S. 598 ff.; ähnlich: Gersch (1998), S. 239 f.
259 Auch: Triades Spannungsfeld. Vgl. Töpfer/John (1996), S. 5.
260 Eine differenzierte Definition der Begrifflichkeiten erfolgt aus rein thematischen Gründen in den Abschnitten 5.3.2.1 und 5.3.2.2.
261 Vgl. Süchting (1995), S. 419.
262 Vgl. hierzu Abschnitt 4.2.1, insbesondere: Fußnote 154 i.V.m. Schneider (1997), S. 46 ff.

2. Als zweite Untersuchungsdimension des Magischen Dreiecks wird der Faktor **Zeit** angeführt.[263] Eine einheitliche Definition des Begriffs ist nicht bekannt. Mit „Zeit" kann sowohl ein Zeitpunkt als auch ein Zeitraum gemeint sein.[264] In Sinne der integrierten Nutzenanalyse wird Zeit in beiden Begriffsverständnissen verwendet. Einerseits bezeichnet Zeit eine zeitraumbezogene Einheit, die zur Erstellung einer bestimmten Leistung erforderlich ist. Diese zeitraumbezogene Maßeinheit wird zudem – je nach Intention – kosten- und/oder qualitätsorientiert interpretiert.[265] Da der Auswahl einer Realisierungsalternative hingegen ein (fixierter) Zeitpunkt zu Grunde liegt, wird der Faktor Zeit – die Analyse komplettierend – in einer zeitpunktbezogenen Betrachtungsweise verwendet. Der Bedeutungsinhalt des Begriffs Zeit muss demnach mehrdeutig verwendet werden und ist für die speziellen Bedarfe der Erfassung einer Realisierungsalternative differenziert abzubilden.
3. Der Begriff **Qualität** ist in der wissenschaftlichen Literatur ebenfalls mit unterschiedlichen Inhalten belegt. Nach DIN 55350 und ISO 8402 sowie der European Organisation for Quality Control (EOQC) und der American Society for Quality Control (ASQC) wird Qualität einheitlich als „die Gesamtheit der Merkmale und der Merkmalswerte eines Produktes oder einer Dienstleistung bezüglich ihrer Eignung, festgelegte und vorausgesetzte Erfordernisse zu erfüllen"[266] definiert. Ein in Wissenschaft und Praxis allgemein akzeptiertes Verständnis des Qualitätsbegriffs existiert jedoch nicht. Für die Bedarfe der vorliegenden Arbeit erweist sich die Differenzierung des Bedeutungsinhaltes der Qualität nach Garvin als wertschöpfend. Garvin unterscheidet: produktbezogene Qualität, kundenbezogene Qualität, absolute Qualität, herstellerorientierte Qualität und wertorientierte Qualität.[267] Basierend auf dieser Differenzierung wird die Analyse einer Realisierungsalternative durch zwei Sichten gestützt: den wertorientierten Qualitätsbegriff und den produktbezogenen Qualitätsbegriff. Der wertorientierte Qualitätsbegriff dient der

263 Vgl. Krcmar (2005), S. 397.
264 Vgl. Kütz (2003), S. 57 f.
265 Vgl. hiezu Abschnitt 5.4.
266 DIN 55350; ISO 8402.
267 Vgl. Garvin (1984), S. 25 ff.

Analyse des ersten Bestandteils einer Realisierungsalternative, dem Projekt; der produktbezogene Qualitätsbegriff dient der Analyse des zweiten Bestandteils dergleichen, den Prozessen. Für die speziellen Bedarfe der integrierten Nutzenanalyse werden die unterschiedlichen Sichtweisen jeweils im adäquaten Verständnis verwendet.[268]

Alle drei Dimensionen Kosten, Zeit und Qualität des Magischen Dreiecks stehen in wechselseitigen, konträren Abhängigkeiten zueinander.[269] Sie werden – für die Bedarfe der vorliegenden Arbeit – als gleichwertig und gleichgewichtig definiert, da die Unternehmungsleitung zwar die Ziele der Unternehmung festlegt, die möglichen Zukunftslagen derselben jedoch im Zeitpunkt $t = t_0$ (noch) unbekannt sind.[270] Da die Konzeption der integrierten Nutzenanalyse im Sinne einer A Priori-Analyse erfolgt, wird bestimmt, dass es keinen Grund für eine überproportionale Gewichtung eines der Faktoren Kosten, Zeit und Qualität gibt. Die Änderung eines Faktors, bspw. der zeitlichen Bedarfe eines Vorhabens, führt indes zu Anpassungsreaktionen bei einem und/oder bei beiden anderen Faktoren. So kann eine Verringerung der zeitlichen Bedarfe zu steigenden oder fallenden Kosten und/oder steigenden oder sinkenden Qualitäten führen.[271] Ebenso beeinflusst die Qualität die Faktoren Kosten und Zeit. Eine hohe Qualität kann zu entscheidenden Kosten- und Zeitreduktionen führen.[272] Schließlich ist durch den Faktor Kosten das Maß an Qualität und Zeitbedarf unmittelbar beeinflussbar. Das Magische Dreieck erfordert daher eine integrierte und

---

268 Eine ähnliche Unterscheidung ist bei Käfer et al. zu finden. Sie differenzieren den Qualitätsbegriff in die Bereiche: Qualität des Potenzials, Qualität des Prozesses und Qualität der Produkte. Andere Einteilungen sind in der wissenschaftlichen Literatur in großer Anzahl vorhanden. Berndt unterscheidet bspw. die Qualität des Produktdesigns, der Beschaffung, der Prozessplanung und -entwicklung, der Produktion oder Erbringung von Dienstleistungen usw. Kamiske und Brauer differenzieren hingegen die transzendente Sichtweise, die produktbezogene Sichtweise, die anwenderbezogene Sichtweise, die prozessbezogene Sichtweise und die Preis-Nutzen-bezogene Sichtweise. Vgl. Käfer et al. (2001), S. 79 ff.; Berndt (1995), S. 222; Kamiske/Brauer (2003), S. 168 ff. i.V.m. Garvin (1984), S. 25 ff.

269 Vgl. Hemfort (1993).

270 In Anlehnung an: Mag (1990), S. 64 f.

271 Vgl. Eversheim (1995), S. 27 i.V.m. Seghezzi (2003), S. 17 ff.

272 Vgl. Rothlauf (2001), S. 91 ff. i.V.m. Malorny/Kassebohm (1994), S. 73. Ebenso Müller, der ausführt: „Qualität ist ein Werkzeug zur Renditeverbesserung." Müller (1996), S. 241.

gleichzeitige Analyse aller drei Untersuchungsdimensionen.[273] Nachstehende Abbildung 5-3 stellt die drei Faktoren in graphischer Form einander gegenüber. Die Pfeile visualisieren die Interdependenzen zwischen den Faktoren Kosten, Zeit und Qualität:[274]

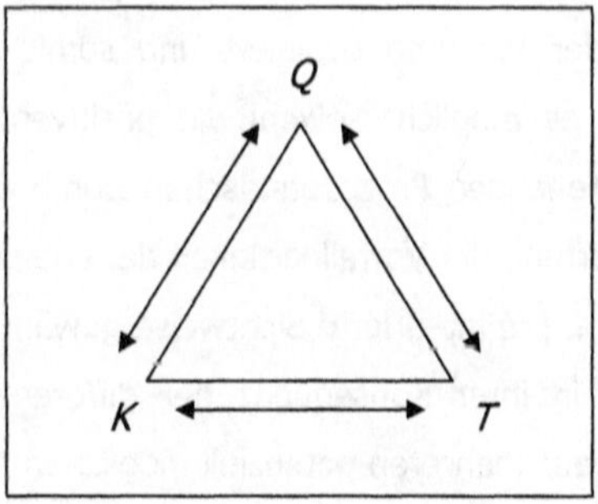

Abb. 5-3: Das Magische Dreieck

Die Logik des Magischen Dreiecks führt unweigerlich zu der Vermutung, dass eine gleichzeitige Verbesserung aller drei Faktoren nicht möglich ist, d.h. dass ein bestehendes System – in seiner Gänze – nicht verbesserungsfähig ist.[275] Ohne die simultane Verbesserung aller drei Faktoren des Magischen Dreiecks ist daher grundsätzlich keine Möglichkeit der Wertsteigerung in einer Unternehmung gegeben.[276] Ein Systemwechsel ist hiervon jedoch nicht betroffen. Zwar schließt das Magische Dreieck die gleichzeitige Verbesserung der Faktoren innerhalb eines Systems aus, die Verbesserung zwischen zwei Systemen ist hingegen möglich.

273 Vgl. Dittmar et al. (1997), S. 116 ff.
274 Vgl. Weber/Schäffer (2000), S. 255.
275 Rothlauf führt hierzu aus: „Eine ständige Verbesserung der gesamten Unternehmensqualität ist heutzutage nur noch dann zu erreichen, wenn es gelingt, Qualitätssteigerungen bei gleichzeitiger Zeitreduzierung und Kosteneinsparungen durchzuführen." Rothlauf (2001), S. 80. Der Verfasser folgt dieser Ansicht nicht, da eine Verbesserung der Unternehmens-qualität durch einen Systemwechsel o.ä. in den Ausführungen von Rothlauf implizit ausgeschlossen wird. Ähnlich: Kamiske/Brauer (2003), S. 188 ff.
276 Vgl. Osterloh/Frost (2003), S. 17 ff.

Durch eine Neuausrichtung bzw. eine Umstrukturierung sind auch unter den Prämissen des Magischen Dreiecks simultane Wertschöpfungspotenziale in allen drei Dimensionen realisierbar.[277]

Aus diesem Grund wird im Sinne dieser Arbeit die prozessuale Neuausrichtung auf Basis bereits bestehender Prozesse evaluiert und somit ein Systemwechsel vollzogen.[278] Hierdurch ist es möglich, sowohl die positiven als auch die negativen Veränderungen der bestehenden Prozesslandschaft durch die Faktoren Kosten, Zeit und Qualität in die Bewertung der Vorteilhaftigkeit der entsprechenden Realisierungsalternative einzubeziehen. Die integrierte Sichtweise gewährleistet die Vollständigkeit der Analyse und dient in ihrer Konsequenz der differenzierenden Auswahl einer Realisierungsalternative aus mehreren potenziell möglichen Alternativen.[279]

Diese eher allgemein gehaltenen Ausführungen des vorliegenden Abschnitts der integrierten Betrachtung der Untersuchungsdimensionen des Magischen Dreiecks werden im folgenden Abschnitt 5.3.2 auf die speziellen Bedarfe von Realisierungsalternativen übertragen.

5.3.2 Anpassung des Magischen Dreiecks auf die Bedarfe von Realisierungsalternativen

Die Transformation der Faktoren Kosten, Zeit und Qualität des Magischen Dreiecks ist der Gegenstand der nachstehenden Abschnitte 5.3.2.1 und 5.3.2.2. Die Erarbeitung beginnt mit der Übertragung der Faktoren auf die speziellen Bedarfe von Projekten. Hieran schließt sich die Transformation des Magischen Dreiecks auf Prozesse an. Durch dieses Vorgehen wird die vollständige Erfassung von Realisierungsalternativen gewährleistet.

---

277 Vgl. Gerboth (2002), S. 417.

278 Vgl. Hammer (1990), S. 104 ff.

279 Die Faktoren Kosten, Zeit und Qualität sind in der wissenschaftlichen Literatur allgemein als dominierende Erfolgsfaktoren eines Untersuchungsgegenstandes anerkannt. Vgl. Malone et al. (1994); Oppelt/Nippa (1992), S. 57.

5.3.2.1 Das Magische Dreieck im Kontext von Projekten

Die in allgemeiner Form definierten Untersuchungsdimensionen des Magischen Dreiecks Kosten, Zeit und Qualität sind bei ihrer konkreten Anwendung im Kontext von Projekten (Pj) anzupassen.[280] Zunächst sind Kosten mit Projektkosten (K_{Pj}) gleichzusetzen. Die Projektkosten bezeichnen alle Kosten, die bei der Umsetzung eines Projektes in den Phasen des Managementzyklusses Planung, Entscheidung, Steuerung und Kontrolle anfallen.[281] Zudem können in Anlehnung an die in Abschnitt 4.2.2 angeführte TCO-Analyse direkte und indirekte Projektkosten unterschieden werden.[282] Die Addition beider Kostenarten stellen die Projektkosten im Sinne des Magischen Dreiecks dar.[283]

Die zeitliche Dimension ist – ausgehend von den allgemeinen Bestimmungen des Magischen Dreiecks – ebenfalls auf die speziellen Bedarfe eines Projektes zu übertragen. Die Projektzeit (T_{Pj}) bezeichnet den Zeitraum der Projektrealisierung, beginnend mit der Initiierung des Projektes bis zu dessen Abschluss. In Abbildung 5-2 stellt sich der zeitliche Bedarf eines Projektes als geschlossenes Intervall zwischen

280 Ähnlich: Kargl (2001), S. 29 ff.

281 Die Projektkosten basieren auf grob kalkulierten Werten. Mit zunehmendem Fortschritt der Kalkulation der Projektkosten sind diese sukzessive zu verfeinern. Vgl. Fiedler (2005), S. 126 ff.

282 Auf Grund dessen, dass es sich bei der integrierten Nutzenanalyse um eine A Priori-Analyse handelt, erscheint es nicht sinnvoll, die Kostenplanung in einer sehr detaillierten Form zu gestalten. Zur Auswahl einer Realisierungsalternative ist es ausreichend, die kumulierten Werte der Projektkostenplanung zu analysieren. Die Überprüfung auf Plausibilität der Projektkosten kann durch Gegenüberstellung einer Schätzung und den analytisch geplanten Projektkosten durch den Entscheider erfolgen. Hierzu werden die Eintrittswahrscheinlichkeiten für ein optimistisches und ein pessimistisches Szenario ermittelt und mit den geplanten Projektkosten verglichen. Dieses Vorgehen ermöglicht eine Reduktion der fehlerhaft kalkulierten Werte. Geeignete Methoden wurden in Kapitel 4 vorgestellt.

283 In den meisten Fällen stellen die Personalkosten den größten Kostenanteil an einem Projekt dar. Es erscheint jedoch nicht sinnvoll, die Personalkosten entsprechend den tatsächlichen Lohn- und Gehaltssätzen zu erfassen. Ein praktikables Vorgehen ermöglicht bspw. die Kalkulation der Personalkosten auf Basis von Standardsätzen. Hierbei werden die Mitarbeiter entsprechend ihrer Stellung in der Unternehmung eingestuft und mit einem Hebesatz pro Arbeitsstunde versehen. Anschließend werden die jeweils kalkulierten Mann-/Personentage mit dem Hebesatz multipliziert und in kumulierter Form dargestellt. Ähnlich: Fiedler (2005), S. 128.

den Zeitpunkten $t = t_1$ und $t = t_2$ dar: $[t_1, t_2]$.[284] Wird dieser Zeitraum kostenorientiert interpretiert, ist er untrennbar mit den Kosten des Projektes (K_{Pj}) verbunden und spiegelt sich in ihnen wider. Die Dauer eines Projektes beeinflusst dessen Kosten, d.h. kürzere Zeitbedarfe des Projektes bedeuten in der Regel geringere Kosten.[285] Andererseits ist eine Minimierung der Zeitbedarfe zur Projektdurchführung grundsätzlich mit einer Erhöhung der monetären Bedarfe des Projektes verbunden. Werners und Wolf bezeichnen diesen Zusammenhang als Kosten-Zeit-Konflikt und führen aus: „Die Reduzierung der Vorgangsdauern wirkt sich direkt auf die jeweiligen Vorgangskosten aus."[286] Die Projektkosten beinhalten somit implizit die Kosten der zeitlichen Bedarfe eines Projektes. Wird der Faktor Projektzeit (T_{Pj}) nicht kosten-, sondern qualitätsorientiert interpretiert, kann „Zeit" z.B. einen Imagegewinn für eine Unternehmung darstellen, wenn eine schnelle Projektdurchführung mit positiven Eigenschaften der Unternehmung assoziiert wird. Weiterhin kann ein geringer Zeitbedarf zur Durchführung eines Projektes auf ein gut strukturiertes und geplantes Projekt hinweisen. Auch dies kann – aus qualitätsorientierter Sicht – positiv interpretiert werden. Der Faktor Projektzeit fließt demzufolge differenziert in die Analyse ein.

---

284 Ein Intervall kann als Teilmenge von Objekten definiert werden. Hierbei sind fünf Typen von Intervallen zu differenzieren: das abgeschlossene Intervall $[a,b]$ mit: $\{x \in \mathbb{R} | a \leq x \leq b\}$, d.h. das Intervall enthält sowohl a als auch b; das offene Intervall $]a,b[$ mit: $\{x \in \mathbb{R} | a < x < b\}$, d.h. das Intervall enthält weder a noch b; das rechtsoffene Intervall $[a,b[$ mit: $\{x \in \mathbb{R} | a \leq x < b\}$, d.h. das Intervall enthält a, aber nicht b; das linksoffene Intervall $]a,b]$ mit: $\{x \in \mathbb{R} | a < x \leq b\}$, d.h. das Intervall enthält nicht a, aber b; das linksseitig unendlich abgeschlossene Intervall $]-\infty,b]$ mit: $\{x \in \mathbb{R} | x \leq b\}$, d.h. das Intervall enthält alle Werte, die kleinergleich b sind und das rechtsseitig unendlich abgeschlossene Intervall $[a,\infty[$ mit: $\{x \in \mathbb{R} | a \leq x\}$, d.h. das Intervall enthält alle Werte, die größergleich a sind. Die Ausführungen der vorliegenden Arbeit entsprechen grundsätzlich dem erstgenannten abgeschlossenen Intervall, da die Zeitpunkte eindeutig bestimmt sind. Einzige Ausnahme stellt die Berechnung des Grenznutzens dar. Hierbei handelt es sich um ein rechtsseitig unendlich abgeschlossenes Intervall. Abschnitt 5.7.2.2.3 widmet sich diesem Themengebiet. Vgl. Breitung/Filip (2001), S. 21 ff.

285 Vgl. Hering (1999), S. 553 f.

286 Werners/Wolf (2004), S. 97.

Die dritte Dimension Qualität ist gemäß obiger Ausführungen im Sinne des wertorientierten Qualitätsbegriffs zu interpretieren.[287] Dieser Qualitätsbegriff bezeichnet die Bewertung des Projektes aus der Preis-Leistungs-Sicht. Der Entscheidungsträger beurteilt die Projektalternative im Hinblick eines zu erreichenden Qualitätsniveaus.[288] Es wird also nicht die Qualität der Projektdurchführung selbst bewertet, sondern vielmehr das Ergebnis des Projektes. Dieses Ergebnis wird jedoch erst im zweiten Bestandteil einer Realisierungsalternative, d.h. in den – auf dem Projekt basierenden – Prozessen, ersichtlich. Die Qualität des Projektes $\left(Q_{Pj}\right)$ wird somit durch die Projektergebnisse bestimmt.[289]

Aus diesem Grund muss die Bewertung der Qualität eines Projektes im Rahmen der Bewertung der Prozesse erfolgen.[290]

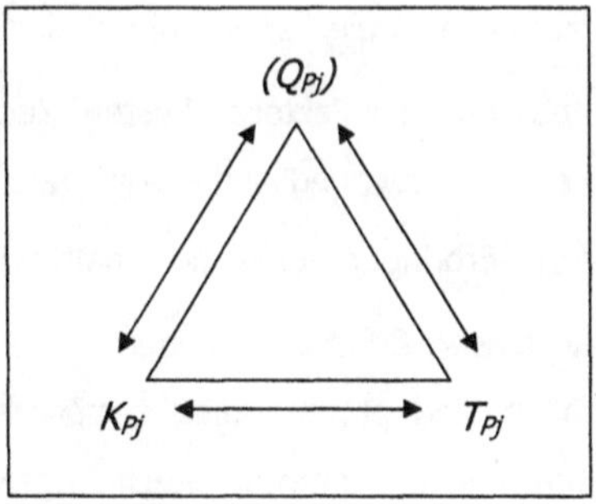

Abb. 5-4: Anpassung des Magischen Dreiecks auf die Bedarfe von Projekten

287 Vgl. die Ausführungen des Abschnitts 5.3.1.

288 Vgl. Bruhn (1998), S. 21 ff.

289 Eine ähnliche Auffassung vertreten Baumöl und Frie. Sie führen aus, dass sich der „erwartete Nutzen [eines Projektes] vielleicht am deutlichsten in einer Verbesserung der Durchlaufzeiten von Prozessen niederschlägt." Baumöl/Frie (1999), S. 130. Dieser Übertragung der Projektqualität auf die Prozesszeiten wird in der vorliegenden Arbeit gefolgt und zusätzlich um die Faktoren Prozesskosten und Prozessqualität ergänzt.

290 Wird der Begriff Qualität zeitpunktbezogen interpretiert und ist der Zeitpunkt mit $t = t_2$, d.h. mit dem Abschluss des Projektes gleichzusetzen, so ist der Begriff Projektqualität als zeitraumbezogene Interpretation der Qualität aufzufassen. Die Projektqualität stellt den Grad der Erfüllung der an das Projekt gestellten Anforderungen im Zeitverlauf dar. Kamiske und Bauer stellen diesen Zusammenhang als Integral der Qualität über die Zeit dar. Vgl. Kamiske/Brauer (2003), S. 376 ff.

Vorstehende Abbildung 5-4 visualisiert die Anpassung des Magischen Dreiecks auf die Bedarfe von Projekten. Die vielfältigen Interaktionen der Faktoren gehen mit denen des allgemeinen Magischen Dreiecks konform.[291] Aus obigen Ausführungen geht hervor, dass die Qualität eines Projektes nicht als diejenige der Projektdurchführung interpretiert wird, sondern – in einem wertorientierten Verständnis – das Ergebnis desgleichen darstellt und erst in den Untersuchungsdimensionen der anschließenden Prozesse bewertbar wird. Aus diesem Grund beschränkt sich die Analyse von Projekten als Teil einer Realisierungsalternative in der vorliegenden Arbeit auf die Untersuchungsdimensionen Projektkosten $\left(K_{Pj}\right)$ und Projektzeit $\left(T_{Pj}\right)$.

5.3.2.2 Das Magische Dreieck im Kontext von Prozessen

Die Übertragung des Magischen Dreiecks auf die Bedarfe von Prozessen (Pz) erfordert ebenfalls die Anpassung der Faktoren Kosten, Zeit und Qualität auf deren spezielle Bedarfe.[292] Die Untersuchungsdimension Kosten bezeichnet hierbei Prozesskosten $\left(K_{Pz}\right)$, die zur Erbringung einer bestimmten Prozessleistung erforderlich sind. Im Mittelpunkt dieser Erfassung stehen die Aktivitäten des Prozessablaufs.[293] Die Bezugsgrößen sind primär durch temporale Aspekte geprägt und können nicht allein durch die im internen Rechnungswesen üblichen Größen Kostenarten[294], Kostenstellen[295] und/oder Kostenträger[296] erfasst werden. In

291 Eine ausführliche Darstellung der Interaktionen zwischen den Untersuchungsdimensionen von Projekten findet sich bei Kütz. Kütz erweitert die hier zu Grunde liegende Sichtweise jedoch und nennt als vierte Dimension den Faktor Leistungsumfang/Funktionalität. Dieser Auffassung wird in der vorliegenden Arbeit nicht gefolgt, da die Zielsetzung dieser Arbeit nicht das Projektmanagement als solches, sondern die Bewertung einer vollständigen Realisierungsalternative ist. Vgl. Kütz (2000), S. 355 ff.

292 Vgl. Kallio et al. (2000), S. 75 ff.; Brenner/Mayer (2005), S. 160 ff.

293 Vgl. Jórasz (1999), S. 274.

294 Vgl. Coenenberg (2003), S. 49 und Schneider (1997), S. 415 f. i.V.m. Fußnote 185.

295 Das Bindeglied zwischen Kostenarten und Kostenträgern stellen Kostenstellen dar. Kostenstellen werden gemäß dem jeweiligen Rechnungszweck Kostenarten zugewiesen. Zudem dienen Kostenstellen der Zuweisung der erfassten Gemeinkosten auf die verschiedenen Kostenträger. Vgl. Erner (1997), S. 153 ff.; Schneider (1997), S. 416.

296 Schneider definiert Kostenträger als „die einzelnen Marktleistungen oder innerbetrieblichen Leistungen, denen Kostenarten [...] zugerechnet werden." Schneider (1997), S. 416. Als Kostenträger ist somit jede selbständige Leistungs- bzw. Produkteinheit zu bezeichnen. Vgl. auch: Coenenberg (2003), S. 92 ff. und S. 117 ff.

Abbildung 5-2 stellen Prozesskosten alle Kosten einer Realisierungsalternative ab dem Zeitpunkt $t = t_2$ dar.

Die Übertragung des Faktors Zeit auf die Bedarfe von Prozessen erfolgt in Analogie zu der Übertragung dieses Faktors auf die Bedarfe von Projekten. Der zeitliche Bedarf von Prozessen (T_{Pz}) wird als Durchlaufzeit zwischen Anforderung und Erhalt einer bestimmten Leistung definiert.[297] Diese Prozesszeit wird ebenfalls in kostenorientierte und qualitätsorientierte Zeitbedarfe unterschieden. Die erstgenannte kostenorientierte Interpretation des Zeitbedarfs von Prozessen spiegelt sich in den Kosten der Prozesse wider. So könnte bspw. ein hoher zeitlicher Bedarf zur Durchführung eines Prozesses zugleich hohe Kosten desgleichen verursachen. Gleichwohl ist es möglich, dass die Kosten des Prozesses gesenkt werden, wenn bspw. mögliche Ausfallzeiten durch einen hohen zeitlichen Bedarf vermieden werden können. Beide Szenarien beeinflussen entweder positiv oder negativ die Kosten des Prozesses. Andererseits kann ein schneller Prozessdurchlauf mit einem hohen Maß an Qualität assoziiert werden, da die einzelnen Prozessschritte effektiv modelliert sind (vice versa).[298]

Der Faktor Prozessqualität (Q_{Pz}) wird – wie bereits angeführt – in diesem Kontext produktbezogen interpretiert.[299] Hierbei stellt sich die Qualität als Summe bzw. Niveau der vorhandenen Eigenschaften der Prozesse dar und wird als solche definiert.[300] Diese enge Begriffsauffassung rückt subjektive Bewertungskriterien in den Vordergrund der Analyse, wenn die „Eigenschaften der Prozesse" aus der individuellen Perspektive des Nutzers bewertet werden sollen.[301] Eine objektive Erfassung der Qualität ist im Sinne der A Priori-Analyse hingegen nicht möglich, da

---

297 Vgl. Österle (1995), S. 161.
298 Vgl. Kamiske/Theden (1996), S. 49 ff.
299 Analog: Balzert (1998), S. 328 ff.
300 Vgl. Bruhn (1998), S. 23.
301 Vgl. Beutin (2001), S. 90 f.

die hierzu notwendigen Kennzahlen noch nicht existieren.[302] Die Bewertung der Qualität der Prozessdurchführung ist daher subjektiv geprägt.[303]

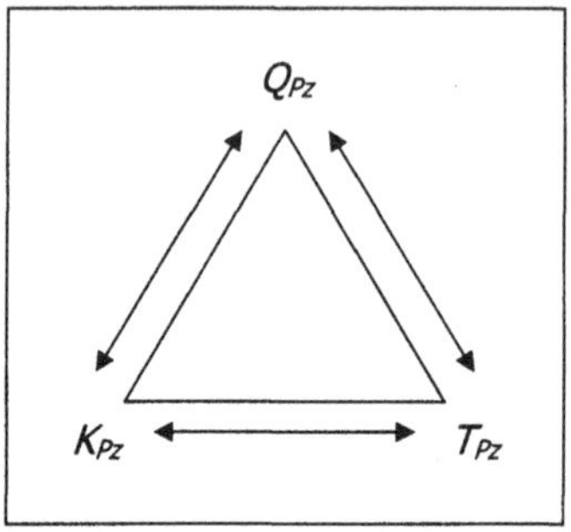

Abb. 5-5: Adaption des magischen Dreiecks auf die Bedarfe von Prozessen

Abbildung 5-5 fasst die gewonnen Ergebnisse zusammen. Die Faktoren des ursprünglichen Magischen Dreiecks werden in ihrer transformierten Form im Kontext von Prozessen dargestellt. Alle Faktoren stehen wiederum in wechselseitigen Abhängigkeiten zueinander.[304] Durch die Erfassung der Prozesskosten, der zeitlichen Bedarfe und der Qualität von Prozessen wird auch der zweite Bestandteil einer Realisierungsalternative vollständig erfasst.

Der nachstehende Abschnitt 5.3.3 stellt die erzielten Ergebnisse des Abschnitts 5.3.2 in den Kontext computergestützer Informationssysteme. Im anschließenden Abschnitt 5.4 werden die definierten Untersuchungsdimensionen von Realisierungsalternativen zur Bestimmung des Nutzensniveaus aufgegriffen und adäquat dem direkt und dem indirekt messbaren Nutzen zugewiesen.

---

302 Bei der Ermittlung von Kennzahlen für die Qualität von Prozessen sind absolute von relativen Kennzahlen zu unterscheiden. Absolute Kennzahlen bezeichnen Einzelwerte, Summen, Differenzen oder Mittelwerte. Relative Kennzahlen werden hingegen durch Quotienten ausgedrückt. Diesbezügliche Beispiele sind in der wissenschaftlichen Literatur in großer Zahl zu finden. Eine geeignete Systematisierung der Qualitäts-Kennzahlen führt Bruhn an. Eine umfassende Systematisierung der Kennzahlen des IT-Controlling findet sich bei Baumöl und Frie. Der geneigte Leser sei auf das entsprechende Schriftgut verwiesen. Vgl. Groll (1991), S. 13; Jórasz (1999), S. 441; Bruhn (1998), S. 270 ff.; Biemel/Fillip (1996), S. 75 ff.; Baumöl/Frie (1999), S. 138 ff.

303 Vgl. Hoffmann (1997), S. 144 f.

304 Vgl. Mayer (2005), S. 5 f.

5.3.3 Gesamtdarstellung der Untersuchungsdimensionen

Aus Kapitel 2 geht hervor, dass sich im Sinne der vorliegenden Arbeit eine Realisierungsalternative stets aus den Bestandteilen Projekt und Prozesse zusammensetzt. Weiterhin wurde verdeutlicht, dass jede Realisierungsalternative im Kontext computer-gestützer Informationssysteme steht und durch die Elementarten des sozio-technischen Systems Aufgabe, Mensch und Technik beschrieben werden kann.[305]

Aufbauend auf diesen Ausführungen wurden in Abschnitt 5.3.1 die drei Untersuchungsdimensionen Kosten, Zeit und Qualität angeführt, die die vollständige Erfassung einer Realisierungsalternative gewährleisten. Diese Differenzierung der Untersuchungsdimensionen ermöglicht eine zielorientierte Transformation des Magischen Dreiecks auf die speziellen Bedarfe von Projekten und Prozessen, dargestellt in Abschnitt 5.3.2. In der nachstehenden Abbildung 5-6 werden beide Bestandteile zusammengeführt und zur Analyse von Realisierungsalternativen ganzheitlich dargestellt.

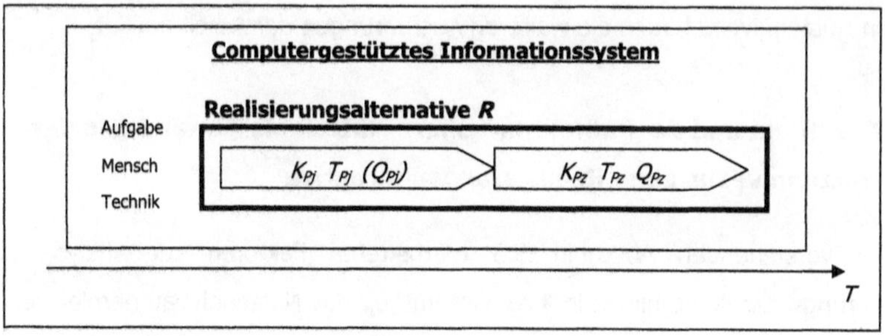

Abb. 5-6: Analysemöglichkeiten einer Realisierungsalternative in computergestützten Informationssystemen unter Anwendung des Magischen Dreiecks

Die integrierte Nutzenanalyse basiert grundsätzlich auf den Untersuchungsdimensionen des Magischen Dreiecks Kosten (K), Zeit (T) und Qualität (Q). Für die Bedarfe von Realisierungsalternativen sind diese Faktoren als Projektkosten

305 Vgl. hierzu Kapitel 2, Abschnitt 2.3, insbesondere Abbildung 2-2.

(K_{Pj}), Projektzeiten (T_{Pj}) und Projektqualitäten (Q_{Pj}) bzw. Prozesskosten (K_{Pz}), Prozesszeiten (T_{Pz}) und Prozessqualitäten (Q_{Pz}) zu interpretieren. Die Bewertung der Qualität der Projekte erfolgt – gemäß obigen Ausführungen – im Rahmen der Erfassung des Nutzens der zugehörigen Prozesse. Ebenso interdependieren die zeitlichen Bedarfe zur Projektdurchführung und die Projektkosten in hohem Maße.[306] Aus diesem Grund werden sie nicht getrennt voneinander, sondern vielmehr gemeinsam erfasst.

Trotz der Interdependenzen der unterschiedlichen Faktoren bzw. Dimensionen erfordert die Bewertung einer Realisierungsalternative die differenzierte Erfassung und Bewertung dergleichen.

Nach dieser Definition der Untersuchungsdimensionen von Realisierungsalternativen werden dieselben im folgenden Abschnitt 5.4 den beiden Nutzenkategorien direkt messbarer Nutzen (U_d) und indirekt messbarer Nutzen (U_i) zugewiesen. Gemeinsam bilden sie das Nutzenniveau einer Realisierungsalternative ab. Auf diesem Nutzenniveau bauen die weiteren Ausführungen der Arbeit auf.

5.4 Der direkt und der indirekt messbare Nutzen als Bestandteile des Nutzenniveaus einer Realisierungsalternative

Die im vorstehenden Abschnitt 5.3 erarbeiteten Faktoren zur Analyse einer Realisierungsalternative bilden in ihrer Gesamtheit das Nutzenniveau dergleichen ab. Die Ausprägungen des Nutzens (U) setzen sich aus den beiden Bereichen direkt messbarer Nutzen (U_d) und indirekt messbarer Nutzen (U_i) zusammen.[307] Der direkt messbare Nutzen bezeichnet alle Parameter einer Realisierungsalternative, die quantitativ (monetär) gemessen werden können.[308] Hierunter fallen bspw. mögliche

306 Vgl. Kersten (1994), S. 437; Stalk/Hout (1990), S. 149 ff.
307 Vgl. Pietsch (2003), S. 30 f. i.V.m. Pietsch/Memmler (2003), S. 26 ff.
308 Analog: Stahlknecht/Hasenkamp (2005), S. 249 f.

Einspareffekte durch Modifikation der Prozesslandschaft. Der indirekt messbare Nutzen erfasst dahingehend alle qualitativ (nicht monetär) messbaren Parameter eines Investitionsvorhabens.[309] Als Beispiel dient die Erfassung des Qualitätsniveaus einer Realisierungsalternative. Das Qualitätsniveau wird entsprechend den Ausführungen des Abschnitts 5.3.2 subjektiv erfasst und bewertet.

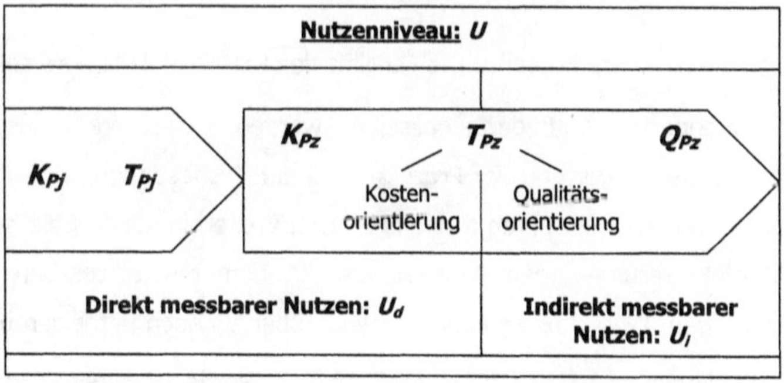

Abb. 5-7: Zuordnung des direkt und des indirekt messbaren Nutzens einer Realisierungsalternative

Abbildung 5-7 visualisiert die Ausprägungen des Nutzens einer Realisierungsalternative mit der Differenzierung in die Bereiche direkt messbarer Nutzen und indirekt messbarer Nutzen. Die gemeinsame Analyse dieser Bestandteile, d.h. das Nutzenniveau einer Realisierungsalternative, dient als Basis der weiteren Ausführungen:

$$U = (U_d, U_i)$$

mit: U_d = direkter Nutzen

U_i = indirekter Nutzen

309 Die Ausführungen von Shenkar et al. belegen, dass selbst die Qualität in direkt und in indirekt messbare Kategorien unterteilt werden kann. So unterscheiden sie zur Erfassung der Kosten: „Direkte Kosten des Qualitätsmanagements" und „Indirekte Kosten des Qualitätsmanagements". Die direkten Kosten des Qualitätsmanagements basieren in diesem Ansatz auf den qualitätsbezogenen Aktivitäten einer Unternehmung. Indirekte Kosten des Qualitätsmanagements werden im Sinne von Opportunitätskosten interpretiert. Sie entstehen durch die Erfassung der qualitätsbezogenen Aktivitäten. Beispielhaft sei eine Mitarbeiterbefragung angeführt. Diese von Shenkar et al. vorgenommene Differenzierung wird in der vorliegenden Arbeit aufgegriffen und zielführend auf die Bedarfe der integrierten Nutzenanalyse übertragen. Vgl. Shenkar et al. (1992), S. 35 ff.

Die Parameter des direkt messbaren Nutzens stellen die Faktoren des ersten Bestandteils einer Realisierungsalternative, des Projekts, dar. Da die zeitlichen Bedarfe zur Umsetzung eines Projektes untrennbar mit den Kosten des Projektes verbunden sind, wird durch die Erfassung der Projektkosten (K_{Pj}) implizit der Zeitbedarf des Projektes (T_{Pj}) berücksichtigt. Die Erfassung der Kosten des Projektes ist demnach erschöpfend. Die Qualität des Projektes (Q_{Pj}) als solches und die qualitätsorientierten Zeitbedarfe desselben werden – wie bereits ausgeführt – erst im Rahmen der Bewertung der Prozesse und dort insbesondere im Rahmen der Bewertung des indirekt messbaren Nutzens erfasst. Weiterhin können die Kosten der aus dem Projekt resultierenden Prozesslandschaft dem direkt messbaren Nutzen zugeordnet werden. Diese Kosten können sowohl über als auch unter den bisherigen Prozesskosten liegen: $\left(K_{Pz}^{neu} \geq K_{Pz}^{alt}\right) \vee \left(K_{Pz}^{neu} < K_{Pz}^{alt}\right)$. Werden Einspareffekte erzielt, sind diese als Nutzen zu interpretieren, da die Unternehmung finanzielle Vorteile erlangt. Sind die kalkulierten zukünftigen Kosten größer als die bisherigen, wird in diesem Sinne von einem negativen Nutzen gesprochen. Adäquat werden die zeitlichen Bedarfe zur Durchführung der Prozesse interpretiert. Die kostenorientierte Interpretation der Zeitbedarfe stellt einen Teil des direkt messbaren Nutzens dar. Entsprechend sind die Zeitbedarfe, die qualitätsorientiert gedeutet werden, als Teilmenge dem indirekten messbaren Nutzen zuzuordnen.[310]

Der indirekt messbare Nutzen bezeichnet somit alle Parameter einer Realisierungsalternative, die nicht quantitativ-monetär, sondern rein qualitativ erfasst werden. Hierzu zählen die Prozessqualität (Q_{Pz}), die qualitätsorientierte Interpretation der

310 Diese qualitätsorientierte Interpretation der zeitlichen Bedarfe der Prozessdurchführung wird bspw. in einer zeitnahen Erstellung des Jahresabschlusses einer Unternehmung deutlich. Ein „schneller" Abschluss („Fast-Close") lässt Rückschlüsse auf die Qualität der Prozessabläufe zu. Ferner kann die Unternehmung hierdurch gegebenenfalls einen Imagegewinn erzielen. Vgl. Eggemann/Petry (2002), S. 1635 ff.

zeitlichen Bedarfe der Prozessdurchführung (T_{Pz}) und indirekt die angeführte Qualität des Projektes der analysierten Realisierungsalternative.[311]

Zwischen den Untersuchungsdimensionen der integrierten Nutzenanalyse existieren vielfältige Interdependenzen.[312] Jeder der Faktoren beeinflusst die anderen Faktoren bzw. wird durch die anderen Faktoren beeinflusst. Nachstehende Abbildung 5-8 veranschaulicht diese Interdependenzen, d.h. die wechselseitigen Beziehungen, die der Analyse einer Realisierungsalternative zu Grunde liegen:

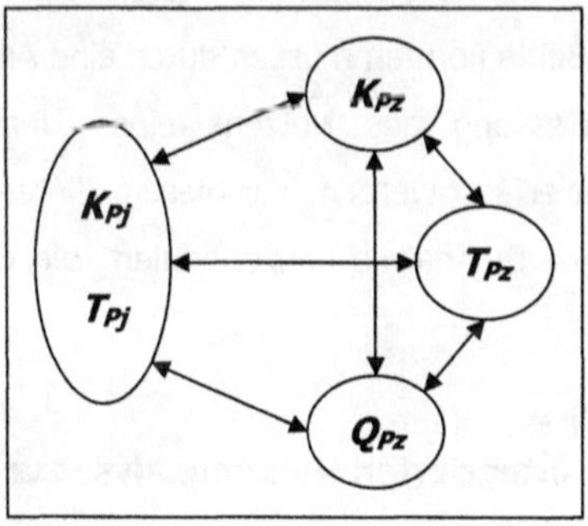

Abb. 5-8: Interdependenzen zwischen den Untersuchungsdimensionen einer Realisierungsalternative

Die Faktoren Projektkosten (K_{Pj}) und Projektzeit (T_{Pj}) werden in Abbildung 5-8 als eine Einheit dargestellt. Sie interagieren mit den drei Untersuchungsdimensionen der Prozesse: Prozesskosten (K_{Pz}), Prozesszeit (T_{Pz}) und Prozessqualität (Q_{Pz}). Beispielhaft sei der Zusammenhang zwischen den Projektkosten und der Qualität der Prozesslandschaft angeführt. Hohe Projektkosten können dazu führen, dass die

311 Vgl. die Ausführungen des Abschnittes 5.3.2.1.

312 Empirische Untersuchungen zeigen, dass ca. 70% bis 85% der gesamten Kosten eines Investitionsvorhabens bereits in der Investitionsphase entstehen. Dies bedeutet im Umkehrschluss, dass nur ca. 15% bis 30% der Gesamtkosten des Vorhabens der Run-time (hier: den Prozessen) zuzuordnen sind. Hieraus ist zu schlussfolgern, dass die Auswahl einer Realisierungsalternative mit zunächst hohen Anfangsauszahlungen und anschließenden geringen Kosten für den laufenden Betrieb verbunden ist. Weiterhin werden die Interdependenzen, die zwischen den Bestandteilen der Realisierungsalternative bestehen, offenbar. Die Kosten der Initiierung korrelieren unmittelbar mit denen der Run-time und umgekehrt. Vgl. Fischer (1993a), S. 67 ff.

Qualität der Prozesse ebenfalls hoch ist. Gleichwohl ist es möglich, dass hohe Projektkosten zu einer schlechteren Qualität der Prozesse führen.[313] Die Prozessqualität steht ebenfalls in engem Zusammenhang mit den zeitlichen Bedarfen dergleichen. So können schnelle Prozessabläufe die Prozessqualität sowohl positiv als auch negativ beeinflussen.[314]

Wie verdeutlicht wurde, bestehen sowohl zwischen den Bestandteilen einer Realisierungsalternative, d.h. zwischen den Untersuchungsdimensionen von Projekt und Prozessen, als auch innerhalb eines Bestandteils einer Realisierungsalternative vielfältige Beziehungen. Beide Formen müssen durch eine Analyse, die dem Anspruch einer ganzheitlichen Erfassung des Nutzens eines Untersuchungsgegenstandes gerecht wird, zieladäquat erfasst werden. Vor diesem Hintergrund wird im folgenden Abschnitt 5.5 eine integrierte Analyse konzeptioniert, die diesen vielfältigen Anforderungen entspricht.

5.5 Konzeption einer integrierten Nutzenanalyse zur Bewertung einer Realisierungsalternative

Auf Basis der bisherigen Ausführungen wird im vorliegenden fünften Abschnitt des Kapitels die integrierte Nutzenanalyse zur Bewertung einer Realisierungsalternative konzeptioniert. Die Erarbeitung erfolgt erneut in zweigeteilter Form. Zunächst wird in Abschnitt 5.5.1 ein Instrumentarium zur Bestimmung des Nutzens von Projekten entwickelt. Anschließend widmet sich Abschnitt 5.5.2 der Bewertung der Untersuchungsdimensionen von Prozessen. Beide Bestandteile werden im weiteren Verlauf der Arbeit (Abschnitte 5.6 und 5.7.) zusammengeführt. Ziel ist die ganzheitliche Abbildung des Nutzenniveaus einer Realisierungsalternative.

---

313 Vgl. Wallmüller (1995), S. 97 ff.

314 Die Auswirkungen auf die unterschiedlichen Untersuchungsdimensionen führt Schaar beispielhaft an Hand des Gesamtnutzens, der durch ein entsprechendes Qualitätsmanagement erzielt werden kann, an. Vgl. Schaar (1994), S. 13.

5.5.1 Instrumentarium zur Kalkulation der Projektkosten unter impliziter Berücksichtigung der Projektzeiten

Die Entwicklung des Instrumentariums zur Kalkulation der Projektkosten impliziert die Berücksichtigung der Projektzeiten. Beide Faktoren sind in der integrierten Nutzenanalyse adäquat zu berücksichtigen. Um dies zu gewährleisten, werden in Abschnitt 5.5.1.1 der Aufbau des Instrumentariums und dessen wissenschaftliche Fundierung begründet. Auf Basis dieser Ausführungen erfolgt im anschließenden Abschnitt 5.5.1.2 die Entwicklung des entsprechenden Instrumentariums.

5.5.1.1 Aufbau der Analyse

Die Entwicklung der integrierten Nutzenanalyse erfordert im Teilbereich der Projektanalyse die vollständige Kalkulation der Projektkosten. Hierzu zählen neben den Kosten des Projektes als solches diejenigen Kosten, die durch die zeitliche Inanspruchnahme der Projektdurchführung voraussichtlich entstehen. Diese zeitliche Inanspruchnahme bestimmt sich durch die Bindung von Ressourcen, gleich welcher Art. So sind bspw. menschliche Aufgabenträger bei der Realisierung eines Projektes zeitlich gebunden. Diese Kosten fließen als Opportunitätskosten[315] in die Analyse ein. Weiterhin kommen bei der Durchführung von Projekten Technologien und/oder Techniken zum Einsatz.[316] Die hiermit verbundenen Kosten sind ebenfalls in die Analyse einzubeziehen und zu bewerten.

Um die vollständige Erfassung der Projektkosten zu gewährleisten, baut die Analyse auf drei sich ergänzenden wissenschaftlichen Instrumentarien auf:

1. Die Analyse wird in Anlehnung an die TCO-Analyse entwickelt.[317]
2. Die Analyse basiert auf dem sozio-technischen System.[318]

---

315 Zum Begriff der Opportunitätskosten wird auf Fußnote 116 verwiesen.

316 Zur Differenzierung der Begriffe Technologie und Technik vgl. die Ausführungen des Abschnitts 2.1.

317 Vgl. hierzu die Ausführungen des Abschnittes 4.2.2.

318 Vgl. hierzu die Ausführungen des Kapitels 2.

3. Die Analyse orientiert sich grundsätzlich an den Phasen des Software-Lifecycle-Modells im Software-Engineering.[319]

Die Heranziehung der in Kapitel 4 vorgestellten TCO-Analyse erweist sich als vorteilhaft, da ihre Anwendung die vollständige Erfassung der Kosten eines Projektes gewährleistet.[320] Hierzu zählen neben den direkten Kosten ebenso die indirekten, also schwer messbaren Kosten eines Vorhabens. Die Kalkulation der Kosten erfolgt in der vorliegenden Arbeit entsprechend dieser Zweiteilung.

Innerhalb der Teiluntersuchungen – Kalkulation der direkten Kosten bzw. Kalkulation der indirekten Kosten – wird das den Realisierungsalternativen stets zu Grunde liegende sozio-technische System zur weiteren Gliederung der Analyse eingesetzt. Die Unterscheidung in die Elementarten Mensch, Aufgabe und Technik gewährleistet die Einbeziehung aller betroffenen Bereiche des Investitionsvorhabens. Durch die Verbindung von Mensch und Technik kann die zu lösende Aufgabenstellung, das Projekt, realisiert werden. Schließlich orientiert sich die Erfassung der (direkten) Kosten an den Phasen gängiger Software-Lifecycle-Modelle, beginnend mit der Problemfindung bis hin zur Phase der Implementierung. Einzige Ausnahme bildet die Phase „Wartung & Pflege". Sie fließt nicht in die Kalkulation der Kosten des Projektes ein, sondern wird – aus thematischen Gründen – erst in der Run-time, d.h. in der Analyse der aus dem Projekt resultierenden Prozesse bewertet. Die Phase Wartung &

---

319 Die Phasen des Software-Lifecycle-Modells sind nicht einheitlich bestimmt. In der wissenschaftlichen Literatur existiert eine Vielzahl von verschiedenen Modellen. Die nachfolgenden Ausführungen basieren auf einem allgemein anerkannten Modell. Die einzelnen Entwicklungsstufen lauten: Problemfindung, Planungsphase, Definitionsphase, Entwurfsphase, Implementierung, Abnahme & Einführung und Wartung & Pflege. Die Konzeption der integrierten Nutzenanalyse ermöglicht es dem Entscheider jedoch, jedwedes Software-Lifecycle-Modell einzusetzen. Vgl. Gluchowski et al. (1997), S. 121 ff.; Sommerville (2001); Hansen/Neumann (2005), S. 265 ff.; Balzert (2000), S. 53 ff.

320 Die von der GartnerGroup proklamierten Kostenarten sind zur vollständigen Erfassung auf die speziellen Bedarfe des Untersuchungsgegenstandes anzupassen. Unter bestimmten Umständen muss die TCO-Analyse erweitert werden bzw. bedarf der Modifikation, um die Erfassung sämtlicher Kostenarten sicherzustellen. Die nachfolgenden Ausführungen basieren auf einer solchen zieladäquaten Modifikation.

Pflege stellt dementsprechend einen Untersuchungsgegenstand des zweiten Bestandteils einer Realisierungsalternative dar.[321]

Komplettiert wird das Instrumentarium durch die Berücksichtigung besonderer Kostenarten. Diese zusätzlich zu erfassenden Kosten beziehen sich insbesondere auf die Elementart Mensch. So fallen im Rahmen der Realisierung von Projekten Sonderaufgaben an, die eindeutig den Kosten des Projektes zuzuordnen sind. Beispielhaft seien die Dokumentation der Projektfortschritte (Projektfortschrittskontrolle), die Erstellung und Präsentation von Zwischenergebnissen, die Mitschrift von Besprechungen (Protokolle) und gegebenenfalls notwendige Schulungsmaßnahmen, die sich aus dem Projekt ergeben, angeführt.[322]

Vor diesem Hintergrund können die Kosten der Projektrealisierung unter impliziter Berücksichtigung der (kostenorientierten) Projektzeiten vollständig erfasst werden. Eine mögliche Umsetzung des Aufbaus der (Teil)-Analyse wird in Abschnitt 5.5.1.2 entwickelt.

5.5.1.2 Kalkulation der Projektkosten

Die Kalkulation der Kosten des Projektes $\left(K_{Pj}\right)$ erfolgt gemäß nachstehenden Tabellen 5-1 und 5-2 differenziert nach direkten Projektkosten und indirekten

321 Eine sehr anschauliche Darstellung der Zuordnung der Phasen eines Lifecycle-Modells findet sich bei Santihanser. Santihanser unterscheidet in Analogie zum Begriff der Realisierungs-alternative die Bereiche „Entwicklung" und „Nutzung". Ergänzend führt er die „Entsorgung" als eigenständigen Kostenbestandteil an. Letztgenannte Kosten werden in der vorliegenden Arbeit bereits bei der Kalkulation der „Total Cost of Ownership" in die Analyse einbezogen. Dem Bereich der Nutzung ordnet Santihanser die Betriebskosten, die Instandhaltung und die Anwenderkosten zu. Santihanser geht somit mit den Ausführungen dieser Arbeit und der gewählten Zuordnung der Phase „Wartung & Pflege" zum zweiten Bestandteil von Realisierungsalternativen, den Prozessen, konform. Vgl. Santihanser (2003), S. 8.

322 Die Aufzählung dieser zusätzlichen Kostenarten ist rein beispielhaft. Die integrierte Nutzenanalyse erlaubt die Aufnahme weiterer unternehmungsspezifischer Kostenarten. Insofern handelt es sich bei der integrierten Nutzenanalyse um eine dynamische Methode.

Projektkosten. Die Aggregation beider Teilanalysen gewährleistet die vollständige Erfassung der Kosten des Projektes.[323]

Direkte Kosten	**Kosten des Projektes:** K_{Pj}	**MT/ PT**	**Hebesatz**	**Kosten in €**
Technik	Beschaffung neuer HW & SW (externe Leistung)			
	Einrichtung neuer HW & SW (externe Leistung)			
Aufgabe/ Mensch	Problemfindung			
	Problemdefinition			
	Problemaufbereitung			
	Planungsphase			
	Technisch			
	Prüfung technischer Durchführbarkeit			
	Wirtschaftlich			
	Budgetplanung (i.V.m. Problemaufbereitung)			
	Bewertung verschiedener Umsetzungsmöglichkeiten			
	Sonstiges			
	Zusammenstellung Projektteams			
	Zeitplanung (i.V.m. Problemaufbereitung)			
	Definitionsphase			
	Erstellung Fachkonzept			
	Erstellung Pflichtenheft			
	Begleitung der Phase Entwicklung durch Mitarbeiter			
	Begleitung der Phase Implementierung durch Mitarbeiter			
	Kontrolle Projektumsetzung mit Fach- und Pflichtenheft			
	Funktions- und Integrationstest			
	Begleitung der Phase Einführung			
	Erstellung Handbuch			
	Anpassung alter HW & SW			
	Betriebswirtschaftliche und technische Koordination Gesamtprojekt (Projektleitung)			
	Schulung			
	End-User IS-Training (Kosten der Schulung)			
	End-User IS-Training (Zeitbedarf der Schulung)			
Summe				

Tab. 5-1: Kalkulation der direkten Projektkosten

323 Es sei darauf hingewiesen, dass es sich bei der Erfassung der Kosten um eine A Priori-Analyse, also um eine zukunftsgerichtete Analyse der zu erwarteten Kosten des Projektes handelt. Aus diesem Grund muss von einer gewissen Ungenauigkeit der Ergebnisse ausgegangen werden, die bei der Gesamtbewertung der Realisierungsalternative zu berücksichtigen ist.

Der Aufbau der Analyse basiert auf den Ausführungen des vorstehenden Abschnittes 5.5.1.1. Auf der linken Seite der Tabellen sind die Elementarten des sozio-technischen Systems abgetragen. Sie dienen der Kategorisierung der Parameter der Analyse. Die Aufstellung dieser Kostenkategorien orientiert sich an den Kosten für die Beschaffung und die Einrichtung der Hardware und Software (HW & SW) als externe Leistung der Unternehmung, d.h. die Leistung wird von Dritten für die Unternehmung erbracht, und den Phasen des Software-Lifecycle – Problemfindung, Planungsphase, Definitionsphase, Entwurf, Implementierung und Abnahme & Einführung – als intern zu erbringende Leistung.[324] Die Phasen des Software-Lifecycle werden durch besondere Kostenarten, die bei der Realisierung eines Investitionsvorhabens entstehen bzw. für die Realisierung notwendig sind, ergänzt. Hierunter fallen bspw. die Dokumentation in Form eines Handbuches, die Anpassung der alten HW & SW, die Berücksichtigung der betriebswirtschaftlichen und technischen Koordination des Gesamtprojektes (Projektleitung) sowie die Erfassung der Kosten für notwendige Schulungsmaßnahmen.

Aus Tabelle 5-1 gehen die wesentlichen Parameter zur Analyse der direkten Kosten von Projekten hervor. Die Auflistung der Kostenarten ist beispielhaft und ist für jede Unternehmung individuell anzupassen. Die Kalkulation der Kosten erfolgt durch Multiplikation der voraussichtlich notwendigen Manntage (MT) bzw. Personentage (PT) unter Anwendung eines ebenfalls individuell zu bestimmenden Hebesatzes. Die Höhe dieses Hebesatzes sollte sich an den tatsächlichen Kosten der jeweils eingesetzten Mitarbeiter orientieren, d.h. leitende Mitarbeiter auf der taktischen und strategischen Ebene einer Unternehmung, die bspw. mit der Koordination des Gesamtprojektes beauftragt sind, sind mit einem höheren Hebesatz zu berücksichtigen als operativ arbeitende Mitarbeiter auf der Sachbearbeiter-Ebene.[325]

---

324 Vgl. Tiemeyer (2005), S. 18 ff.

325 Fiedler geht mit diesen Ausführungen konform. Beispielhaft schlägt er vor, die Mitarbeiter in fünf Kategorien einzuordnen und mit einem unternehmungsindividuellen Hebesatz zu bewerten: 1. Geschäftsführer und Bereichsleiter, 2. Projektmanager und Abteilungsleiter, 3. Leitende Techniker und Gruppenleiter, 4. Untergeordnete Techniker und Einkäufer, 5. Sekretärinnen. Vgl. Fiedler (2005), S. 89 f.

Die Kalkulation der indirekten Kosten erweist sich indes als problematischer.[326] Indirekte Kosten basieren zumeist auf internen und/oder externen individuellen Erfahrungswerten einer Unternehmung.[327] Die Ergebnisse der oben angeführten TCO-Analyse lassen jedoch Rückschlüsse über die voraussichtliche Höhe dieser Kostenkategorie zu. Im Durchschnitt liegen diese grundsätzlich zwischen 40% und 50% der Gesamtkosten eines Projektes.[328] Um verschiedene Realisierungsalternativen miteinander vergleichen zu können, muss die tatsächliche Höhe der indirekten Projektkosten jedoch für jedes einzelne Projekt vor dem Hintergrund der Komplexität und der zeitlichen Bedarfe der Projektrealisierung abgeschätzt werden. So ist es möglich, dass ein Projekt dem Ziel der Verringerung der Ausfallzeiten dient und demnach gerade die Höhe der indirekten Kosten senkt. In einem solchen Fall ist es wahrscheinlich, dass die indirekten Kosten nach Umsetzung des Projektes, d.h. im zweiten Bestandteil der Realisierungsalternative, kleiner als 40% sind. Während der Projektrealisierung selbst ist bspw. der Grad der Komplexität desgleichen entscheidend. Soll ein technisch anspruchsvolles Projekt realisiert werden, kann in der Elementart Technik von hohen geplanten und ungeplanten Ausfallzeiten ausgegangen werden. Ob dies für ein konkret durchzuführendes Projekt tatsächlich der Fall ist, muss hingegen individuell bewertet werden.

Indirekte Kosten	**Kosten des Projektes: K_{Pj}**	**MT/ PT**	**Hebesatz**	**Kosten in €**
Technik	Geplante Downtime (Systemwechsel)			
	Ungeplante Ausfallzeiten (während der Projektumsetzung)			
Aufgabe/ Mensch	Autodidaktisches Lernen zur Problemlösung innerhalb und zwischen (einzelnen) Arbeitsgruppen			
	„Hello-Jo-Effekt" (Lösung fremder Probleme)			
Summe				

Tab. 5-2: Kalkulation der indirekten Projektkosten

326 Vgl. Tiemeyer (2005), S. 57 ff.

327 Vergleiche auch die Ausführungen von Jones, der auf ca. 200 indirekte Einflussfaktoren auf die Kosten in einem (Software)-Projekt hinweist. Vgl. Jones (1997), S. 1 ff.

328 Vgl. Gadatsch/Mayer (2005), S. 80 f.; Treber et al. (2004); Kütz (2005), S. 121; Powell (1999), S. 173 f.

Aus vorstehender Tabelle 5-2 gehen die einzelnen Kostenkategorien zur Kalkulation der indirekten Kosten hervor. Die Auflistung orientiert sich an den Kostenkategorien der TCO-Analyse.[329] Die Kategorien sind für jede Unternehmung und für jedes Projektvorhaben einzeln zu überprüfen und gegebenenfalls zu modifizieren und/oder zu ergänzen.

Somit ist das erste Instrumentarium zur Kalkulation der Projektkosten als Bestandteil der Analyse von Realisierungsalternativen entwickelt. Der Forderung der impliziten Berücksichtigung des Faktors Zeit wird hierbei entsprochen. Überdies gewährleistet die differenzierte Erfassung von direkten und indirekten Projektkosten die Vollständigkeit der Analyse. Im nachfolgenden Abschnitt 5.5.2 erfolgt – zur Vervollständigung der integrierten Nutzenanalyse – die Entwicklung des ungleich komplexeren zweiten Instrumentariums. Es thematisiert auf Basis der bisherigen Ausführungen die Möglichkeit der Bewertung von Prozessen im Sinne dieser Arbeit.

5.5.2 Instrumentarium zur Bewertung der Untersuchungsdimensionen von Prozessen

Die folgenden vier Abschnitte dienen der Entwicklung eines Instrumentariums zur Analyse des zweiten Bestandteils einer Realisierungsalternative, den Prozessen. In Analogie zum bisherigen Vorgehen wird zunächst der Aufbau der Analyse dargestellt (Abschnitt 5.5.2.1). Anschließend erfolgt dessen konkrete Ausarbeitung in den Abschnitten 5.5.2.2 bis 5.5.2.4. Hierzu wird zunächst ein Verfahren erarbeitet, das den Entscheidungsträger in die Lage versetzt, die Prozesskosten zu kalkulieren. Anschließend erfolgt die Entwicklung zweier Fragebögen, die die Bewertung der zeitlichen Bedarfe und der Qualität von Prozessen ermöglicht.

5.5.2.1 Aufbau der Analyse

Die Entwicklung des Instrumentariums zur Analyse von Prozessen erfolgt grundsätzlich in Analogie zur Entwicklung des Instrumentariums zur Analyse von Projekten.

---

329 Vgl. hierzu die Ausführungen des Abschnitts 4.2.2.

Aus Abschnitt 5.3.2.2 geht hervor, dass die vollständige Erfassung in den drei Dimensionen Prozesskosten, Prozesszeiten und Prozessqualitäten erfolgt.[330] Das Instrumentarium bzw. die Instrumentarien zur Analyse der Prozesslandschaft dienen demnach sowohl der Erfassung quantitativer als auch qualitativer Parameter.[331]

Weiterhin basiert die Analyse der Prozesslandschaft auf der folgenden generellen Prämisse:

Die Bestimmung der Untersuchungsdimensionen des zweiten Bestandteils einer Realisierungsalternative – den Prozessen – erfolgt stets im Vergleich: alter Prozess $\left(Pz^{alt}\right)$ versus neuer Prozess $\left(Pz^{neu}\right)$.

Dieses Vorgehen ermöglicht die Bewertung des zweiten Bestandteils von Realisierungsalternativen ohne die Kenntnis der absoluten Werte der gegenwärtigen Prozesslandschaft.[332] Die zukünftigen Prozesse müssen folglich nicht explizit, sondern nur im Vergleich zu den aktuellen Prozessen bewertet werden.[333] Diese Technik führt zu einer außerordentlichen Vereinfachung der Analyse. Die relative Erfassung der Änderungen ist durch einfache Normierung der Wertigkeit der alten Prozesslandschaft auf 1 möglich. Rein formal bedeutet dies für die Faktoren Prozesskosten $\left(K_{Pz}\right)$, Prozesszeit $\left(T_{Pz}\right)$ und Prozessqualität $\left(Q_{Pz}\right)$:

$$K_{Pz}^{alt} := 1$$

$$T_{Pz}^{alt} := 1$$

$$Q_{Pz}^{alt} := 1$$

330 Vgl. auch: Kaplan/Norton (1997), S. 118.

331 Ein grundsätzlich vergleichbares Vorgehen findet sich bei Dittrich und Braun. Vgl. Dittrich/Braun (2004), S. 30 ff.

332 Vgl. Poensgen/Bock (2005), S. 14 f.

333 In der wissenschaftlichen Literatur finden sich zahlreiche Ansätze zur Berechnung von Kenngrößen der Wirtschaftlichkeit auf Basis von Quotienten. Hierbei werden auch qualitativ geprägte Kennzahlen ins Verhältnis gesetzt. Das Ergebnis fingiert jedoch nur einen scheinbar objektiven Wert. Die in dieser Ausarbeitung vorgenommene Normierung der Untersuchungsdimensionen auf den Faktor 1 versetzt den Entscheider hingegen in die Lage, die Analyse von einer gesicherten und quantitativen Datenbasis durchzuführen. Vgl. Wittmann (1982), S. 143; Fries (1995), S. 119 ff.; Schultz (1988), S. 25; Lechner et al. (2004), S. 66 ff.

Ferner erfolgt die Konzentration auf die Bewertung der Prozesslandschaft der wesentlichen Prozesse. In der vorliegenden Arbeit sind dies ausgewählte Prozesse des Rechnungswesens, die zur Erfüllung der Segmentberichterstattung erforderlich sind. Werden hierbei einzelne Prozesse neu implementiert oder fallen nach der prozessualen Neuausrichtung weg, muss – zur ihrer adäquaten Erfassung – auf vergleichbare Prozesse referenziert werden.

Der grundsätzliche Aufbau der Instrumentarien erfolgt in Analogie zu der Analyse des vorherigen Abschnitts 5.5.1 in Anlehnung an das sozio-technische System. Es werden wiederum die Elementarten Mensch, Aufgabe und Technik unterschieden. Zudem werden die Kosten der Prozesslandschaft erneut in Anlehnung an die TCO-Analyse kalkuliert, so dass direkte und indirekte Prozesskosten differenziert werden.

Vor diesem Hintergrund werden in den folgenden drei Abschnitten Werkzeuge entwickelt, die die vollständige Erfassung der Untersuchungsdimensionen Prozesskosten, Prozesszeit und Prozessqualität gewährleisten.[334] Spezifika der Untersuchungsdimensionen werden jeweils an entsprechender Stelle angeführt und erläutert. Begonnen wird mit der Entwicklung des Analyseinstrumentariums zur Kalkulation der Prozesskosten.

---

334 Andere Differenzierungen zur Bewertung von Prozessen sind in der Literatur in großer Zahl vorhanden. Handelt es sich um die Messung der Quantität, so stellt die Erfassung der entsprechenden Kennzahlen im Allgemeinen eine vergleichsweise einfache Aufgabe dar. Die Einbeziehung qualitativer Parameter ist hingegen ungleich komplexer und aufwändiger. Es ist insbesondere auf den hohen Grad der Abhängigkeiten zwischen den Untersuchungsdimensionen hinzuweisen. Redundanzen bei der Erfassung der Kennzahlen sind streng zu vermeiden, da eine mögliche doppelte Erfassung das Ergebnis beeinflusst. Das in der vorliegenden Arbeit gewählte strukturierte Vorgehen zur Erfassung der quantitativen und qualitativen Parameter eines Investitionsvorhabens gewährleistet die Vermeidung dieser doppelten Bewertung, da die Fragebögen ganzheitlich aufeinander abgestimmt sind. Vgl. Wildemann (1996), S. 99 ff.; Reb/Herr (2000), S. 75 ff.; Gadatsch/Mayer (2005), S. 162 ff.; insbesondere Kütz (2003), S. 153 ff.

5.5.2.2 Kalkulation der Änderung der Prozesskosten

Zur Erfassung der Prozesskosten wurde in den letzten Jahren zunehmend die Prozesskostenrechnung eingesetzt.[335] Hierbei handelt es sich um eine Vollkostenrechnung, die auf der in den 1980er Jahren in den USA entwickelten Activity Based Costing-Analyse basiert.[336] Sie wird der stetigen Komplexitätssteigerung und der damit einhergehenden stark ansteigenden Prozessorientierung der Unternehmungen gerecht. Die Kalkulation der Prozesskosten orientiert sich in der Prozesskostenrechnung an Hauptprozessen, die als Verdichtung von Teilprozessen definiert werden.[337] In Anlehnung an dieses Vorgehen werden die in dieser Arbeit untersuchten Prozesse des Rechnungswesens ebenfalls in verdichteter Form dargestellt und untersucht. Im Gegensatz zur Prozesskostenrechnung bezieht sich die Analyse jedoch nicht auf die Erfassung der absoluten Höhe der Kosten, sondern – wie ausgeführt – auf deren Veränderung. Dieser Vergleich $\left(K_{Pz}^{alt}\right)$ versus $\left(K_{Pz}^{neu}\right)$ kann sowohl positiv, neutral als auch negativ ausfallen und somit über, in gleicher Höhe oder unter den bisherigen Prozesskosten liegen. Im theoretischen Idealfall müssten die Kosten der Prozesslandschaft insgesamt geringer als diejenigen der bisherigen Prozesse sein. Nur so können – aus rein monetärer Sicht – die Kosten des initiierenden Projektes amortisiert werden. Darüber hinaus wird der oben angeführte Gliederungsgrundsatz „Differenzierung der Kostenarten in direkte Prozesskosten und indirekte Prozesskosten" in das Instrumentarium aufgenommen. Des Weiteren

335 Vgl. Mayer et al. (2005), S. 123 ff.

336 Die Grundgedanken der Prozesskostenrechnung finden sich bereits bei Schmalenbach im Jahr 1899 wieder. Insofern basiert die Prozesskostenrechnung nicht ausschließlich auf der Activity Based Costing-Analyse. Vgl. Schmalenbach (1899), S. 98 ff.

337 Die verursachungsgerechte Ermittlung der Prozesskostenrechnung sieht zunächst die Bestimmung repetitiver Prozesse und deren Prozessgrößen vor. Einzelne Teilprozesse werden kostenstellenübergreifend zusammengefasst und bilden sogenannte Hauptprozesse. Die Kalkulation der Prozesskosten wird durch die Identifizierung der hinter den Prozessen stehenden Kostentreiber erleichtert. Kostentreiber können als Maßgrößen, die zur Quantifizierung des Outputs einer Aktivität herangezogen werden (Bsp. Anzahl der Durchläufe) charakterisiert werden. Anschließend erfolgt die Kalkulation der Prozesskosten, wobei zunächst diejenigen Kosten (u.a. mit der Kostenträgerstück- und Kostenträgerzeitrechnung) ermittelt werden, für die bereits entsprechende Prozessgrößen existieren. Die restlichen Kosten werden in einem weiteren Schritt unter Zuhilfenahme verschiedener Umlageverfahren verursachungsgerecht zugewiesen. Detaillierte mathematische Ermittlungsverfahren finden sich bei Fandel et al. Vgl. Fischer (1993), S. 190 ff.; Cooper (1990), S. 345 ff.; Coenenberg (2003), S. 225 ff.; Fandel et al. (2004), S. 394 ff.; Klenger (1997), S. 360 ff.; Ewert/Wagenhofer (2000), S. 294 ff.

orientiert sich die Aufstellung der Kostenkategorien an den Elementarten: Aufgabe, Mensch und Technik.

Die Erfassung der Änderung der Kosten zur prozessualen Neuausrichtung der Segmentberichterstattung im Rechnungswesen gestaltet sich demnach wie folgt:

Direkte Kosten	**Änderungen der Prozesskosten: K_{Pz}** **- Vergleich zu K_{Pz}^{alt} -**	**MT/ PT**	**Hebesatz**	**Kosten in €**
Technik	Mehr-/Minderaufwand Systempflege (System Management)			
Aufgabe/ Mensch	**Rechnungswesen**			
	Externes Rechnungswesen			
	Prozess Jahres- & Quartalsabschluss			
	Teilprozess Bilanz			
	Teilprozess Gewinn- & Verlustrechnung			
	Teilprozess Erläuterungen (nur für Konzernabschluss gemäß IAS/IFRS)			
	Teilprozess Anhang (nur für Einzelabschluss gemäß HGB)			
	Prozess Monatsabschluss			
	Prozess Reporting FI an Konzern			
	Prozess Bilanzielle Beratung			
	Internes Rechnungswesen			
	Prozess Jahres-, Quartals- & Monatsabschluss			
	Prozess Fakturierung			
	Prozess Prozess- & Systementwicklung			
	Prozess Bestandsbewertung			
	Kontokorrentbuchhaltung			
	Prozess Debitorenbuchhaltung			
	Prozess Kreditorenbuchhaltung			
	Finanzen			
	Prozess Finanzreporting für Konzern			
	Unterstützungsprozesse			
	Integrierender Berichtsprozess			
	Prozess System- & Prozesspflege (Wartung & Pflege i.S.d. SW-Lifecycle)			
	Teilprozess Anlegen von Konten			
	Teilprozess Segmentierung von Konten			
	Teilprozess Vergabe von Berechtigungen im SAP R/3			
	Prozess Pflege SAP BW (externe Leistung)			
	Prozess Pflege SAP R/3 (externe Leistung)			
	Prozess Support-Costs			
	UHD (Tier 1)			
	Network-Management (Tier 2 & 3)			
Summe				

Tab. 5-3: Erfassung der direkten Prozesskosten im Vergleich zu den bisherigen Prozesskosten

Aus Tabelle 5-3 geht der Aufbau der Analyse zur Kalkulation der direkten Prozesskosten beispielhaft hervor. In der betrieblichen Praxis sind die individuellen Bedarfe der Unternehmung zu berücksichtigen. Die Aufteilung der Kostenkategorien erfolgt an Hand einer möglichen Organisationsstruktur in die Bereiche Rechnungswesen, Finanzen und (notwendige) Unterstützungsprozesse zur Realisierung bzw. Pflege der Prozesse. Besonders hervorzuheben ist der „Integrierende Berichtsprozess".[338] In diesem Berichtsprozess laufen alle Ergebnisse der (Teil)-Prozesse zusammen, um in integrierter Form an die nächste Instanz weitergegeben werden zu können. Weiterhin wird die in der Kalkulation der Projektkosten zurückgestellte Kostenkategorie „Wartung & Pflege" in die Analyse der Prozesskosten aufgenommen.[339] Aus Tabelle 5-3 geht hervor, dass hierzu drei verschiede Teilprozesse erfasst werden, die insgesamt der Wartung und Pflege des Systems und der Prozesslandschaft dienen.

Die Kalkulation der Prozesskosten erfolgt – wie bereits ausgeführt – stets im Vergleich: $\left(K_{Pz}^{alt}\right)$ versus $\left(K_{Pz}^{neu}\right)$. Erneut werden Mann- bzw. Personentage (MT/PT) erfasst und mittels eines (individuellen) Hebesatzes in monetäre Parameter umgerechnet.

Die Bestimmung der indirekten Prozesskosten erfolgt adäquat zu der Bestimmung der indirekten Projektkosten des Abschnitts 5.5.1.2:

Indirekte Kosten	**Änderung der Prozesskosten: K_{Pz}** **- Vergleich zu K_{Pz}^{alt} -**	**MT/ PT**	**Hebesatz**	**Kosten in €**
Technik	Geplante Downtime (Systemwechsel)			
	Ungeplante Ausfallzeiten des Systems (Erfahrungswert)			
Aufgabe/ Mensch	Autodidaktisches Lernen zur Lösung von Problemen (Peer to self support)			
	"Hello-Jo-Effekt" (zur Lösung fremder Probleme)			
	Wartezeiten für UHD, Problembehebungen, etc.			
Summe				

Tab. 5-4: Erfassung der indirekten Prozesskosten im Vergleich zu den bisherigen Prozesskosten

338 Zwei ausführliche Darstellungen von „Integrierenden Berichtsprozessen" wird in den Abschnitten 6.3.3.1.2 und 6.3.3.2.2 gegeben.

339 Vgl. hierzu Abschnitt 5.5.1.2.

Tabelle 5-4 zeigt die bereits bekannte Unterscheidung der Kostenkategorien. Erweitert wurde die Analyse um die Kostenart „Wartezeiten für UHD[340], Problembehebung, etc." Die Einbeziehung dieser Kostenart ist zur Bestimmung der Prozesskosten von großer Wichtigkeit, da davon auszugehen ist, dass eine Modifikation der Prozesslandschaft vermehrt zu Problemen im Rahmen des Prozessablaufs führt. Da diese Kosten zunächst sehr hoch sind und im Laufe der Zeit voraussichtlich sinken werden, ist hier ein adäquater Mittelwert anzusetzen.

Die Aggregation der Änderung der direkten und der indirekten Prozesskosten stellt die Höhe der voraussichtlichen Mehr- oder Minderkosten der auf dem vorausgehenden Projekt resultierenden Prozesslandschaft dar. Im folgenden Abschnitt 5.5.2.3 wird ergänzend das Instrumentarium zur Erfassung der Änderungen der zeitlichen Bedarfe der Prozesslandschaft entwickelt.

5.5.2.3 Kalkulation der Änderung der zeitlichen Bedarfe von Prozessen

Die Kalkulation der Änderung der zeitlichen Bedarfe von Prozessen erfolgt in Form eines Bewertungsbogens.[341] Dieser Bewertungsbogen basiert erneut auf der Dreiteilung des sozio-technischen Systems Aufgabe, Mensch und Technik und wird an ausgewählte repräsentative Mitarbeiter vergeben. Für die weitere Analyse ist es erforderlich, dass es sich sowohl um Mitarbeiter der oberen Hierarchieebenen als auch um Sachbearbeiter, die von der prozessualen Neuausrichtung unmittelbar betroffen sind, handelt. Weiterhin erfordert die Erhebung der Datenbasis die Auswahl von Mitarbeitern, die im Umfeld der jeweils untersuchten Elementart tätig sind. So können bspw. Mitarbeiter, die für die Konsolidierung der Jahresabschlussdaten zuständig sind, zur Beantwortung der Fragestellungen im Bereich der Elementart

340 User Help Desk (UHD)

341 Auf die Vor- und Nachteile verschiedener Befragungsformen gehen Homburg et al. ein. Rothlauf ergänzt diese Ausführungen und verweist auf die unterschiedlichen Fragetypen. Er differenziert grundsätzlich „Offene Fragen" und „Geschlossene Fragen". Unter Offenen Fragen sind solche mit einer textbasierten Antwort zu verstehen. Geschlossene Fragen eröffnen dahingegen nur eine beschränkte Anzahl von Antwortmöglichkeiten wie bspw. „Ja" oder „Nein". Die in dieser Arbeit erstellten Fragebögen sind in die Kategorie der Geschlossenen Fragen zu subsumieren. Sie weisen im Sinne einer Bewertungsskala eindeutig definierte Antwortmöglichkeiten auf. Vgl. Homburg et al. (1998), S. 321 ff.; Rothlauf (2001), S. 353.

Aufgabe herangezogen werden, wohingegen sich Administratoren tendenziell eher für die Fragen der Elementart Technik als adäquat erweisen könnten. Die Übergänge sind hierbei fließend und individuell zu gestalten. Die Bewertung der zeitlichen Bedarfe erfolgt in Analogie zur Erfassung der Prozesskosten im Vergleich $\left(T_{Pz}^{alt}\right)$ versus $\left(T_{Pz}^{neu}\right)$ der jeweiligen Prozesse. Diese Bewertung erfordert die Definition einer geeigneten Skala.[342] Aus diesem Grund wird für die Bedarfe der integrierten Nutzenanalyse die folgende Bewertungsskala vorgeschlagen:[343]

Im Vergleich T_{Pz}^{alt} vs. T_{Pz}^{neu} hat sich der Prozess...	**Faktor**
▪ stark verschlechtert	0,3
▪ leicht verschlechtert	0,7
▪ keine Veränderung	1,0
▪ leicht verbessert	1,3
▪ stark verbessert	1,7

Tab. 5-5: Definition der Bewertungsskala zur Erfassung der zeitlichen Bedarfe von Prozessen

Aus Tabelle 5-5 gehen Faktoren zur Bewertung der Änderung der zeitlichen Bedarfe von Prozessen hervor. Der Faktor 1,0 bezeichnet einen Multiplikator, der auf die zeitlichen Bedarfe eines bisherigen Prozesses $\left(T_{Pz}^{alt}\right)$ angewandt wird, d.h. dass der zeitliche Aufwand des neuen Prozesses dem des alten Prozesses entspricht, oder dass der alte Prozess in seiner bisherigen Form weiterhin existiert und unverändert zur Anwendung kommt. Wird ein neuer Prozess in zeitlicher Hinsicht schlechter bewertet als der bisherige Prozess, so stehen die Faktoren 0,7 für eine leichte Verschlechterung und 0,3 für eine starke Verschlechterung zur differenzierten Bewertung zur Verfügung. Die Faktoren bezeichnen eine 30%ige bzw. 70%ige Erhöhung der zeitlichen Bedarfe zur Durchführung des bewerteten Prozesses, was einer Verschlechterung des zeitlichen Bedarfs entspricht. Analog erfolgt die Bewertung der Verbesserung im Sinne der Verringerung der zeitlichen Bedarfe der

342 Vgl. Fischer (1989), S. 162; Renner (2005), S. 79 f.
343 Vgl. Saleck (2004), S. 123 ff.; Beutin (2001), S. 101.

Prozesslandschaft. Für den Fall, dass ein Prozess neu implementiert wird oder nach der prozessualen Neuausrichtung nicht mehr existiert, ist ein Bewertungsfeld „Trifft nicht zu" einzuführen.[344]

Die formulierten Fragestellungen der nachfolgenden Tabellen 5-6 bis 5-8 sind beispielhaft und müssen in Analogie zum bisherigen Vorgehen für jede Unternehmung individuell angepasst werden. Entsprechend der Zielsetzung dieser Arbeit orientieren sie sich am Beispiel der prozessualen Neuausrichtung der Segmentberichterstattung im Rechnungswesen. Alle Fragen sind definitionsgemäß gleichwertig und werden gleich gewichtet, um sie anschließend mitteln zu können.[345] Dieses Vorgehen gewährleistet den Erhalt eines weitestgehend „objektiven" und realistischen Ergebnisses der Befragung.

Die folgenden drei Fragebögen ermöglichen die gesonderte Bewertung der Änderung der zeitlichen Bedarfe der Prozesse an Hand der Elementarten Aufgabe (Tabelle 5-6), Mensch (Tabelle 5-7) und Technik (Tabelle 5-8).

Unter Zuhilfenahme der nachstehenden Tabelle 5-6 können die zeitlichen Bedarfe der Prozessdurchführung im Vergleich von $\left(T_{Pz}^{alt}\right)$ zu $\left(T_{Pz}^{neu}\right)$ für die Elementart Aufgabe bestimmt werden. Der Fragebogen wird den speziellen Anforderungen der Segmentberichterstattung im Rechnungswesen – aus Sicht einer Tochtergesellschaft – gerecht. Es ist von fundamentaler Bedeutung, dass Fragen mit vergleichbarem Inhalt nicht doppelt gestellt werden. Auf Grund der Gleichgewichtung der Fragestellungen käme es zu einer überproportionalen Gewichtung der Frage.

---

344 Tendenziell kann davon ausgegangen werden, dass die befragten Mitarbeiter eine prozessuale Neuausrichtung ihres Aufgabenbereiches eher negativ bewerten. Wissenschaftlich ist belegt, dass zufriedene Mitarbeiter eine größere Arbeitsmoral aufweisen als unzufriedene Arbeitnehmer einer Unternehmung. Bei der Auswertung der Fragebögen ist zu berücksichtigen, dass jede Veränderung zunächst als „Störung" der Arbeitsabläufe empfunden wird und daher ablehnend bewertet wird. Da die integrierte Nutzenanalyse jedoch die differenzierende Auswahl von Realisierungsalternativen im Sinne einer kardinalen Rangordnung zum Gegenstand hat, wird diese Problematik weitestgehend vermieden, da angenommen werden kann, dass alle Alternativen tendenziell die gleiche „Ablehnung" erhalten. Vgl. Kaplan/Norton (1997), S. 124 ff.

345 Ein grundsätzliches vergleichbares Vorgehen der Gleichgewichtung der Faktoren wurde im Kontext des Magischen Dreiecks gewählt. Vgl. die Ausführungen des Abschnitts 5.3.1.

I. Aufgabe	**<u>Zeitlicher Bedarf</u>** **- Vergleich zu T_{Pz}^{alt} -**					
Frage	**Stark verschlechtern** Faktor **(0,3)**	**Leicht verschlechtern** Faktor **(0,7)**	**Keine Veränderung** Faktor **(1,0)**	**Leicht verbessern** Faktor **(1,3)**	**Stark verbessern** Faktor **(1,7)**	**Trifft nicht zu**
Wie wird sich der zeitliche Bedarf zur Erstellung der/des:						
▪ HGB-Abschlusses						
▪ US-GAAP-Abschlusses						
▪ IAS/IFRS-Abschlusses						
▪ Datenweitergabe/Datenflusses an die Muttergesellschaft						
ändern?						
Wie wird sich der zeitliche Bedarf zur Zuordnung der Daten (sofern vorher möglich) zur/zum:						
▪ Partner Gesellschaft						
▪ Business Unit						
▪ Profit Center						
ändern (Segmentierung)?						
Bewertung der Funktionalität der auszuführenden Aufgaben:						
▪ Wie wird sich der zeitliche Bedarf zur (fehlerfreien) Erfüllung ihrer Aufgaben ändern?						
▪ Wie wird sich der zeitliche Bedarf zur ordnungsgemäßen (gemäß Handbuch) Ausführung der Prozesse ändern?						
Wie wird sich der zeitliche Bedarf zur Verarbeitung der einfließenden Vorprozesse ändern (Datenaufbereitung)?						
Wie wird sich der zeitliche Bedarf zur Bearbeitung der nachfolgenden Prozesse ändern?						
Wie wird sich der zeitliche Bedarf zur Bearbeitung von Korrekturen/Reklamationen (die Prozesse betreffend) ändern?						
Wie wird sich der zeitliche Bedarf zur Erstellung der Dokumentation der Prozesse ändern (Pflege des Handbuchs)?						
Wie wird sich der zeitliche Bedarf zur Erfüllung der Aufgabenstellung <u>insgesamt</u> ändern?						

Tab. 5-6: Änderung der prozessualen Zeitbedarfe im Vergleich zu den bisherigen zeitlichen Bedarfen der Prozesse bezogen auf die Elementart Aufgabe

Weiterhin ist der Fragebogen so konzeptioniert, dass stets auf die zuvor untersuchten Prozesse des Rechnungswesens reflektiert wird. Beispielhaft sei die erste Fragestellung, die sich auf eine originären Aufgaben des Rechnungswesens – die Erstellung von Jahresabschlüssen – bezieht, herausgegriffen. Gefragt wird nach den zeitlichen Bedarfen, die zur Erstellung der verschiedenen Jahresabschlüsse nach

HGB, US-GAAP und IAS/IFRS notwendig sind.[346] Eine prozessuale Neuausrichtung kann dazu führen, dass bspw. der IAS/IFRS-Abschluss mit mehr, weniger oder gleich hohem zeitlichen Aufwand erstellt werden kann. Abgeschlossen werden die Fragestellungen der Tabelle 5-6 mit einer grundsätzlichen Bewertung der Elementart Aufgabe. Hierdurch wird dem befragten Mitarbeiter die abschließende Möglichkeit eingeräumt, seiner individuellen Einschätzung entsprechendes Gewicht zu verleihen.[347]

Der Aufbau der nachstehenden Tabelle 5-7 erfolgt in Analogie zur Tabelle 5-6:

II. Mensch	**<u>Zeitlicher Bedarf</u>** - Vergleich zu T_{Pz}^{alt} -					
Frage	**Stark verschlechtern**	**Leicht verschlechtern**	**Keine Veränderung**	**Leicht verbessern**	**Stark verbessern**	**Trifft nicht zu**
	Faktor **(0,3)**	Faktor **(0,7)**	Faktor **(1,0)**	Faktor **(1,3)**	Faktor **(1,7)**	
Benutzbarkeit/Benutzerfreundlichkeit:						
▪ Wie wird sich der zeitliche Bedarf zum Erlernen bisher unbekannter Zusammenhänge ändern?						
▪ Wie wird sich der zeitliche Bedarf zum Erlernen des computergestützten IS und der zu Grunde liegenden Prozesse für neue Mitarbeiter ändern (Einarbeitungszeit)?						
▪ Wie wird sich der zeitliche Bedarf zum Bedienen des computergestützten IS ändern (Bedienbarkeit/Bedienerfreundlichkeit)?						
Wie wird sich der zeitliche Bedarf zur Bearbeitung der Prozesse ändern (Effektivität der Prozesslandschaft)?						
Wie wird sich der zeitliche Bedarf zur Aufbereitung des benötigen Inputs ändern?						
Wie wird sich der zeitliche Bedarf zur Bearbeitung der nachfolgenden Prozessschritte ändern?						
Wie wird sich der zeitliche Bedarf für (zusätzliche) Verantwortlichkeiten/Zuständigkeiten ändern?						
Wie wird sich der zeitliche Bedarf für den Faktor Mensch <u>insgesamt</u> ändern?						

Tab. 5-7: Änderung der prozessualen Zeitbedarfe im Vergleich zu den bisherigen zeitlichen Bedarfen der Prozesse bezogen auf die Elementart Mensch

346 Vgl. auch: Selchert/Erhardt (2003), S. 8 ff.

347 Die direkte Befragung zur Gesamtzufriedenheit ist ein wissenschaftlich anerkanntes Verfahren. Bei dieser Methode wird die generelle Zufriedenheit direkt erfragt. Die Erfassung erfolgt grundsätzlich über Skalen, bei der die Zufriedenheit mit einer einzigen Frage ermittelt werden kann. Die Fragebögen dieser Arbeit besitzen daher stets eine diesbezügliche Frage. Vgl. Schütze (1992), S. 187.

In Tabelle 5-7 werden beispielhafte Fragen zu den zeitlichen Bedarfen der Elementart Mensch angeführt. Es ist streng darauf zu achten, dass es sich hierbei um die Kalkulation der Änderung der zeitlichen Bedarfe der Prozesslandschaft handelt. So betrifft bspw. die zweite Fragestellung die Effektivität der Prozesse und nicht etwa deren Effizienz. Bei der Effizienz handelt es sich um eine monetäre Größe, die bereits bei der Kalkulation der Prozesskosten berücksichtigt wurde. Ansonsten gelten die gleichen Prämissen, die zur Aufstellung des Fragebogens der Elementart Aufgabe dienen, ebenfalls für die Fragen dieser Tabelle.

Schließlich widmet sich Tabelle 5-8 der Erfassung der zeitlichen Bedarfe der Prozesslandschaft in Bezug auf die Elementart Technik.[348] Von besonderer Bedeutung sind die Fragestellungen zu den Bereichen Zuverlässigkeit, Änderbarkeit und Übertragbarkeit & Test, da diese die wesentlichen Bereiche der technischen Realisierung, bezogen auf deren zeitlichen Bedarfe, sind. Ergänzend sind die ebenfalls wichtigen Fragen zur Problemlösungsfindung und zur Erfüllung des Datenschutzes und der Datensicherheit bei der Entwicklung des Fragebogens zu berücksichtigen.

Die Integration aller drei Teiluntersuchungsdimensionen der Änderung der zeitlichen Bedarfe stellt einen weiteren Bestandteil zur ganzheitlichen Bewertung einer Realisierungsalternative dar. Komplettiert wird die Analyse durch Berücksichtigung der qualitativen Veränderungen der Prozesslandschaft. Eine Möglichkeit der Bewertung wird im nachfolgenden Abschnitt 5.5.2.4 entwickelt.

---

348 Vgl. auch: Rehäuser (2000), S. 223 f., der beispielhaft einen Fragebogen zur Anwendungs-Architektur aufstellt.

III. Technik	**Zeitlicher Bedarf** - Vergleich zu T_{Pz}^{alt} -					
Frage	**Stark verschlechtern** Faktor **(0,3)**	**Leicht verschlechtern** Faktor **(0,7)**	**Keine Veränderung** Faktor **(1,0)**	**Leicht verbessern** Faktor **(1,3)**	**Stark verbessern** Faktor **(1,7)**	**Trifft nicht zu**
Zuverlässigkeit (technische Sicht):						
▪ Wie wird sich der zeitliche Bedarf zur Pflege der Prozesse ändern?						
▪ Wie wird sich der zeitliche Bedarf zur Bereitstellung und/oder Pflege von (notwendigen) Schnittstellen ändern?						
▪ Wie wird sich der zeitliche Bedarf zur Wiederherstellung/Recovery der Informationstechnik ändern (bezogen auf das SAP-System)?						
▪ Wie wird sich der zeitliche Bedarf zur Wiederherstellung der Prozessabläufe ändern (i.S.d. Datenfortschreibung)?						
Änderbarkeit:						
▪ Wie wird sich der zeitliche Bedarf zur Modifikation der Informationstechnik ändern?						
▪ Wie wird sich der zeitliche Bedarf zur Evaluierung der korrekten/fehlerfreien Datenübernahme ändern (Kontenabgleich)?						
Übertragbarkeit & Test:						
▪ Wie wird sich der zeitliche Bedarf zur Durchführung von Testläufen ändern?						
▪ Wie wird sich der zeitliche Bedarf zur Anpassung von anderen Systemen an die neue Informationstechnik und die implementierten Prozesse ändern?						
▪ Wie wird sich der zeitliche Bedarf zum Austauschen und Installation neuer/weiterer HW & SW ändern (Integrierbarkeit)?						
▪ Wie wird sich der zeitliche Bedarf zur Installation neuer Komponenten auf den User-PC´s ändern?						
Wie wird sich der zeitliche Bedarf zur Problemlösungsfindung ändern (Ursachenfindung)?						
Wie wird sich der zeitliche Bedarf zur Problemlösung ändern ("Problemlösungszeit")?						
Wie wird sich der zeitliche Bedarf zur Behebung von Systemausfällen ändern?						
Wie wird sich der zeitliche Bedarf zur Sicherstellung von Datenschutz- und Datensicherheitsanforderungen ändern?						
Wie wird sich der zeitliche Bedarf zur Modellierung der Informationstechnik <u>insgesamt</u> ändern?						

Tab. 5-8: Änderung der prozessualen Zeitbedarfe im Vergleich zu den bisherigen zeitlichen Bedarfen der Prozesse bezogen auf die Elementart Technik

5.5.2.4 Bewertung der Änderung der Qualität von Prozessen

Die Bewertung der Änderung der Qualität der Prozesse erfolgt entsprechend des Abschnittes 5.3.2 auf Grundlage des produktbezogenen Qualitätsbegriffs. Die enge Begriffsauslegung ermöglicht die Analyse der vorhandenen Eigenschaften der Prozesslandschaft aus subjektiver Sicht.[349] Diese subjektive Sicht, d.h. die individuelle Einschätzung der qualitativen Eigenschaften der Prozesse, ist vergleichbar zu den bisherigen Ausführungen in einer A Priori-Analyse äußerst wertschöpfend. Dieselben Mitarbeiter, die bereits zur Bewertung der zeitlichen Bedarfe zur Prozessdurchführung herangezogen wurden, sollten auch die Bewertung der Änderung der qualitativen Eigenschaften der Prozesse vornehmen.

Die nachstehenden drei Fragebögen basieren auf den gleichen Grundsätzen wie die Fragebögen zur Erfassung der zeitlichen Bedarfe.[350] Es wird stets der Vergleich $\left(Q_{Pz}^{alt}\right)$ versus $\left(Q_{Pz}^{neu}\right)$, unterschieden nach den Elementarten Aufgabe (Tabelle 5-9), Mensch (Tabelle 5-10) und Technik (Tabelle 5-11) angestellt. Als Bewertungsschema dient erneut die angeführte Skala von 0,3 (stark verschlechtert) bis 1,7 (stark verbessert).[351]

349 Die Erfassung der Qualität eines Investitionsvorhabens kann in unterschiedlicher Art und Weise erfolgen. Einen eher theoretischen Ansatz stellt die „Conjoint Analyse" dar. Die Conjoint Analyse dient der Berechnung einzelner Qualitätsmerkmale und Qualitätsmerkmalsausprägungen von Objekten, die von den Befragten in eine Rangfolge gebracht werden. Dieser Ansatz wird in der vorliegenden Arbeit jedoch nicht weiter verfolgt, da die reine Aufstellung und Rangordnung der Qualitätsmerkmale keine unmittelbaren Aussagen über das Qualitätsniveau einer Realisierungsalternative ermöglicht. Vgl. Meister/Meister (1996), S. 68. Zur Bewertung der Qualität vgl. auch: Wies et al. (1997), S. 49 ff.; Bruhn (1998), S. 24 ff.

350 Andere Beispiele zur Erstellung eines Fragebogens mit sowohl „Offenen Fragen" als auch „Geschlossenen Fragen" findet sich u.a. bei Rothlauf (2001), S. 412 ff.

351 Vgl. Abschnitt 5.5.2.3. Engelhardt und Schütz weisen auf die Problematik der Quantifizierung qualitativer Parameter hin. Sie führen aus: „Ein exaktes Kosten-Nutzen-Kalkül scheitert an Isolierbarkeits- und Zurechnungsproblemen. Daher sollte [die Qualität] als Investition gesehen werden, die zu einer Bestandsgröße ähnlich dem Goodwill des Unternehmens führt." Engelhardt/Schütz (1991), S. 399. Das in der vorliegenden Arbeit vorgeschlagene Bewertungsschema löst die Problematik der Quantifizierung von Qualitäten zwar nicht, versetzt den Entscheidungsträger jedoch in die Lage, auch diese weichen Faktoren im Sinne einer ganzheitlichen Bewertung eines Investitionsvorhabens in die Analyse einzubeziehen.

I. Aufgabe	**Bewertung der Qualität** - Vergleich zu Q_{Pz}^{alt} -					
Frage	**Stark verschlechtern** Faktor **(0,3)**	**Leicht verschlechtern** Faktor **(0,7)**	**Keine Veränderung** Faktor **(1,0)**	**Leicht verbessern** Faktor **(1,3)**	**Stark verbessern** Faktor **(1,7)**	**Trifft nicht zu**
Wie wird sich die Qualität des/der:						
▪ HGB-Abschlusses						
▪ US-GAAP-Abschlusses						
▪ IAS/IFRS-Abschlusses						
▪ Datenweitergabe an die Muttergesellschaft						
ändern?						
Wie werden sich die Auswertungsmöglichkeiten durch die geänderte Segmentierung hinsichtlich:						
▪ Zuordnung Partner Gesellschaft						
▪ Zuordnung Business Unit						
▪ Zuordnung Profit Center						
qualitativ ändern?						
Bewertung der Funktionalität der auszuführenden Aufgaben:						
▪ Wie wird sich die prozessuale Neuausrichtung auf die Qualität der zu erfüllenden Aufgabenstellungen auswirken?						
▪ Wie wird sich die Fehlerhäufigkeit der Tätigkeiten durch die Neuausrichtung der Prozess ändern?						
▪ Wie wird sich die Qualität der Datenfortschreibung ändern (Anzahl der Datenfortschreibungsfehler)?						
▪ Wie wird sich die Möglichkeit der ordnungsgemäßen (gemäß Handbuch) Durchführung der Arbeitsschritte ändern?						
▪ Wie wird sich der Datenfluss zwischen den verschiedenen Schnittstellen/Aufgabenstellungen ändern?						
Wie wird sich die Reklamationshäufigkeit nachfolgender/ weiterbearbeitender Sachbearbeiter ändern?						
Wie wird sich die Effektivität (i.S.v. "Optimalität") der Prozesse zur Erfüllung der Aufgabenstellungen ändern?						
Wie wird sich die Qualität der zufließenden Vorprozesse ändern?						
Wie wird sich die Qualität der nachfolgenden Prozesse ändern?						
Wie wird sich die Qualität des gesamten computergestützten IS und der zu Grunde liegenden Prozesse insgesamt ändern?						

Tab. 5-9: Änderung der Prozessqualität im Vergleich zur bisherigen Qualität der Prozesse bezogen auf die Elementart Aufgabe

Aus vorstehender Tabelle 5-9 geht der Aufbau zur Bestimmung der Qualität der Prozesslandschaft hervor.[352] Da stets dieselben Prozesse untersucht werden, lehnt sich die Analyse eng an die der Bestimmung der zeitlichen Bedarfe an. Aus diesem Grund sind einzelne Fragestellungen in ihrer Intention nur geringfügig modifiziert. Lediglich der Bewertung der Funktionalität der auszuführenden Aufgaben muss bei der Erhebung der qualitativen Eigenschaften der Prozesse ein höheres Gewicht beigemessen werden. Waren es bei der Bewertung der Prozesszeiten nur zwei Fragestellungen, können hier fünf angeführt werden.[353] Die Begründung liegt in der überproportionalen Bedeutung der Qualität im Bereich der zu erfüllenden Aufgaben.

II. Mensch	**Bewertung der Qualität** - Vergleich zu Q_{Pz}^{alt} -					
Frage	**Stark verschlechtern** Faktor **(0,3)**	**Leicht verschlechtern** Faktor **(0,7)**	**Keine Veränderung** Faktor **(1,0)**	**Leicht verbessern** Faktor **(1,3)**	**Stark verbessern** Faktor **(1,7)**	**Trifft nicht zu**
Benutzbarkeit/Benutzungsfreundlichkeit:						
▪ Wie wird sich die Verständlichkeit des computergestützten IS und der zu Grunde liegenden Prozesse ändern?						
▪ Wie wird sich die Qualität der Erlernbarkeit bisher unbekannter Zusammenhänge in dem computergestützten IS und in den Prozessabläufen ändern?						
▪ Wie wird sich die Erlernbarkeit des computergestützten IS und der Prozesse für neue Mitarbeiter ändern (Qualität der Einarbeitungszeit)?						
▪ Wie wird sich die Bedienbarkeit/Bedienerfreundlichkeit des Systems ändern ("look & feel")?						
Wie werden sich die Verantwortlichkeiten/Zuständigkeiten durch die prozessuale Neuausrichtung ändern (auch: individuelle Verantwortlichkeit)?						
Wie wird sich die systemtechnische Lösung der Prozesse ändern?						
Wie wird sich das User-/Anwenderverhalten zur Bearbeitung insgesamt (Beurteilung der Zufriedenheit der Arbeitskollegen) ändern?						

Tab. 5-10: Änderung der Prozessqualität im Vergleich zur bisherigen Qualität der Prozesse bezogen auf die Elementart Mensch

352 Vgl. auch: Prybutok/Ramasesh (2005), S. 293 ff.

353 Die Ausweitung der Fragestellungen führt in ihrer Konsequenz zu einer Erhöhung der Belastbarkeit der Ergebnisse, da sich der gemittelte Wert des Qualitätsniveaus aus mehreren Inputfaktoren zusammensetzt.

Die Erhebung der Datenbasis der Qualität ist, bezogen auf die Elementart Mensch, nur bedingt mit der der Untersuchungsdimension Zeit vergleichbar. In vorstehender Tabelle werden die differenten Fragestellungen verdeutlicht.

Die unter Zuhilfenahme der ermittelten Werte der Elementart Mensch dienen der Analyse der Änderung der Prozessqualität. Die Fragen dienen insbesondere der Erhebung der Daten, die die Benutzbarkeit bzw. Benutzungsfreundlichkeit der prozessualen Neuausrichtung betreffen.[354] So ist es für die Unternehmung von großer Wichtigkeit beurteilen zu können, wie sich die Qualität der Prozesslandschaft, bezogen auf die Elementart Mensch, voraussichtlicht auswirkt. Wenn bspw. bisher unbekannte Zusammenhänge der Arbeitsabläufe von Mitarbeitern selbständig erarbeitet werden müssen, beeinflusst die Qualität der Prozesse deren Erlernbarkeit. Die hiermit in enger Korrelation stehende implementierte Technik wird durch die nachfolgenden Fragestellungen ebenfalls zieladäquat erfasst.

Tabelle 5-11 veranschaulicht ein mögliches Vorgehen zur Bestimmung der Qualität der Prozesse auf Basis der Elementart Technik. Die Zuverlässigkeit und die Möglichkeit der Anpassung des computergestützten Informationssystems stellen die wesentlichen Untersuchungsgegenstände der Analyse dar. So ist bspw. die Qualität eines wiederhergestellten Prozesses (Recovery) für die Gewährleistung der fehlerfreien Erstellung eines Jahresabschlusses von großer Bedeutung für die Unternehmung. Es sei jedoch noch einmal darauf hingewiesen, dass die exakten Fragestellungen den individuellen Bedarfen einer Unternehmung angepasst werden müssen. Das in diesem Abschnitt vorgestellte Vorgehen stellt lediglich eine Möglichkeit zur Erfassung der Datenbasis dar.

354 Vgl. auch: Beutin (2001), S. 89 ff.

III. Technik	**Bewertung der Qualität** - **Vergleich zu** Q_{Pz}^{alt} -					
Frage	**Stark verschlechtern** Faktor **(0,3)**	**Leicht verschlechtern** Faktor **(0,7)**	**Keine Veränderung** Faktor **(1,0)**	**Leicht verbessern** Faktor **(1,3)**	**Stark verbessern** Faktor **(1,7)**	**Trifft nicht zu**
Zuverlässigkeit (technische Sicht):						
▪ Wie wird sich die Möglichkeit der fehlerfreien Umsetzung/Durchführung der Prozesse ändern (Fehlertoleranz)?						
▪ Wie wird sich die Rate der Systemausfälle ändern (Stabilität/Verfügbarkeit)?						
▪ Wie wird sich die Qualität der Problemfindung durch die Umstellung der Informationstechnik ändern (wird eine zieladäquate Suche möglich sein)?						
▪ Wie werden sich die technischen Möglichkeiten ändern, den Prozess zu rekonstruieren (Recovery)?						
▪ Wie wird sich die Qualität des Wiederherstellungsprozesses ändern?						
▪ Wie wird sich die Qualität der wiederhergestellten Prozesse ändern?						
Übertragbarkeit/Änderbarkeit/Test:						
▪ Wie wird sich die Integrationsfähigkeit neuer, bisher nicht vorgesehener Prozesse ändern?						
▪ Wie wird sich die Anpassbarkeit der Prozesse (aus rein technischer Sicht) ändern?						
▪ Wie wird sich Möglichkeit der Installation neuer/ weiterer HW & SW Komponenten ändern (Flexibilität des Systems)?						
▪ Wie wird sich die Möglichkeit der Installation von Komponenten auf den User-PC´s ändern?						
▪ Wie wird sich die Möglichkeit zur Durchführung von Testläufen ändern?						
Wie wird sich der Datenfluss zur Unterstützung der Prozesse ändern (Qualität des Prozessflusses)?						
Wie wird sich die Qualität der Datenhaltung ändern (Müssen redundante Daten vorgehalten werden)?						
Wie wird sich die Qualität der Überprüfbarkeit der Prozessabläufe ändern?						
Wie wird sich die Sicherheit der Prozessabläufe im SAP-System ändern (Datenschutz/Datensicherheit)?						
Wie wird sich die Qualität der Informationstechnik <u>insgesamt</u> ändern?						

Tab. 5-11: Änderung der Prozessqualität im Vergleich zur bisherigen Qualität der Prozesse bezogen auf die Elementart Technik

Somit ist das zweite Instrumentarium zur Bewertung von Prozessen im Kontext von Realisierungsalternativen entwickelt. Die Systematisierung der Analyse in Anlehnung an die Untersuchungsdimensionen des Magischen Dreiecks erweist sich als wertvolle

Strukturierungshilfe. Die sich sachlogisch anschließende Aggregation des in Abschnitt 5.5.1 entwickelten ersten Instrumentariums zur Bewertung von Projekten und des im vorliegenden Abschnitt entwickelten zweiten Instrumentariums zur Prozessbewertung gewährleistet die ganzheitliche Evaluation einer Realisierungsalternative. In sofern ist die Entwicklung der integrierten Nutzenanalyse, bis auf die Berücksichtigung des in Abschnitt 2.1 geforderten temporalen Aspekts, abgeschlossen. Diese zeitliche Komponente erweist sich zur differenzierenden Auswahl von Realisierungsalternativen jedoch als fundamentaler Bestandteil dergleichen. In Abschnitt 5.7 wird dieser Aspekt aufgegriffen und abschließend entwickelt. Zuvor muss jedoch in nachfolgendem Abschnitt 5.6 eine Entscheidungsmatrix entwickelt werden, die die Auswahl einer Realisierungsalternative aus mehreren alternativ möglichen gestattet.

5.6 Das Nutzenniveau in der Entscheidungsmatrix

Das Nutzenniveau (U) einer Realisierungsalternative setzt sich gemäß Abschnitt 5.4 aus den Bestandteilen direkter Nutzen (U_d) und indirekter Nutzen (U_i) zusammen: $U=(U_d,U_i)$. Eine Möglichkeit der Kalkulation des direkten und des indirekten Nutzens wurde im Abschnitt 5.5 erarbeitet. Im vorliegenden Abschnitt 5.6 soll nunmehr die Frage beantwortet werden, ob sich die ermittelten Ausprägungen des Nutzens grundsätzlich nach diesem Ansatz differenzieren lassen.

In der folgenden Abbildung 5-9 wird hierzu eine Entscheidungsmatrix angeführt, auf deren Ordinate der direkte Nutzen (in Geldeinheiten, GE) und auf der Abszisse der indirekte Nutzen (als Faktor, Fak) abgetragen wird. Die Koordinaten der beiden Werte bilden das avisierte Nutzenniveau einer Realisierungsalternative ab.[355]

---

[355] Eine von McKinsey bereits im Jahr 1998 durchgeführte Studie mit einer Beteiligung von 100 internationalen Unternehmungen belegt den Zusammenhang zwischen den harten und weichen Erfolgsfaktoren. In ihrer Untersuchung zur Effektivität und Effizienz der Informationsverarbeitung wird eindeutig belegt, dass eine hohe Effizienz ohne eine gleichzeitig hohe Effektivität ausschließlich zu Kosteneinsparungen führt. Die integrierte Analyse von quantitativen und qualitativen Parametern eines Investitionsvorhabens ist demzufolge von größter Wichtigkeit. Aus diesem Grund stellt die ganzheitliche Analyse des Nutzenniveaus, bestehend aus den beiden Faktoren direkter Nutzen und indirekter Nutzen, die adäquate Form der Untersuchung dar. Vgl. Kempis/Ringbeck (1998), S. 20 f.; Dobschütz (1999), S. 59 f.

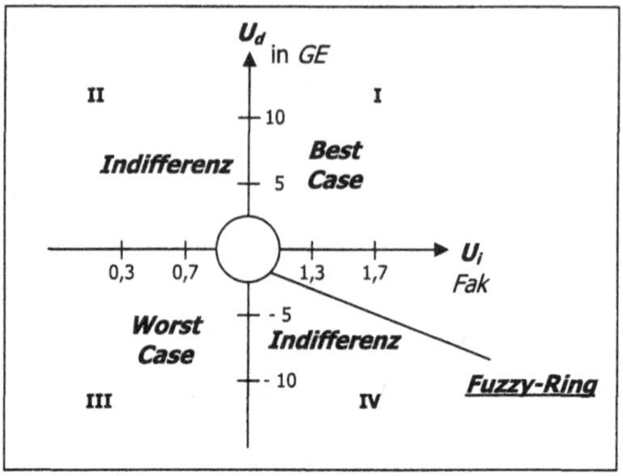

Abb. 5-9: Entscheidungsmatrix für Realisierungsalternativen

In Abbildung 5-9 werden vier Quadranten und ein sogenannter Fuzzy-Ring[356] unterschieden.[357] Der Quadrant I „Best Case" visualisiert denjenigen Entscheidungsbereich, in dem eine Realisierungsalternative zwingend umgesetzt werden sollte, da sowohl der direkt als auch der indirekt messbare Nutzen positiv ist. Die Umsetzung der Realisierungsalternative führt demnach unweigerlich zu einem positiven Effekt in der Unternehmung. Dahingegen stellt der Quadrant III „Worst Case" einen Bereich dar, in dem das Nutzenniveau einer Realisierungsalternative ausschließlich negative Effekte für eine Unternehmung verursacht. Eine Realisierungsalternative, deren Nutzenausprägungen in diesem Quadranten abgebildet werden, sollten demzufolge in keinem Fall umgesetzt werden.

Die Quadranten II und IV „Indifferenz" stellen Bereiche dar, in denen der Entscheidungsträger keine eindeutige Aussage erzielen kann. Realisierungsalternativen initiieren hier sowohl positive als auch negative Effekte, da eine der Untersuchungs-

356 Der Wortlaut „Fuzzy" bezeichnet eine unscharfe Begriffsbedeutung, die keine eindeutige Abgrenzung zwischen zwei möglichen Zuständen zulässt. Die Übergänge zwischen den Zuständen sind fließend. Eine formal geprägte Darstellung von Fuzzy-Systemen findet sich bei Habenicht et al. Vgl. Habenicht et al. (2003).

357 Dobschütz bezieht sich in seinen Ausführungen zur Wirtschaftlichkeit von computergestützten IS ebenfalls auf ein Vier-Quadranten-Schema und weist jedem Quadranten eine unterschiedliche Wertigkeit zu. Vgl. Dobschütz (1995), S. 306 ff. und (1995a), S. 102 ff. i.V.m. Dobschütz (1999), S. 56 ff.

dimensionen – (U_d) oder (U_i) – positiv und die jeweils andere negativ ist. Eine Entscheidung kann auf dieser Grundlage nicht getroffen werden.[358] Vielmehr muss für jede Unternehmung und für jeden Entscheidungsstil definiert werden, welche Dimension als höherwertig angesehen wird, und ob die durch die andere Dimension beschriebenen negativen Auswirkungen diese Einschätzung rechtfertigen. Ein mögliches Vorgehen zur Entscheidungsfindung in einer solchen Situation wird in Abschnitt 5.7.1 vorgestellt.

Schließlich geht aus Abbildung 5-9 ein Bereich hervor, der als Fuzzy-Ring gekennzeichnet ist. Dieser Fuzzy-Ring visualisiert einen Bereich, in dem keine Entscheidung getroffen werden kann bzw. eine Entscheidung unter Zuhilfenahme der Entscheidungsmatrix nicht sinnvoll erscheint.[359] In einem vergleichbaren Kontext führt Gabriel aus: „Es sind z.B. Aussagen möglich, die zwar 'ziemlich wahr', aber eben 'nicht ganz wahr' [...] oder 'eher wahr' bzw. 'eher falsch' sind."[360] Übertragen auf die Bedarfe des vorliegenden Ansatzes bedeutet dies in etwa, dass eine Realisierungsalternative „etwas durchgeführt werden sollte", aber eben „nicht so richtig". Vor diesem Hintergrund stellt der „Fuzzy-Ring" einen Bereich dar, der eine Entscheidungsfindung im hier verfolgten Sinn nur unzureichend stützt. Die Größe des Rings liegt hierbei im Ermessen des Entscheidungsträgers, bewegt sich aber in der Nähe des Schnitt-punktes der Ordinate und der Abszisse, d.h. bei $U_d = 0$ und $U_i = 1{,}0$. Ein abgetragenes Nutzenniveau innerhalb des Fuzzy-Rings, das bspw. äußerst knapp in den positiven Quadrant I eingeordnet wird, ist einem Nutzenniveau, welches marginal in Quadrant III fällt, nicht eindeutig vorzuziehen. Ebenso ist eine solche Realisierungsalternative, deren Nutzenniveau Quadrant III zugeordnet wird, nicht grundsätzlich zu verwerfen. Die Unterschiede sind unerheblich und gewährleisten

358 Zur Problematik der „Unscharfen Planungsentscheidung" wird auf die Ausführungen von Werners und Zimmermann verwiesen. Vgl. Werners/Zimmermann (1988), S. 2053 ff.

359 Der Einsatz von Fuzzy Systemen zur Entscheidungsfindung wird in der vorliegenden Arbeit aus thematischen Gründen nicht weiter verfolgt, da der hier bezeichnete Fuzzy-Ring für die Bedarfe der integrierten Nutzenanalyse von untergeordnetem Interesse ist. Möglichkeiten der Entscheidungsfindung unter Zuhilfenahme von Fuzzy Techniken finden sich bspw. bei Werners und Weber. Sie führen aus: „If additional requirements can be quantified as for instance in project selection under limited resources fuzzy mathematical programming systems can efficiently be used." Werners/Weber (1999), S. 474. Ebenso: Werners (1987), S. 131 ff.

360 Gabriel (1992), S. 33.

keine differenzierende Bewertung.[361] Dies wird insbesondere vor dem Hintergrund der A Priori-Bestimmung des Nutzenniveaus deutlich. Eine zukunftsgerichtete Analyse sollte nicht auf gegebenenfalls infinitesimalen Bewertungsunterschieden beruhen. Es ist dem Fuzzy-Ring inhärent, dass er einen Bereich beschreibt, der als „neutral" eingestuft werden kann. Eine Realisierungsalternative, deren Nutzenniveau in diesen Bereich fällt, hat demnach kaum Auswirkungen auf die Unternehmung, weder im positiven noch im negativen Sinne. Die Entscheidung, ob das Vorhaben umgesetzt wird oder nicht, ist für die Entwicklung der Unternehmung von untergeordneter Relevanz.

Auf Basis dieser Entscheidungsmatrix wird im folgenden Abschnitt 5.7 ein Instrumentarium entwickelt, das die Flexibilität in Abhängigkeit zum zeitlichen Verlauf des Nutzenniveaus einer Realisierungsalternative stellt. Die Flexibilität avanciert entsprechend den Ausführungen des Abschnitts 5.3 zum vierten, entscheidungsrelevanten Faktor des Magischen Dreiecks. Die bisher ermittelten Ausprägungen des Nutzens einer Realisierungsalternative können durch dieses Vorgehen temporalen Aspekten unterzogen werden.

5.7 Instrumentarium zur differenzierenden Auswahl von Realisierungsalternativen

Das Nutzenniveau einer Realisierungsalternative bestimmt den Grad der Vorteilhaftigkeit eines Investitionsvorhabens. Mehrere Alternativen können einander gegenüber gestellt und unter Anwendung der Entscheidungsmatrix bezüglich ihrer Vorteilhaftigkeit für die Unternehmung bewertet werden. Fällt das Nutzenniveau einer Realisierungsalternative bspw. in den Quadrant I und das einer anderen Alternative in den Quadrant III, kann eine eindeutige Auswahl zu Gunsten der erstgenannten

361 Ebenso erscheint eine differenzierende Auswahl von zwei konkurrierenden Realisierungsalternativen, deren Nutzenniveau zwar innerhalb eines Quadranten, jedoch mit einem infinitesimalen Abstand zueinander liegen, nicht sinnvoll, da beide Alternativen nahezu den gleichen Nutzen stiften.

Realisierungsalternative getroffen werden.[362] Problematischer gestaltet sich jedoch der Fall, wenn die Ausprägungen des Nutzens von zwei (oder mehr) Realisierungsalternativen in denselben Quadranten der Entscheidungsmatrix fallen. Eine Differenzierung der unterschiedlichen Sichten zur Auswahl derjenigen Realisierungsalternative, die der Unternehmung im Zeitverlauf den größten Nutzen stiftet, erfolgt in Abschnitt 5.7.1. Auf dieser Grundlage wird im hieran anschließenden Abschnitt 5.7.2 das entsprechende mathematisch gestützte Instrumentarium zur differenzierenden Auswahl von zwei Realisierungsalternativen entwickelt. Die Bewertung der Vorteilhaftigkeit erfolgt hierbei nicht statisch, sondern unter Berücksichtigung des angeführten temporalen Aspekts. Das bisher bestimmte statische Nutzenniveau wird folglich dynamisiert. Ziel ist es, das kumulierte Nutzenniveau von zwei Realisierungsalternativen nach einer Nutzungsdauer von n Jahren einander gegenüber stellen zu können und diejenige Alternative, die insgesamt den größten Nutzen stiftet, auszuwählen. Im anschließenden Abschnitt 5.7.3 werden die erzielten Ergebnisse auf den „Drei-Alternativen-Fall" und schließlich in Abschnitt 5.7.4 auf den „m-Alternativen-Fall" übertragen.

5.7.1 Definition sichtenspezifischer ISO-Nutzenkurven unterschiedlicher Hierarchien

Die Auswahl einer Realisierungsalternative bedingt die Berücksichtigung der individuellen Zielsetzungen der Entscheidungsträge. Eine geeignete Möglichkeit, die unterschiedlichen Interessenlagen abzubilden, stellen die in Abschnitt 4.2.1 angeführten mikroökonomisch geprägten Indifferenzkurven dar. Indifferenzkurven wurden als Kurven definiert, die Gütermengenkombinationen, die den gleichen Nutzen stiften, abbilden. Wird diese allgemein gehaltene Beschreibung auf die speziellen Bedarfe des vorliegenden Abschnitts übertragen, so bilden Indifferenzkurven alle Kombinationen aus dem in Geldeinheiten gemessenen direkten Nutzen (U_d) und dem als Faktor bestimmten indirekten Nutzen (U_i) einer Realisierungsalternative ab,

362 Ein ergänzendes Kriterium zum Abbruch von Investitionsentscheidungen führt Kütz an. Vgl. Kütz (2005), S. 168 ff.

die der Unternehmung den gleichen Nutzen stiften. Um dem Charakter der Indifferenzkurven für die Bewertung von Realisierungsalternativen gerecht zu werden, wird im weiteren Verlauf der Arbeit der bedeutungsgleiche Wort-laut „ISO-Nutzenkurve" verwendet.[363] Die nachstehende Abbildung 5-10 verdeutlicht zwei unterschiedliche ISO-Nutzenkurven, dargestellt in Quadrant I der Entscheidungsmatrix.

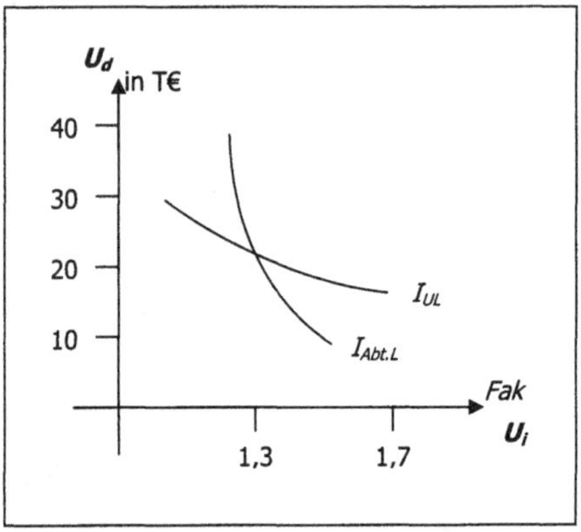

Abb. 5-10: Differenzierung sichtenspezifischer ISO-Nutzenkurven einer Unternehmung

Die Abbildung 5-10 visualisiert zwei grundsätzlich differente Arten von ISO-Nutzenkurven: eine eher steil verlaufende Kurve und eine eher flach verlaufende Kurve. Diese ISO-Nutzenkurven entsprechen grundsätzlich verschiedenen Sichtweisen von Entscheidungsträgern unterschiedlicher Hierarchieebenen in einer Unternehmung.[364] Zu ihrer Lage werden die folgenden **Annahmen** getroffen:

1. Die Unternehmungsleitung (I_{UL}) verfolgt in erster Linie monetäre Ziele und misst dem direkten Nutzen (U_d) einen höheren Wert bei als dem indirekten

363 Der Begriff der ISO-Nutzenkurve kommt in der wissenschaftlichen Literatur im Kontext der Bewertung des Nutzens wiederholt zur Anwendung. Die nachfolgenden Ausführungen zur differenzierenden Auswahl einer Realisierungsalternative aus mehreren konkurrierenden Alternativen basieren wesentlich auf diesem Begriff. Vgl. exemplarisch die Ausführungen von Wehrmann/Zimmermann (2005), S. 247 ff.

364 Campbell und Brown weisen in diesem Kontext ebenfalls auf die Bedeutung der Berücksichtigung unterschiedlicher Entscheidungsstile bzw. Sichten der Entscheidung hin. Vgl. Campbell/Brown (2005), S. 23 ff.

Nutzen (U_i), d.h. die Unternehmungsleitung gewichtet die quantitativen Parameter höher als die qualitativen Parameter. Einbußen im monetär bewertbaren Bereich U_d werden nur bei überproportionaler Ausweitung des nicht-monetären Bereichs U_i gleichwertig beurteilt. Die ISO-Nutzenkurve der Unternehmungsleitung (I_{UL}) verläuft tendenziell flach.

2. Ein Abteilungsleiter $(I_{Abt.L})$ verfolgt primär nicht-monetäre Ziele. Er misst dem indirekten Nutzen (U_i) einen höheren Wert bei als dem direkten Nutzen (U_d); d.h. ein Abteilungsleiter gewichtet die qualitativen Parameter höher als quantitativen. Ein Abteilungsleiter verfolgt demnach Ziele, die unter Umständen durch persönliche Interessen geprägt sind. Beispielhaft sei ein möglicher (persönlicher) Imagegewinn in der Unternehmung angeführt, den ein Abeilungsleiter durch ein Investitionsvorhaben erzielen kann. Einbußen im nicht-monetär bewertbaren Bereich U_i werden nur bei überproportionaler Expansion des monetären Bereichs U_d gleichwertig beurteilt bzw. die Expansion des nicht-monetär bewertbaren Bereichs U_i wird unter überproportionalen Einbußen des monetär bewertbaren Bereichs U_d gleichwertig beurteilt. Trifft diese Annahme zu, so verläuft die ISO-Nutzenkurve der Abteilungsleitersicht $(I_{Abt.L})$ tendenziell steil.

Es soll an dieser Stelle keine Wertung der unterschiedlichen Sichtweisen vorgenommen werden. Allen ISO-Nutzenkurven – gleich welcher Art und Lage – wird stets das gleiche Gewicht beigemessen.[365] Da es in einer Unternehmung zweifellos sich gegenseitig konterkarierende Entscheidungssituationen gibt, wird hierdurch vermieden, eine Aussage darüber zu treffen, welche Hierarchieebene die jeweils

365 Vgl. die Ausführungen des Abschnitts 5.3.1; auch: Woll (2003), S. 133 ff.

„bessere" Entscheidung trifft. Die unterschiedlichen Sichtweisen würden zwangsläufig zu machtpolitischen Situationen führen. Darüber hinaus gewährleistet diese Annahme die flexible Anpassung der integrierten Nutzenanalyse auf die unterschiedlichen Entscheidungssituationen und Entscheidungsstile (in) einer Unternehmung, da die Lage und Steigung der ISO-Nutzenkurven frei bestimmbar ist. Die integrierte Nutzenanalyse ermöglicht demzufolge die Berücksichtigung der individuellen Bedarfe einer Unternehmung.

5.7.2 Entscheidungsfindung im „Zwei-Alternativen-Fall"

Die definierten ISO-Nutzenkurven des vorstehenden Abschnitts finden im vorliegenden Abschnitt 5.7.2 entsprechende Anwendung. Abschnitt 5.7.2.1 widmet sich zunächst der Auswahl einer Realisierungsalternative im „eindeutigen" Fall. Anschließend wird in Abschnitt 5.7.2.2 die weitaus komplexere Analyse zur Auswahl einer Realisierungsalternative im nicht-eindeutigen, „indifferenten" Fall entwickelt und in unterschiedlichen Konstellationen analysiert.

5.7.2.1 Die Auswahl einer Realisierungsalternative im „eindeutigen" Fall

Die Auswahl einer Realisierungsalternative im eindeutigen Fall erweist sich – ohne Berücksichtigung der Nutzungsdauer der Realisierungsalternativen und der Besonderheiten des Fuzzy-Rings – als trivial, da das voraussichtlich zu erreichende Nutzenniveau einer Realisierungsalternative sowohl im direkt als auch im indirekt messbaren Nutzenbereich größer als das der jeweils anderen Alternative ist.

Abbildung 5-11 visualisiert die Entscheidungsmatrix für zwei Realisierungsalternativen im eindeutigen Fall. Die Realisierungsalternative (R_2) ist der Realisierungsalternative (R_1) eindeutig vorzuziehen, da die Werte sowohl auf der Ordinate als auch auf der Abszisse größer sind. Der Einsatz der ISO-Nutzenkurven führt zu demselben Ergebnis, unabhängig von den zuvor definierten Sichten der verschiedenen Hierarchien in einer Unternehmung.[366]

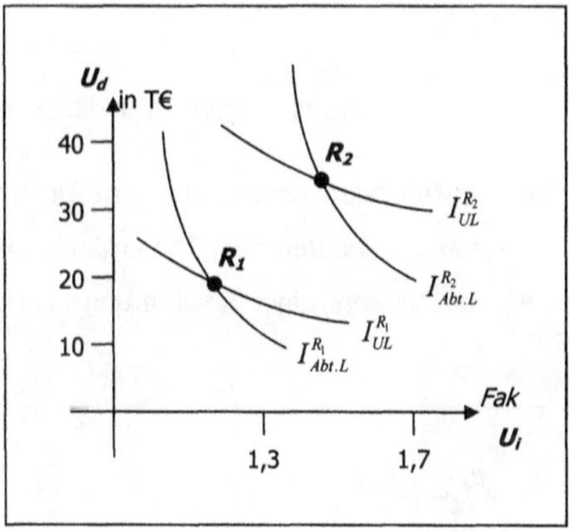

Abb. 5-11: Entscheidungsmatrix für zwei Realisierungsalternativen im eindeutigen Fall

Die ISO-Nutzenkurven für die Realisierungsalternative R_2 $\left(I^{R_2}\right)$ liegen stets höher/weiter rechts als die der Realisierungsalternative R_1 $\left(I^{R_1}\right)$. Formal stellt sich die Entscheidungsfindung wie folgt dar: $\left(I_{UL}^{R_2}\right) > \left(I_{UL}^{R_1}\right)$ und $\left(I_{Abt.L}^{R_2}\right) > \left(I_{Abt.L}^{R_1}\right)$. Hieraus ist zu schlussfolgern, dass $\left(I^{R_2}\right) > \left(I^{R_1}\right)$ ist. Wenn dem so ist, dann wird R_1 von R_2 dominiert. R_2 ist in dieser statischen Sichtweise gegenüber R_1 zu präferieren und sollte gewählt werden: $R_2 \succ R_1$.[367]

In der betrieblichen Praxis wird dieser eindeutige Fall jedoch eher die Ausnahme sein. Üblicher Weise wird jede Realisierungsalternative bestimmte Vor- bzw. Nach-

---

366 Die Entscheidungsfindung im „eindeutigen" Fall erfolgt an dieser Stelle ohne die Berücksichtigung temporaler Aspekte, d.h. die Entscheidung basiert auf einer rein statischen Analyse. Die Validierung des Ergebnisses bedingt jedoch die Einbeziehung der Nutzungsdauer in den Entscheidungsprozess. So ist es durchaus möglich, dass die Auswahl einer Realisierungsalternative nach n Jahren Nutzendauer von der hier angeführten statischen Auswahl abweicht. Die Klärung dieser Problematik erfolgt im anschließenden Abschnitt 5.7.2.2. Ergänzend wird auf den praktischen Anwendungsfall in Kapitel 6 hingewiesen, in dem diese Problematik ausführlich behandelt wird. Vgl. insbesondere die Abschnitt 6.4.2 und 6.4.3.

367 Zur Aufstellung der Präferenzordnung vgl. die Ausführungen zu Beginn dieses Kapitels i.V.m. Bamberg/Coenenberg (2004), S. 48 ff.

teile haben und eine der Untersuchungsdimensionen U_d oder U_i – zumindest unter Einbeziehung der Nutzungsdauer – dominieren. Dieser Problemstellung widmet sich der folgende Abschnitt 5.7.2.2.

5.7.2.2 Die Auswahl einer Realisierungsalternative im „indifferenten" Fall

Die Problemstellung des vorstehenden Abschnittes wird im vorliegenden Abschnitt 5.7.2.2 um den nicht-eindeutigen, indifferenten Fall ergänzt. Die hierbei zu Grunde liegende Problemstellung zur Auswahl einer Realisierungsalternative stellt sich wie folgt dar:

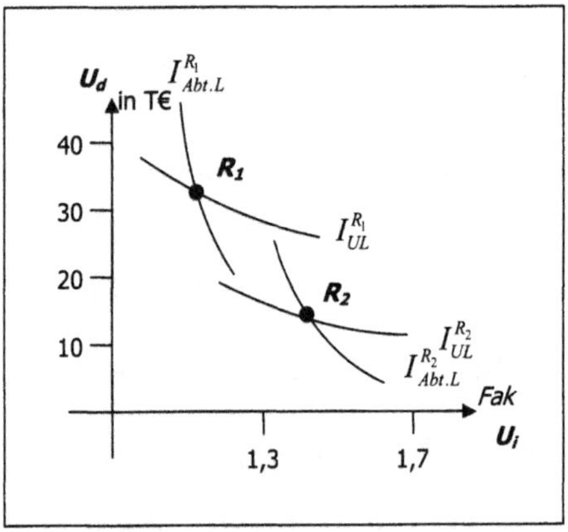

Abb. 5-12: Entscheidungsmatrix für Realisierungsalternativen im indifferenten Fall

Aus Abbildung 5-12 geht hervor, dass keine Realisierungsalternative die andere dominiert. Die ISO-Nutzenkurven führen zu widersprüchlichen Ergebnissen. Wird der Unternehmungsleiter-Sicht gefolgt, ist die Alternative R_1 gegenüber R_2 zu präferieren, da die ISO-Nutzenkurve $\left(I^{R_1}_{UL}\right)$ oberhalb der ISO-Nutzenkurve $\left(I^{R_2}_{UL}\right)$ liegt, d.h. $\left(I^{R_1}_{UL}\right) > \left(I^{R_2}_{UL}\right)$ und damit: $R_1 \succ R_2$. Wird hingegen der Abteilungsleiter-Sicht Folge geleistet, ändert sich die Entscheidungsfindung und es gilt: $\left(I^{R_1}_{Abt.L}\right) < \left(I^{R_2}_{Abt.L}\right)$

und damit: $R_1 \prec R_2$, d.h. dass die Realisierungsalternative R_2 der Realisierungsalternative R_1 vorzuziehen ist. Da jedoch in Abschnitt 5.7.1 die Annahme getroffen wurde, dass beide Sichten als gleichwertig angesehen werden, kann auf dieser Grundlage keine Entscheidung getroffen werden.

In den nachfolgenden Abschnitten 5.7.2.2.1 bis 5.7.2.2.4 wird daher ein Instrumentarium entwickelt, das die Lösung dieses Problems erlaubt. Hierzu wird das Magische Dreieck aufgegriffen und um die Untersuchungsdimension „Flexibilität" erweitert. In sofern kann nicht mehr von einem Magischen Dreieck, sondern eher von einem „Magischen Viereck" gesprochen werden.

5.7.2.2.1 Flexibilität als ergänzende Untersuchungsdimension des Magischen Dreiecks

Die Entscheidungsfindung im indifferenten Fall wird durch die Erweiterung des Magischen Dreiecks um den Faktor „Flexibilität" gestützt bzw. ermöglicht. Bevor die Entscheidungsfindung unter Zuhilfenahme der Flexibilität allerdings erfolgen kann, bedarf es zunächst der Klärung des Begriffs „Flexibilität". In der wissenschaftlichen Literatur ist der Begriff Flexibilität mit unterschiedlichen semantischen Inhalten belegt. Wiederholt wird dabei die Forderung aufgestellt, dass eine Planung unter Ungewissheit – und dies trifft für die Bedarfe der Konzeption der integrierten Nutzenanalyse zu – (stets) flexibel gestaltet werden muss.[368] In diesem Kontext setzt Hax die Flexibilität gleich mit den für die Planung notwendigen Anpassungen an sich ändernde zukünftige (Umwelt)-Bedingungen.[369] Schneider widerspricht dieser

---

368 Vgl. Schneider (1971), S. 831.

369 Hax bezieht sich in seinen Ausführungen von 1966 insbesondere auf den Begriff „Flexibilität der Planung". Die Verwendung dieses Begriffes führte in den Jahren 1971 und 1972 zu einer kontroversen Diskussion zwischen Hax bzw. Hax/Laux und Schneider. Schneider widerspricht Hax und Laux, indem er auf begriffliche Unschärfen bei der Verwendung des Begriffs Flexibilität verweist, die wiederum von Hax und Laux nicht geteilt und widerlegt werden. Die Diskussion soll an dieser Stelle nicht erneut aufgegriffen werden. Der geneigte Leser wird vielmehr auf den äußerst interessanten und kontroversen Disput zwischen den Autoren in der wissenschaftlichen Literatur verwiesen. Vgl. Hax (1966), S. 447 ff. i.V.m. Schneider (1971), S. 831 ff.; Hax/Laux (1972), S. 318 ff; Ackermann et al. (1972), S. 453 ff.; Schneider (1972), S. 456 ff.; Hax/Laux (1972a), S. 477 ff. und Schneider (1972a), S. 745 ff.

Auffassung.[370] Er führt aus: „'Flexible' Planung, verstanden als das Treffen bedingter Entscheidungen für künftige Handlungen [...], ist eine Frage der Formulierung alternativer Handlungsprogramme."[371] Es soll an dieser Stelle keine Wertung der kontroversen Diskussion vorgenommen werden, da beide Standpunkte sachlogisch nachvollziehbar sind. Den Definitionen gemein ist jedoch die Betonung der Interdependenz zwischen dem Faktor Flexibilität und dem Faktor Zeit; und genau diese Abhängigkeit erweist sich als entscheidendes Kriterium für die differenzierende Auswahl von Realisierungsalternativen.[372] Übertragen auf die Bedarfe der vorliegenden Arbeit, bezeichnet Flexibilität demnach den Grad der Anpassungsfähigkeit einer Realisierungsalternative auf sich ändernde zukünftige Einflussgrößen, die im Analysezeitpunkt $t = t_0$ (noch) ungewiss sind.[373]

Zur Entscheidungsfindung, d.h. zur Auswahl einer Realisierungsalternative, sind die Ausprägungen des Nutzens der einzelnen Realisierungsalternativen demnach temporalen Aspekten zu unterziehen.[374] Es bestehen wechselseitige, interdependente Abhängigkeiten zwischen der Flexibilität (F) und der Nutzungsdauer (ND) einer

370 Nach Schneider schließt diese begriffliche Bestimmung die Trennung von flexibler Planung und starrer Planung aus. Vgl. Schneider (1971), S. 832.

371 Schneider (1971), S. 846.

372 Vgl. auch Reese, der die Flexibilität als eine prinzipielle Eigenschaft bezeichnet, die „die Reaktion auf [sich] verändernde Anforderungen misst." Reese (1999), S. 735.

373 Verschiedene Autoren weisen auf die vielfältigen Interdependenzen zwischen dem Faktor Zeit und der Anpassungsfähigkeit einer Unternehmung auf sich ändernde Umweltbedingungen hin. Der Zwang zur Anpassung ist ständig gegeben. Werden diese Erkenntnisse auf die Bedarfe der vorliegenden Arbeit übertragen, so ist festzustellen, dass der Grad der Flexibilität – verstanden als Anpassungsfähigkeit einer Realisierungsalternative auf zukünftige Gegebenheiten – von entscheidender Bedeutung zur Bewertung der Vorteilhaftigkeit und somit zur differenzierenden Auswahl konkurrierender Realisierungsalternativen avanciert. Vgl. Lardi/Langmoen (1992), S. 48 ff.; Lingg (1992), S. 73 ff.

374 Brynjolfsson und Hitt führen neben der Nutzungsdauer ergänzend den Faktor „Business Sector" an. Dieser Spezifikation wird im vorliegenden Ansatz nicht gefolgt, da sich die Konzeption der integrierten Nutzenanalyse auf die Problematik der differenzierenden Auswahl von Realisierungsalternativen bezieht und nicht auf die Bewertung des Nutzens in differenten Wirtschaftssektoren bzw. Brachen. Vgl. Brynjolfsson/Hitt (1999), S. 44 ff.

Realisierungsalternative.[375] Die Berücksichtigung der Nutzungsdauer komplettiert die Konzeption der integrierten Nutzenanalyse, da dieser ergänzende Parameter den Entscheidungsträger in die Lage versetzt, den Untersuchungsgegenstand ganzheitlich zu erfassen.

Ergänzend zu den Bestimmungen des Abschnitts 5.7.1 (ISO-Nutzenkurven) werden zur Entwicklung des Analyseinstruments **weitere vier Annahmen** getroffen:

3. Bei vollkommener Flexibilität der Realisierungsalternative können zukünftige Anpassungen ohne jeden Aufwand erfolgen. Sie erfolgen fortwährend der gesamten Nutzungsdauer einer Realisierungsalternative. Der Nutzenzu-wachs ist im theoretischen Fall der unendlichen Nutzung nicht beschränkt und strebt gegen Unendlich. Die Flexibilität (F) der Realisierungsalternative beträgt hierbei 100%, dargestellt als $F_{100\%}$.
4. Bei $F_{x\%}$ mit $(x<100\%)$ sind Anpassungen während der Nutzungsdauer erforderlich. Die Realisierungsalternative bedarf der Anpassung im Zeitverlauf.[376]
5. Es besteht ein Zusammenhang zwischen der Nutzungsdauer (ND) einer Realisierungsalternative und ihrer Flexibilität.
6. Der Nutzenzuwachs einer Realisierungsalternative fällt im Zeitverlauf um den gleichen Prozentsatz, d.h. er fällt proportional zu der Nutzungsdauer der Realisierungsalternative.

---

375 Ames und Hlavacek weisen darauf hin, dass der Wert computergestützter IS im Zeitverlauf fällt. Dieser Wertverlust ist durch eine ständige Weiterentwicklung zu kompensieren. Zugleich stellen die Autoren heraus, dass der Lifecycle einer IS-Investition stetig kürzer wird und daher in immer kürzerer Zeit wertschöpfend sein und sich amortisieren muss. Die Ausführungen von Rutt ergänzen diese Sichtweise, indem er einen eindeutigen Zusammenhang zwischen der Flexibilität und der Zeit herstellt. Vgl. Ames/Hlavacek (1990), S. 140 ff.; Rutt (1990), S. 62 ff.

376 Detaillierte Ausführungen zum Thema „Flexibilitätskosten" finden sich u.a. bei Fischer. Vgl. Fischer (1993), S. 165 ff.

Vor diesem Hintergrund kann in den nachstehenden Abschnitten 5.7.2.2.2 bis 5.7.2.2.4 das Instrumentarium zu differenzierenden Auswahl von Realisierungsalternativen konzeptioniert werden. Die Flexibilität ist für jede Realisierungsalternative individuell zu bestimmen. Da die Flexibilität in diesem Kontext stets zukunftsgerichtet zu interpretieren ist, muss ihre Bestimmung auf Schätzungen entscheidungsrelevanter Mitarbeiter beruhen.[377] Ebenso erscheint es opportun, diesbezüglich Prognosen von Marktforschungsgesellschaften einzuholen.[378] Die Ergebnisse der Befragung sind schließlich – gegebenenfalls unter Einbeziehung der Marktforschungsprognosen – zu mitteln. Durch dieses Vorgehen kann ein realistischer und belastbarer Wert für die weitere Analyse bestimmt werden.

Im folgenden Abschnitt 5.7.2.2.2 wird der beschriebene Nutzenzuwachs einer Realisierungsalternative im Zeitverlauf auf Basis der formulierten Annahmen abgeleitet.

5.7.2.2.2 Der Nutzenzuwachs einer Realisierungsalternative im Zeitverlauf

Zur Ermittlung des Nutzenzuwachses einer Realisierungsalternative im Zeitverlauf sind die folgenden, die Abschnitte 5.7.1 und 5.7.2.2.1 **ergänzenden Annahmen** zu treffen:

7. Der Nutzen einer Realisierungsalternative besteht aus mehreren einzelnen Ausprägungen. Das Nutzenniveau stellt sich als kumulierter Nutzenzuwachs im Zeitverlauf dar.

8. Der Nutzenzuwachs nimmt bei einer Flexibilität $\left(F_{x\%}\right)$ mit $\left(x < 100\%\right)$ stetig ab. Er strebt im positiven Bereich gegen Null und im negativen Bereich gegen minus Unendlich.

---

377 Vgl. auch die Ausführungen von Dittrich/Braun (2004), S. 50 f.

378 Beispielhaft sei an dieser Stelle die etablierte Marktforschungsgesellschaft GartnerGroup angeführt. Vgl. auch die Ausführungen des Abschnitts 4.2.2.

Die Abbildung 5-13 veranschaulicht zunächst den fallenden Nutzenzuwachs einer Realisierungsalternative bei $F_{80\%}$.[379]

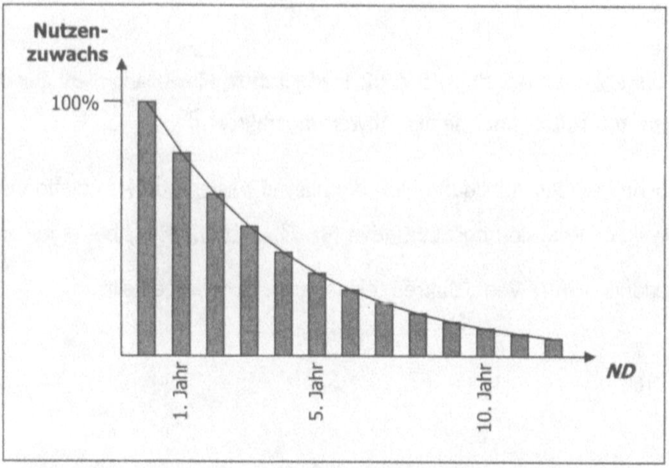

Abb. 5-13: Positiver Nutzenzuwachs einer Realisierungsalternative bei $F_{80\%}$

Der Verlauf der Kurve erinnert an die Ausführungen des Abschnitts 4.2.1. Das dort erläuterte 1. Gossen´sche Gesetz – in Verbindung mit den Aufzeichnungen des Grenznutzens – geht mit Abbildung 5-13 konform. Der im 1. Jahr erreichte Nutzenzuwachs fällt stetig mit sinkenden Wachstumsraten und strebt nach einer Nutzungsdauer von n Jahren mit n gegen ∞ gegen Null. Die Verbindungen zwischen den Jahreswerten dienen der Visualisierung der Tendenz. Der Nutzenzuwachs wird jährlich (nur) einmal bestimmt.[380]

---

379 Ähnlich: MetaGroup (2003).

380 Im theoretischen Idealfall müsste der Nutzen fortlaufend mit Zeitabständen, die gegen Null streben, ermittelt werden. Da sich dieses Vorgehen für die betriebliche Praxis als unrealistisch erweist, wird die Dauer der Abstände zwischen der Erfassung zweier Nutzenniveaus auf 1 Jahr festgelegt.

9. Die jährlichen Nutzenzuwächse werden auf Basis des Nutzens zum Zeitpunkt $t = t_0$, d.h. zum Zeitpunkt der Durchführung der A Priori-Analyse[381], berechnet.[382]

Die im vorstehenden Abschnitt 5.7.2.2.1 angeführte Flexibilität dient für die Bedarfe der integrierten Nutzenanalyse als „Abwertungsfaktor".[383]

In der nachfolgenden Abbildung wird die hierauf basierende Kumulation der Nutzenzuwächse einer Realisierungsalternative für $F_{100\%}$ bzw. $F_{80\%}$, bei einer unterstellten Nutzungsdauer (ND) von 5 Jahren, einander gegenübergestellt:

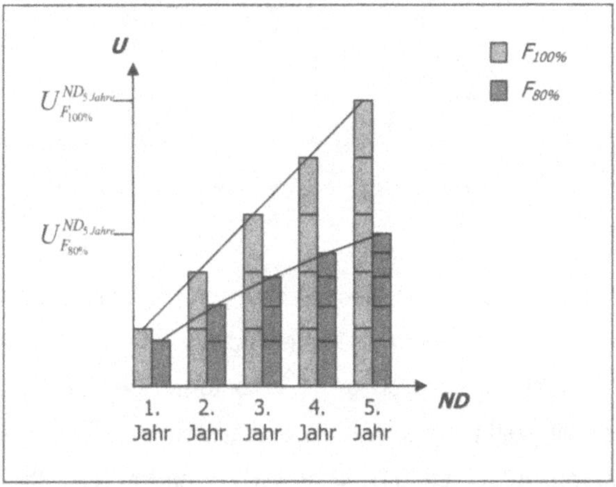

Abb. 5-14: Kumulierter positiver Nutzen einer Realisierungsalternative im Zeitverlauf

Abbildung 5-14 visualisiert den geringeren kumulierten Nutzenzuwachs einer Realisierungsalternative im Vergleich zu dem theoretischen Nutzenniveau für $F_{100\%}$

381 Zur Bestimmung der Untersuchungszeitpunkte vgl. Abschnitt 5.2

382 Vgl. auch die Ausführungen des Abschnitts 4.2.1 zum Themenbereich der Investitionsrechnung.

383 Zur Anwendung von Abzinsungsfaktoren vgl. Wehrmann/Zimmermann (2005), S. 248 f. i.V.m. Moon (1976), S. 99 ff.

im Zeitverlauf. Die sinkenden jährlichen Zuwachsraten und der daraus resultierende Nutzenzuwachs sind in der graphischen Darstellung bereits ersichtlich.[384]

Mathematisch kann dieser abnehmende Nutzenzuwachs wie folgt bestimmt werden:

Wenn U das Nutzenniveau einer Realisierungsalternative nach n Jahren Nutzungsdauer (ND) bezeichnet, dann beträgt der Nutzen für $F_{80\%}$ – ausgehend von $F_{100\%}$ – nach dem 1. Jahr genau:

$$U^{ND_{1\,Jahr}} = U_{F_{100\%}}^{ND_{1\,Jahr}} \cdot F_{80\%}$$

Für das 2. Jahr der Nutzung wird dieses Niveau erneut abgewertet und beträgt:

$$U^{ND_{2\,Jahre}} = \left(U_{F_{100\%}}^{ND_{1\,Jahr}} \cdot F_{80\%}\right) + \left(U_{F_{100\%}}^{ND_{1\,Jahr}} \cdot F_{80\%} \cdot F_{80\%}\right)$$

Für das n. Jahr der Nutzung ist das Nutzenniveau demnach – in allgemeiner Form – wie folgt zu bestimmen:

$$U^{ND_{nJahre}} = \left(U_{F_{100\%}}^{ND_{1\,Jahr}} \cdot F_{x\%}\right) + \left(U_{F_{100\%}}^{ND_{1\,Jahr}} \cdot F_{x\%} \cdot F_{x\%}\right) + \ldots + \left(U_{F_{100\%}}^{ND_{1\,Jahr}} \cdot F_{x\%}^{n}\right)$$

$$U^{ND_{nJahre}} = U_{F_{100\%}}^{ND_{1\,Jahr}} \cdot \left(F_{x\%} + F_{x\%}^{2} + F_{x\%}^{3} + \ldots + F_{x\%}^{n}\right)$$

$$U^{ND_{nJahre}} = U_{F_{100\%}}^{ND_{1\,Jahr}} \cdot \sum_{m=1}^{n} F_{x\%}^{m}$$

Ist mindestens eine der Untersuchungsdimensionen (U_d) oder (U_i) negativ, weicht die Analyse der Daten von der bisherigen ab. Der Nutzenzuwachs in negative Dimensionen bedingt eine Veränderung der bisherigen Argumentationslogik. Wird als

384 Vgl. auch Mehler-Bicher (2002), S. 86 f. i.V.m. Schülkes Tafeln (2000), S. 59; Karmann (2003), S. 153 ff..

Ausgangswert erneut ein Nutzenniveau von 100% definiert, so fällt der Nutzenzuwachs abweichend von der vorstehenden Abbildung 5-13. Er steigt überproportional in negative Dimensionen. Die nachstehende Abbildung 5-15 veranschaulicht diesen Zusammenhang zunächst in graphischer Form:

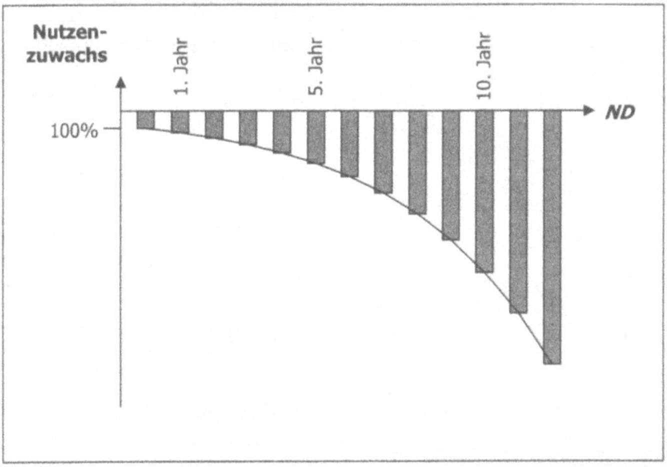

Abb. 5-15: Negativer Nutzenzuwachs einer Realisierungsalternative bei $F_{80\%}$

Aus Abbildung 5-15 geht der steigende negative Nutzenzuwachs einer Realisierungsalternative im Zeitverlauf hervor. Ausgehend von dem negativen Nutzen $(U = -100\%)$, bedingt die Einführung einer solchen Realisierungsalternative bei $F_{x\%}$ mit $(x < 100\%)$ einen zusätzlichen jährlichen Aufwand. Dieser zusätzliche Aufwand nimmt während der Nutzungsdauer stetig, mit steigenden Wachstumsraten, zu.

Wird dieser negative Nutzenzuwachs entsprechend dem bisherigen Vorgehen in kumulierter Form abgebildet, so ergibt sich der in Abbildung 5-16 visualisierte Kurvenverlauf. Im Vergleich zu den gleich bleibenden Zuwachsraten bei $F_{100\%}$ fällt die Kurve für $F_{80\%}$ überproportional. Die Gegenüberstellung nach einer Nutzungsdauer von $n = 5$ Jahren veranschaulicht die Auswirkungen der geminderten Flexibilität.

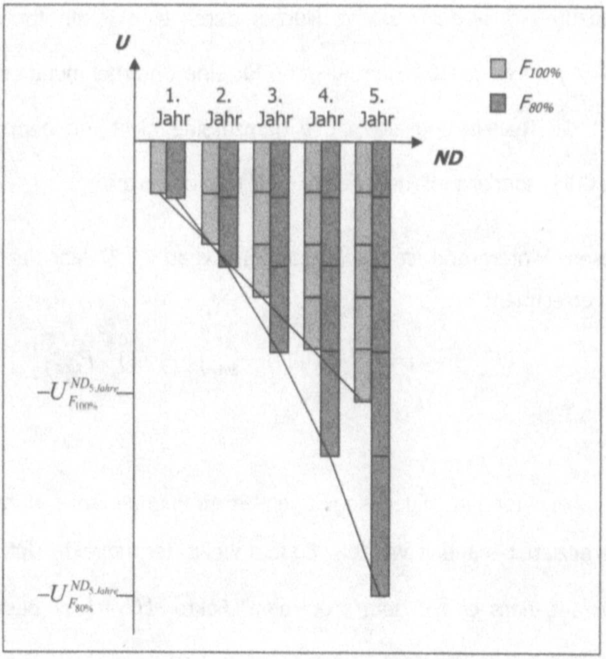

Abb. 5-16: Kumulierter negativer Nutzen einer Realisierungsalternative im Zeitverlauf

Aus diesem Beispiel geht hervor, dass – bei identischen Realisierungsalternativen – eine Flexibilität von $F_{x\%}$ mit $(x < 100\%)$ in der negativen Dimension, zu unterschiedlich stark gekrümmten Kurvenverläufen führt. Je geringer die Flexibilität ist, desto stärker fallen die negativen Nutzenzuwächse aus, d.h. dass der Kurvenverlauf mit abnehmender Flexibilität zunehmend gekrümmt ist.

Mathematisch ist dieser negative Nutzenzuwachs wie folgt zu bestimmen:

Wenn U erneut das Nutzenniveau einer Realisierungsalternative nach n Jahren Nutzungsdauer (ND) bezeichnet, dann beträgt der negative Nutzen für $F_{80\%}$ – ausgehend von $F_{100\%}$ – nach dem 1. Jahr genau:

$$U^{ND_{1\,Jahr}} = U_{F_{100\%}}^{ND_{1\,Jahr}} \cdot \left[1 + \left(1 - F_{80\%}\right)\right]$$

Das bedeutet, dass der negative Nutzen durch eine Flexibilität von $F_{x\%}$ mit $(x < 100\%)$ einen zusätzlichen Aufwand für eine Unternehmung verursacht. Bei $F_{80\%}$ ist die Realisierungsalternative demzufolge nicht mit dem Abwertungsfaktor $(0{,}8)$, sondern mit dem Faktor $(1{,}2)$ zu bewerten.

Vor diesem Hintergrund ist das (negative) Niveau im 2. Jahr der Nutzung wie folgt zu errechnen:

$$U^{ND_{2\,Jahre}} = U_{F_{100\%}}^{ND_{1\,Jahr}} \cdot \left[1 + \left(1 - F_{80\%}\right)\right] \cdot \left[1 + \left(1 - F_{80\%}\right)\right]$$

usw.

Die hieraus abzuleitenden allgemeingültigen Bestimmungen des Nutzens müssen folglich differenziert behandelt werden. Zudem weist der indirekte Nutzen (U_i) die Besonderheit auf, dass er auf dem „neutralen“ Faktor $(U_i = 1{,}0)$ basiert und – in diesem Sinne – eine Verschlechterung als $(U_i < 1{,}0)$ und eine Verbesserung als $(U_i > 1{,}0)$ angezeigt wird.

Vor diesem Hintergrund bedingt die Berechnung der Ausprägungen des Nutzens bei einer Flexibilität von $F_{x\%}$ mit $(x < 100\%)$ nach einer Nutzungsdauer von n Jahren die Differenzierung von vier Fällen:

Für die Berechnung des direkten Nutzens (U_d) kommen die folgenden zwei Gleichungen zur Anwendung:

1. Wenn $\left(U_d^{F_{100\%}^{1\,Jahr}} \geq 0\right)$, dann: $\boxed{U_d^{R_i^{nJahre}} = U_d^{F_{100\%}^{1\,Jahr}} \cdot \sum_{t=1}^{n} \left(F_{x\%}\right)^t}$.
2. Wenn $\left(U_d^{F_{100\%}^{1\,Jahr}} < 0\right)$, dann: $\boxed{U_d^{R_i^{nJahre}} = U_d^{F_{100\%}^{1\,Jahr}} \cdot \sum_{t=1}^{n} \left[1 + \left(1 - F_{x\%}\right)\right]^t}$.

Adäquat gestaltet sich die Aufstellung der Gleichungen zur Bestimmung des indirekten Nutzens (U_i):

3. Wenn $\left(U_i^{F_{100\%}^{1\,Jahr}} \geq 1{,}0\right)$, dann: $\boxed{U_i^{R_i^{n\,Jahre}} = 1 + \left(U_i^{F_{100\%}^{1\,Jahr}} - 1\right) \cdot \sum_{t=1}^{n} \left(F_{x\%}\right)^t}$.

4. Wenn $\left(U_i^{F_{100\%}^{1\,Jahr}} < 1{,}0\right)$, dann: $\boxed{U_i^{R_i^{n\,Jahre}} = 1 - \left(1 - U_i^{F_{100\%}^{1\,Jahr}}\right) \cdot \sum_{t=1}^{n} \left[1 + \left(1 - F_{x\%}\right)\right]^t}$.[385]

Mit Hilfe dieser vier Gleichungen wird der Entscheidungsträger in die Lage versetzt, die Ausprägungen des Nutzens über die gesamte Nutzungsdauer einer Realisierungsalternative unmittelbar und differenziert zu bestimmen. Die Bewertung der Realisierungsalternativen geht demnach über die rein statische Analyse hinaus. Erstmals fließen temporale Aspekte in die Analyse ein.[386] Diese Erweiterung der Analyse stellt einen essenziellen Schritt für die Entscheidungsfindung im indifferenten Fall dar. Sie dient als Grundlage der weiteren Ausführungen dieser Arbeit.

Im anschließenden Abschnitt 5.7.2.2.3 werden diese theoretisch geprägten Ausführungen aufgegriffen und an Hand eines praktischen Beispiels zur vergleichenden Bewertung von zwei Realisierungsalternativen angewendet.

5.7.2.2.3 Vergleichende Bewertung von zwei Realisierungsalternativen im Zeitverlauf

Auf Grundlage der vorstehenden Ausführungen können zwei Realisierungsalternativen im Zeitverlauf einander gegenüber gestellt und vergleichend bewertet werden. Das Ziel dieser vergleichenden Bewertung ist, eine Entscheidung darüber treffen zu können, welche Alternative der Unternehmung im Zeitverlauf den größten

---

385 Die Problemstellung des negativen indirekten Nutzens wird in der vorliegenden Arbeit nicht vertiefend betrachtet.

386 Eine vergleichbare Methode stellt das „Lifecycle-Costing“ dar. Es dient der Analyse der Kosten während der Entstehungs- und Nutzungsphase im Zeitverlauf und ist demnach ebenfalls dynamisch geprägt. Vgl. Fischer (1993a), S. 69 f.

Nutzen stiftet. Hierbei muss eine differenzierte Analyse für die Quadranten I bis IV der Entscheidungsmatrix durchgeführt werden.[387]

Für die weiteren Ausführungen wird vorgegeben, dass sowohl der direkte Nutzen (U_d) als auch der indirekte Nutzen (U_i) der Realisierungsalternativen R_1 und R_2 für den Fall $F_{100\%}$ bekannt sind und in den Quadrant I fallen. Die Flexibilität (F) wird für R_1 mit $F_{80\%}$ und für R_2 mit $F_{90\%}$ bestimmt. Der Ausgangspunkt der Analyse bilden die Ausprägungen des Nutzens für das 1. Jahres bei $F_{100\%}$, im nachstehenden Beispiel $U_d = 250$ und $U_i = 1{,}12$ für R_1 und $U_d = 350$ und $U_i = 1{,}06$ für R_2.[388] Es ist unmittelbar ersichtlich, dass die Werte zu widersprüchlichen Aussagen führen und keine der Alternativen die andere dominiert. Wird der direkte Nutzen als Entscheidungskriterium herangezogen, wird R_2 präferiert, wird der indirekte Nutzen bevorzugt, ist R_1 als dominante Alternative vorzuziehen.

ND	**Realisierungsalternative *R₁***				**Realisierungsalternative *R₂***			
	U_d		***U_i***		***U_d***		***U_i***	
	F100%	***F80%***	***F100%***	***F80%***	***F100%***	***F90%***	***F100%***	***F90%***
Start	0		1,00		0		1,00	
1. Jahr	250	200	1,12	1,10	350	315	1,07	1,06
2. Jahr	500	360	1,24	1,17	700	599	1,14	1,12
3. Jahr	750	488	1,36	1,23	1.050	854	1,21	1,17
4. Jahr	1.000	590	1,48	1,28	1.400	1.083	1,28	1,22
5. Jahr	1.250	672	1,60	1,32	1.750	1.290	1,35	1,26

Tab. 5-12: Kumulierte Nutzenniveaus von zwei Realisierungsalternativen in Quadrant I nach n Jahren

387 Exemplarisch werden im Folgenden Entscheidungssituationen für den Quadrant I und den Quadrant IV angeführt. Jede weitere Konstellation kann hieraus abgeleitet werden. Die Entscheidungsfindung gelingt durch zieladäquate Kombination.

388 Im Sinne dieser Arbeit wird der direkt messbare Nutzen (U_d) in Geldeinheiten gemessen. Der indirekt messbare Nutzen (U_i) stellt einen Faktor auf Basis des angeführten Bewertungsschemas dar.

Die aus Tabelle 5-12 hervorgehenden Ausprägungen des Nutzens des 2. Jahres fortfolgende sind für $F_{100\%}$ trivial, da der jährliche Nutzenzuwachs stets 100% beträgt. Dass es sich hierbei um den rein theoretischen Fall handelt, wurde bereits erläutert. Die entscheidungsrelevanten Größen stellen vielmehr die geminderten Werte für $F_{80\%}$ bzw. $F_{90\%}$ dar. Unter Anwendung der Ausführungen des vorherigen Abschnitts 5.7.2.2.2 werden die jeweilige kumulierten Ausprägungen für das n. Jahr der Nutzung für U_d mit:

$$U_d^{R_i^{nJahre}} = U_d^{F_{100\%}^{1Jahr}} \cdot \sum_{t=1}^{n} (F_{x\%})^t$$

und für U_d mit:

$$U_i^{R_i^{nJahre}} = 1 + \left(U_i^{F_{100\%}^{1Jahr}} - 1\right) \cdot \sum_{t=1}^{n} (F_{x\%})^t$$

bestimmt. Hierbei ist zu beachten, dass die Berechnung des indirekten Nutzens (U_i) die Berücksichtigung des definierten Ausgangswerts 1,00 erfordert. Dieser Faktor bezeichnet denjenigen Wert, der im Verhältnis „alt" versus „neu" keine Veränderung darstellt.[389] Entsprechend ist bspw. der in Tabelle 5-12 angeführte Faktor 1,12 mit einer 12%igen Verbesserung gleichzusetzen. Im Beispiel führt dieser Wert im 1. Jahr der Nutzung zu einer 10%igen Verbesserung und ist als Faktor entsprechend mit 1,10 angegeben.[390]

[389] Vgl. die Ausführungen des Abschnitts 5.5.2.3, insbesondere Tabelle 5-5.

[390] Vgl. die Werte des indirekten Nutzens (U_i) für R_1, $F_{80\%}$.

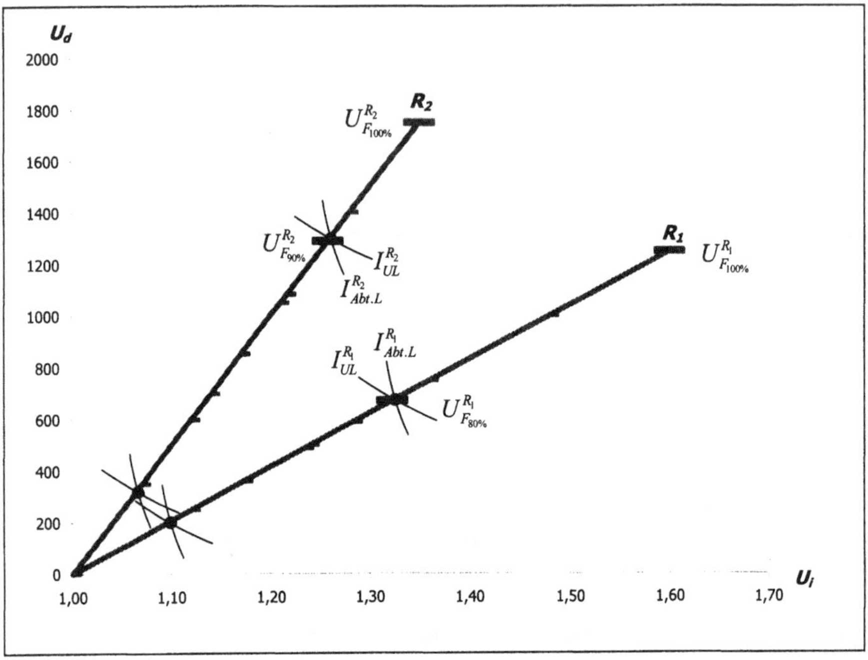

Abb. 5-17: Gegenüberstellung von zwei Realisierungsalternativen in Quadrant I im Zeitverlauf

Abbildung 5-17 zeigt die Realisierungsalternativen R_1 und R_2 im Vergleich. Die Analyse der Reihen ergibt, dass die Nutzenniveaus der Realisierungsalternativen zwischen dem direkten Nutzen (U_d) und dem indirekten Nutzen (U_i) für das jeweilige Jahr proportional sind. Die graphische Darstellung einer Realisierungsalternative im Zeitverlauf führt demnach im Quadrant I der Entscheidungsmatrix zu einem linearen Kurvenverlauf.

Zu Beginn der Analyse befinden sich die Nutzenniveaus beider Alternativen im Schnittpunkt $U_d = 0$; $U_i = 1{,}0$ und gelten als „neutral". Bereits im 1. Jahr der Nutzung wird jedoch deutlich, dass sich – im gewählten Beispiel – beide Realisierungsalternativen als wertschöpfend für die Unternehmung erweisen. Ohne Berücksichtigung der zeitlichen Struktur beträgt das Nutzenniveau der Realisierungsalternative R_1 $U_d = 250$ und $U_i = 1{,}12$ und das von R_2 $U_d = 350$ und $U_i = 1{,}07$. Das theoretisch mögliche Nutzenniveau für $F_{100\%}$ ist als Referenzwert – aus Gründen der Übersichtlichkeit – nur für die ersten fünf Jahre der Nutzungsdauer abgebildet. Bei $F_{100\%}$ wird nach 5 Jahren für R_1 ein Niveau von $U_d = 1.250$ und $U_i = 1{,}60$ und für R_2 $U_d = 1.750$ und $U_i = 1{,}35$ erreicht. Demgegenüber stehen die Ausprägungen des Nutzens bei $F_{80\%}$ von $U_d = 672$ und $U_i = 1{,}32$ für R_1 bzw. bei $F_{90\%}$ von $U_d = 1.290$ und $U_i = 1{,}26$ für R_2 desgleichen Betrachtungszeitraums. Die geminderten Werte liegen somit weit unter denen der theoretisch möglichen. Die Ergebnisse gehen mit den Ausführungen des Abschnitts 5.7.2.2.2 und hier insbesondere der Abbildung 5-14 konform.

Die Auswahl derjenigen Realisierungsalternative, die der Unternehmung im Zeitverlauf den größten Nutzen stiftet, erfordert überdies die Anwendung der in Abschnitt 5.7.1 angeführten ISO-Nutzenkurven. Gegenstand der Analyse sind die abgewerteten Nutzenniveaus der jeweiligen Realisierungsalternative. Um die ISO-Nutzenkurven auf diese Bedarfe anzuwenden, werden zwei Nutzenniveaus einer Realisierungsalternative miteinander verglichen. Beispielhaft geschieht dies an Hand des 1. Jahres und des 5. Jahres der Nutzung.

Die bereits angeführten differenten Sichten der ISO-Nutzenkurven stimmen mit den bisherigen Ausführungen der Arbeit überein, d.h. dass auf die Unternehmungsleiter-Sicht $\left(I_{UL}^{R_i}\right)$ und die Abteilungsleiter-Sicht $\left(I_{Abt.L}^{R_i}\right)$ referenziert wird. In Abbildung 5-15 sind die Kurven schematisch angedeutet. In Abschnitt 5.7.1 wurden beide Sichten für die Entscheidungsfindung als gleichwertig definiert, so dass keine ISO-Nutzenkurve einer anderen vorzuziehen ist. Diese Gleichgewichtung wird auf den ersten Bewertungszeitpunkt, d.h. auf die Bewertung im 1. Jahr, übertragen.

Für die weitere Analyse werden die Abstände zwischen den ISO-Nutzenkurven der Realisierungsalternativen R_1 und R_2 im 1. Jahr der Nutzung auf 1 normiert, da die graphische Abweichung ausschließlich auf die gewählte Skalierung zurückzuführen ist. Hieraus ergeben sich die folgenden Abhängigkeiten:

$$\left| I_{UL}^{R_1^{ND_1 Jahr}} - I_{UL}^{R_2^{ND_1 Jahr}} \right| := 1 \quad \text{und} \quad \left| I_{Abt.L}^{R_1^{ND_1 Jahr}} - I_{Abt.L}^{R_2^{ND_1 Jahr}} \right| := 1$$

Berücksichtigt man nunmehr den Zeitverlauf und bewertet die Entwicklung des Abstandes der ISO-Nutzenkurven im 5. Jahr der Nutzung im Vergleich zu dem Abstand im 1. Jahr, so ist festzustellen, dass die ISO-Nutzenkurven der Realisierungsalternativen unterschiedlich stark gestiegen sind. Dieser augenscheinliche Unterschied wird im folgenden Abschnitt 5.7.2.2.4 mathematisch nachvollzogen. Wenn tatsächlich ein faktischer Unterschied besteht, können daraus Rückschlüsse über die Vorteilhaftigkeit der jeweiligen Realisierungsalternative gezogen werden.

5.7.2.2.4 Differenzierende Auswahl einer Realisierungsalternative nach n Jahren

Auf Grund der Annahme der Gleichgewichtung der ISO-Nutzenkurven der Unternehmungsleitung und der Abteilungsleitung, sowie der im vorstehenden Abschnitt vollzogenen Normierung des Abstandes der Kurven im 1. Jahr der Nutzung auf 1, kann bestimmt werden, welche der ISO-Nutzenkurven der Realisierungsalternativen R_1 und R_2 für die Unternehmung die entscheidungsrelevanten sind. Der jährliche Zuwachs des Nutzenniveaus nach n Jahren korreliert mit dem Verhältnis der ISO-Nutzenkurven zwischen R_1 und R_2. Dieser Zusammenhang wird in nachstehender Abbildung 5-18 zunächst graphisch hergeleitet. Anschließend erfolgt die formale Validierung der Ergebnisse.

Abbildung 5-18 basiert auf den Beispielwerten der Tabelle 5-12 des vorherigen Abschnitts 5.7.2.2.3. Ausgehend von den Ergebnissen des Abschnitts können

Verhältniszahlen zwischen den ISO-Nutzenkurven errechnet werden. Den Ausgangspunkt der Analyse bilden die Abstände der jeweiligen Nutzenniveaus der Realisierungsalternativen.

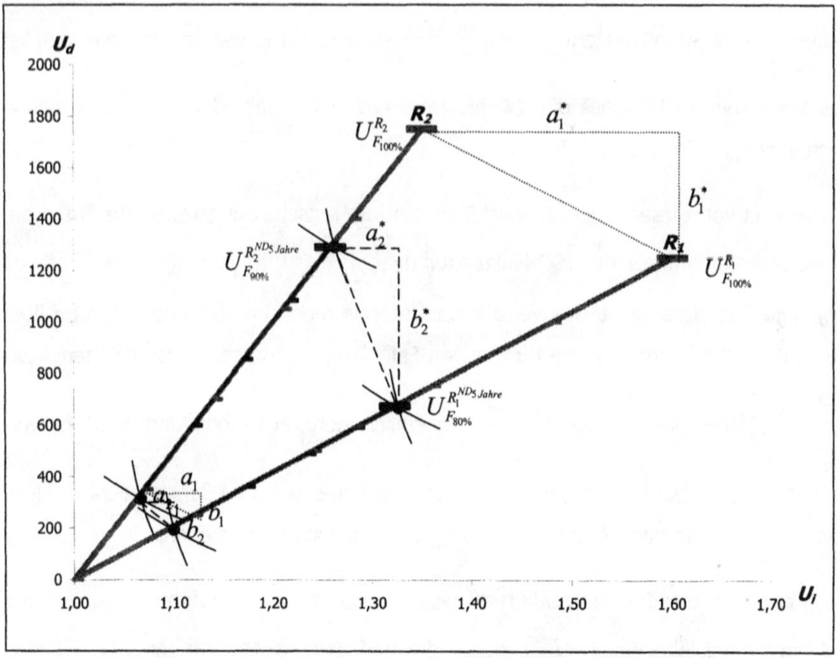

Abb. 5-18: Vergleichende Bewertung von zwei Realisierungsalternativen in Quadrant I im Zeitverlauf

In Abbildung 5-18 wird beispielhaft das Verhältnis zwischen $\frac{a_1^*}{a_1}$ bzw. $\frac{b_1^*}{b_1}$, also das Verhältnis der Nutzenniveaus im 5. Jahr zu dem des 1. Jahres der Nutzung berechnet. Ebenso gut könnte jedes andere Jahr zum 1. Jahr der Nutzung ins Verhältnis gesetzt werden. Da das Nutzenniveau hierbei ausschließlich auf Basis von $F_{100\%}$ berechnet wird und das Verhältnis der ISO-Nutzenkurven im 1. Jahr auf 1 normiert ist, ist es eine mathematische Notwendigkeit, dass $\frac{a_1^*}{a_1}$ und $\frac{b_1^*}{b_1}$ stets zu dem gleichen Ergebnis führt und der zu Grunde liegenden Nutzungsdauer der Realisierungsalternativen entspricht: $\frac{a_1^*}{a_1} = \frac{b_1^*}{b_1} \mathrel{\hat{=}} ND_n$. Im gewählten Beispiel beträgt das Verhältnis 5, d.h. dass die ISO-Nutzenkurven im 5. Jahr der Nutzung 5-mal so hoch liegen wie im 1. Jahr.

Ausgehend von dieser Erkenntnis schließt sich die entscheidungsrelevante Frage an, in welchem Verhältnis die ISO-Nutzenkurven bei $F_{x\%}$ mit $(x < 100\%)$ stehen, da diejenige Realisierungsalternative, die der Unternehmung im Zeitverlauf den größten Nutzen stiftet, im „Zwei-Alternativen-Fall" der anderen vorzuziehen ist: $\left(\frac{a_2^*}{a_2} \geq \frac{b_2^*}{b_2}\right) \vee \left(\frac{a_2^*}{a_2} < \frac{b_2^*}{b_2}\right)$. Bereits augenscheinlich geht aus Abbildung 5-18 hervor, dass die ISO-Nutzenkurven nach einer Nutzungsdauer von fünf Jahren nicht mehr in dem Verhältnis, in dem sie im 1. Jahr der Bewertung standen, stehen.

Die Änderung der ISO-Nutzenkurven wird für die flach verlaufenden Kurven der Unternehmungsleiter-Sicht (I_{UL}) durch die horizontalen Änderungen, für die steil verlaufenden Kurven der Abteilungsleiter-Sicht $(I_{Abt.L})$ durch die vertikalen Änderungen bestimmt. Der Anstieg der ISO-Nutzenkurven ist in Form eines Faktors (Fak) zu berechnen. Hierbei bezeichnet (Fak_d) den Faktor des vertikalen Anstiegs und (Fak_i) den des horizontalen Anstiegs. Auf Basis der Abbildungen 5-17 bzw. 5-18 in Verbindung mit der diesen Abbildungen zu Grunde liegenden Tabelle 5-12 können somit für eine Nutzungsdauer von fünf Jahren (ND_{5Jahre}) die folgenden Berechnungen durchgeführt werden.

$$Fak_d = \frac{U_{d_{F90\%}}^{R_2^{ND_5 Jahre}} - U_{d_{F80\%}}^{R_1^{ND_5 Jahre}}}{U_{d_{F90\%}}^{R_2^{ND_1 Jahr}} - U_{d_{F80\%}}^{R_1^{ND_1 Jahr}}}$$

$$Fak_d = \frac{1.290 - 672}{315 - 200} = \frac{618}{115}$$

$$Fak_d = 5,37$$

$$Fak_i = \frac{U_{i_{F80\%}}^{R_1^{ND_5 Jahre}} - U_{i_{F90\%}}^{R_2^{ND_5 Jahre}}}{U_{i_{F80\%}}^{R_1^{ND_1 Jahr}} - U_{i_{F80\%}}^{R_2^{ND_1 Jahr}}}$$

$$Fak_i = \frac{1,32 - 1,26}{1,10 - 1,06} = \frac{0,06}{0,04}$$

$$Fak_i = 1,50$$

Der Faktor der flach verlaufenden ISO-Nutzenkurven basiert im gewählten Beispiel auf dem Abstand des Nutzenniveaus $\left(U_{d_{F90\%}}^{R_2^{ND_n Jahre}}\right)$ für die Realisierungsalternative R_2 zu $\left(U_{d_{F80\%}}^{R_1^{ND_n Jahre}}\right)$ für die Realisierungsalternative R_1. Die Auflösung der Gleichung führt zu dem Ergebnis: $Fak_d = 5,37$. Dieser Wert besagt, dass – ausgehend von der Normierung des Abstandes der ISO-Nutzenkurven zwischen R_1 und R_2 im 1. Jahr der Nutzung auf 1: $\left(\left|I_{UL}^{R_1^{ND_1 Jahr}} - I_{UL}^{R_2^{ND_1 Jahr}}\right| := 1\right)$ – die flach verlaufenden ISO-Nutzenkurven im 5. Jahr der Nutzung für R_2 um den Faktor 5,37 stärker gestiegen sind als die flach verlaufenden ISO-Nutzenkurven für R_1.[391]

Die Berechnung der steil verlaufenden ISO-Nutzenkurven erfolgt adäquat. Die Differenz der Nutzenniveaus zwischen den Realisierungsalternativen R_1 und R_2: $\left(U_{i_{F80\%}}^{R_1^{ND_n Jahre}}\right)$ zu $\left(U_{i_{F90\%}}^{R_2^{ND_n Jahre}}\right)$ führt zu dem Ergebnis: $Fak_i = 1,50$. Die steil verlaufenden ISO-Nutzenkurven für R_1 steigen demnach – ebenfalls ausgehend von der Normierung ihres Abstandes im 1. Jahr der Nutzung auf 1: $\left(\left|I_{Abt.L}^{R_1^{ND_1 Jahr}} - I_{Abt.L.}^{R_2^{ND_1 Jahr}}\right| := 1\right)$ –

391 Aus Abbildung 5-18 geht dieser Faktor als Verhältnis zwischen b_2^* und b_2 hervor.

um den Faktor 1,50mal stärker als die steil verlaufenden ISO-Nutzenkurven für R_2.[392]

Für das angeführte Beispiel können hieraus die folgenden Schlüsse gezogen werden:

1. Der Anstieg der ISO-Nutzenkurven auf der vertikalen Achse der Entscheidungsmatrix ist größer als der auf der horizontalen Achse:

$$\boxed{Fak_d > Fak_i}$$

2. Wenn dem so ist, dann ist den flach verlaufenden ISO-Nutzenkurven gegenüber den steil verlaufenden ISO-Nutzenkurven mehr Gewicht beizumessen, da sie im Zeitverlauf stärker steigen. Dies ist gleichbedeutend mit der Aussage, dass – in diesem Fall – die ISO-Nutzenkurven der Unternehmungsleiter-Sicht denen der Abteilungsleiter-Sicht vorzuziehen sind:

$$\boxed{I_{UL} \succ I_{Abt.L}}$$

3. Wenn die flach verlaufenden ISO-Nutzenkurven hier die entscheidungsrelevanten Kurven darstellen, dann ist die Realisierungsalternative R_2 gegenüber der Realisierungsalternative R_1 zu präferieren.[393] R_2 stiftet der Unternehmung im Zeitverlauf den größeren Nutzen und sollte gewählt werden:

$$\boxed{R_2 \succ R_1}$$

Die Konzeption der integrierten Nutzenanalyse zur differenzierenden Auswahl von Realisierungsalternativen findet somit für den Quadrant I der Entscheidungsmatrix ihren Abschluss. Eine Realisierungsalternative kann auf Grund des kumulierten Ausprägungen des Nutzens, welche auf Basis der Nutzungsdauer derselben bestimmt werden, einer konkurrierenden Alternative vorgezogen werden. Im gewählten

392 Ausgehend von Abbildung 5-16 wird bei der Berechnung des Faktors (Fak_i) von dem weiter rechts liegenden Nutzenniveau für R_1 $\left(U_{i_{F80\%}}^{R_1^{ND_nJahre}}\right)$ ausgegangen. Der Anstieg der ISO-Nutzenkurven geht aus dem Verhältnis der Strecken a_2^* zu a_2 hervor.

393 Vgl. auch die Ausführungen zu Beginn dieses Kapitels i.V.m. Abschnitt 5.7.2.1.

Beispiel kann die Realisierungsalternative R_2 gegenüber R_1 präferiert werden, da sie – unter Berücksichtigung der getroffenen Annahmen – der Unternehmung im Zeitverlauf den größeren Nutzen stiftet.

Ist eine der gewählten Dimensionen U_d und/oder U_i jedoch negativ, fallen die Nutzenniveaus der Realisierungsalternativen in die Quadranten II, III oder IV. [394] Die Konzeption der integrierten Nutzenanalyse ist entsprechend zu modifizieren. Beispielhaft werden im Folgenden zwei Realisierungsalternativen, deren Nutzenniveaus dem Quadrant IV zuzuordnen sind, modelliert und zielentsprechend analysiert.

Ausgehend von einer Flexibilität von $F_{100\%}$ wird für die Realisierungsalternative R_1 ein direkter Nutzen von $(U_d = -280)$ im 1. Jahr der Nutzung unterstellt. Die quantitative Dimension der integrierten Nutzenanalyse führt demnach zu einem fortwährenden monetären Verlust für die Unternehmung. Die zweite Untersuchungsdimension erweist sich hingegen als vorteilhaft für die Unternehmung und beträgt im Analysezeitpunkt $t = t_0$ $(U_i = 1{,}12)$. Durch die Auswahl der Realisierungsalternative R_1 kann demnach ein jährliches Wachstum in Höhe von 12% in der Dimension U_i erzielt werden. Die Abwertung dieser Nutzenausprägungen erfolgt im gewählten Beispiel durch eine Flexibilität in Höhe von $F_{88\%}$.

Für die konkurrierende Realisierungsalternative R_2 wird bestimmt, dass sie sowohl zu einem höheren quantitativen Aufwand, als auch zu einer geringeren qualitativen Wertschöpfung führen soll. Für $F_{100\%}$ wird der direkte Nutzen mit $(U_d = -300)$ und der indirekte Nutzen mit $(U_i = 1{,}10)$ definiert. Zudem liegt der Grad der Flexibilität mit $F_{77\%}$ unterhalb dessen von R_1.

---

394 Die Problematik, dass die Nutzenniveaus von zwei konkurrierenden Realisierungsalternativen in unterschiedliche Quadranten der Entscheidungsmatrix fallen, wird an dieser Stelle nicht thematisiert.

Aus dem reinen Zahlenmaterial geht bereits hervor, dass R_2 von R_1 dominiert wird, da $\left(U_d^{R_1} \succ U_d^{R_1}\right) \wedge \left(U_i^{R_1} \succ U_i^{R_1}\right) \wedge \left(F^{R_1} \succ F^{R_2}\right)$ ist und damit $\left(R_1 \succ R_2\right)$ gelten muss. Die Anwendung der integrierten Nutzenanalyse bestätigt diesen kausalen Zusammenhang unter Berücksichtigung der Nutzungsdauer der Realisierungsalternativen. Im Beispiel werden erneut die Werte für die ersten 5 Jahre bestimmt.

ND	**Realisierungsalternative R_1**				**Realisierungsalternative R_2**			
	U_d		**U_i**		**U_d**		**U_i**	
	$F_{100\%}$	**$F_{88\%}$**	**$F_{100\%}$**	**$F_{88\%}$**	**$F_{100\%}$**	**$F_{77\%}$**	**$F_{100\%}$**	**$F_{77\%}$**
Start	0		1,00		0		1,00	
1. Jahr	-280	-314	1,12	1,11	-300	-369	1,10	1,08
2. Jahr	-560	-665	1,24	1,20	-600	-823	1,20	1,14
3. Jahr	-840	-1.058	1,36	1,28	-900	-1.381	1,30	1,18
4. Jahr	-1.120	-1.499	1,48	1,35	-1.200	-2.068	1,40	1,22
5. Jahr	-1.400	-1.992	1,60	1,42	-1.500	-2.912	1,50	1,24

Tab. 5-13: Kumulierte Nutzenniveaus von zwei Realisierungsalternativen in Quadrant IV nach n Jahren

Aus Tabelle 5-13 gehen die kumulierten Werte für das jeweilige Nutzenniveau der Realisierungsalternativen R_1 und R_2 hervor. Entsprechend den Ausführungen des Abschnitts 5.7.2.2.2 und der hier aufgestellten Gleichungen führt die Negierung einer Untersuchungsdimension zu einem überproportionalen Anstieg dieser Dimension.[395] Die aggregrierte Darstellung der Nutzenniveaus in Abbildung 5-19 führt entsprechend zu einem konkaven Kurvenverlauf für R_1 und R_2:

395 Im vorliegenden Beispiel findet die Gleichung (2): $U_d^{R_i^{n Jahre}} = U_d^{F_{100\%}^{1 Jahr}} \cdot \sum_{t=1}^{n} \left[1 + \left(1 - F_{x\%}\right)\right]^t$ Anwendung

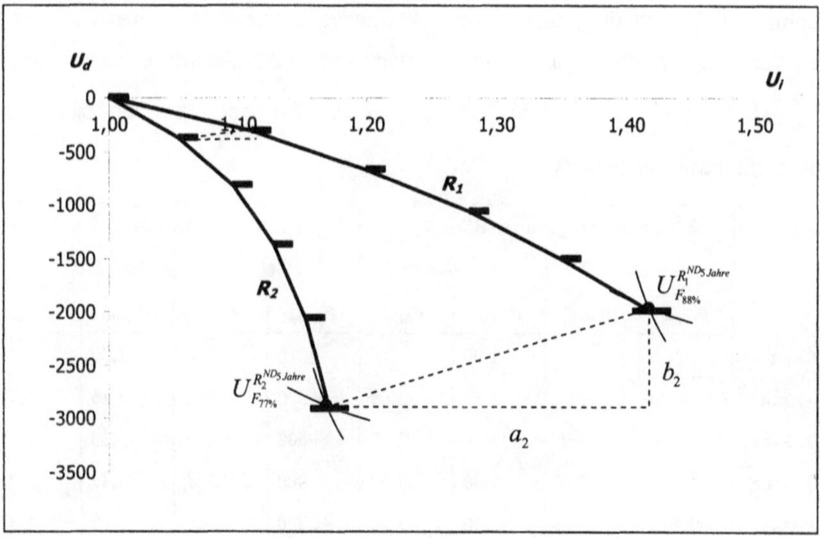

Abb. 5-19: Vergleichende Bewertung von zwei Realisierungsalternativen in Quadrant IV im Zeitverlauf

Aus vorstehender Abbildung 5-19 gehen die Ausprägungen des Nutzens der Realisierungsalternativen R_1 und R_2 nach einer Nutzungsdauer von $n=5$ Jahren hervor. Entsprechend dem bisherigen Vorgehen sind sowohl die ISO-Nutzenkurven der Unternehmungsleiter-Sicht und der Abteilungsleiter-Sicht als auch die zur Berechnung ihres Anstieges notwendigen Stecken (a_x) und (b_x) eingezeichnet. Bereits ohne die weiterführende Anwendung der integrierten Nutzenanalyse geht aus Abbildung 5-19 hervor, dass die Realisierungsalternative R_1 die Alternative R_2 zu jedem Zeitpunkt dominiert. Das Nutzenniveau (U) von R_1 liegt stets rechts/oben von dem für R_2. Die definierten Präferenzen der Unternehmungsleitung und der Abteilungsleitung führen beide zu der Auswahl von R_1. Das Ergebnis stimmt mit der zuvor aufgestellten Kausalkette überein.

Nunmehr stellt sich die Frage, welche Alternative auszuwählen wäre, wenn keine Realisierungsalternative die andere dominiert. Beispielsweise soll gelten: $\left(U_d^{R_1} \succ U_d^{R_1}\right) \wedge \left(U_i^{R_1} \prec U_i^{R_1}\right) \wedge \left(F^{R_1} \succ F^{R_2}\right)$. Das nachfolgende Zahlenbeispiel veranschaulicht diese Problematik.

ND	**Realisierungsalternative R_1**				**Realisierungsalternative R_2**			
	U_d		**U_i**		**U_d**		**U_i**	
	$F_{100\%}$	**$F_{88\%}$**	**$F_{100\%}$**	**$F_{88\%}$**	**$F_{100\%}$**	**$F_{77\%}$**	**$F_{100\%}$**	**$F_{77\%}$**
Start	0		1,00		0		1,00	
1. Jahr	-280	-314	1,10	1,09	-300	-369	1,15	1,12
2. Jahr	-560	-665	1,20	1,17	-600	-823	1,30	1,20
3. Jahr	-840	-1.058	1,30	1,23	-900	-1.381	1,45	1,27
4. Jahr	-1.120	-1.499	1,40	1,29	-1.200	-2.068	1,60	1,33
5. Jahr	-1.400	-1.992	1,50	1,35	-1.500	-2.912	1,75	1,37

Tab. 5-14: Sonderfall kumulierter Nutzenniveaus

Aus Tabelle 5-14 geht einerseits hervor, dass die Realisierungsalternative R_1 die Alternative R_2 in der Untersuchungsdimension U_d dominiert, andererseits jedoch in der Dimension U_i dominiert wird. Zudem geht aus dem Zahlenmaterial – insbesondere aus der graphischen Darstellungsform – hervor, dass sich die Nutzenniveaus der beiden Realisierungsalternativen zwischen dem 2. und 3. Jahr der Nutzung schneiden.

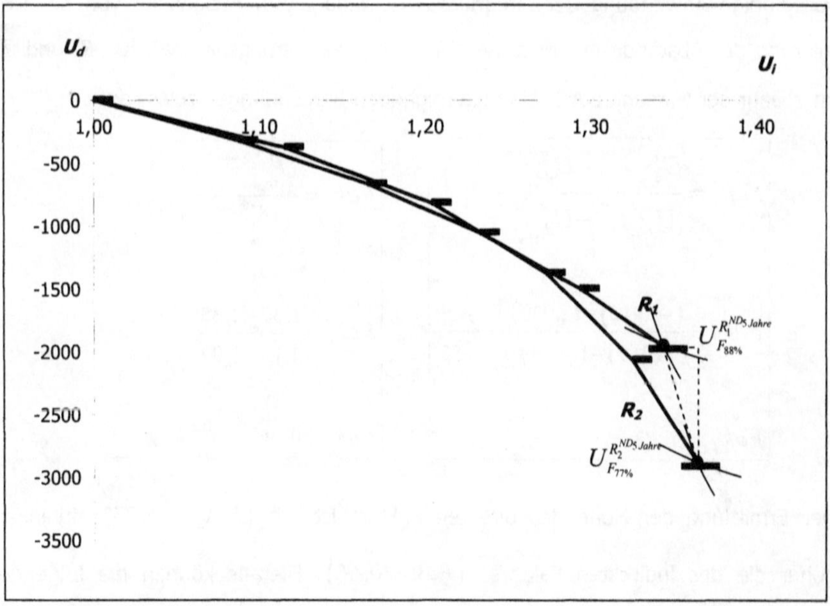

Abb. 5-20: Sonderfall sich schneidender Nutzenniveaus in Quadrant IV im Zeitverlauf

Die hier dargestellt Problematik basiert auf den obigen Ausführungen, dass Kurvenverläufe mit einer geringen Flexibilität stärker gekrümmt sind, als jene mit einer höheren Flexibilität.[396] Die geringe Flexibilität einer Realisierungsalternative bedingt einen zusätzlichen Aufwand für die Unternehmung. Dieser zusätzliche Aufwand steigt jährlich und führt schließlich zu einer steilen verlaufenden bzw. stark gekrümmten Kurve. Liegt das Nutzenniveau einer Realisierungsalternative im 1. Jahr der Nutzung nunmehr oberhalb der konkurrierenden, führt dies zu einem Überschneiden der beiden Kurven nach einer Nutzungsdauer von n Jahren.

Die Aufstellung einer kardinalen Rangordnung der Alternativen bedingt somit in dieser Datenkonstellation – abweichend von der vorstehenden Problemstellung – die

396 Vgl. die Ausführungen zu Abbildung 5-16.

vollständige Anwendung der integrierten Nutzenanalyse. Ausgehend von der Normierung der Abstände der Nutzenniveaus der Realisierungsalternativen R_1 und R_2 im 1. Jahr der Nutzung auf 1, sind die folgenden Berechnungen zulässig:

$$Fak_d = \frac{U_{d_{F77\%}}^{R_2^{ND5\,Jahre}} - U_{d_{F88\%}}^{R_1^{ND5\,Jahre}}}{U_{d_{F77\%}}^{R_2^{ND1\,Jahr}} - U_{d_{F88\%}}^{R_1^{ND1\,Jahr}}}$$

$$Fak_d = \frac{(-2.912)-(1.922)}{(-369)-(-314)} = \frac{-920}{-55}$$

$$Fak_d = 16,73$$

$$Fak_i = \frac{U_{i_{F88\%}}^{R_1^{ND5\,Jahre}} - U_{i_{F77\%}}^{R_2^{ND5\,Jahre}}}{U_{i_{F88\%}}^{R_1^{ND1\,Jahr}} - U_{i_{F77\%}}^{R_2^{ND1\,Jahr}}}$$

$$Fak_i = \frac{1,37-1,35}{1,12-1,09} = \frac{0,02}{0,03}$$

$$Fak_i = 0,66$$

Der Ermittlung der Höhe des direkten Faktors ist mit $(Fak_d = 16,73)$ signifikant höher die des indirekten Faktors: $(Fak_i = 0,66)$. Hieraus können die folgenden Schlüsse gezogen werden:

1. Der negative Anstieg der ISO-Nutzenkurven auf der vertikalen Achse ist nach $n = 5$ Jahren größer als der auf der horizontalen Achse:

$$Fak_d > Fak_i$$

2. Wenn dem so ist, dann ist den flach verlaufenden ISO-Nutzenkurven gegenüber den steil verlaufenden ISO-Nutzenkurven mehr Gewicht beizumessen, da im Zeitverlauf der negative Nutzenzuwachs auf der Ordinate höher zu bewerten ist, als der positive Zuwachs auf der Abszisse. Dies ist gleichbedeutend mit der Aussage, dass hier die ISO-Nutzenkurven der Unternehmungsleiter-Sicht denen der Abteilungsleiter-Sicht vorzuziehen sind:

$$I_{UL} \succ I_{Abt.L}$$

3. Wenn die flach verlaufenden ISO-Nutzenkurven die entscheidungsrelevanten Kurven darstellen, dann ist R_1 gegenüber R_2 zu präferieren. R_1 stiftet der

Unternehmung bei dieser Datenkonstellation im Zeitverlauf den insgesamt größeren Nutzen und sollte daher gewählt werden:

$$\boxed{R_1 \succ R_2}$$

Dieses Ergebnis ist sachlogisch nachvollziehbar. Die im Vergleich geringe Flexibilität der Alternative R_2 in Höhe von $F_{77\%}$ bedingt einen überproportional großen Verlust in der Untersuchungsdimension (U_d), der durch die verhältnismäßig geringen Zuwachsraten in der Dimension (U_i) langfristig nicht kompensiert werden können. Hieraus ist zu folgern, dass die zu Grunde liegende Nutzungsdauer (ND) der Realisierungsalternativen zum entscheidenden Einflussfaktor der integrierten Nutzenanalyse avanciert. Eine Unternehmung die im Sinne von Porter die „Technologische Führerschaft" anstrebt und – hieraus abgeleitet – einen eher kurzen Lifecycle der eingesetzten Technologie anstrebt, würde hingegen R_2 gegenüber R_1 präferieren: $(R_2 \succ R_1)$.[397] Eine Unternehmung mit der Zielsetzung der „Technologischen Gefolgschaft" käme hingegen zu hiervon abweichenden Ergebnisse und würde die Rangfolge der Realisierungsalternativen entsprechend der obigen Ausführungen aufstellen.

Der sich anschließende Abschnitt 5.7.3 überträgt die erarbeitete Analyse auf den „Drei-Alternativen-Fall", da in der betrieblichen Praxis unter Umständen eine weitere Realisierungsalternative bewertet werden muss. Aus Gründen der Übersichtlichkeit beschränken sich die nachfolgenden Ausführungen jedoch auf Realisierungsalternativen, deren Nutzenniveau in den Quadrant I der Entscheidungsmatrix fallen. Gleichwohl finden die vorstehenden Ausführungen auch auf den „Drei-Alternativen-Fall" Anwendung. Die wissenschaftliche Vollständigkeit gebietet zudem die Evaluierung der Ergebnisse im „m-Alternativen-Fall". Dies geschieht im Anschluss an den folgenden Abschnitt.

[397] Vgl. die Ausführungen zu Porter bzw. Porter/Miller in Abschnitt 4.2.2.

5.7.3 Entscheidungsfindung im „Drei-Alternativen-Fall"

Der Abschnitt 5.7.3 untergliedert sich in zwei Bereiche. Abschnitt 5.7.3.1 beschreibt die vergleichende Bewertung des „Drei-Alternativen-Falls". Anschließend wird aus den Realisierungsalternativen diejenige, die der Unternehmung den größten Nutzen stiftet, ausgewählt (Abschnitt 5.7.3.2). Die Analyse erfolgt in Anlehnung an die Ausführungen des vorherigen Abschnittes 5.7.2.

5.7.3.1 Vergleichende Bewertung im Zeitverlauf

Zur Erläuterung der Entscheidungsfindung im „Drei-Alternativen-Fall" werden die Realisierungsalternativen R_1, R_2 und R_3 einander gegenüber gestellt. Ziel ist es erneut, dem Entscheider eine Hilfestellung zur differenzierenden Auswahl einer Realisierungsalternative zu geben. Diejenige Realisierungsalternative, die der Unternehmung nach $n = 5$ Jahren den größten Nutzen stiftet, soll bestimmt werden. Die Flexibilität wird annahmegemäß für R_1 mit $F_{80\%}$, für R_2 mit $F_{75\%}$ und für R_3 mit $F_{90\%}$ bestimmt.

Den Ausgangpunkt der Analyse stellen die Nutzenniveaus bei $F_{100\%}$ der jeweiligen Realisierungsalternative nach dem 1. Jahr der Nutzung dar. Im Beispiel werden die folgenden Werte angenommen:

- R_1: $U_d = 250$; $U_i = 1{,}20$
- R_2: $U_d = 320$; $U_i = 1{,}16$
- R_3: $U_d = 350$; $U_i = 1{,}07$

Keine Realisierungsalternative kann den anderen beiden Alternativen eindeutig vorgezogen werden. Zur Entscheidungsfindung sind daher die kumulierten Nutzenniveaus der Realisierungsalternativen einander gegenüber zu stellen.

Auf Grundlage der gegebenen Parameter und der entwickelten Formeln zur Berechnung des Nutzens nach n Jahren: $U_d^{R_i^{nJahre}} = U_d^{F_{100\%}^{1Jahr}} \cdot \sum_{t=1}^{n} (F_{x\%})^t$ bzw. $U_i^{R_i^{nJahre}} = 1 + \left(U_i^{F_{100\%}^{1Jahr}} - 1\right) \cdot \sum_{t=1}^{n} (F_{x\%})^t$ sind die folgenden Reihen aufzustellen:[398]

ND	**Realisierungsalt. R_1**				**Realisierungsalt. R_2**				**Realisierungsalt. R_3**			
	U_d		**U_i**		**U_d**		**U_i**		**U_d**		**U_i**	
	$F_{100\%}$	**$F_{80\%}$**	**$F_{100\%}$**	**$F_{80\%}$**	**$F_{100\%}$**	**$F_{75\%}$**	**$F_{100\%}$**	**$F_{75\%}$**	**$F_{100\%}$**	**$F_{90\%}$**	**$F_{100\%}$**	**$F_{90\%}$**
Start	0		1,00		0		1,00		0		0	
1. Jahr	250	200	1,20	1,16	320	240	1,16	1,12	350	315	1,07	1,06
2. Jahr	500	360	1,40	1,29	640	420	1,32	1,21	700	599	1,14	1,12
3. Jahr	750	488	1,60	1,39	960	555	1,48	1,28	1.050	854	1,21	1,17
4. Jahr	1.000	590	1,80	1,47	1.280	656	1,64	1,33	1.400	1.083	1,28	1,22
5. Jahr	1.250	672	2,00	1,54	1.600	732	1,80	1,37	1.750	1.290	1,35	1,26

Tab. 5-15: Kumulierte Nutzenniveaus von drei Realisierungsalternativen nach n Jahren

Aus Tabelle 5-15 gehen die Werte des direkten Nutzens und des indirekten Nutzens der Realisierungsalternativen R_1, R_2 und R_3 hervor. Beispielhaft werden sie bis zum 5. Jahr der Nutzung errechnet. Ergänzend wird der Grenznutzen nach n Jahren Nutzungsdauer angeführt. Aus vorstehenden Ausführungen ist zu entnehmen, dass dieser Grenznutzen bei $F_{100\%}$ mit gleich bleibenden Zuwachsraten wächst. Nur für die Fälle $F_{x\%}$ mit $(x < 100\%)$ sinken diese Werte.

Auf Basis dieser kumulierten Nutzenniveaus erfolgt im folgenden Abschnitt 5.7.3.2 die Auswahl derjenigen Realisierungsalternative, die der Unternehmung im Zeitverlauf den größten Nutzen stiftet.

398 Vgl. Abschnitt 5.7.2.2.2.

5.7.3.2 Differenzierende Auswahl einer Realisierungsalternative nach n Jahren

Die differenzierende Auswahl einer Realisierungsalternative nach n Jahren im „Drei-Alternativen-Fall" erfordert in Analogie zur Auswahl einer Realisierungsalternative im „Zwei-Alternativen-Fall" die Aufstellung von Verhältniszahlen. Die Verläufe der ISO-Nutzenkurven wurden bereits begründet, so dass an dieser Stelle auf die entsprechenden Ausführungen verwiesen wird.[399] Die Analyse zur differenzierenden Auswahl einer Realisierungsalternative basiert wiederum auf denselben Annahmen wie die Analyse des Abschnitts 5.7.2.

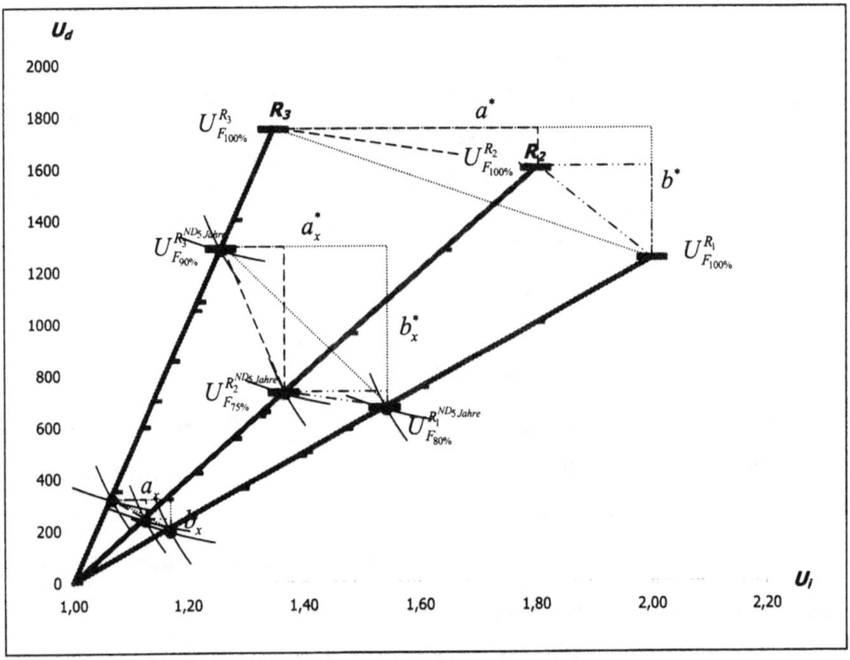

Abb. 5-21: Vergleichende Bewertung von drei Realisierungsalternativen im Zeitverlauf

In vorstehender Abbildung 5-21 werden die drei Realisierungsalternativen R_1, R_2 und R_3 in der Entscheidungsmatrix dargestellt. Alle drei Alternativen befinden sich in Quadrant I, so dass die grundsätzliche Schlussfolgerung zulässig ist, dass jede

399 Vgl. insbesondere Abschnitt 5.7.1.

Realisierungsalternative für die Unternehmung wertschöpfend ist. Zur Beantwortung der Fragestellung, welche Alternative der Unternehmung den größten Nutzen stiftet, sind die Alternativen paarweise zu analysieren:

- Vergleich von R_3 mit R_2:

$$Fak_d^{R_3 \leftrightarrow R_2} = \frac{U_{d_{F90\%}}^{R_3^{ND5\,Jahre}} - U_{d_{F75\%}}^{R_2^{ND5\,Jahre}}}{U_{d_{F90\%}}^{R_3^{ND1\,Jahr}} - U_{d_{F75\%}}^{R_2^{ND1\,Jahr}}} = \frac{1.290 - 732}{315 - 240} = 7,44$$

$$Fak_i^{R_2 \leftrightarrow R_3} = \frac{U_{i_{F75\%}}^{R_2^{ND5\,Jahre}} - U_{i_{F90\%}}^{R_3^{ND5\,Jahre}}}{U_{i_{F75\%}}^{R_2^{ND1\,Jahr}} - U_{i_{F90\%}}^{R_3^{ND1\,Jahr}}} = \frac{1,37 - 1,26}{1,12 - 1,06} = 1,83$$

$$\Rightarrow Fak_d > Fak_i$$
$$\Rightarrow I_{UL} \succ I_{Abt.L}$$
$$\Rightarrow R_3 \succ R_2$$

- Vergleich von R_3 mit R_1:

$$Fak_d^{R_3 \leftrightarrow R_1} = \frac{U_{d_{F90\%}}^{R_3^{ND5\,Jahre}} - U_{d_{F80\%}}^{R_1^{ND5\,Jahre}}}{U_{d_{F90\%}}^{R_3^{ND1\,Jahr}} - U_{d_{F80\%}}^{R_1^{ND1\,Jahr}}} = \frac{1.290 - 672}{315 - 200} = 5,37$$

$$Fak_i^{R_1 \leftrightarrow R_3} = \frac{U_{i_{F80\%}}^{R_1^{ND5\,Jahre}} - U_{i_{F90\%}}^{R_3^{ND5\,Jahre}}}{U_{i_{F80\%}}^{R_1^{ND1\,Jahr}} - U_{i_{F90\%}}^{R_3^{ND1\,Jahr}}} = \frac{1,54 - 1,26}{1,16 - 1,06} = 2,80$$

$$\Rightarrow Fak_d > Fak_i$$
$$\Rightarrow I_{UL} \succ I_{Abt.L}$$
$$\Rightarrow R_3 \succ R_1$$

- Vergleich von R_2 mit R_1:

$$Fak_d^{R_2 \leftrightarrow R_1} = \frac{U_{d_{F75\%}}^{R_2^{ND5\,Jahre}} - U_{d_{F80\%}}^{R_1^{ND5\,Jahre}}}{U_{d_{F75\%}}^{R_2^{ND1\,Jahr}} - U_{d_{F80\%}}^{R_1^{ND1\,Jahr}}} = \frac{732-672}{240-200} = 1,50$$

$$Fak_i^{R_1 \leftrightarrow R_2} = \frac{U_{i_{F80\%}}^{R_1^{ND5\,Jahre}} - U_{i_{F75\%}}^{R_2^{ND5\,Jahre}}}{U_{i_{F80\%}}^{R_1^{ND1\,Jahr}} - U_{i_{F75\%}}^{R_2^{ND1\,Jahr}}} = \frac{1,54 - 1,37}{1,16 - 1,12} = 4,25$$

$$\Rightarrow Fak_i > Fak_d$$
$$\Rightarrow I_{Abt.L} \succ I_{UL}$$
$$\Rightarrow R_1 \succ R_2$$

$$\Leftrightarrow R_3 \succ R_1 \succ R_2$$

Für jede Realisierungsalternative ist zunächst das Nutzenniveau für $F_{100\%}$ abzutragen. Aus den Ausführungen des vorherigen Abschnittes geht hervor, dass die ISO-Nutzenkurven in diesem Fall stets im gleichen Verhältnis zueinander stehen. Dieses Verhältnis entspricht der Nutzungsdauer und beträgt demnach erneut 5. Werden nunmehr die Nutzenausprägungen für den Fall $F_{x\%}$ mit $(x < 100\%)$ analysiert, können die entscheidungsrelevanten Verhältniszahlen aufgestellt werden. In der rechten Spalte werden – in Analogie zum Abschnitt 5.7.2.2.4 – die jeweils zulässigen Schlussfolgerungen aus den paarweisen Vergleichen dargestellt:

Aus dem ersten Vergleich R_3 mit R_2 kann folgert werden, dass R_3 gegenüber R_2 zu präferieren ist. Die flach verlaufenden ISO-Nutzenkurven steigen für R_3 um den Faktor 7,44 stärker als dieselben Kurven für R_2, wohingegen die steil verlaufenden ISO-Nutzenkurven von R_2 um den Faktor 1,83 stärker steigen als die steil verlaufenden Kurven für R_3. Da der Faktor $Fak_d = 7{,}44$ größer ist als der Faktor $Fak_i = 1{,}83$, wird den ISO-Nutzenkurven der Unternehmungsleitung – entsprechend der Konzeption der integrierten Nutzenanalyse – ein größeres Gewicht beigemessen: $I_{UL} \succ I_{Abt.L}$. Das höchste Nutzenniveau, das unter Berücksichtigung der I_{UL}-Kurven erreicht werden kann, wird durch die Realisierungsalternative R_3 abgebildet. Der direkte Vergleich zwischen den beiden Alternativen führt also zur Auswahl von R_3.

Adäquat erfolgen die paarweisen Vergleiche zwischen R_3 und R_1 bzw. R_2 und R_1. Der Vergleich R_3 mit R_1 führt erneut zu der Bevorzugung der Realisierungsalternative R_3: $R_3 \succ R_1$, wohingegen R_1 auf Grund des letzten Vergleiches R_2 versus R_1 gegenüber R_2 zu präferieren ist: $R_1 \succ R_2$.

Werden die Ergebnisse einander gegenüber gestellt, so ist die Rangfolge:

$$\boxed{R_3 \succ R_1 \succ R_2}$$

aufzustellen.[400] Die Konzeption der integrierten Nutzenanalyse führt also zu der Auswahl der Realisierungsalternative R_3.

Somit ist auch die Fragestellung des „Drei-Alternativen-Falls" gelöst. Die weitere Evaluierung der integrierten Nutzenanalyse zur differenzierenden Auswahl einer Realisierungsalternative bedarf schließlich ihrer Übertragung auf den „m-Alternativen-Fall". Die Ausführungen des folgenden Abschnitts widmen sich dieser abschließenden Problemstellung.

5.7.4 Entscheidungsfindung im „m-Alternativen-Fall"

Die integrierte Nutzenanalyse zur differenzierenden Auswahl von Realisierungsalternativen ist so konzeptioniert, dass die Bewertung von Alternativen immer paarweise erfolgt. Bei der Durchführung eines sukzessiven Vergleichs von m-Alternativen ist es jedoch theoretisch möglich, dass durch die Kombination der Präferenzen ein Zyklus entsteht: $R_x \succ R_y \succ R_z \succ R_x$. Ein grundsätzlich vergleichbarer Zyklus wird in der Literatur auch als Arrow-Paradoxon bezeichnet. Die Aufstellung einer eindeutigen kardinalen Rangordnung wäre demnach nicht möglicht.[401] Infolge der getroffenen Transitivitätsannahme wurde die Möglichkeit des Auftretens des Arrow-Paradoxon in der Konzeption der integrierten Nutzenanalyse insofern ausgeschlossen, dass diese Problematik kein Untersuchungsgegenstand der vorliegenden Arbeit darstellt.[402] Auf Grund des paarweisen Vergleiches und der normativen Postulate der Vollständigkeit und der Transitivität kann die integrierte Nutzenanalyse – ausgehend vom „Zwei-Alternativen-Fall" und dem „Drei-Alter-nativen-Fall" – somit auf den „m-Alternativen-Fall" übertragen werden. Der „m-Alternativen-Fall" bezeichnet eine theoretisch unendlich große Menge an Alternativen, die in eine kardinale Rangordnung gebracht werden können. Hierbei handelt es sich jedoch um eine rein hypothetische Aussage.

400 Zur Aufstellung dieser Präferenzordnung vgl. die Ausführungen zur „Transitivität" zu Beginn des Kapitels 5 i.V.m. den Ausführungen von Bamberg und Coenenberg zur „Präferenz-unabhängigkeit". Vgl. Bamberg/Coenenberg (2004), S. 48 ff.

401 Vgl. Arrow (1951); Blankart (2003), S. 110 ff. i.V.m. Black (1958) und Kramer (1973), S. 285 ff.

402 Vgl. die Ausführungen zu Beginn des Kapitels 5.

Der praktische Aufwand zur Bewertung von m Alternativen wäre in der Ausführung der Analyse unverhältnismäßig groß. Selbst der Vergleich von vier, fünf oder sechs Alternativen ließe die Komplexität und den hiermit verbundenen Aufwand überproportional stark steigen. Zudem erfordert die betriebliche Praxis eine solche Auswahl nicht, da zumeist eine Entscheidung zwischen nur wenigen Realisierungsalternativen getroffen wird.

Mit diesen Ausführungen ist die Konzeption der integrierten Nutzenanalyse zur differenzierenden Auswahl von Realisierungsalternativen abgeschlossen. Im folgenden Abschnitt 5.8 werden die erzielten Ergebnisse noch einmal zusammenfassend dargestellt.

5.8 Zusammenfassung zur Konzeption der integrierten Nutzenanalyse

In den vorstehenden Kapiteln wurde die Nutzenanalyse als essenzieller Forschungsbereich des IT-Controlling in den Mittelpunkt der Diskussion gerückt. Dabei wurden zunächst ausgewählte etablierte Verfahren der Wirtschaftswissenschaft zur Bestimmung des Nutzens angeführt und im vorliegenden Kapitel 5 in einem ganzheitlichen Ansatz integriert. Diese integrierte Nutzenanalyse ermöglicht die differenzierende Auswahl einer Realisierungsalternative in computergestützten Informationssystemen aus mehreren Möglichkeiten im Sinne einer Kardinalskala.

Ein wesentliches Element der integrierten Nutzenanalyse stellt das Magische Dreieck dar. Die Faktoren Kosten, Zeit und Qualität gewährleisten die Vollständigkeit der Analyse. Die Übertragung dieser Faktoren auf die Bestandteile Projekt und Prozesse der Realisierungsalternative sowie ihre Anpassung an deren spezielle Bedarfe erweist sich zugleich als notwendig und wertschöpfend für die Konzeption der Analyse. Sowohl das Projekt selbst als auch die hieraus resultierende prozessuale Neuausrichtung des Untersuchungsgegenstandes können mit diesen Faktoren bewertet werden. Das gewählte Vorgehen ermöglicht die spätere Zusammenführung der erzielten Ergebnisse für die Bedarfe der Analyse einer vollständigen Realisierungsalternative.

Die integrierte Nutzenanalyse gewährleistet hierbei die Bewertung quantitativer, gegebenenfalls monetärer und qualitativer, nicht monetärer Parameter. Diese umfassende Bewertung führt zu der Differenzierung des Nutzens in die Dimensionen „Direkter Nutzen" und „Indirekter Nutzen". Beide Bestandteile stellen gemeinsam das Nutzenniveau einer Realisierungsalternative dar.

Die Nutzenniveaus mehrerer Realisierungsalternativen werden zur differenzierenden Auswahl in einer Entscheidungsmatrix einander gegenüber gestellt. Die Auswahl derjenigen Alternative, die der Unternehmung im Zeitverlauf den größten Nutzen stiftet, wird durch sichtenspezifische ISO-Nutzenkurven ermöglicht. Diese ISO-Nutzenkurven gehen auf die Indifferenzkurven der mikroökonomischen Volkswirtschaftslehre zurück und erweisen sich als flexibles, die individuellen Präferenzen eines imaginären Entscheiders berücksichtigendes Werkzeug zur Aufstellung einer Rangfolge der Realisierungsalternativen. Die Auswahl wird durch die Erweiterung des Magischen Dreiecks um den Faktor Flexibilität unterstützt. Es wurde belegt, dass die Flexibilität im verwendeten Sinne in Relation zu dem Faktor Zeit steht. Auf dieser Basis können die Nutzenniveaus von Realisierungsalternativen im Zeitverlauf analysiert und a Priori ausgewählt werden. Hierbei ermöglicht die integrierte Nutzenanalyse die Bewertung von m verschiedenen Alternativen.

Mit der Konzeption der integrierten Nutzenanalyse zur differenzierenden Auswahl von Realisierungsalternativen wurde somit eine neue, noch nicht in diesem Kontext diskutierte Methode zur Unterstützung der Entscheidungsfindung für Investitionsvorhaben in computergestützte Informationssysteme entwickelt. Der sich unmittelbar anschließende Arbeitsschritt stellt die Übertragung der integrierten Nutzenanalyse auf den praktischen Anwendungsfall dar. Dies erfolgt im nachstehenden Kapitel 6. Als Untersuchungsgegenstand dient die prozessuale Neuausrichtung der Segmentberichterstattung im Rechnungswesen.

6 Anwendung der integrierten Nutzenanalyse auf die prozessuale Neuausrichtung der Segmentberichterstattung im Rechnungswesen

Die im vorstehenden Kapitel 5 entwickelte integrierte Nutzenanalyse wird nunmehr entsprechend der in Abschnitt 1.3 definierten Erwartungshaltung auf den praktischen Anwendungsfall übertragen.[403] In der vorliegenden Arbeit erfolgt die Transformation auf die prozessuale Neuausrichtung der Segmentberichterstattung im Rechnungswesen.[404] Hierzu werden im folgenden Abschnitt 6.1 zunächst die rechtlichen Rahmenbedingungen der Segmentberichterstattung als initiierendes Ereignis zur Aufstellung segmentierter Daten im Rechnungswesen erarbeitet. Zur Abbildung der hieraus resultierenden prozessualen Neuausrichtung des Rechnungswesens werden im anschließenden Abschnitt 6.2 geeignete Instrumente zur Modellierung der zu analysierenden Prozesslandschaft angeführt und im Kontext der Bedarfe dieser Arbeit evaluiert. Ziel ist die Auswahl eines Instrumentariums, welches die prozessuale Neuausrichtung in geeigneter Form unterstützt.[405] Auf dieser Grundlage erfolgt im Abschnitt 6.3 die prozessuale Neuausrichtung des Rechnungswesens zur Erfüllung der Anforderungen der Segmentberichterstattung. Als praktischer Anwendungsfall dient die Abteilung Rechnungswesen der Unternehmung XY GmbH.

In Abschnitt 6.4 erfolgt schließlich die Anwendung der integrierten Nutzenanalyse. Die Grundlage der Untersuchung stellen die Ergebnisse des vorherigen Abschnitts 6.3 dar. Die Erhebung und die Auswertung der Daten erfolgt in Anlehnung an die Ausführungen des Kapitels 5. Ziel dieses Abschnittes ist es, differenzierende Aussagen bzgl. der Vorteilhaftigkeit der konkurrierenden Realisierungsalternativen R_i für den konkreten Anwendungsfall treffen zu können. Abschließend werden in Abschnitt 6.5 die erzielten Ergebnisse des Kapitels 6 kurz und prägnant zusammengefasst.

---

403 Zur Übertragung von Methoden zur Bestimmung des Nutzens vgl. Walter/Spitta (2004), S. 178.
404 Vgl. Busse von Colbe/Pellens (1998), S. 599.
405 Vgl. auch: Dern (2003), S. 131 ff.

6.1 Die Segmentberichterstattung als initiierendes Rechnungslegungsinstrument der prozessualen Neuausrichtung des Rechnungswesens

Im internationalen Vergleich stellen sich die Vorschriften zur Rechnungslegung[406] äußerst unterschiedlich dar.[407] Um widersprüchliche Aussagen zu vermeiden, wird eine Vereinheitlichung der zum Teil stark divergenten Rechnungslegungsvorschriften angestrebt.[408] Die Angleichung des dieser Arbeit zu Grunde liegenden Rechnungslegungsinstruments, der Segmentberichterstattung[409], nahm mehrere Jahrzehnte in Anspruch. Die Qualität derselben war lange Zeit so unterschiedlich, dass Vergleiche zu Art und Umfang der zu veröffentlichenden Kennzahlen kaum getroffen werden konnten.[410] Es dauerte bis zum Jahr 1976, bevor das US-amerikanische Financial Accounting Standards Board[411] (FASB) mit dem Statement of Financial Accounting Standard (SFAS) No. 14 einen umfassenden Standard veröffentlichte.[412] Dieser SFAS 14 schreibt einen Mindestumfang an aufzugliedernden Daten nach Sparten und

---

406 Als Synonym für das externe Rechnungswesen wird in der wissenschaftlichen Literatur auch der Begriff „Rechnungslegung" verwendet. In diesem Kontext führt Pellens aus, dass unter Rechnungslegungsdaten solche Daten zu verstehen sind, die insbesondere an externe Adressaten gerichtet werden. Vgl. Pellens (2004), S. 1 ff.

407 Die Ansatzmöglichkeiten des gesamt-bilanzpolitischen Spielraums einzelner europäischer Länder weichen signifikant voneinander ab. Auffällig ist, dass insbesondere den deutschen Unternehmungen besonders große Ansatzwahlrechte zur Verfügung stehen. Betrachtet man jedoch den „Gewinn bei gängiger Rechnungslegungspraxis", so beträgt die Spannweite nur wenige Prozentpunkte. Eine Ausnahme stellen lediglich Italien und Großbritannien dar. Global gesehen sind die Ergebnisse vergleichbar. Vgl. Simmonds/Azières (1989), S. 36; North (1998), S. 145 ff.

408 Vgl. Born (2001), S. 50 ff.; Buchholz (2001), S. 82 ff.

409 Synonym: Segmentpublizität, Bereichsrechnungslegung, Rechnungslegung des Geschäftsbereichs oder spartenbezogene Rechnungslegung.

410 Obwohl bereits im Jahr 1967 mit dem APB 2 „Discosure of Supplemental Financial Information by Diversified Companies" eine (US-amerikanische) Norm zur Segmentberichterstattung verabschiedet wurde, besaß dieselbe lediglich Empfehlungscharakter. Einen Schritt weiter ging die Securities and Exchange Commission (SEC). Die SEC erließ 1969 eine Bestimmung, wonach Unternehmungen, die erstmals an der US-Börse gelistet wurden, innerhalb der Formen S-1, S-7 und S-10 eine (einmalige) Segmentberichterstattung vorgeschrieben wurde. Seit 1971 sind alle an einer amerikanischen Börse notierten Unternehmungen verpflichtet, segmentierte Daten in der Form 10-K zu veröffentlichen. Vgl. Miller (1995), S 13; Pellens (2004), S. 58 ff. i.V.m. S. 801 ff.; Skousen (1991), S. 21 ff.

411 Vgl. Miller et al. (1998), S. 10 ff.; auch: William (2000).

412 Vgl. auch: Beresford/Rieper (1992), S. 79 ff.

geographischen Regionen vor.[413] Zugleich diente der SFAS 14 als eine Art „Leitbild" für die weitere Entwicklung dieses Rechnungslegungsinstruments.

Im Jahr 1981 verabschiedete das International Accounting Standards Committee (IASC) bzw. das International Accounting Standards Board (IASB) den International Accounting Standard (IAS) No. 14.[414] Der IAS 14 prägte in der Folge die nationalen Rechnungslegungsvorschriften vieler Länder bzw. Regionen.[415] Die Europäische Union entsprach dem IAS 14 durch den Erlass der 4. EG-Richtlinie (Bilanzrichtlinie) sowie der 7. EG-Richtlinie (Konzernabschlussrichtlinie).[416] Eine erste Umsetzung dieser Richtlinien in das deutsche Recht erfolgte im Jahr 1985 durch das Bilanzrichtlinien-Gesetz (BiRiLiG), welches für Kapitalgesellschaften und Konzerne die Segmentberichterstattung verbindlich vorschreibt.[417]

413 Vgl. Epstein/Mirza (2002), S. 781.

414 Auf internationaler Ebene wurde am 29. Juni 1973 in London das International Accounting Standards Committee (IASC) als privatrechtliche Organisation von Berufsverbänden mit dem Ziel gegründet, ein weltweit einheitliches Rechnungslegungssystem zu entwickeln. Das zunächst utopisch erscheinende Projekt ist nach einem gut dreißigjährigen Entwicklungsverlauf und umfassenden Reorganisationen in den Jahren 2000 und 2001 zum weltweit bedeutendsten Standard avanciert. Erstmitglieder des IASC waren Australien, Großbritannien (zusammen mit Irland), Kanada, Mexiko, Niederlande und die USA auf der einen und Deutschland, Frankreich und Japan auf der anderen Seite. Durch diese Zusammensetzung stellte die angelsächsische Fraktion von Beginn an mit 6 zu 3 Stimmen die Mehrheit des Committees. Die Homogenisierungsbestrebungen der internationalen Rechnungslegungs-vorschriften erfuhren eine entsprechend starke anglo-amerikanische Prägung. Deutschland, Frankreich und auch Japan stellten keine homogene Gruppe und standen den Verlautbarungen zunehmend aufgeschlossen gegenüber. Die originäre Aufgabe des International Accounting Standards Committees (IASC) lag im Erlass von International Accounting Standards (IAS). Ab 1997 wurden diese IAS von den vom Standing Interpretations Committee (SIC) erlassenen Interpretations ergänzt. Im Mai 2000 wurde die Zuständigkeit zur Erstellung der International Accounting Standards (IAS) und der neu implementierten International Financial Reporting Standards (IFRS) vom International Accounting Standards Committee (IASC) an das International Accounting Standards Board (IASB) übertragen. Das neue Board der IASB setzt sich aus 14 Vertretern verschiedener nationaler Rechnungslegungsorgane zusammen. Zwei Jahre später, im Mai 2002, veränderte sich ebenfalls die Zuständigkeit der Erstellung der Interpretations der IAS/IFRS ebenfalls und ging vom SIC auf das International Financial Reporting Interpretations Committee (IFRIC) über. Vgl. Kümpel (2002), S. 438 ff.; Küting/Hayn (1995), S. 31 ff.; Mandler (2003), S. 476 ff.

415 Grundsätzlich bildet der IAS 14 die Basis der Segmentberichterstattung. Ergänzt wird der Standard u.a. durch den IAS 1.99q, IAS 18.35, IAS 34 i.V.m. F 42, IAS 35.27 ff. und IAS 36.116a.

416 Vgl. Pellens (2004), S. 48 ff.

417 Vgl. § 285 Nr. 4 HGB, § 286 (2) HGB, § 314 (1) Nr. 3 und (2) HGB; auch: Budde et al. (1999), S. 239 ff.

Der erstgenannte SFAS 14 wurde auf Grund zunehmender Kritik in Bezug auf dessen weite Auslegungsmöglichkeiten 1990 überarbeitet. Trotz vielfachen Harmonisierungsbestrebungen zwischen dem US-amerikanischen FASB und dem internationalen IASB, das seinerseits 1995 auf Druck der International Organisation of Securities Commissions (IOSCO)[418] mit der Überarbeitung des IAS 14 begann, wurde bisher keine einheitliche Rechnungslegungsnorm als weltweit anerkannter Standard gefunden. Sowohl das FASB als auch das IASB verabschiedeten 1997 jeweils einen eigenen neuen Standard: den SFAS 131 bzw. den (überarbeiteten) IAS 14. Beide Standards bestehen seitdem nebeneinander.

Durch den IAS 14 werden die Jahresabschlussadressaten in die Lage versetzt, eine Analyse der Ertragslage, eine bessere Einschätzung der Chancen und Risiken sowie eine fundierte Beurteilung der gesamten Unternehmung vorzunehmen. SFAS 131 stimmt mit diesen Bestimmungen bis auf die Möglichkeit der Einschätzung von Chancen und Risiken überein, die durch die Forderung der Schaffung von Netto-Cashflow-Prognosen substituiert wird.[419] Die Angleichung der deutschen Vorschriften an die veränderten internationalen Normen dauerte mehrere Jahre.[420] Erst mit der Verabschiedung des „Gesetz zur Kontrolle und Transparenz im Unternehmensbereich" (KonTraG) im Jahr 1998 hat der deutsche Gesetzgeber diesen Anforderungen entsprochen. Demnach wird – in Verbindung mit dem § 297 (1) Satz 2 HGB – bestimmten Unternehmungen eine Segmentberichterstattung als integraler Bestandteil eines Jahresabschlusses vorgeschrieben. Mit der Definition der Aufgaben, Inhalte und der Gestaltung der Segmentberichterstattung wurde das privatrechtlich organisierte Deutsche Rechnungslegungs Standards Committee (DRSC) beauftragt. So erließ das DRSC im Jahr 1999 schließlich den Deutschen Rechnungslegungsstandard (DRS) Nr. 3. Der DRS 3 stellt eine Art „Schnittmenge" aus dem SFAS 131 und dem IAS 14 mit ergänzenden eigenen Bestandteilen dar.[421]

418 Die 1987 gegründete IOSCO (International Organisation of Securities Commissions) ist die internationale Organisation der Börsenaufsichtsbehörden. Vgl. Biener (1995), S. 87 ff.

419 Vgl. IAS 14 i.V.m. SFAS 131.3.

420 Vgl. Baumann (1987), S. 23; Küting (2002), S. 2.

421 Eine geeignete Gegenüberstellung des DRS 3, IAS 14 und SFAS 131 und der wesentlichen Segmentinformationen findet sich bei Coenenberg. Vgl. Coenenberg (2002), S. 195 ff.

Mit der Veröffentlichung dieses DRS 3 im Jahre 2000 gilt die Vermutung, dass er gemäß § 342 (2) HGB den Status eines „Grundsatzes ordnungsmäßiger Buchführung" (GoB) erfüllt.[422]

Im deutschen Recht wird der Begriff der Segmentberichterstattung seitdem als eine nach Bereichen differenzierte Offenlegung finanzieller und nicht finanzieller Informationen von Wirtschaftseinheiten verstanden.[423] Als (abzugrenzendes) Segment gilt hierbei jeder isolierbare Teilbereich einer Unternehmung. Wesentliches Kriterium zur Identifizierung von Segmenten ist eine eindeutige Abgrenzbarkeit einer wirtschaftlichen Einheit von anderen. Diese segmentierten Daten werden als Segmentangaben, deren Auswertungen als Segmentanalysen bezeichnet.[424]

Die grundsätzliche Zielsetzung der Segmentierung von Daten besteht darin, den Informationsempfängern zusätzliche bedeutungsrelevante Informationen bereitzustellen.[425] Die Offenlegung von Daten ermöglicht die isolierte Beurteilung der wirtschaftlichen Lage einzelner Teilbereiche einer Unternehmung bzw. Wirtschaftseinheit. So fordert der DRS 3 die detaillierte Bereitstellung von Informationen einzelner Geschäftsfelder einer Unternehmung. Diese disaggregierten Daten bilden die Basis für die Beurteilung der Vermögens-, Finanz- und Ertragslage und somit der Chancen und Risiken der Gesamtunternehmung.[426] Abschlussadressaten sollen in die Lage versetzt werden, die wirtschaftliche Lage sowohl der gesamten Unternehmung als auch einzelner Teilbereiche dergleichen detailliert und differenziert beurteilen zu können. Der Segmentberichterstattung sind somit drei wesentliche Aufgaben zuzuordnen:[427]

1. Erfüllung der Informationsfunktion.
2. Erhöhung der Informationstransparenz.
3. Erhöhung der Transparenz der Managementleistung.

---

422 Vgl. Leffson (1987), S. 28 ff.; auch: Alvarez (2004), S. 67 ff.
423 Vgl. Alvarez (2004), S. 1.
424 Vgl. Alvarez (2004), S. 2.
425 Vgl. Pellens (2004), S. 776 f.
426 Vgl. DRS 3.1 f.
427 Ähnlich: Alvarez (2004), S. 20 ff.

Der Forderung nach adäquaten Informationen wird hinsichtlich der Vermögens-, Finanz- und Ertragslage durch die gezielte Diversifizierung der Rechnungslegung in heterogene Segmente entsprochen. Gleichzeitig werden die verfügbaren Informationen transparent dargestellt, was zu verbesserten Bewertungs- und Analysehandlungen der Informationsempfänger führt. Schließlich wird unter Zuhilfenahme der Segmentpublizität die Evaluierung der Managementleistung ermöglicht. Voraussetzung ist eine kontextbezogene Zuordnung der Managementleistung zu den entsprechenden Analysebereichen. In diesem Sinne dient die Segmentberichterstattung zugleich als eine Art Kontrollinstrument für Investoren gegenüber dem Management.[428]

Offen bleibt jedoch die Frage nach dem Geltungsbereich der Segmentberichterstattung, also welche Unternehmungen im Sinne der Vorschriften verpflichtet sind, Abschlüsse mit segmentierten Daten aufzustellen. Die Fragestellung kann in sofern beantwortet werden, dass grundsätzlich alle Unternehmungen mit diversifizierten Wirtschaftseinheiten von dieser Rechnungslegungsvorschrift betroffen sind.[429] Hinsichtlich der Größe und der Rechtsform einer Unternehmung muss jedoch differenziert werden. Alvarez führt als Entscheidungsgrößen das Nutzen-Kosten-Verhältnis der Segmentierung von Daten und die Beschränkung auf bestimmte Klassen von Wirtschaftseinheiten, wie z.B. Kapitalgesellschaften, an.[430] Privat finanzierte Personengesellschaften werden nicht zur Aufstellung eines Jahresabschlusses mit segmentierten Daten gezwungen, wenngleich es ihnen freisteht, dies dennoch zu tun. Kapitalgebern einer gesellschaftsrechtlichen Mischform wie z.B. den Kommanditisten einer Kommanditgesellschaft, die über keine eigene Entscheidungsbefugnis verfügen, wird hingegen bereits von Gesetzes wegen ein besonderes Informationsbedürfnis zugesprochen.[431] Diesem kann bspw. durch eine Segmentberichterstat-

---

428 Demzufolge erfüllt die Segmentierung von Daten tendenziell die Anforderungen des Gläubigerschutzes i.S.d. HGB und geht in vielen Bereichen sogar darüber hinaus. Vgl. Kahle (2002), S. 695 ff.

429 Vgl. auch: Pellens (2004), S. 777 ff.

430 Vgl. Alvarez (2004), S. 26 f.

431 Vgl. u.a. die Generalnorm des § 264 (2) HGB i.V.m. Moxter (1976), S. 95.

tung entsprochen werden. Ein weiteres Kriterium kann die Börsennotierung[432] einer Unternehmung darstellen. Die Erhöhung des Risikos von Eigenkapitalanteilen und des damit verbundenen Anlegerschutzes sowie der im Bilanzrecht verankerte Gläubigerschutz für Fremdkapitalgeber können als Gründe zur Umsetzung der Segmentberichterstattung herangezogen werden.[433] So klassifiziert der Gesetzgeber die Inanspruchnahme des Kapitalmarktes als einen mit besonderen Informationspflichten verbundenen Bereich. Gemäß § 297 (1) Satz 2 HGB werden beim Handel von Wertpapieren unter Inanspruchnahme eines organisierten Kapitalmarktes neben dem Konzernabschluss eine Kapitalflussrechnung, eine Segmentberichterstattung und ein Eigenkapitalspiegel gefordert. Im Umkehrschluss sind lediglich Muttergesellschaften, die gemäß § 290 HGB zur Aufstellung eines Konzernabschlusses verpflichtet sind, auch zur Aufstellung der Segmentberichterstattung verpflichtet.

Da die Daten des Rechnungswesens zudem die Informationsbasis für weitere unternehmerische Handlungen wie bspw. das Controlling darstellen und zunehmend von der Unternehmungsleitung als Entscheidungsgrundlage bzw. Entscheidungsunterstützung herangezogen werden, muss die Segmentberichterstattung auch vor diesem Hintergrund besonders exakt und differenziert aufgestellt werden.[434]

Die Segmentierung von Daten im Rechnungswesen ist demnach ein wettbewerbsrelevanter Erfolgsfaktor und besitzt für die einzelne Unternehmung strategische Bedeutung. Um den hohen Anforderungen, die an die Segmentberichterstattung von unternehmungsexternen und unternehmungsinternen Adressaten gestellt werden, gerecht zu werden, bedarf es (oftmals) einer grundsätzlichen Überarbeitung der dem Rechnungswesen zu Grunde liegenden Prozesslandschaft. Der Informationsgehalt einzelner Buchungssätze genügt gegenwärtig nur in den wenigsten Fällen den

432 Zum Begriff „börsennotiert" heißt es in § 3 (2) AktG: „Börsennotiert im Sinne dieses Gesetzes sind Gesellschaften, deren Aktien zu einem Markt zugelassen sind, der von staatlich anerkannten Stellen geregelt und überwacht wird, regelmäßig stattfindet und für das Publikum mittelbar oder unmittelbar zugänglich ist." Die Erweiterung des Begriffs „börsennotiert" auf die Inanspruchnahme des Kapitalmarktes im Allgemeinen erscheint vor dem Hintergrund der Informationsbedarfe in diesem Zusammenhang jedoch als geeigneter.

433 Vgl. Schmidt/Koch (1981), S. 29 ff.; Hopt (1977), S. 431.

434 Vgl. Kirsch (2003), S. 11 ff.

Anforderungen, die an die Segmentberichterstattung gestellt werden.[435] Der nachfolgende Abschnitt 6.2 dient in diesem Zusammenhang der Evaluation grundsätzlich geeigneter Instrumentarien zur prozessualen Neuausrichtung des Rechnungswesens. Im Anschluss hieran wird in Abschnitt 6.3 das Rechnungswesen einer konkreten Unternehmung zieladäquat modelliert.

6.2 Auswahl geeigneter Instrumentarien zur prozessualen Neuausrichtung des Rechnungswesens

Im Sinne dieser Arbeit erfordert die prozessuale Neuausrichtung des Rechnungswesens die Auswahl und Bewertung grundsätzlich geeigneter Instrumentarien zur Modellierung der Prozesslandschaft.[436] Ziel dieser Evaluation ist die Auswahl eines Instrumentariums, welches der Erfassung und Koordination der durch die Segmentberichterstattung geforderten Informationsbedarfe dient. Die für die Bedarfe der Segmentberichterstattung zu entwickelnden Prozesse können sowohl innerhalb und zwischen einzelnen Abteilungen bzw. Funktionsbereichen einer Unternehmung, als auch außerhalb im Intra- und Intercompany-Bereich dergleichen bestehen.[437] Der Aufbau des vorliegenden Abschnittes erfolgt entsprechend. In Abschnitt 6.2.1 werden zunächst ausgewählte Instrumentarien zur Modellierung der Prozesslandschaft einer Unternehmung systematisch dargestellt und kurz erläutert. Anschließend wird in Abschnitt 6.2.2 ein geeignetes Werkzeug herausgegriffen und in der gebotenen Tiefe erarbeitet. Ziel dieses Vorgehens ist es, ein geeignetes Instrumentarium zur prozessualen Neuausrichtung des Rechnungswesens vor dem Hintergrund der Segmentberichterstattung zu identifizieren.

6.2.1 Systematisierung ausgewählter Instrumentarien

Die im vorstehenden Abschnitt 6.1 angeführten Änderungen des Rechnungslegungsinstruments Segmentberichterstattung bedingen die Anpassung der dem Rechnungswesen zu Grunde liegenden Prozesslandschaft. Da sich diese Prozessland-

---

435 Vgl. Abschnitt 6.3.
436 Vgl. Canfora et al. (2005), S. 113 ff.; Laudon/Laudon (2005), S. 501 ff.
437 Vgl. Gabriel (2002), S. 169 ff.

schaft jedoch als äußerst komplex erweist, erscheint es sinnvoll, die einzelnen Prozesse unter Zuhilfenahme eines geeigneten Modellierungswerkzeuges abzubilden.

In den letzten Dekaden wurden unterschiedliche Ansätze zur Gestaltung von Prozessen entwickelt. Jeder dieser Ansätze stützt die Prozessmodellierung in einem oder in mehreren speziellen Anwendungsgebieten und erfüllt die gestellten Anforderungen entsprechend gut.[438] Auf Grund dessen, dass in der vorliegenden Arbeit die integrierte Nutzenanalyse an Hand einer prozessualen Neuausrichtung evaluiert wird, erfolgt an dieser Stelle eine Fokussierung auf die geschäftsprozessorientierten Gestaltungsansätze.[439] So ist bspw. das Ende der 1980er bzw. Anfang der 1990er Jahre von Krcmar entwickelt IAS-Modell (hier: Informationssystem-Architektur) zu diesem Bereich zu zählen.[440] Das IAS-Modell integriert sowohl die technische Infrastruktur, die Elemente „Daten", „Anwendungen" und „Kommunikation", als auch die Geschäftsziele einer Unternehmung. Zudem können die abzuleitenden organisatorischen Strukturen der analysierten Geschäftseinheit abgebildet werden.

---

438 Beispielhaft sei auf die Möglichkeit des Einsatzes von „Fuzzy Logic" zur Modellierung und quantitativen Analyse von (Geschäfts)-Prozessen verwiesen. So kann der Einsatz von Fuzzy Logic bspw. der Verarbeitung vager Informationen in einer Unternehmung dienen. Vgl. Werners/Völkner (2000), S. 275 ff.

439 Von den geschäftsprozessorientierten Gestaltungsansätzen sind die eher arbeitsplatz-orientierten zu unterscheiden. Arbeitsplatzorientierte Ansätze berücksichtigen insbesondere die sozialen Arbeitszusammenhänge innerhalb der Unternehmung. Kern dieser Ansätze ist die Gestaltung der Arbeit. So wurde in den Jahren 1975 bis 1979 der sogenannte PORGI-Ansatz (Planungshilfe für die Organisatorische Implementierung computergestützter Informationssysteme) entwickelt. PORGI fokussiert insbesondere die Benutzersicht des computergestützten Informationssystems. Der Ansatz wurde bis in die 1990er Jahre weiterentwickelt. In den Jahren 1984 bis 1987 entstand das FAOR-Konzept (Functional Analysis of Office Requirements). FAOR wird im Wesentlichen zur Durchführung der Systemanalyse und der Systemevaluation eingesetzt. Zum Ende der 1980er bzw. Anfang der 1990er Jahre wurden die Konzepte KABA (Kontrastive Aufgabenanalyse und -gestaltung) und RFA-Netz (Rollen-, Funktions-, Aktionsnetze) entwickelt. Ersteres Konzept verfolgt das Ziel, das computergestützte IS einer Unternehmung sowohl nach aufgaben- als auch nach menschengerechten Kriterien zu gestalten. RFA-Netze stellen hingegen die Beschreibung der sozialen Organisation in Form eines konzeptionellen Modells in den Mittelpunkt der Analyse. Vgl. Oppelland (1983), S. 165 ff.; Knittel (2002), S. 246 ff.; Höring et al. (1989), S. 113 ff.; Höring et al. (1990), S. 157 ff. Dunckel et al. (1993); Oberquelle (1987).

440 Vgl. Krcmar (2003), S. 41 ff.

Mitte der 1990er Jahre entstand das sogenannte SOM-Konzept (Semantisches Objektmodell) von Ferstl und Sinz.[441] Ziel des SOM-Konzeptes ist es, die Geschäftsprozesse zur Analyse, Modellierung und Implementierung in objektorientierter Form darzustellen.[442] Ein zwar nicht objektorientiertes, doch ebenfalls zur Geschäftsprozessmodellierung geeignetes Konzept entwickelte Scheer in den 1990er Jahren. Das zunächst rein theoretisch gestaltete ARIS-Konzept (Architektur integrierter Informationssysteme) wurde von der Unternehmung IDS Scheer GmbH (heute AG) 1993 als „ARIS-Toolset Version 1.0" veröffentlicht.[443] Dieses ARIS-Toolset dient der Modellierung eines aus einer ganzheitlichen Betrachtungsweise von Geschäftsprozessen abgeleiteten Integrationskonzeptes. ARIS gewährleistet hierbei den Übergang von einer eher statischen, funktionsorientierten zu einer dynamischen, prozessorientierten Analyse der Unternehmung.[444]

Ansätze der jüngsten Vergangenheit sind die Business Process Modelling Language (BPML) und die IT Infrastructure Library (ITIL). BPML wurde von der Organisation BPMI.org im Jahre 2001 entwickelt und bezeichnet eine direkt ausführbare und plattformunabhängige XML-basierte Sprache. Diese dient der einheitlichen und umfassenden Beschreibung von Geschäftsprozessen. BPML unterstützende Werkzeuge ermöglichen es, die zunächst graphisch modellierten Prozesse in einen ausführbaren Programmcode zu transformieren.[445]

ITIL ist ein von der zentralen Informationsberatungsstelle der britischen Regierung (früher CCTA: Central Computer and Telecommunications, heute OGC: Office of Government Commerce) Ende der 1980er Jahre initiiertes Projekt zur Definition eines herstellerunabhängigen Regelwerks. An der Entwicklung von ITIL waren unterschiedliche Interessengruppen beteiligt, um eine breite Anwenderakzeptanz zu gewährleisten. In den letzten Jahren erfuhr ITIL ein stetig wachsendes Interesse in der betrieblichen Praxis. Der Grund hierfür ist in den definierten, vereinheitlichten

441 Ferstl/Sinz (1995), S. 209 ff.; Ferstl/Sinz (1995a); Ferstl/Sinz (2001), S. 180 ff.; auch: Keller (1992).

442 Zur Unterstützung der Prozessmodellierung existieren bereits computergestützte Modellierungstools. Vgl. O.V. (2005a).; Völkner/Werners (2000), S. 633 ff.

443 Vgl. Scheer (2002a), S. 6 ff.; Jost/Wagner (2002), S. 15 ff.

444 Vgl. Hansen/Neumann (2005), S. 178 ff.

445 Vgl. BPMI.org (2005).

Geschäftsprozessen zu sehen. ITIL beinhaltet eine umfassende und öffentlich verfügbare fachliche Dokumentation zur Planung, Erbringung und Unterstützung von Serviceleistungen für computergestützte Informationssysteme.[446] Es stellt eine aus sieben Themenbereichen bestehende Sammlung von organisatorischen und technischen Vorgaben zum Betrieb komplexer Infrastrukturen dar.[447] Im Laufe der letzten Jahre ist festzustellen, dass ITIL sich zunehmend als de facto Standard etabliert.[448]

In der nachstehenden Tabelle 6-1 wird ein thematisch geordneter Überblick der angeführten geschäftsprozessorientierten Ansätze unter Berücksichtigung ihrer charakteristischen Eigenschaften erstellt.

Verwendung	**Instrumentarium**				
	ARIS	**BPML**	**IAS**	**ITIL**	**SOM**
Prozesse abbilden	X	X	X	X	X
Prozesse modellieren	X	X		X	
Prozesse simulieren	X				
Geschäftsprozessbezogene Anwendungsentwicklung	X				X
Workflow-Unterstützung				X	

Tab. 6-1: Ausgewählte geschäftsprozessorientierte Instrumentarien im Überblick

Die Systematisierung der geschäftsprozessorientierten Instrumentarien erfolgt an Hand differenter Kriterien.[449] Wie aus Tabelle 6-1 hervorgeht, können die zuvor angeführten Ansätze oftmals zur Unterstützung unterschiedlicher Aufgabenstellungen herangezogen werden. So dient bspw. ARIS zugleich der Abbildung, Modellierung und Simulation von Prozessen. Zudem unterstützt ARIS die geschäftsprozess-

446 In der IT Infrastructure Library (ITIL) stellt das „Financial Management" bspw. einen (Kern)-Prozess dar, mit dessen Hilfe die für eine bestimmte Leistung notwendigen monetären Mittel rechtzeitig geplant und bereitgestellt werden können. Vgl. Vogt (2002), S. 49 ff.

447 Vgl. Kütz (2003), S. 73 f.

448 Vgl. ITIL & ITSM World (2005).

449 Vgl. auch: Hedge (2005), S. 52 f.

bezogene Anwendungsentwicklung. Andere Ansätze wie bspw. BMPL oder ITIL sind entgegen ihrer Ansprüche hierzu gegenwärtig (noch) nicht, zumindest noch nicht in diesem Umfang, in der Lage. Dennoch avanciert ITIL gegenwärtig zum Standard im Bereich Workflow-Unterstützung.

Ungeachtet dessen ist ARIS zurzeit als das dominierende Instrumentarium zur Geschäftsprozessmodellierung in der betrieblichen Praxis anzusehen und wird vor diesem Hintergrund in den Mittelpunkt der nachstehenden Ausführungen gestellt.[450] Die Modellierung der zu analysierenden Prozesslandschaft des Rechnungswesens erfolgt auf Basis des ARIS-Toolsets. Im folgenden Abschnitt 6.2.2 wird die Architektur integrierter Informationssysteme hierzu zunächst grundsätzlich erläutert. Im anschließenden Abschnitt 6.3 dient ARIS schließlich der praktischen Modellierung der prozessualen Neuausrichtung des Rechnungswesens, dargestellt an Hand eines Anwendungsbeispiels.

6.2.2 ARIS als aktuell dominierendes Konzept zur Modellierung von Geschäftsprozessen

Die Entwicklung einer prozessorientierten IT-Architektur basierend auf den bisher erarbeiteten Grundlagen des Kapitels 6 umfasst die Überwindung der in der Betriebswirtschaftslehre überwiegend verwendeten natürlichen Sprache in eine informationstechnologisch geeignete. Verbale Beschreibungen sind für die Gestaltung von Informationssystemen nur bedingt geeignet. Um diese Problematik zu überwinden, wird in diesem Abschnitt mit ARIS ein Gestaltungsansatz zur prozessualen Neuausrichtung des Rechnungswesens vorgestellt und anschließend einer kritischen Würdigung unterzogen. Ziel des Vorgehens ist der Erhalt eines Instrumentariums zur Erarbeitung der dem betrieblichen Rechnungswesen und somit der Segmentberichterstattung zu Grunde liegenden Prozesslandschaft, um deren effiziente und effektive Umsetzung durch die IT zu gestalten.

---

450 Vgl. Plaetrich et al. (2005).

ARIS ermöglicht die integrative Analyse eines (betriebswirtschaftlichen) Konzepts und die hierfür notwendige EDV-technische Umsetzung in einem durchgängigen Gestaltungsansatz.[451] Zudem dient ARIS der Beschreibung von Unternehmungen und ihren betrieblichen Anwendungssystemen. Hierbei ermöglicht ARIS die methodenneutrale Darstellung der analysierten Geschäftsprozesse. Wesentliche Merkmale zur Beschreibung der Prozesslandschaft werden in geeigneten Modellen entwickelt und in entsprechenden IT-Architekturen umgesetzt.

ARIS kann in diesem Sinne als Rahmenkonzept oder auch „Meta-Methode" verstanden werden. Die Architektur Integrierter Informationssysteme bietet einen Rahmen, in dem integrierte Anwendungssysteme entwickelt, optimiert und in DV-technische Realisierungen umgesetzt werden können. Zudem integriert ARIS sowohl das Anforderungsprofil des Anwenders, d.h. die eher betriebswirtschaftliche Komponente des Entwicklungsprozesses, als auch die IT-spezifischen traditionellen Lifecycle-Methoden.[452] Somit gewährt ARIS neben IT-Spezialisten auch fachfremden Mitarbeitern, die keine oder nur rudimentäre EDV-Kenntnisse besitzen, die Möglichkeit, auf die Prozesslandschaft des computergestützten Informationssystems Einfluss zu nehmen.

Im ARIS-Konzept werden grundsätzlich die folgenden drei Phasen unterschieden:[453]

1. Fachkonzept;
2. DV-Konzept;
3. Technische Implementierung.

Auf Basis der drei Phasen wird in der nachstehenden Abbildung 6-1 ein ganzheitlicher Gestaltungsprozess zur Lösung betriebswirtschaftlicher Problemstellungen in computergestützten IS aufgezeigt.[454] Ergänzend zu den Phasen Fachkonzept, DV-Konzept und Technische Implementierung werden „Typische Begrifflichkeiten", die in den jeweiligen Entwicklungsstufen von Bedeutung sind bzw. sein können, angeführt.

---

451 Vgl. Seidlmeier (2002), S. 11 ff.

452 Vgl. die Ausführungen des Abschnitts 5.5.

453 Vgl. Scheer (1998), S. 14 ff.

454 Bei dem angeführten Umsetzungsprozess handelt es sich um das dem ARIS-Konzept zu Grunde liegende Verfahren. In der Literatur sind alternative Vorschläge bzw. Konzepte zu finden. Vgl. Olle (1994), S. 46 ff.; Bröhl/Dröschel (1999), S. 21 ff.

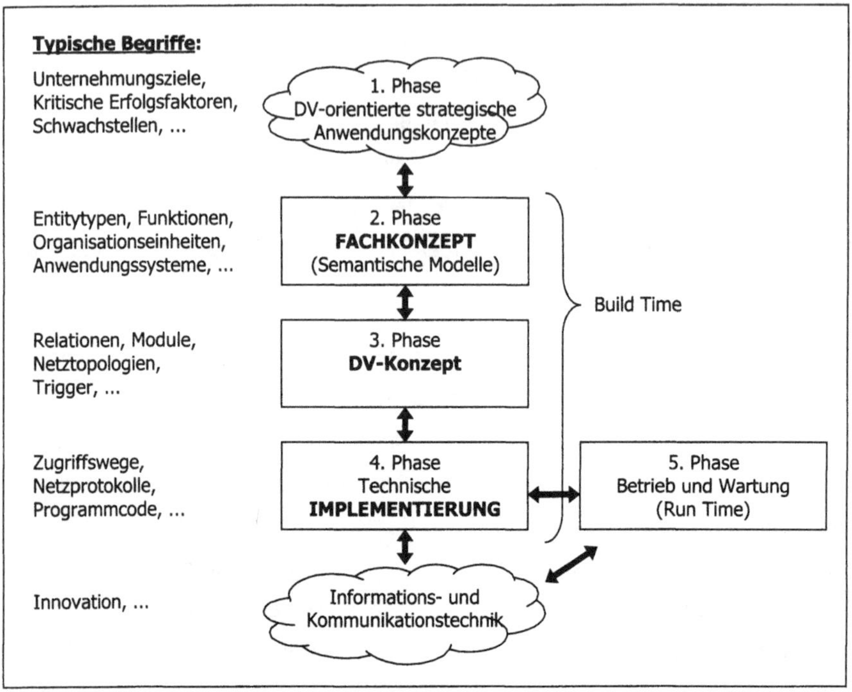

Abb. 6-1: ARIS-Phasenmodell
in Anlehnung an: Scheer (2002), S. 39.

Die Unterteilung des ARIS-Phasenmodells erfolgt gemäß Abbildung 6-1 in fünf (Teil)-Phasen: DV-orientierte strategische Anwendungskonzepte, Fachkonzept, DV-Konzept, Implementierung und Betrieb und Wartung. Die erste Phase „DV-orientierte strategische Anwendungskonzepte" dient der Entwicklung eben solcher. Sie beinhaltet erste grundsätzliche Ansätze der Informationstechnik und deren langfristige Wirkung auf die Unternehmung. Die strategische Unternehmungsplanung beeinflusst maßgeblich die Gestaltung der Geschäftsprozesse und die Ressourcenallokation.[455] Eine detaillierte Analyse und eventuelle Aufteilung auf die verschiedenen ARIS-Sichten erfolgt nicht. Typische Begriffe zur Gestaltung dieser „Vor-Phase" sind Unternehmensziele, kritische Erfolgsfaktoren oder auch Schwachstellenanalyse. In der zweiten Phase wird das Fachkonzept entwickelt, d.h. die

455 Vgl. Mag (1995), S. 157 ff.

einzelnen Sichten des Anwendungssystems werden detailliert modelliert. Diese Phase stellt die für die hier verfolgten Ziele wichtigste Entwicklungsebene dar. Das Fachkonzept ist von betriebswirtschaftlich-organisatorischen Inhalten geprägt. Technische Aspekte spielen (fast) keine Rolle. Da das Fachkonzept die Basis für die spätere informationstechnische Realisierung bildet, werden – im Vergleich zum strategischen Anwendungskonzept – stärker formalisierte Beschreibungssprachen eingesetzt. Diese bilden sowohl die betriebswirtschaftlichen Realitäten als auch die für die DV-technische Implementierung (Phase 3 und 4) relevanten Sachverhalte ab. Beispielhaft lassen sich die von beiden Seiten verwendeten Begriffe Entitytypen, Funktionen, Organisationseinheiten oder auch Datenbanksysteme und Programmsysteme anführen. Die dritte Phase dient der Erstellung eines geeigneten DV-Konzepts zur Adaption des Fachkonzepts an die Anforderungen der technischen Implementierung. Obwohl noch kein unmittelbarer Bezug auf die Informationstechnik hergestellt wird, ist diese Phase von Begriffen wie Relationen, Modulen und Netztopolopien geprägt. In der vierten Phase erfolgt schließlich die Implementierung der Informationstechnik. Die formulierten Anforderungen werden in physische Datenstrukturen, Hardware-Komponenten, Programmen usw. technisch umgesetzt. Die typische Begriffswelt umfasst Ausdrücke wie: Zugriffswege, Netzprotokolle oder auch Programmcode. Schließlich wird das fertige System produktiv gesetzt (Phase 5, Betrieb und Wartung). Letztere Phase wird auch als „Run Time" bezeichnet, wohingegen die Phasen 1 bis 4 als „Build Time" charakterisiert werden. Gesamtziel des ARIS-Phasenmodells ist die Entwicklung eines neuen computergestützten Informationssystems.

Dieses ARIS-Phasenmodell bildet den Kern des sogenannten ARIS-Hauses.[456] Das ARIS-Haus basiert auf dem Ansatz der Dekomposition der Prozesslandschaft in spezielle Sichten. Ingesamt werden fünf Sichten unterschieden: Funktionssicht, Organisationssicht, Datensicht, Leistungssicht und die integrierende Steuerungs- oder Prozesssicht. Jede Sicht kann losgelöst von der anderen er- und bearbeitet werden. Die jeweilige Differenzierung in Fachkonzept, DV-Konzept und Imple-

456 Vgl. Scheer (1996).

mentierung unterstützt die strukturierte Erarbeitung jeder einzelnen Sicht und gewährleistet die Erstellung der semantischen Abhängigkeit der Dimensionen untereinander. Dies führt zu einer Vereinfachung der Prozesslandschaft und der Vermeidung etwaiger Redundanzen.

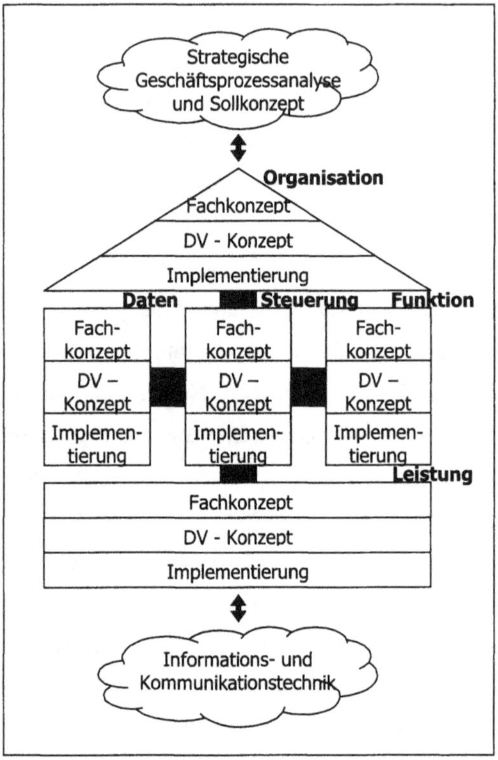

Abb. 6-2: ARIS-Haus mit Phasenkonzept
Quelle: Scheer (2002), S. 41.

Vorstehende Abbildung 6-2 visualisiert die Zusammenhänge zwischen den einzelnen Sichten. Die Funktionssicht beschreibt Vorgänge, die Input-Leistungen zu Outputleistungen transformieren.[457] Sie beinhaltet die Beschreibung der Funktionen, ihre Zerlegung in Teilfunktionen und die zwischen ihnen bestehenden Anordnungsbeziehungen. Ferner sind die von der Unternehmung definierten Ziele der Funktions-

457 Die Begriffe Funktion, Vorgang und Tätigkeit werden an dieser Stelle synonym verwendet.

sicht zuzuordnen, da sie durch Funktionen gesteuert werden. Die Funktionssicht beantwortet die Frage, „Was" getan werden muss bzw. getan werden sollte.[458]

Die Organisationssicht bildet die Aufbauorganisation der Unternehmung ab. Sie integriert Teilbereiche, Abteilungen und Stellen. Im Gegensatz zur Aufbauorganisation stellt die Ablauforganisation keinen Untersuchungsgegenstand der Organisationssicht dar.[459] Die Ablauforganisation findet implizit in der Steuerungssicht Berücksichtigung. In der Organisationssicht werden Aufgabenträger, die die gleichen Funktionen ausführen oder das gleiche Arbeitsobjekt bearbeiten, zu Einheiten zusammengefasst. Sowohl menschliche als auch maschinelle Aufgaben-träger sind hier einzuordnen. Die Organisationssicht beantwortet die Frage, „Wer" etwas bearbeitet bzw. bearbeiten sollte.[460]

Die Datensicht beschreibt das Umfeld der Vorgangsbearbeitung sowie die Nachrichten, die durch Funktionen ausgelöst werden bzw. selbst Funktionen auslösen. Der Datensicht sind semantische, konzeptionelle und physische Datenmodelle zuzuordnen.[461] Sie liefern somit grobe Angaben über die DV-Systeme der Unternehmung. Die Datensicht beantwortet die Frage, „Womit" etwas getan werden muss bzw. getan werden sollte.[462]

Die Leistungssicht bildet alle materiellen und immateriellen Input- und Outputleistungen ab. Hierzu zählen bspw. die Zahlungsströme einer Unternehmung. Die Ergebnisse der Leistungen sind Prozesse, die wiederum als Input für die Leistungserstellung fungieren. Die Objekte der Informationsdienstleistungen werden in der Leistungssicht definiert, dienen jedoch gleichzeitig der Datensicht. Die Leistungssicht beantwortet die Frage, „Welche" Leistungen oder Ergebnisse erbracht werden bzw.

458 Vgl. Scheer (1998), S. 19.
459 Eine Trennung der Begriffe „Aufbauorganisation" und „Ablauforganisation" liefert bspw. Kuhn, der in Anlehnung an Schweitzer Aufbauorganisation als „integrative Gebildestrukturierung" und Ablauforganisation als „integrative Prozessstrukturierung" definiert. Vgl. Kuhn (1990), S. 136 ff., Schweitzer (1974), Sp. 1 ff.
460 Vgl. Scheer (2002), S. 36.
461 Vgl. auch: Vossen (2000), S. 1 ff.
462 Vgl. Scheer (2002), S. 36.

erbracht werden sollten. Die Ausformulierung der Leistungen bildet somit eine Kernfunktion innerhalb der Geschäftsprozessmodellierung.[463]

Die Steuerungs- oder Prozesssicht stellt das Bindeglied der vorgestellten Sichten dar. Sie bildet den Rahmen für die systematische Betrachtung der vollständigen Prozessbeschreibung und der wechselseitigen, bilateralen Beziehungen zwischen den einzelnen Sichten. Sie dient der Integration der verschiedenen (Teil)-Sichten und stellt diese in einen sachlogischen Kontext. Die Steuerungssicht setzt hierbei die Modellierungsergebnisse der anderen Sichten voraus und ist daher stets der „letzte" Untersuchungsgegenstand.[464]

Insgesamt stellt ARIS demnach einen Bezugsrahmen zur Methodenmodellierung dar und kann als „methodenoffen" bezeichnet werden. Gleichzeitig ermöglicht ARIS dem Nutzer die detaillierte Bearbeitung von Prozessen auf untergeordneten Hierarchieebenen. Durch die deduktive Prozessmodellierung wird ARIS den unterschiedlichen Anforderungen einer Unternehmung gerecht. Es ist ein ausgereifter Gestaltungsansatz, mit dessen Hilfe komplexe (Geschäfts)-Prozesse der gesamten Unternehmung – durch gezielte Dekomposition – effektiv und effizient abgebildet und modelliert werden können. Zugleich stellt ARIS ein durchgängiges Konzept vom abstrakten Prozess bis hin zur integrierten Konzeption einer geeigneten IT-Architektur dar.[465] Von besonderer Vorteilhaftigkeit stellt sich die dem ARIS-Konzept inhärente Differenzierung in Fachkonzept, DV-Konzept und Implementierung heraus. Hierdurch werden weniger sachkundige Mitarbeiter in die Lage versetzt, intuitiv an der Entwicklung und dem Design der computergestützten Informationssysteme mitzuwirken und entscheidenden Einfluss auf deren spätere Konzeption ausüben zu können. Auf dieser Basis können DV-Spezialisten „im" DV-Konzept und in der Phase der Implementierung die Informationstechnik entsprechend den Zielvorgaben modellieren. Verständnisschwierigkeiten zwischen den Usern auf der einen und den IT-Spezialisten auf der anderen Seite werden hierdurch minimiert.

463 Vgl. Scheer (2002), S. 36.
464 Vgl. Scheer (2002), S. 36.
465 Vgl. Scheer (1998), S. 10 ff.

Zugleich ist ARIS jedoch eine äußerst spezifische Methode, welche stets unternehmungsindividuell auszugestalten ist.[466] Aus diesem Grund existieren keine vordefinierten Muster der semantischen Transformation von der strategischen auf die operative Ebene einer Unternehmung. Weiterhin ist die fehlende automatisierte Verbindung der ARIS-Sichten untereinander eher negativ zu bewerten. Bei Veränderungen in einer Sicht erfolgt im ARIS-Toolset nur zum Teil eine Anpassung der anderen Sichten. Hiermit korreliert die – im Detail – oftmals schwierige Ausformulierung der Sichten positiv, was wiederum die Gefahr von Inkonsistenzen erhöhen kann.[467] Abschließend ist festzustellen, dass das ARIS-Toolset zurzeit ausschließlich unter dem Betriebssystem Windows funktionsfähig ist.[468]

Zusammenfassend ist jedoch festzustellen, dass es derzeit keinen anderen Ansatz mit einem vergleichbar ausgereiften, sowohl theoretisch als auch praktisch fundierten und einsetzbaren Konzept gibt. Aus diesem Grund dient das ARIS-Toolset im folgenden Abschnitt 6.3 als Modellierungswerkzeug der prozessualen Neuausrichtung des Rechnungswesens zur Erfüllung der Anforderungen der Segmentberichterstattung.

6.3 Prozessuale Neuausrichtung des Rechnungswesens zur Erfüllung der Anforderungen der Segmentberichterstattung am Beispiel der Unternehmung XY GmbH

Auf Basis der bisherigen Ausführungen des Kapitels 6 wird im vorliegenden Abschnitt 6.3 die Prozesslandschaft des Rechnungswesens einer Unternehmung neu model-

466 Im Gegensatz hierzu steht bspw. ITIL. In der der ITIL zu Grunde liegenden Library sind die zu implementierenden (Geschäfts)-Prozesse bereits vordefiniert.

467 Zudem finden sich im ARIS-Konzept einige – in anderen Modellen realisierte – Betrachtungsebenen nicht wieder. So fehlt bspw. die Anbindung des Geschäftsprozesses an die gesamte Unternehmungsstrategie. Auch werden Komponenten wie die „Management-Philosophie", die „Organisations- bzw. Unternehmenskultur", der Faktor „Zeit", die Eruierung der „Gründe" und/oder der verfolgten „Ziele" nicht berücksichtigt. Letztendlich bestehen jedoch erhebliche Zweifel, ob ihre Erfassung wertschöpfend für die Geschäftsprozessmodellierung einer Unternehmung wäre.

468 Vgl. Ostler (2005), S. 12.

liert.[469] Ziel dieser prozessualen Neuausrichtung ist die Erfüllung der Anforderungen, die durch die rechtlichen Rahmenbedingungen an die Segmentberichterstattung im Rechungswesen gestellt werden.[470] Da die Segmentberichterstattung – wie in Abschnitt 6.1 ausgeführt – sowohl von unternehmungsexternen als auch von unternehmungsinternen Informationsempfängern genutzt wird, gilt es die zu Grunde liegende Prozesslandschaft entsprechend zu modellieren. In allgemeingültiger Form ist eine diesbezügliche Ausgestaltung der Segmentberichterstattung jedoch nicht oder nur unzureichend möglich. Aus diesem Grund erfolgen die nachstehenden Ausführungen an Hand eines praktischen Anwendungsbeispiels. Als Untersuchungsgegenstand dient die Abteilung Rechnungswesen der Unternehmung XY GmbH.

In Abschnitt 6.3.1 werden die Ausgangssituation und die verfolgte Zielsetzung der Unternehmung XY GmbH angeführt. Auf dieser Basis erfolgt in Abschnitt 6.3.2 die sichtenspezifische Darstellung des Rechnungswesens der Unternehmung XY GmbH. Als Modellierungswerkzeug dient das angeführte ARIS-Toolset. Schließlich werden in Abschnitt 6.3.3 zwei konkurrierende Lösungsvorschläge, die den gestellten Anforderungen an die Segmentberichterstattung im Rechnungswesen gerecht werden, angeführt. Die hieraus resultierenden Realisierungsalternativen dienen im anschließenden Abschnitt 6.4 als Untersuchungsgegenstand der – in Kapitel 5 entwickelten – integrierten Nutzenanalyse.

---

469 Zur Transformation der Prozesslandschaft vgl. Grönke (2005), S. 87 ff.

470 Vgl. auch: Bergsmann et al. (2005), S. 50 ff.

6.3.1 Ausgangssituation und Zielsetzung der Unternehmung XY GmbH

Die Gründung der Unternehmung XY GmbH geht zurück auf die Dienstleistungsbereiche der 1938 in Marl gegründeten Hüls AG.[471] Mit der Umwandlung der Hüls AG in eine strategische Holding wurde die Ausgliederung der Dienstleistungsbereiche in eine eigenständige Unternehmung vorbereitet. Am 1. Januar 1998 übernahm die neu gegründete Hüls XY GmbH erstmals ihre Geschäftstätigkeit als Dienstleister der chemischen Industrie. Auf Grund der Fusion der Hüls AG mit der Z AG im Jahre 1999 wurden die Aufgabenbereiche innerhalb des neuen geschaffenen Konzerns[472] mit der Konsequenz reorganisiert, dass das Dienstleistungsgeschäft seitdem vollständig von der umfirmierten Unternehmung XY GmbH geführt wird. Die XY GmbH stellt seit dem eine 100%ige Tochter der Z AG dar.

Normen, Richtlinien und Philosophien der Rechnungslegung sind durch die Muttergesellschaft Z AG grundsätzlich vorgegeben, in ihrer konkreten Ausgestaltung im Gesamtkonzern jedoch höchst uneinheitlich. Diese Verschiedenartigkeit der Rechnungslegung setzt sich – zumindest teilweise – in den verwendeten computergestützten Informationssystemen für die Berichterstattung[473] von den Tochtergesellschaften an die Muttergesellschaft fort.

Unabhängig davon steigen die Anforderungen der Muttergesellschaft zur schnelleren Bereitstellung qualitativ hochwertiger Daten für die Konzernsteuerung und Konzernberichterstattung stetig. Neben kürzer werdenden Zeiträumen für die Veröffentlichung von Kennzahlen fordert auch der Kapitalmarkt zuverlässige Informationen in immer kürzeren Abständen nach Abschluss einer Berichtsperiode. So wird die Geschwindigkeit der Erstellung von entscheidungsrelevanten Kennzahlen des Jahres-,

471 Die Chemischen Werke Hüls wurden 1938 als Tochtergesellschaft des Konzerns IG-Farben gegründet. In den folgenden Jahren avancierten die Chemischen Werke Hüls mit der Produktion eines rüstungswirtschaftlich wichtigen Grundstoffs, dem synthetischen Kautschuk (Buna), zum gleichermaßen bedeutenden Objekt als auch zentralen Akteur national-sozialistischer Unternehmungs- und Kriegspolitik. In den Nachkriegsjahren wurden die Chemischen Werke Hüls von den heterogenen Interessen der Militärregierungen geprägt. In den darauf folgenden Jahren bzw. Jahrzehnten stellten wiederholt wechselnde Anteilseignen die Chemischen Werke vor stetig geänderte Anforderungen. Eine äußerst interessante und detaillierte Darstellung dieser komplexen Prozesse findet sich bei Lorentz und Erker. Vgl. Lorentz/Erker (2003), S. 21 ff.

472 Zum Begriff „Konzern" vgl. Bieg/Kußmaul (2003), S. 340 ff.

473 Synonym: Reporting.

Quartals- und Monatsabschlusses einer Unternehmung zunehmend als Indiz dafür gewertet, wie leistungsfähig eine Unternehmung (tatsächlich) ist.[474]

Um diesen hohen Anforderungen gerecht zu werden, benötigt die Unternehmung XY GmbH ein modernes, leistungsfähiges (Konzern)-Reporting-System. Es muss den jeweils aktuellen Stand der Kennzahlen widerspiegeln und sich zugleich an den „Best Practice" Lösungen konkurrierender Unternehmungen orientieren.[475] Die Anforderungen an die Rechnungslegung stellen sich im praktischen Anwendungsfall XY GmbH wie folgt dar:

1. Das gesamte Reporting muss auf einer einheitlichen Datenbasis basieren.
2. Grundlage des Konzernreportings sind die Daten des Rechnungswesens.
3. Für das externe und das interne Rechnungswesen sind identische Ansatz- und Bewertungsvorschriften anzuwenden.
4. Der Prozess des Konzernreportings erfolgt auf Basis einer einheitlichen Software mit integrierten Applikationen.

Die Erfüllung der gestellten Anforderungen erfordert für die Unternehmung XY GmbH grundsätzlich die Vereinheitlichung, d.h. die Harmonisierung des Konzern-Reporting auf der Grundlage der Rechnungslegungsnormen IAS/IFRS bzw. der deutschen DRS. Zudem müssen die Abschluss-, Reporting- und Planungsprozesse für Jahres-, Quartals- und Monatsabschlüsse vereinheitlicht und automatisiert werden. Dies bedingt die Einführung und Gestaltung einer einheitlichen Reporting- und Konsolidierungssoftware für die Zwecke der Konzernkonsolidierung und des Konzernreportings. Die Realisierung dieser Anforderungen soll ein integriertes Reporting- und Konsolidierungssystem für eine Konzernsteuerung auf der Basis einheitlicher und valider Daten, harmonisierter Inhalte und effizienter Prozesse zum Ergebnis haben. Es wird das Ziel verfolgt, dass das Konzern-Reporting auf einem konzerneinheitlichen, harmonisierten Positionskatalog des Konzernrechnungswesens und des

---

474 Vgl. Weiss (2002), S. 385 ff.

475 International gehört die Segmentberichterstattung bereits seit längerem zum Pflichtbestandteil einer investitionsorientierten unternehmerischen Rechnungslegung, so dass aus Erfahrung „Best Practice" Lösungen abgeleitet werden können. Vgl. Coenenberg (2002), S. 176 ff. i.V.m. Abschnitt 6.1 der vorliegenden Arbeit.

Konzerncontrolling basiert. Durch die Verwendung einheitlicher Definitionen, Ansatz- und Bewertungsvorschriften und Methoden im Reporting ist neben der formalen auch die inhaltliche Konsistenz der einfließenden Informationen sicherzustellen. Über einheitliche Steuerungsgrößen aus dem Rechnungswesen wird darüber hinaus gewährleistet, dass die inhaltliche Konsistenz auch auf der Outputseite des Reporting ohne Überleitungsrechnung geprüft und überwacht werden kann. Struktur, Inhalte und Detaillierung der Positionen zwischen diesen Steuerungsgrößen können je nach Report jedoch unterschiedlich ausgestaltet sein.

Ausgehend von diesen Anforderungen und denen in Abschnitt 6.1 angeführten rechtlichen Rahmenbedingungen der Segmentberichterstattung, werden im Folgenden geeignete prozessuale Neuausrichtungen für die Abteilung Rechnungswesen der Unternehmung XY GmbH entwickelt. Diese prozessualen Neuausrichtungen sollen gleichermaßen dem gestiegenen Informationsbedarf der unternehmungsexternen und der unternehmungsinternen Informationsempfänger dienen.

6.3.2 Sichtenspezifische Darstellung des Rechnungswesens unter Zuhilfenahme von ARIS

Die im vorstehenden Abschnitt 6.3.1 formulierten Anforderungen der Unternehmung XY GmbH bedingen eine sichtenspezifische Darstellung des Rechnungswesens und – hierauf aufbauend – der dem Rechnungswesen zu Grunde liegenden Prozesslandschaft. Hierzu wird auf das in Abschnitt 6.2.2 vorgestellte ARIS-Toolset zurückgegriffen. Die Modellierung erfolgt in der für den weiteren Verlauf der Arbeit notwendigen Tiefe. Die Darstellung der Untersuchungsdimensionen beschränkt sich daher zumeist auf die Ebene des Fachkonzepts, da dies für die weitere Analyse der zu Grunde liegenden Prozesslandschaft eine ausreichende Datenbasis darstellt. Hierzu wird zunächst die Funktionssicht, anschließend die Organsisations-, die Daten- und die Leistungssicht der Unternehmung XY GmbH erarbeitet. Die Steuerungs- bzw. Prozesssicht wird bei der Modellierung implizit berücksichtigt.

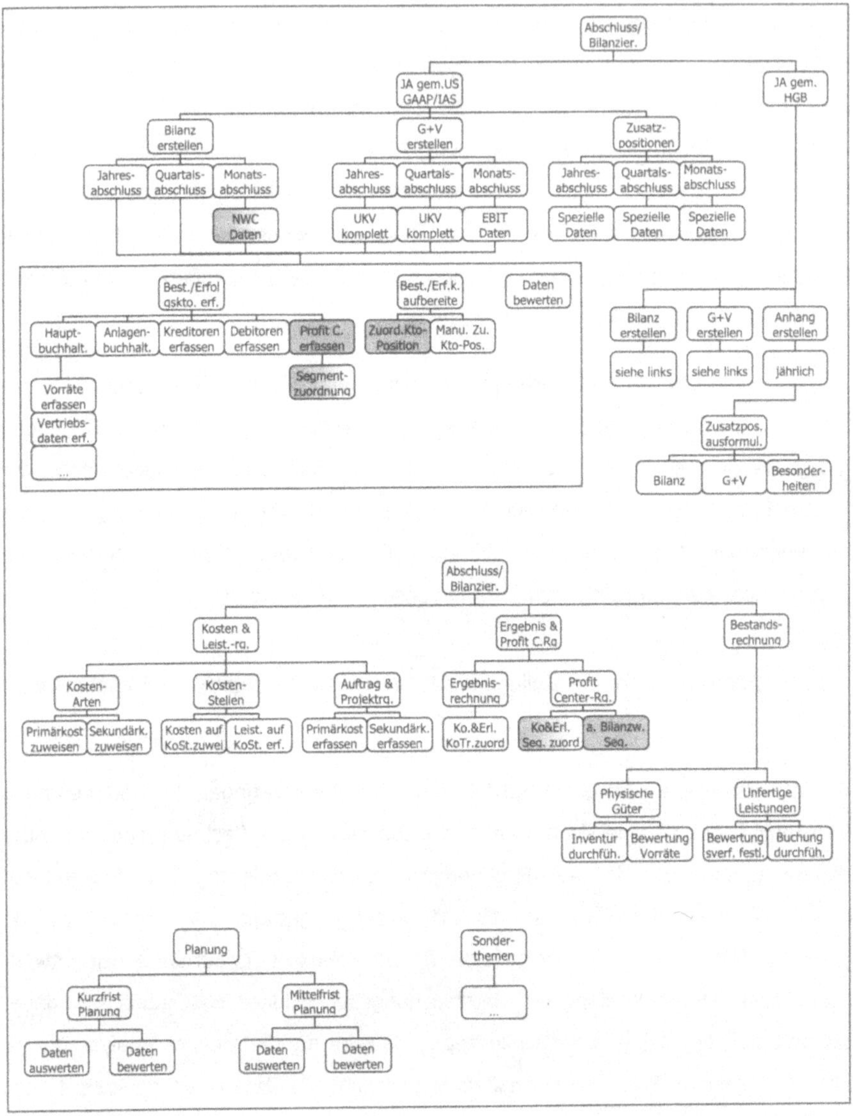

Abb. 6-3: Funktionssicht der Abteilung Rechnungswesen der Unternehmung XY GmbH

Die Funktionssicht widmet sich – wie bereits ausgeführt – der Fragestellung „Was" getan werden muss. Sie beschreibt die Vorgänge, die Input-Leistungen in Outputleistungen transformieren. Abbildung 6-3 verdeutlicht die Aufgabenbereiche des externen und internen Rechnungswesens in Form der Funktionssicht am Beispiel der Abteilung Rechnungs-wesen der Unternehmung XY GmbH. Um Redundanzen zu vermeiden, sind im oberen Teil der Abbildung Bereiche zusammengefasst und durch die im ARIS-Toolset verwendete Umrahmung dargestellt. Die vielfältigen Aufgaben des Rechnungswesens sollen an dieser Stelle nicht explizit erläutert werden, da diese von untergeordnetem Interesse im hier verfolgten Ansatz sind. Wesentlich für die weitere Analyse sind vornehmlich die grau schattierten Felder. Diese Felder stellen die durch die Erfüllung der Anforderungen der Segmentberichterstattung initiierten Veränderungen des Rechnungswesens dar. Sind die Felder nicht nur grau schattiert, sondern voll gefärbt, werden durch die Segmentberichterstattung vollständig neue Anforderungen an das Rechnungswesen gestellt. Beispielhaft sei die Funktion „Profit Center erfassen" („Profit C. erfassen") herausgegriffen. Die sich aus den Rechnungslegungs-vorschriften ergebenden Änderungen des Informationsbedarfs und der zusätzliche Mehrbedarf der Unternehmungsleitung erfordert die Angabe von detaillierten Informationen über Art, Umfang und insbesondere Ort der Leistungserbringung.[476] Unternehmungen werden zunehmend in kleinere „fiktive" Organisationseinheiten – den sogenannten Profit Centern – untergliedert und entsprechend analysiert. Die Unternehmungsleitung wird durch eine zieladäquate Zuordnung von Kosten und Leistungen zu jedem einzelnen Profit Center in die Lage versetzt, umfangreiche Analysen über die Rentabilität eben dieser zu erstellen.

Die farblichen Markierungen stellen demzufolge einen wesentlichen Bestandteil der prozessualen Neuausrichtung des Rechnungswesens und damit der integrierten Nutzenanalyse dar. Durch die Dekomposition der betrieblichen Vorgänge des Rechnungswesens werden diese Objekte sichtenspezifisch differenziert dargestellt und können zielführend analysiert werden.

Die sich anschließende Sicht stellt die Sicht der Organisation dar. Zunächst erfolgt in Abbildung 6-4 eine kurze grundsätzliche Einordnung der Abteilung Rechnungswesen

476 Vgl. auch: Busse von Colbe (1987), S. 191 ff.

in die Unternehmung XY GmbH, bevor in Abbildung 6-5 die Organisationssicht der Abteilung Rechnungswesen visualisiert wird:

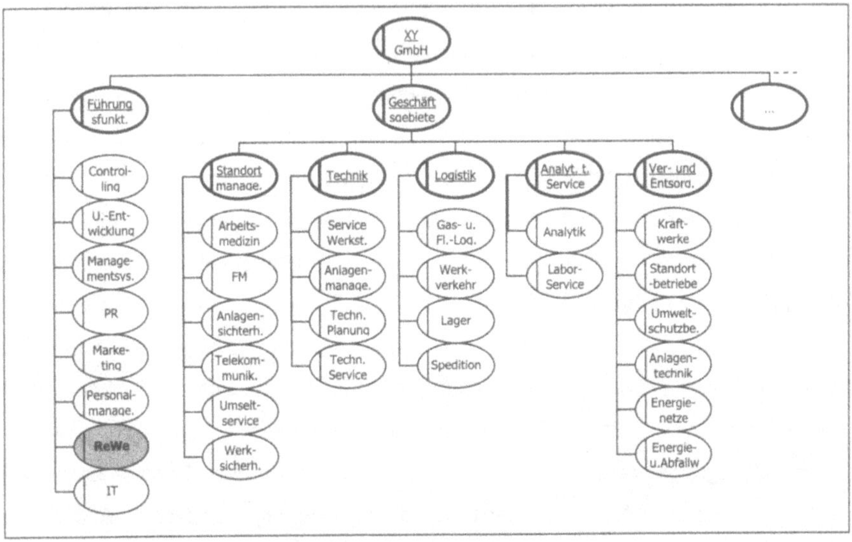

Abb. 6-4: Organisationssicht Unternehmung XY GmbH

Aus Abbildung 6-4 geht hervor, dass sich die Unternehmung XY GmbH grundsätzlich in die zwei Bereiche „Führungsfunktionen" und „Geschäftsgebiete" aufteilt.[477] Geschäftsgebiete bezeichnen spezielle Aufgabenbereiche, die durch die XY GmbH als Dienstleister übernommen werden. Sie stellen das Pendant zu den jeweiligen spezialisierten konzerninternen und konzernexternen Drittunternehmungen dar. Als Führungsfunktionen werden Tätigkeiten bezeichnet, die – ebenfalls für Dritte – extern angeboten werden. Ziel ist es, Unternehmungen der chemischen Industrie kostengünstig spezialisiertes Know-how zur Verfügung zu stellen. Eine dieser Funktionen stellt das betriebliche Rechnungswesen dar. Drittunternehmen benötigen somit keine eigene Abteilung Rechnungswesen, sondern lediglich eine Schnittstelle zu der ausgegliederten Einheit.

477 Weitere Geschäftsgebiete sind „Beteiligungen" und „Mandate". Auf sie wird hier nicht näher eingegangen.

Der interne Aufbau der Abteilung Rechnungswesen stellt sich bei der Unternehmung XY GmbH wie folgt dar:

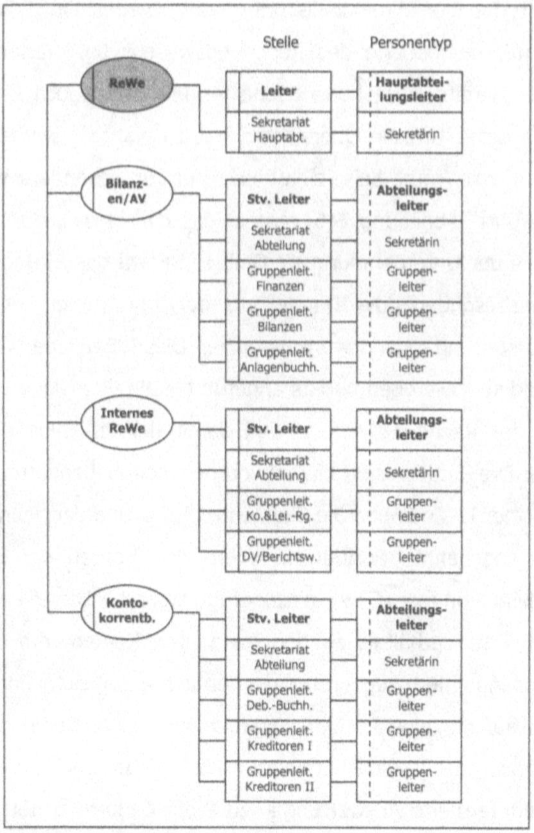

Abb. 6-5: Organisationssicht der Abteilung Rechnungswesen der Unternehmung XY GmbH

Aus vorstehender Abbildung 6-5 geht hervor, dass es in der Abteilung Rechnungswesen der Unternehmung XY GmbH einen Hauptabteilungsleiter und drei hierarchisch untergeordnete Abteilungsleiter „Bilanzen/Anlagevermögen", „Internes Rechnungswesen" und „Kontokorrentbuchhaltung" gibt. Innerhalb dieser Abteilungen wird noch weiter differenziert. Für die hier verfolgten Ziele ist der gewonnene Überblick über den internen Aufbau der Abteilung Rechnungswesen jedoch ausreichend, so dass auf eine weitere Stellenbeschreibung verzichtet werden kann.

Die Illustration der Datensicht, also die Abbildung der Sicht „Womit" etwas getan werden muss, wird im Folgenden in der Notationsform des – im ARIS-Toolset verwendeten – Entity-Relationship-Modells (ER-Modell) dargestellt.[478] Dieses ER-Modell beschränkt sich für die Bedarfe des Rechnungswesens auf dessen grundsätzliche Zusammenhänge. Bereits diese hohe Ebene verdeutlicht jedoch die enorme Komplexität der Datensicht. Um die Übersichtlichkeit zu wahren, werden Attribute und Beziehungen (1:n, n:1, n:m) beispielhaft und nur für besonders wichtige Zusammenhänge angeführt. Abbildung 6-6 verdeutlicht die vereinfachte Datensicht des Rechnungswesens der Unternehmung XY GmbH in Form des ER-Modells.[479] Ziel der Abbildung ist insbesondere die Darstellung der durch die Anforderungen der Segmentberichterstattung geänderten Bereiche. Diese Bereiche sind erneut grau hinterlegt. Sie bilden – wie oben bereits angeführt – die Grundlage der prozessualen Neuausrichtung des Rechnungswesens und damit der im Folgenden zu analysierenden Prozesse. Drei Entities sind hierbei von besonderer Bedeutung: die Positionsnummer, der Partner IT-Code und die Segmente. Auf Grund der geänderten Anforderungen müssen sogenannte Positionsnummern den Konten der Bilanz- und der Gewinn- & Verlustrechnung (G+V) hinzugefügt werden. Diese Positionsnummern stehen in einem n:m Verhältnis zu den genannten Konten, d.h. dass ein Konto mehreren Positionsnummern zugeordnet werden kann. Zugleich können jedoch auch mehrere Konten auf nur eine Positionsnummer verweisen. Durch diese Zuordnung von Buchungssätzen zu Positionsnummern wird die Unternehmungsleitung in die Lage versetzt, differenzierte Auswertungen zu Profit Centern zu tätigen. Ein Fremdschlüssel der Entität Positionsnummer ist der „Partner IT-Code". Unter Zuhilfenahme dieses Codes ist es möglich, alle Umsätze zwischen konzerneigenen Tochtergesellschaften gesondert auszuwerten. Hierdurch wird die Unternehmungsleitung in die Lage versetzt, Profit Center-Auswertungen über Unternehmensgrenzen hinweg vorzunehmen und bspw. Beziehungen zwischen den Tochtergesellschaften aufzudecken.

---

478 Vgl. Scheer (2002), S. 48 ff. i.V.m. Scheer (2001), S. 126; auch: Elmasri/Navathe (2005), S. 77 ff.; Chen (1981).

479 Die vollständige Abbildung des Rechnungswesens einer Unternehmung in Form eines ER-Modells wäre in der Konsequenz nichts anderes als die Darstellung aller Beziehungen des Rechnungswesens in z.B. SAP R/3. Da dies nicht das Ziel der hier verfolgten Nutzen-Analyse ist, wird hierauf verzichtet.

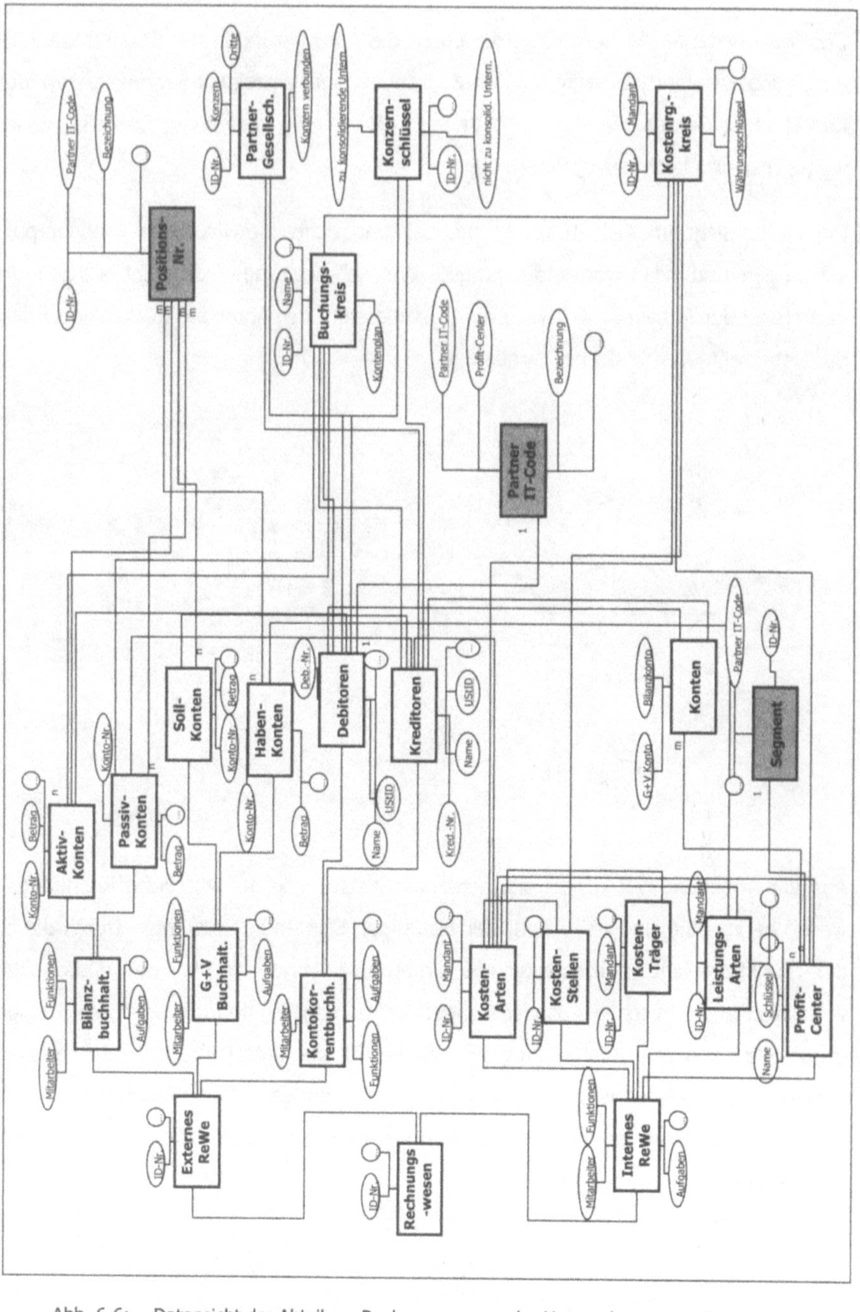

Abb. 6-6: Datensicht der Abteilung Rechnungswesen der Unternehmung XY GmbH

Die dritte bedeutende Neuerung, die durch die Anforderungen der Segmentberichterstattung resultiert, besteht in der Zuordnung von einzelnen Segmenten zu der Entität Profit Center. Sie stehen in einer 1:n Beziehung zueinander und sind daher vergleichsweise leicht zuzuordnen.

Die vierte Sicht im ARIS-Haus ist die Leistungssicht. Sie visualisiert die Output-Leistungen und beantwortet die Frage, „Welche" Leistungen erbracht werden. In nachstehender Abbildung 6-7 wird die Leistungssicht der Abteilung Rechnungswesen der Unternehmung XY GmbH dargestellt.

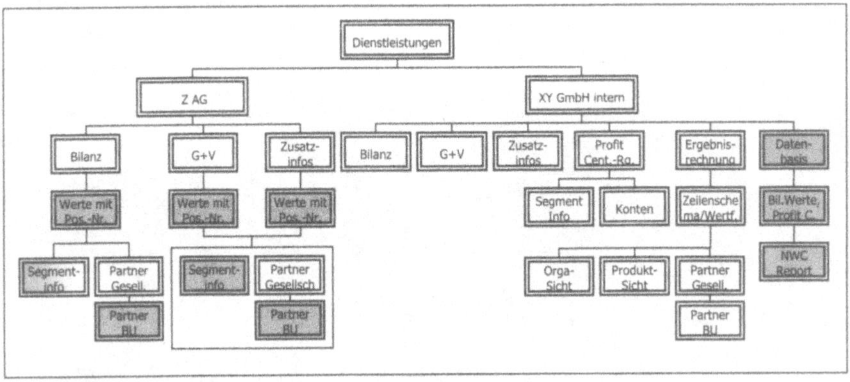

Abb. 6-7: Leistungssicht der Abteilung Rechnungswesen der Unternehmung XY GmbH

Aus der Abbildung 6-7 gehen die vielfältigen Leistungen der Abteilung Rechnungswesen hervor. Sie sind als Output der bisherigen Sichten zu verstehen. Durch die in der Funktionssicht dargestellten Anforderungen und die in der Datensicht visualisierten technischen Ausgestaltungen ist es möglich, den gewünschten Output als Basis zur weiteren Analyse zu gewinnen. Die für die unternehmungsexternen und unternehmungsinternen Adressaten neuen, ergänzenden Informationen sind – wie üblich – grau hinterlegt und stellen einen weiteren Gegenstand der nachfolgenden Analyse dar.

Im folgenden Abschnitt 6.3.3 werden nunmehr – auf Basis der bisherigen Ausführungen – zwei miteinander konkurrierende Lösungsvorschläge zur Erfüllung der gesetzlichen Anforderungen und der von der Unternehmung XY GmbH gestellten Forderungen entwickelt.

6.3.3 Modellierung konkurrierender Lösungsvorschläge zur Erfüllung der Anforderungen der Segmentberichterstattung

Die praktische Anwendung der in Kapitel 5 entwickelten Nutzenanalyse zur Lösung der in den Abschnitten 6.1 und 6.3.1 angeführten Problematik stellt die Zielsetzung des vorliegenden Abschnitts 6.3.3 dar. Hierzu werden – auf Basis des Abschnitts 6.2.2 in Verbindung mit Abschnitt 6.3.2 – zwei miteinander konkurrierende Lösungsvorschläge entwickelt, die jeweils den gestellten Anforderungen genügen.[480]

Der folgende Abschnitt 6.3.3.1 integriert die prozessuale Neuausrichtung mit einer vollständigen Überarbeitung der Hardware und Software der Abteilung Rechnungswesen.[481] Kern dieser Überlegungen stellt das SAP BW 3.5 dar.[482] Im Gegensatz hierzu steht die Konzeption des Lösungsvorschlags in Abschnitt 6.3.3.2. Der in diesem Abschnitt entwickelte Vorschlag basiert auf der bisherigen informationstechnischen Landschaft und stellt das SAP R/3 in den Mittelpunkt der Segmentberichterstattung.

Die Unternehmung XY GmbH wird demnach mit zwei „vollkommen" verschiedenen Lösungsansätzen konfrontiert. Beide müssen jedoch die gleichen, an sie gestellten Anforderungen erfüllen, d.h. die Lösungsvorschläge müssen der Befriedigung der unternehmungsexternen und der unternehmungsinternen Informationsbedarfe – im Sinne der Segmentberichterstattung – in gleicher Weise dienen.

---

480 Vgl. auch: Malhotra/Galletta (2004), S. 89 ff.; Grönke et al. (2005), S. 277 ff.

481 Vgl. auch: Taylor (1997).

482 Die Auswahl einer geeigneten Software kann bspw. durch ein Scoring-Modell erfolgen. Ein bemerkenswerter Vorschlag findet sich bei Kütz. Vgl. Kütz (2005), S. 259 ff.

6.3.3.1 Definition des ersten Lösungsvorschlags

In den folgenden beiden Abschnitten wird der Lösungsvorschlag L_1 zur Erfüllung der gestellten Anforderungen an die Segmentberichterstattung im Rechnungswesen entwickelt. Hierzu wird in Abschnitt 6.3.3.1.1 das SAP BW 3.5 als Technologie in das computergestütze Informationssystem der Abteilung Rechnungswesen implementiert.[483] Der anschließende Abschnitt 6.3.3.1.2 baut unmittelbar auf diesen Ausführungen auf, indem ein integrierender Berichtsprozess, der die gestellten Anforderungen erfüllt, modelliert wird.

6.3.3.1.1 Entwicklung der für die Segmentberichterstattung im Rechnungswesen geeigneten IT-Infrastruktur auf Basis des SAP BW 3.5

Wie die meisten Unternehmungen setzt auch die Unternehmung XY GmbH das ERP-System SAP R/3 als Basistechnologie im Rechnungswesen ein.[484] SAP R/3 zeichnet sich durch eine dreistufige Client-Server-Architektur aus. Zwischen der Client- und der Server-Komponente existieren vielfältige Kommunikationsschnittstellen. Die vom Client „angefragten" Aufträge werden über diese Schnittstellen an den Server weitergegeben und dort bearbeitet.[485] Hierauf aufbauend dient das SAP Business Information Warehouse (SAP BW) als technische Plattform zur Entscheidungsunterstützung. Das SAP BW wird stets in Kombination mit anderen Systemkomponenten eingesetzt, da es spezifische Aufgaben im Bereich der Extraktion von Daten wahrnimmt. Es dient durch den Einsatz von vordefinierten, rollen- und aufgabenbezogenen Informationsbausteinen betriebswirtschaftlichen Analysen. Diese

483 Ein mögliches Vorgehen zur Einführung des SAP BW 3.5 in einer Unternehmung findet sich bei Chamoni et al. Chamoni et al. lehnen sich hierbei grundsätzlich an den – ebenfalls in dieser Arbeit angeführten – Prozess zum Software-Engineering an. Vgl. Chamoni et al. (2005), S. 119 ff. i.V.m. Abschnitt 5.5.1.1.

484 Zu den SAP Prozessen im Rechnungswesen vgl. insbesondere die Ausführungen von Teubner (1999), S. 1 ff.

485 Vgl. Will et al. (1996), S. 17 ff.

können ohne zusätzlichen Entwicklungsaufwand erstellt werden.[486] Das SAP BW kann ebenfalls in drei Architekturschichten differenziert werden: Extraktionsschicht, Data Warehouse und Decision-Support-Systeme.[487] Hierbei dient die Extraktionsschicht dem Auslesen von Daten aus operativen Vorsystemen.[488] Ein solches Vorsystem kann bspw. das SAP R/3 darstellen. Anschließend werden die Daten in das Data Warehouse (DW) fortgeschrieben, welches den Kern des SAP BW bildet. Es umfasst die Verwaltung der spezifischen Datenstruktur, das Management der Dateninhalte sowie die Bereitstellung der Zugriffsverfahren.[489] Schließlich können die Daten in der Decision-Support-Schicht abgefragt und entscheidungsrelevant aufbereitet werden.[490] In Verbindung mit dem SAP Strategic Enterprise Management[491] (SAP SEM) bzw. der auf SAP BW basierenden Konsolidierung SAP Strategic Enterprise Management Business Consolidation System (SAP SEM-BCS), können – bezogen auf das vorliegende Beispiel – die Daten aller Tochterunternehmungen in die Datenbasis der Konzernmutter aufgenommen werden.[492] Das SAP SEM-BCS stellt hierfür die einheitliche Kommunikationsschnittstelle dar.[493]

---

486 Eine sehr gute Übersicht der betriebswirtschaftlichen Einsatzpotenziale findet sich bei Chamoni et al. (2005), S. 107 ff.

487 Vgl. Mehrwald (2005), S. 7 ff., Vgl. auch: Dittmar (2004), S. 312 ff.; Bauer et al. (2004), S. 31 ff.

488 Die Extraktion von Daten erfordert ggf. den Einsatz von speziellen 3rd party ETL-Tools. Diese ETL-Tools dienen der Extraktion, der Transformation und des Ladens der Daten in die Datenbasis des SAP BW. Vgl. Chamoni et al. (2005), S. 40 ff.

489 Vgl. Mehrwald (2005), S. 11 ff.

490 Zum Begriff des Decision Support vgl. insbesondere Gluchowski et al. (1997), S. 165 ff.

491 Das SAP Strategic Enterprise Management (SAP SEM) dient der Unterstützung der Führungsaufgaben in einer Unternehmung. Hierbei stehen dem strategischen Management die folgenden Konzepte zur Verfügung: Balanced Scorecard, Benchmarking, Risk Management, Performance Measurement, Business Consolidation, Business Planning und Simulation sowie Stakeholder Relationship Management. Vgl. Chamoni et al. (2005), S. 116 f.

492 Das SAP SEM-BCS ermöglicht eine direkte Anbindung an das SAP BW 3.5. Der Einsatz des SAP SEM-BCS auf Basis des SAP BW 3.5 bedarf hierbei eines harmonisierten Datenmodells Vgl. Dahnken et al. (2003), S. 196 ff.

493 Beide Module, sowohl das SAP BW 3.5 als auch das SAP SEM-BCS, sind Bestandteil von mySAP Business Intelligence (mySAP BI). Vgl. auch: Hansen/Neumann (2005), S. 542 ff. i.V.m. S. 802 ff.

Die der vorliegenden Arbeit zu Grunde liegende Sicht auf die IT-Landschaft der Unternehmung XY GmbH ist in nachfolgender Abbildung 6-8 schematisch dargestellt. Die farblichen Markierungen stellen erneut die für die Bedarfe der Segmentberichterstattung notwendigen Änderungen des computergestützten Informationssystems dar.

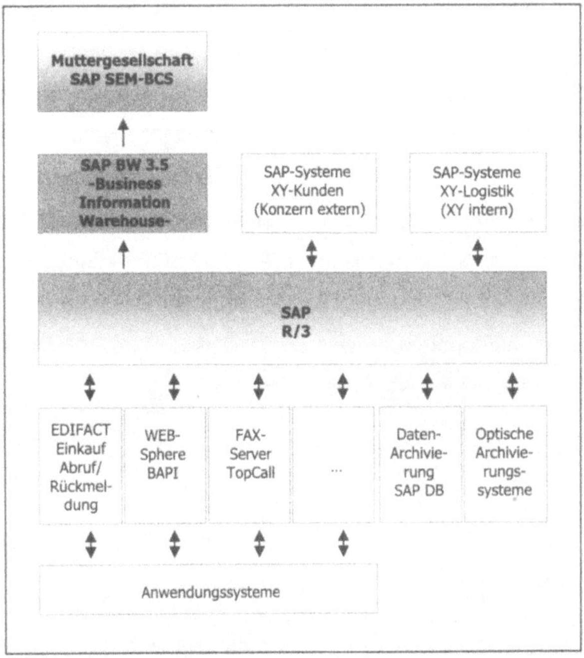

Abb. 6-8: Mögliche IT-Landschaft des Rechnungswesens der Unternehmung XY GmbH

Aufbauend auf verschiedenen operativen Vor- & Nebensystemen fungiert das SAP R/3 als zentraler Baustein der Softwarelandschaft der Unternehmung XY GmbH und hier insbesondere der Abteilung Rechnungswesen. Hierauf aufbauend wird das SAP BW 3.5 und das SAP SEM-BCS implementiert. Das SAP BW 3.5 dient als Data Warehouse zur Erfüllung der Anforderungen, die an die Segmentberichterstattung gestellt werden. Das SAP SEM-BCS baut auf diesem SAP BW 3.5 auf und stellt die

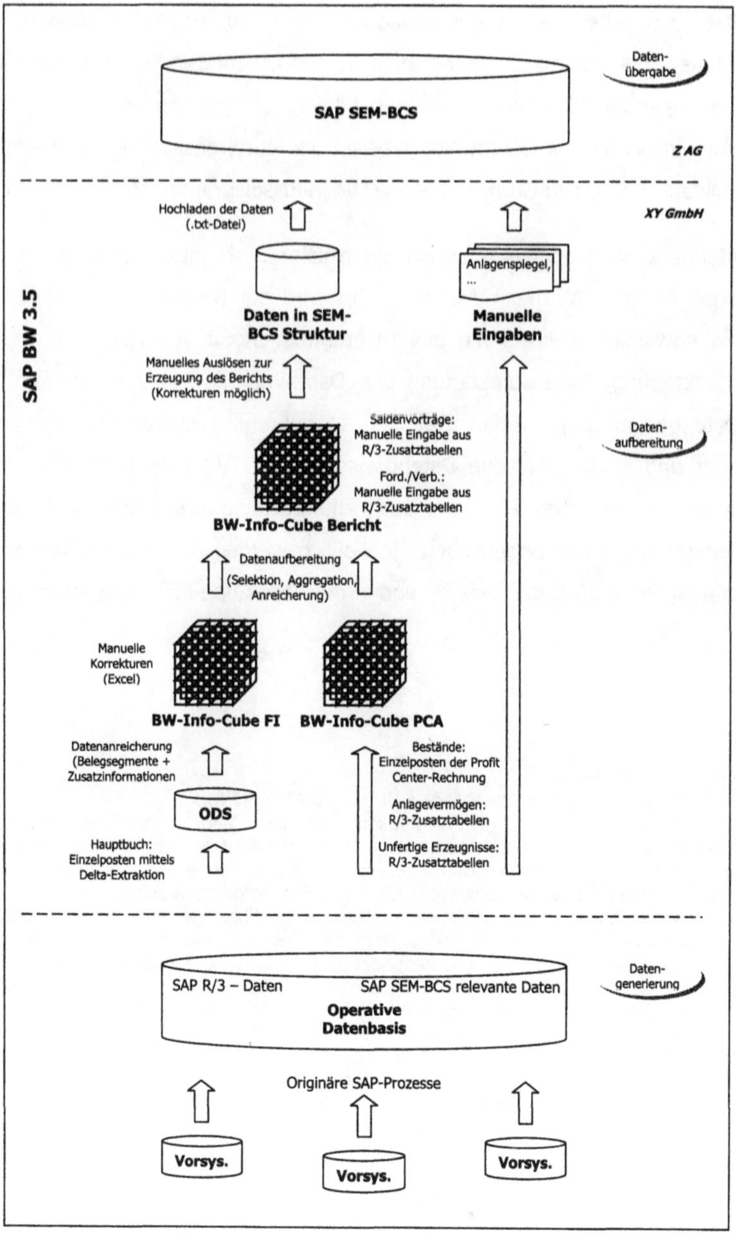

Abb. 6-9: Datenflussdiagramm des Rechnungswesens für die Unternehmung XY GmbH unter Zuhilfenahme des SAP BW 3.5

Schnittstelle zwischen der Unternehmung XY GmbH und der Muttergesellschaft Z AG dar. Es gewährleistet eine integrierte Sicht der Leistungsindikatoren einer Unternehmung über alle Organisationsebenen hinweg. Ausgehend von den operativen Vorsystemen bis hin zur Datenweitergabe an die Muttergesellschaft veranschaulicht die Abbildung 6-9 das zu Grunde liegende Datenflussdiagramm.[494]

Der integrierende Berichtsprozess als essenzieller Bestandteil der Segmentberichterstattung für die Unternehmung XY GmbH wird auf Basis dieses Datenflussdiagramms entwickelt. Der Aufbau des Diagramms erfolgt klassisch in drei Stufen: Datengenerierung, Datenaufbereitung und Datenübergabe an den Konzern.[495] Bei der Datengenerierung werden Daten aus mehreren (operativen) Vorsystemen extrahiert und in die operative Datenbasis des SAP R/3 geladen.[496] Anschließend werden bestimmte Daten aus dieser Basis entsprechend ihrer späteren Nutzung mit weiteren Informationen angereichert. Schließlich werden die Daten in das SAP BW 3.5, speziell die „ODS-Datenbank"[497] und in den Info-Cube FI[498] übernommen. Diese

---

494 Zum Datenfluss vergleiche insbesondere Hahne (2005), S. 43 ff.

495 Der Aufbau des SAP BW 3.5 geht hiermit konform. Fischer führt aus, dass das SAP BW 3.5 auf einer Dreischichten-Architektur basiert. Die erste Schicht dient der Extraktion der Daten aus den operativen Vorsystemen. Die zweite Schicht bezeichnet Fischer als „Administrationsebene". Inhaltlich stimmt diese Administrationsebene mit dem in dieser Arbeit verwendeten Wortlaut „Datenaufbereitung" überein. Die abschließende dritte Ebene wird in der Terminologie von Fischer als „Präsentationsebene" oder auch Datenauswertung und Reporting bezeichnet. In der vorliegenden Arbeit wird der – in diesem Kontext – inhaltlich übereinstimmende Begriff „Datenübergabe" verwendet. Vgl. Fischer (2005), S. 92 ff.

496 In dieser Datenbasis existieren neben den reinen SAP R/3-relevanten Daten bereits SAP SEM-BCS relevante Daten, die direkt an den Mutterkonzern weiter gegeben werden. Die Datenbasis ist demnach als „vollständig" zu bezeichnen.

497 Die ODS-Datenbank bzw. die ODS-Objekte dienen der Aufnahme von Bewegungsdaten und sind grundsätzlich mit Info-Cubes vergleichbar. Im Gegensatz zu Info-Cubes dienen ODS-Objekte jedoch in erster Linie als Speicherschicht, in welcher detaillierte Massendaten vorgehalten und genutzt werden können. Vgl. Mehrwald (2005), S. 114 ff.

498 Info-Cubes bezeichnen die zentralen Objekte im SAP BW 3.5. Auf Basis dieser Info-Cubes können multidimensionale Analysen und Berichte erstellt werden, da sie eine Menge von relationalen Tabellen, in Form von Star-Schematas, vereinen. Hierdurch kann ein spezifischer betriebswirtschaftlicher Bereich durch einen geschlossenen Datenbestand abgebildet werden. SAP unterscheidet vier unterschiedliche Typen von Info-Cubes: Basis-Cube, Allgemeiner Remote-Cube, SAP Remote-Cube und den virtuellen Info-Cube mit Services. Vgl. Egger et al. (2005), S. 554; Hahne (2005), S. 48 ff.

Vorgehensweise wird als Datenaufbereitung bezeichnet.[499] Parallel hierzu wird der Info-Cube PCA mit Daten gefüllt, die nicht automatisiert geladen werden können.[500] Basierend auf diesen beiden Info-Cubes ist ein dritter Cube, der sogenannte Info-Cube Bericht, zu implementieren. Der Info-Cube Bericht gewährleistet die Aggregation aller maschinell nutzbaren Datensätze. Er kann grundsätzlich mit der operativen Datenbasis des SAP R/3 verglichen werden. Der wesentliche Unterschied besteht jedoch darin, dass nunmehr die Datensätze der operativen Ebene entsprechend den Anforderungen der Segmentberichterstattung mit ergänzenden Daten angereichert sind. Gegebenenfalls können an dieser Stelle noch manuelle Nachbesserungen zur Erhöhung der Datenqualität erfolgen. Schließ-lich werden die segmentbericht-konsistenten Daten in die Struktur des SAP SEM-BCS transformiert und – in der Form einer .txt-Datei – in das SAP SEM-BCS der Mutter-unternehmung geladen. Parallel zu diesem Hochladen können einzelne Daten direkt aus der operativen Datenbasis extrahiert und in das SAP SEM-BCS der Mutter-gesellschaft geschrieben werden. Dieses Vorgehen erscheint in den Fällen opportun, in denen der technische Aufwand zur Aufbereitung der Daten als zu hoch erscheint. Im Falle der Berichterstattung der Unternehmung XY GmbH ist dies beispielsweise für die Datensätze des Anlagenspiegels denkbar, da diese oftmals einer manuellen (Nach)-Pflege bedürfen.

Nach dieser technischen Lösung erfolgt im folgenden Abschnitt 6.3.3.1.2 die adäquate Entwicklung des zu Grunde liegenden integrierenden Berichtsprozesses. Hierbei kommt das in Abschnitt 6.2.2 dargestellte ARIS-Toolset zur Anwendung. Die in Abschnitt 6.3.2 durchgeführte Dekomposition der Abteilung Rechnungswesen in geeignete Sichten stellt – in Verbindung mit der Modellierung des computergestützten Informationssystems – die Grundlage zur prozessualen Neuausrichtung der Abteilung Rechnungswesen dar.

---

499 In das SAP BW 3.5 können Daten aus beliebigen Quellen geladen werden. Egger et al. führen beispielhaft verschiedene SAP-Systeme an. Neben den SAP-Systemen SAP R/3, SAP CRM, SAP APO und SAP SEM ermöglicht das SAP BW 3.5 den Datenzugriff auf XML-basierte Daten, relationale Datenbanksysteme und andere Fremdsysteme. Vgl. Egger et al. (2005), S. 42 ff.

500 Die exakte Erarbeitung der hierzu notwendigen Prozessschritte ist Gegenstand des Abschnitts 6.3.3.1.2.

6.3.3.1.2 Entwicklung des integrierenden Berichtsprozesses

Die Entwicklung des integrierenden Berichtsprozesses erfolgt auf Basis des vorherigen Abschnitts 6.3.3.1.1 und hier insbesondere des erarbeiteten Datenflussdiagramms. Zur Darstellung wird die Notationsform der Ereignisgesteuerten Prozesskette (EPK) gewählt. Die EPK ist fester Bestandteil der Steuerungs- bzw. Prozesssicht des in Abschnitt 6.2.2 dargestellten ARIS-Hauses. Die Ereignisgesteuerte Prozesskette stellt den letzten, verbindenden Arbeitsschritt der Dekomposition der Sichten des Rechnungswesens dar.

Die nachstehende Abbildung 6-10 visualisiert den integrierenden Berichtsprozess des Lösungsvorschlags L_1.[501] In ihm laufen alle „Vorprozesse" zusammen. Der integrierende Berichtsprozess bildet alle wesentlichen Prozessschritte ab, angefangen mit der Datengenerierung im SAP R/3, über die Datenaufbereitung im SAP BW 3.5 bis hin zur Datenübergabe an den Mutterkonzern in das SAP SEM-BCS. Die Ergebnisse der anderen Prozesse im Rechnungswesen dienen als Input-Faktoren dieses Berichtsprozesses. Er kann demnach als der originäre Prozess für den Lösungsvorschlag L_1 interpretiert werden.[502]

Ausgehend von der originären Datenbasis des SAP R/3 werden die Daten automatisch in den SAP BW Info-Cube FI bzw. in den SAP BW Info-Cube PCA geladen. Insgesamt werden hierdurch ca. 90% bis 95% aller Prozessdurchläufe automatisiert verarbeitet. Die verbleibenden 5% bis 10% werden manuell bearbeitet. An den Tagen U+4[503] bis U+6 werden von den Abteilungen Bilanzen/ Anlagevermögen und Kontokorrentbuchhaltung unfertige Leistungen, debitorische und kreditorische Saldenvorträge und debitorische und kreditorische Positionen bereitgestellt und abgestimmt. Die Datenfortschreibung erfolgt manuell durch eine zentrale Stelle, entweder in den SAP Info-Cube FI oder in den SAP Info-Cube PCA. Zudem werden

501 In Analogie zum bisherigen Vorgehen sind Veränderungen in der Bereitstellung der Daten grau schattiert und Neuerungen voll grau eingefärbt.

502 Vgl. Scheer (2001), S. 190 ff.

503 Der Tag „U" (hier: Ultimo) bezeichnet den Zeitpunkt, von dem an der Jahres-, Quartals- oder Monatsabschluss erstellt werden muss.

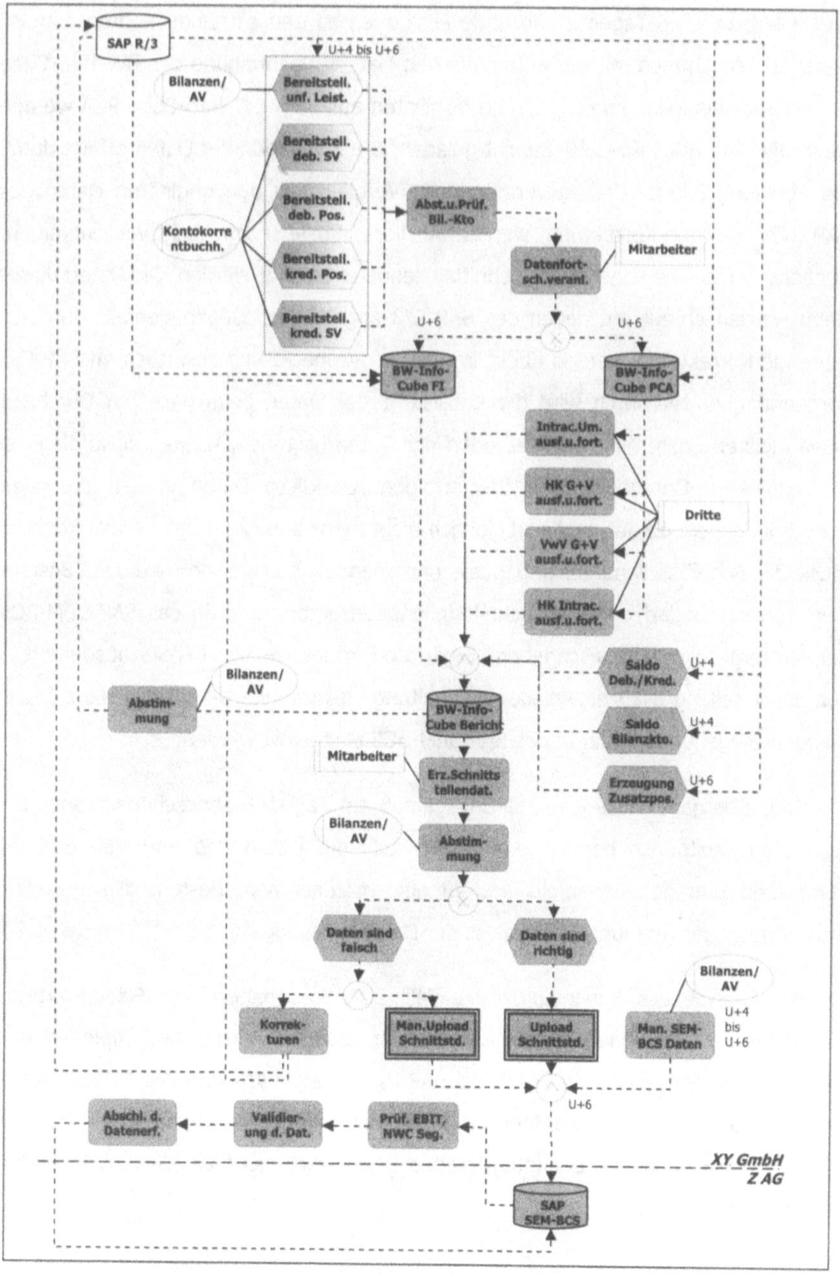

Abb. 6-10: Integrierender Berichtsprozess für den Lösungsvorschlag L_1

an U+4- bzw. U+6-Tagen ergänzende Positionen zu den einzelnen Konten manuell generiert. Zusammen mit der automatischen Datenfortschreibung des BW Info-Cube FI und der manuellen Fortschreibung der Daten aus dem BW Info-Cube PCA werden sie in den SAP BW Info-Cube Bericht geladen. Die Evaluation der Daten erfolgt durch die Abteilung Bilanzen/Anlagevermögen im Vergleich zu den originären Daten des SAP R/3. Mögliche Korrekturen werden an dieser Stelle (noch) nicht vorgenommen. Zunächst muss eine sogenannte Schnittstellendatei erzeugt werden. Die Daten dieser Datei werden erneut mit denen des SAP R/3 abgestimmt. Gegebenenfalls durchzuführende Korrekturen werden direkt im BW Info-Cube FI und zusätzlich im SAP R/3 vorgenommen. Hierdurch wird die Konsistenz der Daten beim nächsten Durchlauf gewährleistet. Sollte ein Korrekturbedarf der Daten bestehen, können diese direkt in der originären Datenbasis SAP R/3 erfolgen. Da diese Daten in der laufenden Abrechnungsperiode automatisiert, jedoch nicht mehr berücksichtigt werden können, muss die Schnittstellendatei angepasst und manuell hochgeladen werden. Besteht kein Korrekturbedarf, wird die Schnittstellendatei automatisch in das SAP SEM-BCS der Muttergesellschaft geschrieben. Ergänzend können – wie bereits ausgeführt – von der Abteilung Bilanzen/Anlagenbuchhaltung ausgewählte Datensätze wie z.B. der Anlagenspiegel unmittelbar in das SAP SEM-BCS eingestellt werden.

Die Datenübergabe muss vereinbarungsgemäß am Tag U+6 abgeschlossen sein. Bis zu diesem Zeitpunkt besteht die Möglichkeit, die Daten des SAP SEM-BCS zu überprüfen und gegebenenfalls Änderungen vorzunehmen. Besteht dieser Bedarf nicht, erfolgt der (manuelle) Abschluss der Datenerfassung.

Bei der Analyse des Berichtsprozesses fällt auf, dass nahezu alle Felder farblich markiert sind. Dies bedeutet, dass nahezu der gesamte Prozess neu implementiert wird. Eine Ausnahme stellt lediglich die SAP R/3 - Datenbasis dar. Der Grund hierfür ist darin zu sehen, dass die Anforderungen der Segmentberichterstattung nahezu vollständig neu sind und der integrierende Berichtsprozess ausschließlich für diese Bedarfe modelliert wird.

Nach der Erarbeitung dieses Lösungsvorschlags L_1 und der gezielten Dekompo-sition des Rechnungswesens mit seinen zu Grunde liegenden Prozessen ist das Ziel der Erfüllung der Anforderungen der Segmentberichterstattung erreicht. Die Segmentberichterstattung und der darüber hinausgehende unternehmungsexterne und unternehmungsinterne Informationsbedarf kann demnach als verwirklicht angesehen werden.

Der folgende Abschnitt 6.3.3.2 dient der Entwicklung eines zweiten, konkurrierenden Lösungsvorschlags L_2. Dieser Lösungsvorschlag L_2 soll hauptsächlich unter Zuhilfenahme des vorhandenen computergestützten Informationssystems die Anforderungen der Segmentberichterstattung erfüllen und auf weitere Systemkomponenten wie bspw. das SAP BW 3.5 verzichten. Ziel ist die Entwicklung einer vergleichsweise „kostengünstigen" und einfachen Alternative zur Erfüllung der Anforderungen der Segmentberichterstattung.

6.3.3.2 Definition des zweiten Lösungsvorschlags

Nach der Definition des Lösungsvorschlags L_1 im vorstehenden Abschnitt 6.3.3.1 erfolgt nunmehr die Entwicklung eines konkurrierenden Lösungsvorschlags L_2. In Analogie zu L_1 gewährleistet auch der zweite Lösungsvorschlag die Erfüllung der an die Segmentberichterstattung gestellten Anforderungen. Abweichend von Abschnitt 6.3.3.1.1 wird hierzu jedoch nicht das SAP BW 3.5 herangezogen, sondern ein auf Basis der bestehenden Informationstechnik aufbauendes Konzept entwickelt. Abschnitt 6.3.3.2.1 widmet sich dieser Problematik. Der hierbei zu Grunde liegende Berichtsprozess wird im anschließenden Abschnitt 6.3.3.2.2 entwickelt. Dieser Berichtprozess dient erneut als integrierender Prozess, in dem alle (relevanten) Vorprozesse des Rechnungswesens zusammenlaufen.

6.3.3.2.1 Entwicklung der für die Segmentberichterstattung im Rechnungswesen geeigneten IT-Infrastruktur auf Basis des SAP R/3

Die Entwicklung einer geeigneten IT-Infrastruktur auf Basis des SAP R/3 erfordert zur Erfüllung der Anforderungen, die an die Segmentberichterstattung gestellt werden, die Implementierung einer ergänzenden Datenbank.[504] In diese Datenbank werden „alle" relevanten Datensätze geladen. Der Vorgang erfolgt im vorliegenden Beispiel unter Zuhilfenahme eines ETL-Prozesses.[505] Hierbei werden die Daten aus der operativen Datenbasis, d.h. aus mehreren Vorsystemen und aus dem SAP R/3, extrahiert und zielführend in die notwendige Datenstruktur transformiert. Anschließend werden die Datensätze in die integrierende Datenbank geschrieben. Die Extraktion der Daten beschränkt sich auf die SAP SEM-BCS relevanten Daten, da nur diese an die Muttergesellschaft weitergegeben werden.[506] Die integrierende Datenbank bietet zudem die Möglichkeit der manuellen Korrektur von einzelnen Datensätzen und – im vorliegenden Lösungsvorschlag L_2 – der ergänzenden manuellen Eingabe von Daten. Der Grund hierfür liegt in der Datenstruktur des SAP R/3 und den individuellen Umweltbedingungen der Unternehmung XY GmbH. Aus Gründen der Effizienz werden nicht alle Datensätze, die die Abteilung Rechnungswesen und hier insbesondere die Bereiche Debitoren und Kreditoren buchen, mit allen geforderten Zusatzinformationen versehen. Die Datenübergabe zur Erfüllung der Anforderungen der Segmentberichterstattung erfordert, wie bereits ausgeführt, gegebenenfalls ergänzende Informationen. Diese ergänzenden Informationen werden nicht in die SAP R/3 Datenbasis aufgenommen, sondern unmittelbar in die Datenbank geschrieben.

504 Zur Modellierung einer Datenbank bzw. eines Datenbanksystems vgl. Gabriel/Röhr (1995), S. 43 ff. und S. 255 ff.; Gabriel/Röhrs (2003), S. 11 ff.; Heuer (2000), S. 238 ff.; Kleinschmidt/ Rank (2005), S. 73 ff.; Date (1987); Hansen/Neumann (2005a), S. 435 ff.

505 Extraction, Transformin, Loading (ETL).

506 Die Extraktion der SAP SEM-BCS relevanten Daten ist vor dem Hintergrund der zwangsläufig redundanten Datenhaltung auf diejenigen Daten zu beschränken, die unmittelbar der Segmentberichterstattung dienen.

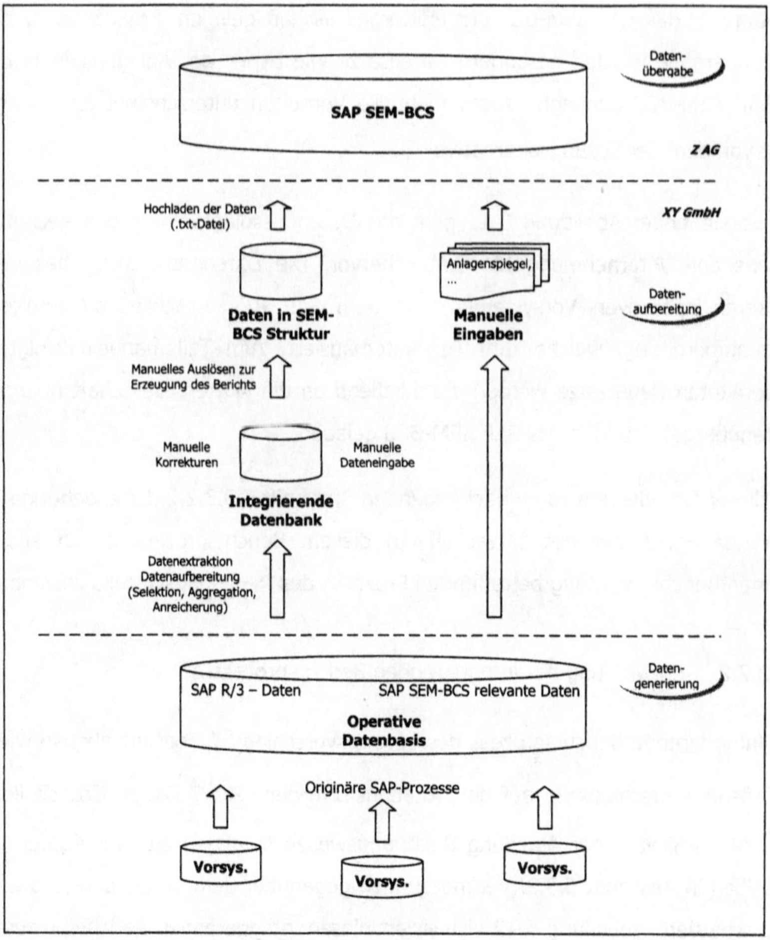

Abb. 6-11: Datenflussdiagramm des Rechnungswesens für die Unternehmung XY GmbH ohne Implementierung neuer HW und SW

Abschließend wird der Bericht, der in die Datenbasis des SAP SEM-BCS geladen wird, erzeugt. Die Auslösung zur Erstellung erfolgt in Analogie zum Lösungsvorschlag L_1 manuell[507]. Liegen die Daten in SAP SEM-BCS Struktur vor, werden sie in Form einer

507 Vgl. Abschnitt 6.3.3.1.1.

.txt-Datei in das SAP SEM-BCS der Muttergesellschaft geladen. Ergänzend zu dieser Datenübergabe werden besondere Datensätze wie bspw. der Anlagenspiegel direkt im SAP SEM-BCS gepflegt. Dieses manuelle Vorgehen unterscheidet sich ebenfalls nicht von dem der Lösungsalternative L_1.

Aus vorstehender Abbildung 6-11 geht das Datenflussdiagramm[508] des Rechnungswesens der Unternehmung XY GmbH hervor. Die Datengenerierung basiert auf mehreren operativen Vorsystemen und dem SAP R/3. Anschließend erfolgt die Datenaufbereitung, welche zum Teil automatisiert, zum Teil manuell erfolgt. Die aufbereiteten Datensätze werden abschließend an die Muttergesellschaft übergeben (Datenübergabe) und in das SAP SEM-BCS geladen.

Auf dieser Grundlage wird im nachfolgenden Abschnitt 6.3.3.2.2 der zugehörige integrierende Berichtsprozess entwickelt. In diesem Berichtsprozess laufen alle, die Segmentberichterstattung betreffenden Prozesse des Rechnungswesens zusammen.

6.3.3.2.2 Entwicklung des integrierenden Berichtsprozesses

Der integrierende Berichtsprozess des Lösungsvorschlags L_2 basiert ebenso wie der des Lösungsvorschlags L_1 auf der Notationsform der EPK.[509] Die zu Grunde liegenden (ARIS)-Sichten der Abteilung Rechnungswesen stammen aus der Aufbereitung derselben in Abschnitt 6.3.2. Veränderungen gegenüber dem Status quo sind erneut grau schattiert. Abbildung 6-12 visualisiert diesen integrierenden Berichtsprozess für den Lösungsvorschlag L_2. Er ist in seiner grundsätzlichen Struktur mit dem Berichtsprozess für L_1 vergleichbar, da das Ziel der Erfüllung der Anforderungen der Segmentberichterstattung in beiden Fällen mit der gleichen Qualität zu erfüllen ist.[510]

---

508 Vgl. auch: Hahne (2005), S. 49 ff.

509 Vgl. Scheer (2001), S. 190 ff.

510 Vgl. Abschnitt 6.3.3.1.2.

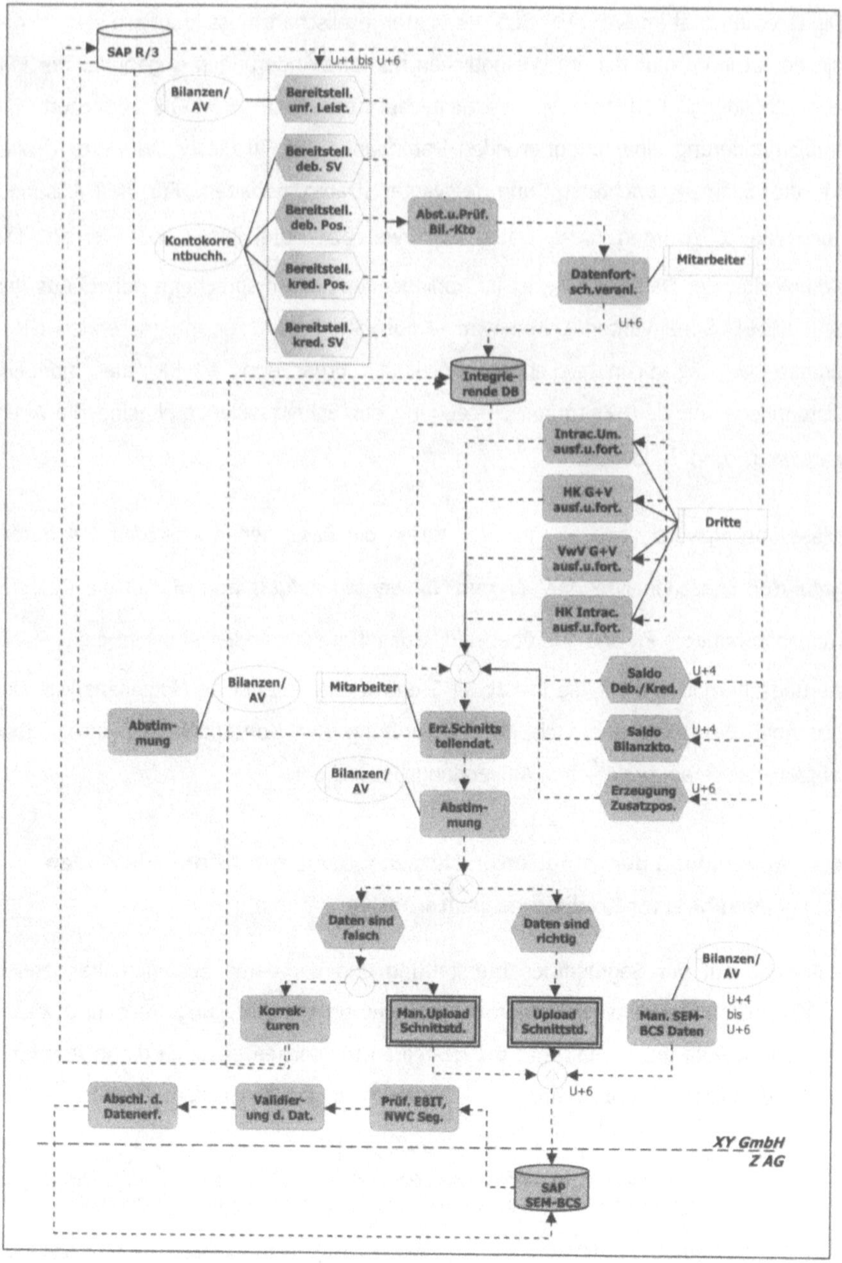

Abb. 6-12: Integrierender Berichtsprozess für den Lösungsvorschlag L_2

Die Datenqualität im SAP SEM-BCS der Muttergesellschaft muss identisch sein.[511] Aus diesem Grund ergibt sich im Wesentlichen nur eine Änderungen gegenüber der EPK aus Abbildung 6-10.[512] Der Verzicht auf das SAP BW 3.5 erfordert die Implementierung einer integrierenden Datenbank (DB). In dieser DB werden „alle" für die Segmentberichterstattung relevanten Daten gehalten. Für den Lösungsvorschlag L_1 wurden diese Daten auf zwei bzw. drei Info-Cubes verteilt. Die Komplexität der Datenhaltung ist im vorliegenden Fall entsprechend höher. Aus den SAP SEM-BCS relevanten Daten wird – ausgehend von der integrierenden DB – unmittelbar die Schnittstellendatei erzeugt. Ergänzend erfolgt die manuelle Datenpflege. Ab dem Zeitpunkt „Erzeugung der Schnittstellendatei" sind die Alternativen L_2 und L_1 identisch.

Diese Lösungsvorschläge L_1 und L_2 stellen die Basis der in Abschnitt 6.4 durchgeführten Nutzenanalyse dar. L_1 und L_2 werden aufgegriffen und in die Realisierungsalternativen R_1 und R_2 überführt. Zur differenzierenden Auswahl einer Realisierungsalternative dient die in Kapitel 5 entwickelte integrierte Nutzenanalyse. Der Abschnitt 6.4 stellt demnach die Überprüfung der Konzeption der integrierten Nutzenanalyse am praktischen Anwendungsbeispiel dar.

6.4 Anwendung der integrierten Nutzenanalyse zur differenzierenden Auswahl einer Realisierungsalternative

Basierend auf der Segmentberichterstattung und der damit zusammenhängenden Ausformulierung der prozessualen Neuausrichtung der Abteilung Rechnungswesen konnten sowohl die in Abschnitt 6.1 gestellten rechtlichen als auch die in Abschnitt 6.3.1 formulierten konzerninternen Anforderungen erfüllt werden. Zugleich erhöht

511 Neben der Datenqualität ist selbstverständlich auch der Faktor Zeit zu berücksichtigen. Die Datenübergabe muss – gleich mit welcher Alternative – stets zum gleichen Zeitpunkt erfolgen bzw. abgeschlossen sein.

512 Der Unterschied der EPK´s zwischen Abbildung 6-12 (Berichtsprozess für L_2) und 6-10 (Berichtsprozess für L_1) ergibt sich aus den unterschiedlichen Datenflussdiagrammen. So gehen die Differenzen aus den Abbildungen 6-11 bzw. 6-9 bereits hervor.

die Schaffung von Wettbewerbsvorteilen gegenüber Dritten und die Erhöhung der konzerninternen Reputation in Vergleich zu anderen Tochtergesellschaften die Motivation zur effizienten und effektiven Durchführung des Vorhabens für die Unternehmung XY GmbH. Hierbei geht es jedoch nicht um die Frage, „ob" eine Realisierungsalternative umgesetzt werden soll, sondern vielmehr darum, „welche" Realisierungsalternative umzusetzen ist. Die Frage nach dem „ob" wurde bereits durch die verbindliche Anweisung der Muttergesellschaft – vor dem Hintergrund der geänderten rechtlichen Rahmenbedingungen – positiv beantwortet. Die dem vorliegenden Abschnitt 6.4 zu Grunde liegende Frage lautet demnach: **„Welche der beiden Realisierungsalternativen ist bei der gegebenen Zielsetzung der anderen vorzuziehen?"** Zur Beantwortung dieser Fragestellung wird die in Kapitel 5 entwickelte integrierte Nutzenanalyse eingesetzt. Zugleich gewährleistet die Anwendung der integrierten Nutzenanalyse ihre praktische Evaluierung.

Der vorliegende Abschnitt 6.4 gliedert sich wie folgt: Zunächst wird in Abschnitt 6.4.1 die Datenbasis zur Durchführung der integrierten Nutzenanalyse erhoben. Das hierdurch bestimmte Nutzenniveau der Realisierungsalternativen R_1 und R_2 wird im anschließenden Abschnitt 6.4.2 in der Entscheidungsmatrix abgebildet. Die Darstellung erfolgt zunächst rein statisch. Die Dynamisierung der Nutzenniveaus erfolgt in Abschnitt 6.4.3. Beide Realisierungsalternativen werden nach einer Nutzungsdauer von n Jahren einander gegenüber gestellt. Diejenige Realisierungsalternative, die der Unternehmung XY GmbH im Zeitverlauf den größeren Nutzen stiftet, wird auf dieser Grundlage ausgewählt und zur Realisierung empfohlen.

6.4.1 Ermittlung der Datenbasis zur Durchführung der integrierten Nutzenanalyse

Die Ermittlung der Datenbasis zur Durchführung der integrierten Nutzenanalyse ist Gegenstand des vorliegenden Abschnitts 6.4.1. Hierzu werden in Abschnitt 6.4.1.1 zunächst die Daten zur Kalkulation des direkten Nutzens (U_d) – jeweils getrennt für die konkurrierenden Realisierungsalternativen R_1 und R_2 – erfasst. Anschließend werden in Abschnitt 6.4.1.2 die Daten zur Bestimmung des indirekten Nutzens (U_i) erhoben. Die Ergebnisse der beiden Abschnitte werden im hieran anschließenden Abschnitt 6.4.2 zusammengeführt und zieladäquat ausgewertet.

6.4.1.1 Kalkulation der Bestandteile der Realisierungsalternativen zur Bestimmung des direkten Nutzens

Die Kalkulation der Bestandteile der Realisierungsalternativen zur Bestimmung des direkten Nutzens erfolgt getrennt für die Alternativen R_1 und R_2.[513] Hierbei werden für beide Alternativen zunächst die Projektkosten (K_{Pj}) – getrennt nach direkten Kosten und indirekten Kosten – und anschließend die Prozesskosten (K_{Pz}) – ebenfalls getrennt nach direkten Kosten und indirekten Kosten – erfasst.

6.4.1.1.1 Kalkulation der Projektkosten

Die Kalkulation der Projektkosten (K_{Pj}) erfolgt entsprechend der in Abschnitt 5.5.1.2 entwickelten Kostenkategorien bzw. Kostenarten. Die direkt messbaren Projektkosten werden getrennt von den indirekt messbaren Projektkosten erhoben. Für jeden separierbaren Aufgabenbereich werden – sofern notwendig – die Mann- bzw. Personentage erfasst, die zu dessen Erfüllung notwendig sind.[514] Diese Mann- bzw.

513 In diesem Zusammenhang wird auch die Ausführungen von Jeffrey und Leliveld verwiesen, die auf besondere Konstellationen bei der Realisierung hinweisen. Vgl. Jeffrey/Leliveld (2004), S. 41 ff.

514 An dieser Stelle sei noch einmal darauf hingewiesen, dass es sich bei der integrierten Nutzenanalyse um eine A Priori-Analyse handelt. Vor diesem Hintergrund handelt es sich bei der Kalkulation der Projektkosten ebenfalls um mögliche zukünftige Kosten. Ihre exakte Höhe kann – ausgehend von dem Analysezeitpunkt – nicht bestimmt werden. Vgl. auch: Kapitel 5, Abschnitt 5.2.

Personentage sind anschließend unter Zuhilfenahme eines individuellen Hebesatzes in die tatsächlichen Kosten umzurechnen.[515]

Direkte Kosten	**Kosten des Projektes: K_{Pj}**	**MT/ PT**	**Hebesatz**	**Kosten in €**
Technik	Implementierung SAP BW 3.5 (externe Leistung)			15.000
	Technische Anpassung SAP R/3 (externe Leistung)			7.000
Aufgabe/ Mensch	Problemfindung			
	Problemdefinition	2	800	1.600
	Problemaufbereitung	5	800	4.000
	Planungsphase			
	Technisch			
	Prüfung technischer Durchführbarkeit	3	800	2.400
	Wirtschaftlich			
	Budgetplanung (i.V.m. Problemaufbereitung)	6	800	4.800
	Bewertung verschiedener Umsetzungsmöglichkeiten	2	800	1.600
	Sonstiges			
	Zusammenstellung Projektteams	1	800	800
	Zeitplanung (i.V.m. Problemaufbereitung)	6	600	3.600
	Definitionsphase			
	Erstellung Fachkonzept	72	600	43.200
	Erstellung Pflichtenheft	98	600	58.800
	Begleitung der Phase Entwicklung durch Mitarbeiter	89	600	53.400
	Begleitung der Phase Implementierung durch Mitarbeiter	2	600	1.200
	Kontrolle Projektumsetzung mit Fach- und Pflichtenheft	23	600	13.800
	Funktions- und Integrationstest	125	600	75.000
	Begleitung der Phase Einführung	7	600	4.200
	Erstellung Handbuch	62	600	37.200
	Aufbau SAP BW 3.5 (externe Leistung)			91.000
	Anpassung SAP R/3 (externe Leistung)			40.000
	Betriebswirtschaftliche und technische Koordination Gesamtprojekt (Projektleitung)	58	800	46.400
	Schulung			
	End-User IS-Training (Kosten der Schulung)			8.100
	End-User IS-Training (Zeitbedarf der Schulung)	64	600	38.400
Summe				**551.500**

Tab. 6-2: Kalkulation der direkten Projektkosten der Realisierungsalternative R_1

515 Die Höhe der Hebesätze wurde im vorliegenden Praxisbeispiel wie folgt bestimmt. Leitenden internen Mitarbeitern wurde ein Satz von € 800,- pro Mann- bzw. Personentag zugewiesen. Für Sachbearbeiter konnten € 600,- pro Tag errechnet werden. Externen Mitarbeitern wurde – sofern nach Mann- bzw. Personentagen bezahlt – ein Hebesatz von € 1.500,- zugewiesen. Diese Dreiteilung gewährleistet eine sehr genaue und differenzierte Kalkulation der jeweiligen Kosten. Die Daten zur Bestimmung dieser Hebesätze stammen aus den Berechnungen des internen Rechnungswesens (Kostenrechnung).

Tabelle 6-2 veranschaulicht die Kalkulation der direkten Projektkosten der Realisierungsalternative R_1. Es ist unmittelbar ersichtlich, dass die Umsetzung dieser Projektalternative eine erhebliche Kostenbelastung für die Unternehmung XY GmbH darstellt. Insgesamt wird mit direkten Kosten in Höhe von € 551.500,- kalkuliert. Bei der detaillierten Analyse der Kalkulation werden wesentliche Kostentreiber erkennbar. Die Einführung des SAP BW 3.5 wird mit € 15.000,- für die Technik und mit € 91.000,- für die Implementierung bemessen. Zudem entstehen in diesen Bereichen Kosten in Höhe von € 7.000,- bzw. € 40.000,- für notwendige Anpassungsmaßnahmen des SAP R/3. Die Erweiterung des computergestützten Informationssystems um das SAP BW 3.5 wird demnach von der Unternehmung XY GmbH mit € 153.000,- für von Dritten, d.h. Unternehmungsexternen, zu erbringende Leistungen kalkuliert. Die eigentliche Projektarbeit obliegt der Unternehmung selbst. In diesen Kosten-kategorien können jedoch ebenfalls Kostentreiber bspw. in der Definitionsphase (insgesamt € 102.000,-) und dem Funktions- und Integrationstest (€ 75.000,-) ermittelt werden. Ferner verursachen vordergründig nebensächliche Kostenkate-gorien, wie bspw. die Erstellung eines neuen Handbuches, Kosten in Höhe von € 37.200,-. Schließlich sind die Mitarbeiter auf die neuen Anwendungen des erweiterten computergestützten IS zu schulen. Zur Befriedigung dieses Bedarfs wurden in der Unternehmung XY GmbH, bei zurzeit 32 Mitarbeitern, zwei Tage je Mitarbeiter, also 64 Manntage bzw. € 38.400,- kalkuliert.[516]

Indirekte Kosten	**Kosten des Projektes:** K_{Pj}	**MT/ PT**	**Hebesatz**	**Kosten in €**
Technik	Geplante Downtime (Systemwechsel)	4	1.500	6.000
	Ungeplante Ausfallzeiten (während der Projektumsetzung)	0	0	0
Aufgabe/ Mensch	Autodidaktisches Lernen zur Problemlösung innerhalb und zwischen (einzelnen) Arbeitsgruppen	5	600	3.000
	„Hello-Jo-Effekt" (Lösung fremder Probleme)	21	600	12.600
	Wartezeiten auf Input von thematisch angrenzenden Projektgruppen	3	600	1.800
Summe				**23.400**

Tab. 6-3: Kalkulation der indirekten Projektkosten der Realisierungsalternative R_1

516 Wie aus Tabelle 6-2 hervor geht, sind zusätzlich zu den Ausfallzeiten der Mitarbeiter Schulungskosten für den Trainer in Höhe von € 8.100,- bei der Analyse zu berücksichtigen.

Die Höhe der indirekten Projektkosten der Realisierungsalternative R_1 wird in der Unternehmung XY GmbH vergleichsweise niedrig eingeschätzt. So kalkuliert die Unternehmung gemäß vorstehender Tabelle 6-3 insgesamt mit Kosten in Höhe von € 23.400,-.[517] Der geplante Systemwechsel wird von externen Mitarbeitern durchgeführt und mit vier Mann- bzw. Personentagen à € 1.500,- geschätzt. Der wesentliche Kostentreiber im Bereich der indirekten Pro-jektkosten stellt – in Übereinstimmung mit der wissenschaftlichen Literatur[518] – der sogenannte „Hello-Jo-Effekt" dar. Diese Kategorie bezeichnet diejenigen Kosten, die dadurch verursacht werden, dass ein Mitarbeiter einen anderen Mitarbeiter auf Grund einer zu lösenden Problemstellung mit eben dieser Problemstellung beauftragt bzw. ihn darum bittet, sich mit der Lösung des Problems zu befassen. Kosten entstehen hierbei sowohl auf Seiten des fragenden Mitarbeiters als auch auf Seiten des gefragten Mitarbeiters. Im vorliegenden Fall rechnet die Unternehmung XY GmbH für diese Kostenkategorie für die Realisierungsalternative R_1 mit € 12.600,- während der Projektdurchführung.

Insgesamt kalkuliert die Unternehmung XY GmbH die Projektkosten für die Realisierungsalternative R_1 demnach auf € 551.500,- direkte Kosten und € 23.400,- indirekte Kosten. Die Höhe der gesamten Projektkosten zur Durchführung des ersten Bestandteils der Realisierungsalternative R_1 wird demnach auf € 574.900,- geschätzt.

Im Gegensatz zur Realisierungsalternative R_1 basiert die Realisierungsalternative R_2 nicht auf dem SAP BW 3.5. Entsprechend geringer werden die Projektkosten zur Umsetzung dieser Alternative von der Unternehmung XY GmbH bewertet. Aus nachstehender Tabelle 6-4 gehen die kalkulierten Werte der direkten Projektkosten der Realisierungsalternative R_2 hervor. Insgesamt kalkuliert die Unternehmung XY GmbH mit direkten Projektkosten in Höhe von € 243.400,-. Die Kosten für die

[517] Aus Abschnitt 5.5.1.2 geht hervor, dass die indirekten Kosten aus Erfahrung in etwa 45% bis 55% der Gesamtkosten eines Vorhabens ausmachen. Die Höhe dieser Kosten wurde – wie dargelegt – in der wissenschaftlichen Literatur bestätigt. Ungeachtet dessen gibt es sicherlich Unternehmungen, in denen die indirekten Kosten einen geringeren Prozentsatz der Gesamtkosten darstellen.

[518] Vgl. insbesondere Gadatsch/Mayer (2005), S. 80 f.; Treber et al. (2004). Des Weiteren wird auf die Ausführungen des Abschnitts 5.5.1.2 verwiesen.

Implementierung und Inbetriebnahme des SAP BW 3.5 entfallen bei der Realisierungsalternative R_2. Entsprechend werden sie mit € 0,- ausgewiesen. Zur Erfüllung der an die Segmentberichterstattung gestellten Anforderungen müssen jedoch Modifikationen an der Basistechnik vorgenommen werden. Die von Dritten auszuführenden Anpassungen bzw. Erweiterungen des SAP R/3 werden auf € 7.000,- bzw. € 60.000,-, d.h. auf insgesamt € 67.000,- geschätzt.

Direkte Kosten	**Kosten des Projektes:** K_{Pj}	**MT/ PT**	**Hebesatz**	**Kosten in €**
Technik	Implementierung SAP BW 3.5 (externe Leistung)			0
	Technische Anpassung SAP R/3 (externe Leistung)			7.000
Aufgabe/ Mensch	Problemfindung			
	Problemdefinition	2	800	1.600
	Problemaufbereitung	5	800	4.000
	Planungsphase			
	Technisch			
	Prüfung technischer Durchführbarkeit	3	800	2.400
	Wirtschaftlich			
	Budgetplanung (i.V.m. Problemaufbereitung)	1	800	800
	Bewertung verschiedener Umsetzungsmöglichkeiten	2	800	1.600
	Sonstiges			
	Zusammenstellung Projektteams	1	800	800
	Zeitplanung (i.V.m. Problemaufbereitung)	6	600	3.600
	Definitionsphase			
	Erstellung Fachkonzept	68	600	40.800
	Erstellung Pflichtenheft	66	600	39.600
	Begleitung der Phase Entwicklung durch Mitarbeiter	43	600	25.800
	Begleitung der Phase Implementierung durch Mitarbeiter	0	600	0
	Kontrolle Projektumsetzung mit Fach- und Pflichtenheft	9	600	5.400
	Funktions- und Integrationstest	18	600	10.800
	Begleitung der Phase Einführung	4	600	2.400
	Erstellung Handbuch	8	600	4.800
	Aufbau SAP BW 3.5 (externe Leistung)			0
	Anpassung SAP R/3 (externe Leistung)			60.000
	Betriebswirtschaftliche und technische Koordination Gesamtprojekt (Projektleitung)	40	800	32.000
	Schulung			
	End-User IS-Training (Kosten der Schulung)			0
	End-User IS-Training (Zeitbedarf der Schulung)	0	600	0
Summe				**243.400**

Tab. 6-4: Kalkulation der direkten Projektkosten der Realisierungsalternative R_2

Im Vergleich hierzu beliefen sich die kalkulierten Kosten zur Anpassung des SAP R/3 für die Realisierungsalternative R_1 auf lediglich € 47.000,-. Werden die Kosten für das SAP BW 3.5 und SAP R/3 in kumulierter Form verglichen, so ist festzustellen, dass die direkten Projektkosten der Realisierungsalternative R_1 € 153.000,- und die der Realisierungsalternative R_2 € 67.000,- verursachen. Vergleichbar gestaltet sich die Kostenstruktur in den anderen Phasen der Projektrealisierung.

Die Kalkulation der indirekten Projektkosten erfolgt entsprechend. Die geplante Ausfallzeit zur Modifikation des SAP R/3 wird mit zwei Mann- bzw. Personentagen, d.h. mit € 3.000,- kalkuliert. Für die Umsetzung der Realisierungsalternative R_1 wurde von einem Bedarf von vier Manntagen ausgegangen. Ferner wird für die Realisierungsalternative R_2 geschätzt, dass sich die Aufwände zur Lösung fremder Problemstellungen, im Vergleich zu 21 Manntagen für R_1, auf 16 Mann- bzw. Personentage verringern. In der Kalkulation der Unternehmung XY GmbH werden in dieser Kostenkategorie € 9.600,- ausgewiesen. Die nachfolgende Tabelle 6-5 fasst die kalkulierten indirekten Projektkosten für die Realisierungsalternative R_2 zusammen.

Indirekte Kosten	**Kosten des Projektes:** K_{Pj}	**MT/ PT**	**Hebesatz**	**Kosten in €**
Technik	Geplante Downtime (Systemwechsel)	2	1.500	3.000
	Ungeplante Ausfallzeiten (während der Projektumsetzung)	0	600	0
Aufgabe/ Mensch	Autodidaktisches Lernen zur Problemlösung innerhalb und zwischen (einzelnen) Arbeitsgruppen	0	600	0
	„Hello-Jo-Effekt" (Lösung fremder Probleme)	16	600	9.600
	Wartezeiten auf Input von thematisch angrenzenden Projektgruppen	3	600	1.800
Summe				**14.400**

Tab. 6-5: Kalkulation der indirekten Projektkosten der Realisierungsalternative R_2

Vor diesem Hintergrund wird deutlich, dass die Kosten für die Projektdurchführung der Realisierungsalternative R_2 insgesamt um mehr als € 300.000,- unter denen der

Realisierungsalternative R_1 liegen.[519] Die isolierte Analyse der beiden Projekte als erste Bestandteile der Realisierungsalternativen R_i (mit: $i = 1,2$) führt demnach zu dem Zwischenergebnis, dass der zweite Lösungsvorschlag L_2 dem ersten Lösungsvorschlag L_1 auf dieser Basis vorzuziehen wäre. Die Konzeption der integrierten Nutzenanalyse bedingt jedoch die Einbeziehung des zweiten Bestandteils der Realisierungsalternativen R_i, der Prozesse. Erst wenn diese vollständig bewertet wurden, können erste Rückschlüsse auf die Vorteilhaftigkeit einer Alternative gezogen werden.

Im nachfolgenden Abschnitt 6.4.1.1.2 werden daher die kalkulierten Prozesskosten für die Realisierungsalternativen R_1 und R_2 detailliert erfasst und einander gegenüber gestellt.

6.4.1.1.2 Kalkulation der Prozesskosten

Die Kalkulation der Prozesskosten (K_{Pz}) erfolgt in Analogie zu dem bisherigen Vorgehen getrennt für die Realisierungsalternativen R_1 und R_2. Ebenso werden die direkten Kosten von indirekten Kosten differenziert erfasst. Hierbei ist es von essenzieller Bedeutung, dass die Kosten im Sinne dieses Ansatzes stets im Vergleich „alter Prozess" (K_{Pz}^{alt}) versus „neuer Prozess" (K_{Pz}^{neu}) kalkuliert werden.[520]

Das Zeichen „+" symbolisiert im Folgenden eine Erhöhung der Prozesskosten, das Zeichen „–" eine Verringerung derselben.[521] Zur Erfassung der Prozesskosten dienen die in Abschnitt 5.5.2.2 entwickelten Vorlagen. Die Änderungen der direkten Kosten des zweiten Bestandteils der Realisierungsalternative R_1 sind in der folgenden Tabelle 6-6 im Vergleich zu den bisherigen Prozesskosten wiedergegeben.

---

519 Die Höhe der gesamten Projektkosten für R_1 liegt bei € 574.900,-; für R_2 betragen diese € 257.800,-. Die exakte Differenz beträgt € 317.100,-.

520 Eine detaillierte Begründung dieses Vorgehens wurde in Abschnitt 5.5.2, insbesondere 5.5.2.1 angeführt.

521 Aus Gründen der vereinfachten Darstellung wird das „+"-Zeichen nicht in der Tabelle aufgeführt. Der Autor beschränkt sich auf die Negation „–" als differenzierendes Zeichen.

Direkte Kosten	**<u>Änderungen der Prozesskosten:</u> K_{Pz} (p.a.)** **- Vergleich zu K_{Pz}^{alt} -**	**MT/ PT**	**Hebesatz**	**Kosten in € p.a.**
Technik	Mehr-/Minderaufwand Systempflege (System Management), externe Leistung			18.700
Aufgabe/ Mensch	**Rechnungswesen**			
	Externes Rechnungswesen			
	Prozess Jahres- & Quartalsabschluss			
	Teilprozess Bilanz	0	600	0
	Teilprozess Gewinn- & Verlustrechnung	0	600	0
	Teilprozess Erläuterungen (nur für Konzernabschl. gemäß IAS/IFRS)	0	600	0
	Teilprozess Anhang (nur für Einzelabschluss gemäß HGB)	0	600	0
	Prozess Monatsabschluss	4	600	2.400
	Prozess Pflege Anlagevermögen	18	600	10.800
	Prozess Reporting FI an Konzern	0	600	0
	Prozess Bilanzielle Beratung	0	600	0
	Internes Rechnungswesen			
	Prozess Jahres, Quartals- & Monatsabschluss	6	600	3.600
	Prozess Fakturierung	0	600	0
	Prozess Prozess- & Systementwicklung	0	600	0
	Prozess Bestandsbewertung	6	600	3.600
	Kontokorrentbuchhaltung			
	Prozess Debitorenbuchhaltung	4	600	2.400
	Prozess Kreditorenbuchhaltung	5	600	3.000
	Finanzen			
	Prozess Finanzreporting für Konzern	0	600	0
	Unterstützungsprozesse			
	Integrierender Berichtsprozess	64	600	38.400
	Prozess System- & Prozesspflege (Wartung & Pflege i.S.d. SW-Lifecycle)			
	Teilprozess Anlegen von Konten	6	600	3.600
	Teilprozess Segmentierung von Konten	12	600	7.200
	Teilprozess Vergabe von Berechtigungen im R/3	2	600	1.200
	Prozess Pflege SAP BW 3.5 (externe Leistung)			33.000
	Prozess Pflege SAP R/3 (externe Leistung)			15.000
	Prozess Support-Costs			
	UHD (Tier 1)	6	1.500	9.000
	Network-Management (Tier 2 & 3), externe Leistung			18.000
Summe				**169.900**

Tab. 6-6: Erfassung der direkten Prozesskosten der Realisierungsalternative R_1 im Vergleich zu den bisherigen Prozesskosten

Insgesamt führt die prozessuale Neuausrichtung des Rechnungswesens in diesem Fall zu einer jährlichen Erhöhung der kalkulierten Kosten von € 169.900,-. Dies ist insbesondere auf das SAP BW 3.5 zurückzuführen. Für externe Leistungen entstehen hierdurch € 18.700,- für die Systempflege und € 33.000,- für die Pflege der Prozessabläufe. Um den in Abschnitt 6.3.3.1.1 angeführten ETL-Prozess, also die Datenaufbereitung und -übergabe im SAP R/3, zu unterstützen, kalkuliert die Unternehmung XY GmbH mit weiteren € 15.000,-. Nicht zuletzt werden für den Betrieb des integrierenden Berichtsprozesses[522] additive Kosten in Höhe von 64 Mann- bzw. Personentagen à € 600,-, d.h. insgesamt € 38.400,- kalkuliert.

Die Kalkulation der indirekten Kosten der prozessualen Neuausrichtung offenbart hingegen keine besonderen Kostentreiber. Im Vergleich zu der bisherigen Prozesslandschaft $\left(K_{Pz}^{alt}\right)$ werden sie nahezu in gleicher Höhe eingeschätzt. Nachstehende Tabelle 6-7 visualisiert die differenzierte Aufstellung dieser Kostenkategorie.

Indirekte Kosten	**Änderung der Prozesskosten: K_{Pz} (p.a.)** **- Vergleich zu K_{Pz}^{alt} -**	**MT / PT**	**Hebesatz**	**Kosten in € p.a.**
Technik	Geplante Downtime (Systemwechsel)	2	1.500	3.000
	Ungeplante Ausfallzeiten des Systems (Erfahrungswert)	10	600	6.000
Aufgabe/ Mensch	Autodidaktisches Lernen zur Lösung von Problemen (Peer to self support)	10	600	6.000
	"Hello-Jo-Effekt" (zur Lösung fremder Probleme)	20	600	12.000
	Wartezeiten für UHD, Problembehebungen, etc.	2	600	1.200
Summe				**28.200**

Tab. 6-7: Erfassung der indirekten Prozesskosten der Realisierungsalternative R_1 im Vergleich zu den bisherigen Prozesskosten

Aus vorstehender Tabelle 6-7 geht die Höhe der kalkulierten indirekten Prozesskosten der Realisierungsalternative R_1 im Vergleich zu den bisherigen Prozesskosten hervor. Die prozessuale Neuausrichtung des Rechnungswesens zur Erfüllung der Anforderungen, die an die Segmentberichterstattung gestellt werden, führt zu einer vergleichsweise geringen jährlichen Mehrbelastung in Höhe von € 28.200,-. Diese

522 Vgl. Abschnitt 6.3.3.1.2.

Mehrbelastung der Unternehmung XY GmbH ist insbesondere darauf zurückzuführen, dass die Kosten für die Lösung fremder Probleme („Hello-Jo-Effekt") mit 20 Mann- bzw. Personentagen à € 600,- kalkuliert werden, d.h. dass die Höhe dieser Kostenkategorie im Vergleich um insgesamt € 12.000,- in der Kalkulation steigt.

Die prozessuale Neuausrichtung zur Erfüllung der Anforderungen der Segmentberichterstattung führt demnach bei der Realisierungsalternative R_1 zu einer dauerhaften Mehrbelastung von € 169.900,- direkter Prozesskosten und € 28.200,- indirekter Prozesskosten. Insgesamt kalkuliert die Unternehmung für diese Realisierungsalternative R_1 demnach mit zusätzlichen Kosten in Höhe von € 198.100,- pro Jahr.

Obgleich diese Mehrbelastung für die Realisierungsalternativen R_1 signifikant ist, führt die Kalkulation der direkten Prozesskosten der Realisierungsalternative R_2 zu einer weiteren Erhöhung der Kosten. Dies ist insbesondere auf den Verzicht des Einsatzes des SAP BW 3.5 zurückzuführen.

Die Kalkulation der Prozesskosten der Realisierungsalternative R_1 führt zwar zu dem Schluss, dass gerade das SAP BW 3.5 ein wesentlicher Kostentreiber ist, ohne den Einsatz des SAP BW 3.5 gestaltetet sich die Erfüllung der an die Segmentberichterstattung gestellten Anforderungen hingegen noch aufwändiger. So geht aus vorstehender Tabelle 6-8 hervor, dass die Kosten für die Prozesspflege des SAP R/3 von € 15.000,- für die Realisierungsalternative R_1 auf € 36.000,- für die Alternative R_2 steigen. Ebenso gestaltet sich der Prozess der Debitorenbuchhaltung und der Kreditorenbuchhaltung als weitaus komplexer. Hier wird von 24 Manntagen statt von vier bzw. fünf Manntagen bei der Realisierungsalternative R_1 ausgegangen. Der Kreditoren viele Zusatzinformationen, die für die Segmentberichterstattung essenziell Grund hierfür liegt darin, dass insbesondere bei der Buchung der Debitoren und der

Direkte Kosten	**Änderungen der Prozesskosten: K_{Pz} (p.a.) - Vergleich zu K_{Pz}^{alt} -**	**MT/ PT**	**Hebesatz**	**Kosten in € p.a.**
Technik	Mehr-/Minderaufwand Systempflege (System Management), externe Leistung			0
Aufgabe/ Mensch	**Rechnungswesen**			
	Externes Rechnungswesen			
	Prozess Jahres- & Quartalsabschluss			
	Teilprozess Bilanz	6	600	3.600
	Teilprozess Gewinn- & Verlustrechnung	6	600	3.600
	Teilprozess Erläuterungen (nur für Konzernabschl. gemäß IAS/IFRS)	6	600	3.600
	Teilprozess Anhang (nur für Einzelabschluss gemäß HGB)	0	600	0
	Prozess Monatsabschluss	12	600	7.200
	Prozess Pflege Anlagevermögen	18	600	10.800
	Prozess Reporting FI an Konzern	0	600	0
	Prozess Bilanzielle Beratung	0	600	0
	Internes Rechnungswesen			
	Prozess Jahres, Quartals- & Monatsabschluss	15	600	9.000
	Prozess Fakturierung	0	600	0
	Prozess Prozess- & Systementwicklung	0	600	0
	Prozess Bestandsbewertung	12	600	7.200
	Kontokorrentbuchhaltung			
	Prozess Debitorenbuchhaltung	24	600	14.400
	Prozess Kreditorenbuchhaltung	24	600	14.400
	Finanzen			
	Prozess Finanzreporting für Konzern	0	600	0
	Unterstützungsprozesse			
	Integrierender Berichtsprozess	25	600	15.000
	Prozess System- & Prozesspflege (Wartung & Pflege i.S.d. SW-Lifecycle)			
	Teilprozess Anlegen von Konten	3	600	1.800
	Teilprozess Segmentierung von Konten	8	600	4.800
	Teilprozess Vergabe von Berechtigungen im R/3	7	600	4.200
	Prozess Pflege SAP BW 3.5 (externe Leistung)			0
	Prozess Pflege SAP R/3 (externe Leistung)			36.000
	Prozess Support-Costs			
	UHD (Tier 1)	32	1.500	48.000
	Network-Management (Tier 2 & 3), externe Leistung			10.000
Summe				**193.600**

Tab. 6-8: Erfassung der direkten Prozesskosten der Realisierungsalternative R_2 im Vergleich zu den bisherigen Prozesskosten

sind, manuell ergänzt werden müssen.[523] Im Fall der Realisierungsalternative R_1 kann das SAP BW 3.5 diese Aufgabe weitestgehend automatisiert, d.h. in standardisierter Form, übernehmen.

Besonders hervorzuheben ist die Änderung die Kostenkategorie „Prozess Support-Costs" bei der Realisierungsalternative R_2. Die vergleichsweise hohe Kalkulation der Kosten für den User Help Desk (UHD) ist auf eine prognostizierte höhere Störanfälligkeit der Prozessabläufe zurückzuführen. Dahingehend werden die Kosten für die externe Leistung in Form des Tier 2 und Tier 3 Supports geringer als für die Realisierungsalternative R_1 eingeschätzt.[524] Der Grund hierfür liegt im Verzicht auf das SAP BW 3.5 und damit in einer Reduktion der extern zu erbringenden Leistungen. Der Support für das SAP R/3 kann weitestgehend von unternehmungsinternen Mitarbeitern geleistet werden.

Die Erfassung der direkten Kosten der prozessualen Neuausrichtung der Realisierungsalternative R_2 komplettierend, werden in nachstehender Tabelle 6-9 die Änderungen der indirekten Prozesskosten dargestellt. Es gehen die kalkulierten indirekten Prozesskosten zur Erfüllung der an die Segmentberichterstattung gestellten Anforderungen für die Realisierungsalternative R_2 hervor. Insgesamt führt die A Priori-Analyse zu einer Erhöhung der Kosten um € 81.000,- im Vergleich zu der bisherigen prozessualen Ausrichtung des Rechnungswesens. Hier kalkuliert die Unternehmung XY GmbH insbesondere im Bereich „Aufgabe/Mensch" mit wesentlich

---

523 Die Debitoren- und Kreditorenbuchhaltung müssen beispielhaft die durch die Segmentberichterstattung geforderten Profit Center, Buchungskreise, usw. manuell einpflegen. Das SAP BW 3.5 kann diese Datensätze zum Teil automatisiert laden.

524 Der User Help Desk (UHD) in einer Unternehmung wird im Allgemeinen als First-Level-Support oder auch Tier 1 bezeichnet. Hierunter wird derjenige Support verstanden, der dem End-User direkte, zumeist telefonische Hilfe bietet. Dabei beschränkt sich der First-Level-Support auf eher kleine, routinemäßige Probleme, da diese meist unmittelbar gelöst werden können. So sind ca. 70% bis 80% der insgesamt anfallenden Probleme ohne einen weitergehenden Support behebbar. Die restlichen 20% bis 30% werden alternativ an den Second- oder Third-Level-Support weitergeleitet. Der Second-Level-Support (Tier 2) besteht aus Spezialisten, die dem Anwender detaillierte Hilfestellungen anbieten. Bei einem Nichtgelingen wird das Problem schließlich an den Third-Level-Support (Tier 3) weitergegeben. Der Third-Level-Support besteht aus oftmals unternehmungsexternen Mitarbeitern. Diese externen Spezialisten leisten bei Bedarf einen „Vor-Ort-Service" beim Anwender, um das entstandene Problem zu lösen. Vgl. Czegel (1998), S.42; Knolmeyer (1990), S. 150 ff.; Wienand (1988), S. 90 ff.

höheren Kosten für die Realisierungsalternative R_2 im Vergleich zur Realisierungsalternative R_1.[525] Im Kontext mit der Kalkulation der Projektkosten wird der Grund hierfür offensichtlich. Aus Tabelle 6-4 „Kalkulation der direkten Projektkosten der Realisierungsalternative R_2" geht hervor, dass die Unternehmung XY GmbH im Fall der Auswahl von R_2 keinerlei Schulungsmaßnahmen plant.[526] Der Verzicht auf Schulungsmaßnahmen führt jedoch unweigerlich zu Problemstellungen, die von den Mitarbeitern selbst zu lösen sind. Aus diesem Grund ist es sachlogisch nachvollziehbar, die A Priori-Analyse im Bereich der indirekten Prozesskosten adäquat anzupassen, d.h. einen entsprechenden Mehraufwand zu berücksichtigen.

Indirekte Kosten	**Änderung der Prozesskosten: K_{Pz} (p.a.)** **- Vergleich zu K_{Pz}^{alt} -**	**MT/ PT**	**Hebesatz**	**Kosten in € p.a.**
Technik	Geplante Downtime (Systemwechsel)	2	1.500	3.000
	Ungeplante Ausfallzeiten des Systems (Erfahrungswert)	10	600	6.000
Aufgabe/ Mensch	Autodidaktisches Lernen zur Lösung von Problemen (Peer to self support)	40	600	24.000
	"Hello-Jo-Effekt" (zur Lösung fremder Probleme)	60	600	36.000
	Wartezeiten für UHD, Problembehebungen, etc.	20	600	12.000
Summe				**81.000**

Tab. 6-9: Erfassung der indirekten Prozesskosten der Realisierungsalternative R_2 im Vergleich zu den bisherigen Prozesskosten

Zusammenfassend ist festzustellen, dass die Erfüllung der Anforderungen, die an die Segmentberichterstattung gestellt werden, in beiden Fällen zu einer monetären Belastung der Unternehmung XY GmbH führt. Da der direkt messbare Nutzen (U_d) als Differenz zwischen den Projektkosten und den Prozesskosten definiert ist, ist bereits an dieser Stelle der Analyse ersichtlich, dass die Dimension „U_d" negativ

525 Für die Realisierungsalternative R_1 wurde in diesem Bereich insgesamt mit Kosten in Höhe von € 19.200,- kalkuliert, während im Fall der Realisierung von R_2 mit Kosten in Höhe von € 72.000,- gerechnet wird.

526 Vgl. Abschnitt 6.4.1.1.1.

ausfällt.[527] Aus rein monetärer Sicht erscheint das Vorhaben demnach nicht sinnvoll. Hierbei ist jedoch zu berücksichtigen, dass es sich bei der geplanten Investition erstens um eine „Muss-Investition" handelt, d.h. dass die Unternehmung XY GmbH nicht – wie bereits erwähnt – vor der Fragestellung steht, „ob" die Investition durchgeführt wird, sondern „lediglich" die Fragestellung „welche" Alternative zu wählen ist, beantworten muss und zweitens der im nachfolgenden Abschnitt 6.4.1.2 zu bestimmende indirekte Nutzen (U_i) durchaus positiv ausfallen und die Investition für die Unternehmung XY GmbH zumindest in dieser Dimension vorteilhaft sein kann. Vor diesem Hintergrund wird im nachstehenden Abschnitt die Datenbasis zur Bestimmung des indirekten Nutzens der Realisierungsalternativen R_1 und R_2 erhoben. Als Basis dient das in Kapitel 5 entwickelte Instrumentarium.

6.4.1.2 Erfassung der Bestandteile der Realisierungsalternativen zur Bestimmung des indirekten Nutzens

In Ergänzung zur Kalkulation der Bestandteile des direkten Nutzens wird im vorliegenden Abschnitt 6.4.1.2 die Datenbasis zur Bestimmung des indirekten Nutzens der konkurrierenden Alternativen R_1 und R_2 bestimmt. Die Erfassung der Kennzahlen erfolgt erneut getrennt für die Realisierungsalternativen, um den individuellen Eigenschaften der Alternativen zu entsprechend. Hierzu werden im folgenden Abschnitt 6.4.1.2.1 zunächst die Prozesszeiten (T_{Pz}) erfasst. Anschließend widmet sich der Abschnitt 6.4.1.2.2 der Bestimmung der Prozessqualität (Q_{Pz}). In Verbindung mit dem vorstehenden Abschnitt 6.4.1.1 gewährleistet dieses Vorgehen die vollständige Erfassung des Nutzens im Sinne der – dieser Arbeit zu Grunde liegenden – integrierten Nutzenanalyse.

527 Zur Definition des direkten Nutzens vgl. Abschnitt 5.4.

6.4.1.2.1 Erfassung der Änderung der Prozesszeiten

Die Änderung der Prozesszeiten stellt im Sinne der integrierten Nutzenanalyse einen Bestandteil des indirekten Nutzens (U_i) dar. Zu ihrer Erfassung kommt der in Abschnitt 5.5.2.3 entwickelte Fragebogen – in leicht modifizierter Form – zur Anwendung. In Analogie zur Erfassung der Prozesskosten des vorherigen Abschnitts werden die zeitlichen Bedarfe stets im Vergleich „alt" gegen „neu" erhoben: $\left(T_{Pz}^{alt}\right)$ versus $\left(T_{Pz}^{alt}\right)$.

In der Abteilung Rechnungswesen der Unternehmung XY GmbH wurden insgesamt 18 Mitarbeiter zu 32 differenten Prozessen befragt. Hierbei bewertete nicht jeder Mitarbeiter alle Prozesse, sondern nur diejenigen Prozesse, welche für den jeweiligen Mitarbeiter relevant sind bzw. die der Mitarbeiter (intensiv) nutzt. Der Grund für dieses Vorgehen liegt in der Annahme, dass die Qualität der Aussagen hierdurch erhöht wird. Jeder der Mitarbeiter war demnach für die Bewertung von einem oder von mehreren Prozessen verantwortlich. Ebenso war die mehrfache Bewertung eines Prozesses durch mehrere Mitarbeiter vorgeschrieben, um die jeweils subjektiven Einschätzungen der Mitarbeiter zu objektivieren.[528] Die Ergebnisse wurden hierzu entsprechend gemittelt.

Für die Bewertung der Prozesse wurden die Mitarbeiter zur vollständigen Beantwortung der in Tabelle 6-10 abgebildeten 37 Fragestellungen aufgefordert. Die Fragestellungen sind so konzeptioniert, dass sie zur Bewertung beider Realisierungsalternativen R_1 und R_2 dienen. Zudem vereint die Tabelle 6-10 die Ergebnisse beider Bewertungen. Da die Darstellung der Ergebnisse den Umfang dieser Arbeit übersteigt, erfolgt in der nachstehenden Tabelle die Abbildung der Ergebnisse bereits in gemittelter Form. Jedem Mitarbeiter wurde hierbei das gleiche Gewicht beigemessen, um ein „neutrales" Ergebnis zu erhalten. Die hierarchische Position der befragten Mitarbeiter blieb demnach ohne Berücksichtigung.

[528] Vgl. Weber (2001), S. 197 ff.

Zeitlicher Bedarf - Vergleich zu T_{Pz}^{alt} -		R_1 Ø	R_2 Ø
Aufgabe	Wie wird sich der zeitliche Bedarf zur Erstellung der/des:		
	▪ HGB-Abschlusses	0,78	0,78
	▪ US-GAAP-Abschlusses	0,77	0,75
	▪ IAS/IFRS-Abschlusses	0,82	0,78
	▪ Datenweitergabe/Datenflusses an die Muttergesellschaft ändern?	1,00	1,00
	Wie wird sich der zeitliche Bedarf zur Zuordnung der Daten zur/zum:		
	▪ Partner Gesellschaft	0,80	0,76
	▪ Business Unit	0,78	0,77
	▪ Profit Center ändern (Segmentierung)?	0,97	0,93
	Wie wird sich der zeitliche Bedarf zur (fehlerfreien) Erfüllung Ihrer Aufgaben ändern?	0,85	0,67
	Wie wird sich der zeitliche Bedarf zur ordnungsgemäßen (gemäß Handbuch) Ausführung der Prozesse ändern?	0,83	0,77
	Wie wird sich der zeitliche Bedarf zur Verarbeitung der einfließenden Vorprozesse ändern (Datenaufbereitung)?	0,86	1,00
	Wie wird sich der zeitliche Bedarf zur Bearbeitung der nachfolgenden Prozesse ändern?	0,95	0,95
	Wie wird sich der zeitliche Bedarf zur Bearbeitung von Korrekturen/Reklamationen (die Prozesse betreffend) ändern?	1,00	0,90
	Wie wird sich der zeitliche Bedarf zur Erstellung der Dokumentation der Prozesse ändern (Pflege des Handbuchs)?	0,89	0,96
	Wie wird sich der zeitliche Bedarf zur Erfüllung der Aufgabenstellung insgesamt ändern?	0,83	0,89
Mensch	Wie wird sich der zeitliche Bedarf zum Erlernen bisher unbekannter Zusammenhänge ändern?	0,95	0,90
	Wie wird sich der zeitlichen Bedarf zum Erlernen des computergestützten IS und der zu Grunde liegenden Prozesse für neue Mitarbeiter ändern (Einarbeitungszeit)?	0,91	0,99
	Wie wird sich der zeitliche Bedarf zum Bedienen des computergestützten IS ändern (Bedienbarkeit/Bedienerfreundlichkeit)?	0,96	1,08
	Wie wird sich der zeitliche Bedarf zur Bearbeitung der Prozesse ändern (Effektivität der Prozesslandschaft)?	1,02	0,95
	Wie wird sich Ihr zeitlicher Bedarf zur Aufbereitung des nötigten Inputs ändern?	0,90	0,94
	Wie wird sich der zeitliche Bedarf zur Bearbeitung der nachfolgenden Prozessschritte ändern?	1,02	0,95
	Wie wird sich der zeitliche Bedarf für (zusätzliche) Verantwortlichkeiten/Zuständigkeiten ändern?	0,95	1,20
	Wie wird sich der zeitliche Bedarf für den Faktor Mensch insgesamt ändern?	0,86	0,95
Technik	Wie wird sich der zeitliche Bedarf zur Pflege der Prozesse ändern?	0,90	1,32
	Wie wird sich der zeitliche Bedarf zur Bereitstellung und/oder Pflege von (notwendigen) Schnittstellen ändern?	0,67	0,86
	Wie wird sich der zeitliche Bedarf zur Wiederherstellung/Recovery der Informationstechnik ändern (SAP R/3 & SAP BW 3.5)?	0,70	0,90
	Wie wird sich der zeitliche Bedarf zur Wiederherstellung der Prozessabläufe ändern (i.S.d. Datenfortschreibung)?	1,00	1,05
	Wie wird sich der zeitliche Bedarf zur Modifikation der Informationstechnik ändern?	1,03	1,05
	Wie wird sich der zeitliche Bedarf zur Evaluierung der korrekten/fehlerfreien Datenübernahme ändern (Kontenabgleich)?	1,20	1,20
	Wie wird sich der zeitliche Bedarf zur Durchführung von Testläufen ändern?	1,00	0,92
	Wie wird sich der zeitliche Bedarf zur Anpassung von anderen Systemen an die neue Informationstechnik und die implementierten Prozesse ändern?	0,96	1,04
	Wie wird sich der zeitliche Bedarf zum Austauschen und Installation neuer HW & SW ändern (Integrierbarkeit)?	0,90	0,94
	Wie wird sich der zeitliche Bedarf zur Installation neuer Komponenten auf den User-PC´s ändern?	1,00	1,00
	Wie wird sich der zeitliche Bedarf zur Problemlösungsfindung ändern (Ursachenfindung)?	0,90	0,79
	Wie wird sich der zeitliche Bedarf zur Problemlösung ändern ("Problemlösungszeit")?	1,00	1,00
	Wie wird sich der zeitliche Bedarf zur Behebung von Systemausfällen ändern?	1,00	1,12
	Wie wird sich der zeitliche Bedarf zur Sicherstellung von Datenschutz- und Datensicherheitsanforderungen ändern?	1,00	1,00
	Wie wird sich der zeitliche Bedarf zur Modellierung der Informationstechnik insgesamt ändern?	0,85	0,95
Durchschnitt		**0,91**	**0,95**

Tab. 6-10: Änderung der zeitlichen Bedarfe der Prozesserfüllung im Vergleich zu den bisherigen zeitlichen Bedarfen

In Analogie zur Erfassung der Änderung der Prozesskosten ist von den Mitarbeitern nur der Mehr- bzw. Minderaufwand, der mit dem Prozess verbunden ist, zu beurteilen. Als Bewertungsschema dienen die in Abschnitt 5.5.2.3, Tabelle 5-5 angeführten Faktoren, so dass der Faktor 1,0 „Keine Veränderung", der Faktor 1,3 eine „leichte Verbesserung" und der Faktor 0,7 eine „leichte Verschlechterung" gegenüber dem jeweiligen bisherigen Prozess bezeichnet.[529]

Die Auswertung der Tabelle führt zunächst zu einem unerwarteten Ergebnis. Der zeitliche Aufwand zur Erstellung der Jahresabschlüsse nach HGB, US-GAAP und IAS/IFRS wird bei beiden Realisierungsalternativen um ca. 20% höher eingeschätzt als bisher. Der Grund hierfür ist jedoch in den zusätzlich geforderten Angaben durch die Segmentberichterstattung zu sehen. Die reine Datenübergabe an die Muttergesellschaft bleibt in ihrem Aufwand indes unverändert. Keine Überraschung offenbart die sich anschließende Fragestellung zum zeitlichen Bedarf der Segmentierung der Daten. Die Zuordnung zur Partner Gesellschaft, Business Unit und Profit Center wurde in der Unternehmung XY GmbH bis zu diesem Zeitpunkt nur im Bereich Profit Center in detaillierter Form geleistet. Vor diesem Hintergrund ist es nachvollziehbar, dass die Mitarbeiter der Unternehmung den zeitlichen Bedarf in diesem Bereich als erhöht bewerten.

Bei einer detaillierten Analyse ist festzustellen, dass die Mitarbeiter den zeitlichen Bedarf zur Durchführung der jeweiligen Prozesse grundsätzlich höher einschätzen, als es bisher der Fall war. Auch im Bereich der Technik wird der zweite Bestandteil der Realisierungsalternativen R_1 und R_2 tendenziell mit einem erhöhten Zeitbedarf verbunden. Besonders hervorzuheben ist die Bewertung zum Aufwand des Recovery bzgl. des SAP R/3 und SAP BW 3.5. Die Realisierungsalternative R_1 basiert auf dem Einsatz des SAP BW 3.5. Dessen Pflege wird von den Mitarbeitern der Administration jedoch als „hoch" eingeschätzt. Der gemittelte Faktor 0,70 verdeutlicht eine 30%ige Verschlechterung der Recovery-Zeit und unterliegt der Bewertung des Lösungs-

529 Ebenso war es möglich, die Faktoren 0,3 und 1,7 zur Bewertung einzusetzen. Wurde der Prozess neu implementiert, stand den Befragten die Möglichkeit zur Verfügung, das Bewertungsfeld „Trifft nicht zu" anzukreuzen. Zur Aufstellung des Bewertungsschema vgl. Abschnitt 5.5.2.3.

vorschlags der Realisierungsalternative R_2 sogar um 20% (Faktor 0,90). Der zeitliche Aufwand zur Wiederherstellung des computergestützten Informationssystems ist bei gleichzeitigem Einsatz des SAP R/3 und des SAP BW 3.5 jedoch signifikant höher als dergleiche bei ausschließlichem Einsatz des SAP R/3. Dessen ungeachtet wird die Evaluierung der fehlerfreien Datenübernahme von einem Teilsystem in das andere Teilsystem bei beiden Lösungsvorschlägen mit einer Zeitersparnis bzw. einer zeitlichen Reduktion von den Mitarbeitern assoziiert (jeweils Faktor 1,20).

Insgesamt ist festzustellen, dass sowohl die Auswahl der Realisierungsalternative R_1 als auch die der Realisierungsalternative R_2 zu einer Erhöhung der zeitlichen Bedarfe der Prozessabläufe führt. Die durchschnittliche Bewertung der Realisierungsalternative R_1 liegt bei 0,91, also einer Verschlechterung um 9% gegenüber der bisherigen Prozessabläufen. Für die Realisierungsalternative R_2 ergab die Befragung der Mitarbeiter einen gemittelten Wert von 0,95, d.h. einer Erhöhung der zeitlichen Bedarfe um 5%. Die Umsetzung beider Realisierungsalternativen führt demnach in beiden Fällen zu einem zeitlichen Mehrbedarf. Dies ist jeweils gleichbedeutend mit einer negativen Beeinflussung des indirekten Nutzens. Auf Grund des wechselseitigen engen Zusammenhangs zwischen den Untersuchungsdimensionen Kosten und Zeit reflektiert dieses Ergebnis die in Abschnitt 6.4.1.1.2 ermittelte Erhöhung der Prozesskosten.[530] Wie bereits ausgeführt, handelt es sich bei dem gesamten Vorhaben jedoch um die Erfüllung von unternehmungsinternen Anforderungen, die auf Grund der Änderung der rechtlichen Rahmenbedingungen zu erfüllen sind.

In nachstehenden Abschnitt 6.4.1.2.2 wird die Datenerfassung im Sinne des Magischen Dreiecks durch die Untersuchungsdimension „Prozessqualität" vorläufig komplettiert. Die vierte Dimension Flexibilität fließt – in Analogie zur Konzeption der integrierten Nutzenanalyse – zu einem späteren Zeitpunkt in die Analyse ein.[531]

---

530 Vgl. auch: Abschnitt 5.3.1, in dem auf die Interdependenzen zwischen den Untersuchungsdimensionen Kosten und Zeit hingewiesen wurde.

531 Vgl. Abschnitt 6.4.3.1.

6.4.1.2.2 Erfassung der Änderung der Prozessqualität

Der Bewertung der Qualität der Prozesse unterliegt denselben Restriktionen wie die Bewertung der zeitlichen Bedarfe im vorherigen Abschnitt 6.4.1.2.1, d.h. dieselben Mitarbeiter wurden erneut aufgefordert, dieselben Prozesse im Hinblick auf das Thema Qualität zu bewerten.

Tabelle 6-11 stellt die Änderung der Qualität der zu bewertenden Prozesse bei Umsetzung der Realisierungsalternativen R_1 und R_2 im Vergleich zur bisherigen Prozessqualität einander gegenüber. Die Bewertung erfolgte in Analogie zum bisherigen Vorgehen im Vergleich „alt" gegen neu": $\left(Q_{Pz}^{alt}\right)$ versus $\left(Q_{Pz}^{neu}\right)$. Hierbei korrelieren die gemittelten Ergebnisse mit denen des vorstehenden Abschnitts 6.4.1.2.1 zur Bewertung der zeitlichen Bedarfe derselben Prozesse negativ. Beispielhaft sei die erste Fragestellung zum Themengebiet der HGB-, US-GAAP und IAS/IFRS-Abschlüsse herausgegriffen. Aus Tabelle 6-10 geht eine durchschnittliche Bewertung des zeitlichen Bedarfes von einem Faktor von ca. 0,80 für R_1 und R_2 hervor. Während dessen bewerten dieselben Mitarbeiter die Qualität der prozessualen Neuausrichtung zur Erfüllung derselben Aufgabe mit einem Faktor von ca. 1,50 für die Realisierungsalternative R_1, d.h. mit einer 50%igen Erhöhung und mit einem Faktor von ca. 1,35 für die Realisierungsalternative R_2, d.h. einer 35%igen Erhöhung der Prozessqualität.

	Bewertung der Qualität - Vergleich zu Q_{Pz}^{alt} -	R_1 Ø	R_2 Ø
Aufgabe	Wie wird sich die Qualität des/der:		
	▪ HGB-Abschlusses	1,38	1,28
	▪ US-GAAP-Abschlusses	1,57	1,41
	▪ IAS/IFRS-Abschlusses	1,57	1,41
	▪ Datenweitergabe an die Muttergesellschaft ändern?	1,17	0,95
	Wie werden sich die Auswertungsmöglichk. durch die geänderte Segmentierung hinsichtlich:		
	▪ Zuordnung Partner Gesellschaft	1,59	1,44
	▪ Zuordnung Business Unit	1,62	1,49
	▪ Zuordnung Profit Center qualitativ ändern?	1,59	1,44
	Wie wird sich die prozessuale Neuausrichtung auf die Qualität der zu erfüllenden Aufgabenstellungen auswirken?	1,34	0,95
	Wie wird sich die Fehlerhäufigkeit der Tätigkeiten durch die Neuausrichtung der Prozesse ändern?	1,10	0,85
	Wie wird sich die Qualität der Datenfortschr. ändern (Anzahl der Datenfortschreibungsfehler)?	1,18	0,80
	Wie wird sich die Möglichkeit der ordnungsgemäßen (gemäß Handbuch) Durchführung der Arbeitsschritte ändern?	1,17	0,90
	Wie wird sich der Datenfluss zwischen den verschiedenen Schnittstellen/Aufgabenstellungen ändern?	1,17	1,17
	Wie wird sich die Reklamationshäufigkeit nachf./weiterbearbeitender Sachbearbeiter ändern?	1,25	0,90
	Wie wird sich die Effektivität (i.S.v. "Optimalität") der Prozesse zur Erfüllung der Aufgabenstellungen ändern?	1,30	0,88
	Wie wird sich die Qualität der zufließenden Vorprozesse ändern?	1,32	1,24
	Wie wird sich die Qualität der nachfolgenden Prozesse ändern?	1,32	1,24
	Wie wird sich die Qualität des gesamten computergestützten IS und der zu Grunde liegenden Prozesse insgesamt ändern?	1,45	1,33
Mensch	Wie wird sich die Verständlichkeit des computergestützten IS und der zu Grunde liegenden Prozesse ändern?	0,96	1,12
	Wie wird sich die Qualität der Erlernbarkeit bisher unbekannter Zusammenhänge in dem computergestützten IS und in den Prozessabläufen ändern?	1,00	1,24
	Wie wird sich die Erlernbarkeit des computergestützten IS und der Prozesse für neue Mitarbeiter ändern (Qualität der Einarbeitungszeit)?	0,93	0,92
	Wie wird sich die Bedienbarkeit/Bedienerfreundlichkeit des Systems ändern ("look & feel")?	1,12	1,12
	Wie werden sich die Verantwortlichkeiten/Zuständigkeiten durch die prozessuale Neuausrichtung ändern (auch: individuelle Verantwortlichkeit)?	1,24	1,19
	Wie wird sich die systemtechnische Lösung der Prozesse ändern?	1,34	1,30
	Wie wird sich das User-/Anwenderverhalten zur Bearbeitung insgesamt (Beurteilung der Zufriedenheit der Arbeitskollegen) ändern?	1,21	1,17
Technik	Wie wird sich die Möglichkeit der fehlerfreien Umsetzung/Durchführung der Prozesse ändern (Fehlertoleranz)?	1,35	1,20
	Wie wird sich die Rate der Systemausfälle ändern (Stabilität/Verfügbarkeit)?	1,30	1,23
	Wie wird sich die Qualität der Problemfindung durch die Umstellung der Informationstechnik ändern (wird eine zieladäquate Suche möglich sein)?	1,57	1,39
	Wie werden sich die tech. Möglichkeiten ändern, den Prozess zu rekonstruieren (Recovery)?	1,57	1,45
	Wie wird sich die Qualität der wiederhergestellten Prozesse ändern?	1,50	1,50
	Wie wird sich die Integrationsfähigkeit neuer, bisher nicht vorgesehener Prozesse ändern?	1,50	1,23
	Wie wird sich die Anpassbarkeit der Prozesse (aus rein technischer Sicht) ändern?	1,43	1,16
	Wie wird sich Möglichkeit der Installation neuer/weiterer HW & SW Komponenten ändern (Flexibilität des Systems)?	1,43	1,17
	Wie wird sich die Möglichkeit der Installation von Komponenten auf den User-PC´s ändern?	1,33	1,22
	Wie wird sich die Möglichkeit zur Durchführung von Testläufen ändern?	1,20	1,10
	Wie wird sich der Datenfluss zur Unterstützung der Prozesse ändern (Qualität des Prozessflusses)?	1,00	1,00
	Wie wird sich die Qualität der Datenhaltung ändern (Müssen redundante Daten vorgehalten werden)?	1,50	1,10
	Wie wird sich die Qualität der Überprüfbarkeit der Prozessabläufe ändern?	0,95	0,98
	Wie wird sich die Sicherheit der Prozessabläufe ändern (Datenschutz/Datensicherheit)?	1,57	1,44
	Wie wird sich die Qualität der Informationstechnik insgesamt ändern?	1,45	1,37
Durchschnitt		**1,32**	**1,19**

Tab. 6-11: Änderung der Qualität der Prozesse im Vergleich zu der bisherigen Prozessqualität

Der zusätzliche zeitliche Aufwand führt offenbar zu einer Steigerung der Qualität. Ähnlich verhält es sich im Kontext der Partner Gesell-schaften, Business Units und Profit Centern.[532] Der aus Tabelle 6-10 hervorgehende zeitliche Bedarf zur Zuordnung der relevanten Daten führt zu einer durchschnittlichen Erhöhung desselben um ca. 15% (Faktor 0,85) für beide Realisierungsalternativen R_1 und R_2. Die erwarteten qualitativen Eigenschaften für den gleichen Bereich steigen hingegen um 60% (Faktor 1,60) für R_1 bzw. 45% (Faktor 1,45) für R_2.

Die weitere Analyse der Daten führt zu vergleichbaren Ergebnissen, so dass insgesamt die folgenden Rückschlüsse abgeleitet werden können:

1. Die Erhöhung der Prozessqualität führt im vorliegenden Praxisbeispiel tendenziell zu einer zeitlichen (Mehr)-Belastung.
2. Die Prozessqualität liegt im Fall der Realisierungsalternative R_1 grundsätzlich über der der Realisierungsalternative R_2.
3. Die Realisierungsalternativen R_1 und R_2 führen beide zu einer Erhöhung der Prozessqualität.

Alle drei Ergebnisse sind indes nachvollziehbar. Die Pflege der Daten zur Erhöhung der Qualität der einzelnen Prozessschritte bedarf eines zusätzlichen zeitlichen Aufwands. Diese Datenpflege kann unter Zuhilfenahme des SAP BW 3.5 (Realisierungsalternative R_1) besser erfolgen als ohne dessen Einsatz (Realisierungsalternative R_2). Beide Alternativen führen jedoch zu einer Erhöhung der Prozessqualität. Diese Erhöhung der Qualität steht in unmittelbarem Zusammenhang mit der Erfüllung der Anforderungen, die an die Segmentberichterstattung gestellt werden. Zwar werden die Daten bei beiden Realisierungsalternativen in vergleichbarer Qualität in das SAP SEM-BCS der Muttergesellschaft geladen, die einzelnen Prozessschritte bis zur Erstellung der Upload-Datei werden hingegen in beiden Fällen durch den Einsatz eines neuen bzw. ergänzenden computergestützten Informationssystems qualitativ erhöht. Ohne den Einsatz einer neuen Informationstechnik könnte diese

532 Vgl. auch: Kütz (2005), S. 22 ff.

Erhöhung nicht erzielt werden, da die Daten in diesem Fall stets manuell aus den operativen Datenbasen extrahiert und aufbereitet werden müssten.[533]

Insgesamt weisen die befragten Mitarbeiter der Realisierungsalternative R_1 eine durchschnittliche Erhöhung der Prozessqualität in Höhe von 32% (Faktor 1,32) und der Realisierungsalternative R_2 in Höhe von 19% (Faktor 1,19) zu. Im Gegensatz zu den bisherigen Ergebnissen führt die prozessuale Neuausrichtung in der Untersuchungsdimension Qualität demnach zu einer positiven Beeinflussung des indirekten Nutzens für die Abteilung Rechnungswesen der Unternehmung XY GmbH.

Auf der Grundlage dieser Datenbasis wird im folgenden Abschnitt 6.4.2 die integrierte Nutzenanalyse zur differenzierenden Auswahl derjenigen Realisierungsalternative angewandt, die der Unternehmung XY GmbH bzw. der Abteilung Rechnungswesen der Unternehmung XY GmbH den größten Nutzen stiftet. Die Präferenzen der Unternehmungsleitung und der Abteilungsleitung müssen – wie bereits ausgeführt – nicht zwangsläufig übereinstimmen und können zu kontroversen Aussagen führen.[534] Für die Bedarfe der vorliegenden Arbeit werden beide Sichtweisen als gleichwertig angenommen.

6.4.2 Die Nutzenniveaus der Realisierungsalternativen in der Entscheidungsmatrix

Auf der Grundlage der Datenerfassung des vorstehenden Abschnitts 6.4.1 werden nunmehr die Nutzenniveaus der Realisierungsalternativen R_1 und R_2 in der Entscheidungsmatrix dargestellt.[535] Hierzu werden die Projektkosten (K_{Pj}) der beiden konkurrierenden Alternativen gleichmäßig auf deren Nutzungsdauer (ND) verteilt

533 Die Datenaufbereitung könnte in einem solchen Fall gegebenenfalls unter Zuhilfenahme eines Tabellenkalkulationsprogramms (bspw. Excel) erfolgen.

534 Vgl. die Ausführungen in Abschnitt 5.7.2.2.

535 Zur Entscheidungsmatrix vgl. Abschnitt 5.6.

(Annuität). Die Nutzungsdauer wird einheitlich mit $n=5$ Jahren, der zu Grunde liegende Zinssatz mit $P=4,5\%$ bestimmt.[536]

Auf dieser Basis können die nachstehenden Berechnungen zur Bestimmung des direkten Nutzens (U_d) und des indirekten Nutzens (U_i) durchgeführt werden. Hierbei wird zunächst der direkte Nutzen der Realisierungsalternative R_1 vollständig berechnet. Anschließend erfolgt die Bestimmung des zugehörigen indirekten Nutzens. Die Kalkulation des direkten Nutzens der Realisierungsalternative R_2 erfolgt im Anschluss hieran, ebenso wie die Bestimmung des indirekten Nutzens von R_2. Abschließend werden beide Realisierungsalternativen in der Entscheidungsmatrix einander gegenüber gestellt.

Zur Berechnung der Annuität dient die nachstehende allgemeine Formel:[537]

$$An = \frac{Kq^n(q-1)}{q^n-1}$$

mit: An = Annuität

K = eingesetztes Kapital

q = $1+\frac{p}{100}$ =Zinsfaktor

n = Tilgungszeitraum

Die Übertragung dieser allgemeinen Berechnungsvorschrift auf die speziellen Bedarfe der integrierten Nutzenanalyse stellt sich wie folgt dar.[538] Die Verteilung der Projektkosten der Realisierungsalternative R_1 $\left(K_{Pj}^{R_1}\right)$ auf die Nutzungsdauer $n=5$ Jahre erfolgt unter den gegebenen Prämissen:[539]

536 Der Zeitraum der Nutzungsdauer wird in diesem Kontext zugleich als Tilgungszeitraum interpretiert.

537 Vgl. Schäfer-Kunz et al. (2000), S. 220.

538 Vgl. Abschnitt 6.4.1.1.1, Tabellen 6-2 und 6-3.

539 Die Projektkosten werden im Folgenden als negativer Wert dargestellt.

$$K_{Pj}^{R_1} = \frac{Kq^n(q-1)}{q^n - 1}$$

$$K_{Pj}^{R_1} = \frac{\left(K_{Pj}^d + K_{Pj}^i\right)q^n(q-1)}{q^n - 1}$$

$$K_{Pj}^{R_1} = \frac{\left((-551.500,- €) + (-23.400,- €)\right) \cdot 1{,}045^5 \cdot (1{,}045 - 1)}{1{,}045^5 - 1}$$

$$K_{Pj}^{R_1} = -130.957{,}41\ €$$

Die Realisierungsalternative R_1 würde demnach zu einer gleichmäßigen monetären Belastung in Höhe von € 130.957,41 p.a. führen. Additiv sind die durch das Projekt bedingten Prozesskosten hinzuzurechnen. Diese Prozesskosten (K_{Pz}) wurden in der Kalkulation bereits „per annum" erfasst, so dass sie an dieser Stelle nicht umzurechnen sind. Eine mögliche Erhöhung der Prozesskosten durch etwaige Lohnsteigerungen im Zeitverlauf wird in vorliegenden Ansatz vor dem Hintergrund einer zeitgleichen Inflation vernachlässigt, da von der Annahme ausgegangen wird, dass im Zeitraum der Untersuchung die Lohnsteigerungsrate gleich der Inflationsrate ist.

Die Höhe der Änderungen der Prozesskosten der Realisierungsalternative R_1 geht aus Abschnitt 6.4.1.1.2 hervor.[540] Die separat erfassten Kategorien „direkte Prozesskosten" und „indirekte Prozesskosten" betragen insgesamt:

$$K_{Pz}^{R_1} = \left(K_{Pz}^d + K_{Pz}^i\right)$$

$$K_{Pz}^{R_1} = \left((-169.900,- €) + (-28.200,- €)\right)$$

$$K_{Pz}^{R_1} = -198.100,- €$$

Eine mögliche Umsetzung der Realisierungsalternative R_1 führt demnach im Bereich der Prozesskosten ebenfalls zu einer jährlichen monetären (Mehr)-Belastung in Höhe von € 198.100,-.

540 Vgl. die Tabellen 6-6 und 6-7.

Der direkt messbare Nutzen (U_d) wurde in Abschnitt 5.4 für die Bedarfe der integrierten Nutzenanalyse – unter der Annahme der impliziten Einbeziehung der jeweiligen zeitlichen Bedarfe – als Differenz zwischen den Projektkosten und den Prozesskosten definiert. Da im vorliegenden praktischen Beispiel beide Bestandteile der Realisierungsalternative R_1 negativ sind, ist analog von einem negativen direkten Nutzen zu sprechen. Für eine Nutzungsdauer von 5 Jahren beträgt dieser:

$$U_d^{R_1} = \left(K_{Pj}^{R_1} + K_{Pz}^{R_1}\right)$$
$$U_d^{R_1} = \left(\left(-130.957,- €\right) + \left(-198.100,- €\right)\right)$$
$$U_d^{R_1} = -329.057,- €$$

Die Umsetzung der Realisierungsalternative R_1 führt demnach zu einem negativen direkten Nutzen in Höhe von € 329.057,- p.a.

Die Bestimmung des direkten Nutzens der Realisierungsalternative R_2 erfolgt analog. Zunächst werden die Kosten des gesamten Projektes auf die Nutzungsdauer von 5 Jahren gleichmäßig verteilt.[541]

$$K_{Pj}^{R_2} = \frac{Kq^n\left(q-1\right)}{q^n - 1}$$
$$K_{Pj}^{R_2} = \frac{\left(K_{Pj}^d + K_{Pj}^i\right)q^n\left(q-1\right)}{q^n - 1}$$
$$K_{Pj}^{R_2} = \frac{\left(\left(-243.400,- €\right) + \left(-14.400,- €\right)\right)\cdot 1{,}045^5 \cdot \left(1{,}045-1\right)}{1{,}045^5 - 1}$$
$$K_{Pj}^{R_2} = -58.724{,}68\ €$$

Die Projektkosten der Realisierungsalternative R_2 betragen demnach € 58.724,58,- p.a. Hinzu müssen die Kosten des laufenden Betriebs gerechnet werden. Für diesen Bestandteil der Realisierungsalternative wurden in Abschnitt 6.4.1.1.2 direkte Kosten

541 Vgl. Abschnitt 6.4.1.1.1, Tabellen 6-4 und 6-5.

in Höhe von € 193.600,- p.a. und indirekte Kosten in Höhe von € 81.000,- p.a. kalkuliert.[542]

$$K_{Pz}^{R_2} = \left(K_{Pz}^{d} + K_{Pz}^{i}\right)$$
$$K_{Pz}^{R_2} = \left(\left(-193.600,-\text{€}\right) + \left(-81.000,-\text{€}\right)\right)$$
$$K_{Pz}^{R_2} = -274.600,-\text{€}$$

Die Auswahl der Realisierungsalternativen R_2 führt demnach zu einer monetären (Mehr)-Belastung der Unternehmung XY GmbH in Höhe von € 274.600,- p.a. Der direkt messbare Nutzen der Realisierungsalternative R_2 ist demzufolge ebenfalls negativ und beträgt jährlich:

$$U_{d}^{R_2} = \left(K_{Pj}^{R_2} + K_{Pz}^{R_2}\right)$$
$$U_{d}^{R_2} = \left(\left(-58.725,-\text{€}\right) + \left(-274.600,-\text{€}\right)\right)$$
$$U_{d}^{R_2} = -333.325,-\text{€}$$

Die Höhe des jeweiligen negativen Nutzens der Realisierungsalternative R_1 und R_2 ist demzufolge vergleichbar. Dies ist umso erstaunlicher, da die Projektkosten der Realisierungsalternative R_1 mit insgesamt € 574.900,- signifikant höher sind als die der Realisierungsalternative R_2 mit insgesamt € 257.800,-. Die Verteilung der Projektkosten auf die definierte Nutzungsdauer und die höheren Prozesskosten der Realisierungsalternative R_2 kompensieren diese jedoch vollständig.[543]

Das Ergebnis der Kalkulation des direkten Nutzens der Realisierungsalternative R_1 und R_2 führt somit zu dem Ergebnis:

$$\boxed{\begin{aligned} U_{d}^{R_1} &= -329.057,-\text{€ p.a.} \\ U_{d}^{R_2} &= -333.325,-\text{€ p.a.} \end{aligned}}$$

542 Vgl. die Tabellen 6-8 und 6-9.

543 Hinzu kommen andere Einflussgrößen, die die Verteilung der Kosten auf die Nutzungsjahre wesentlich beeinflussen. Wird bspw. nicht von einem Zinssatz von 4,5%, sondern von 6% ausgegangen, verschieben sich die Relationen deutlich. Ebenso beeinflusst die Nutzungsdauer von $n = 5$ Jahren die Höhe der Zinszahlungen und damit die Höhe der Annuität.

Die Bestimmung des indirekten Nutzens gestaltet sich vergleichsweise einfach. Aus Abschnitt 5.4 geht hervor, dass der indirekte Nutzen als Mittelwert zwischen der Änderung der zeitlichen Bedarfe der Prozessdurchführung $\left(T_{Pz}^{R_i}\right)$ und der Änderung der Prozessqualität $\left(Q_{Pz}^{R_i}\right)$ definiert ist.[544] Für die Realisierungsalternative R_1 bestimmt sich der indirekte Nutzen $\left(U_i\right)$ demnach wie folgt:[545]

$$U_i^{R_1} = \frac{\left(T_{Pz}^{R_1} + Q_{Pz}^{R_1}\right)}{2}$$

$$U_i^{R_1} = \frac{\left(0{,}91 + 1{,}32\right)}{2}$$

$$U_i^{R_1} = 1{,}12$$

Die Auswahl der Realisierungsalternative R_1 führt zu einer 12%igen Verbesserung (Faktor 1,12) des indirekten Nutzens gegenüber dem Status quo. Die Realisierungsalternative R_1 weist somit eine positive als auch eine negative Komponente in ihrer Bewertung auf und fällt in der nachstehenden Abbildung 6-13 in Quadrant IV der Entscheidungsmatrix. Zu einem grundsätzlich vergleichbaren Ergebnis führt die weitere Analyse der Realisierungsalternative R_2.

$$U_i^{R_2} = \frac{\left(T_{Pz}^{R_2} + Q_{Pz}^{R_2}\right)}{2}$$

$$U_i^{R_2} = \frac{\left(0{,}95 + 1{,}19\right)}{2}$$

$$U_i^{R_2} = 1{,}07$$

Der indirekte Nutzen $\left(U_i\right)$ der Alternative R_2 wird von den befragten Mitarbeitern mit einer Erhöhung desgleichen von 7% (Faktor 1,07) bewertet. Auch die Realisierungsalternative R_2 hat demzufolge sowohl einen positiven als auch einen negativen Effekt auf die Unternehmung XY GmbH.

---

544 Zur Gewichtung der Faktoren vgl. die Ausführungen des Abschnitts 5.3.1.

545 Vgl. Abschnitt 6.4.1.2.2, Tabellen 6-10 und 6-11.

Das Ergebnis der Bestimmung des indirekten Nutzens der Realisierungsalternativen R_1 und R_2 führt somit zu dem folgenden Ergebnis:

$$\boxed{\begin{array}{l} U_i^{R_1} = 1{,}12 \\ U_i^{R_2} = 1{,}07 \end{array}}$$

Der indirekte Nutzen beider Realisierungsalternativen R_i fällt demnach in Quadrant IV der Entscheidungsmatrix. Charakteristisch für diesen Quadranten IV ist die „Indifferenz" bei der Entscheidungsfindung. Realisierungsalternativen, deren Koordinaten des Nutzenniveaus in diesem Quadranten liegen, können weder eindeutig gewählt, noch eindeutig verworfen werden.[546] In der nachstehenden Abbildung 6-13 sind diese Nutzenniveaus der Realisierungsalternativen R_1 und R_2 in der Entscheidungsmatrix abgebildet. Aus Gründen der Übersichtlichkeit beschränkt sich die Darstellung auf den für die Entscheidungsfindung relevanten Quadranten IV.

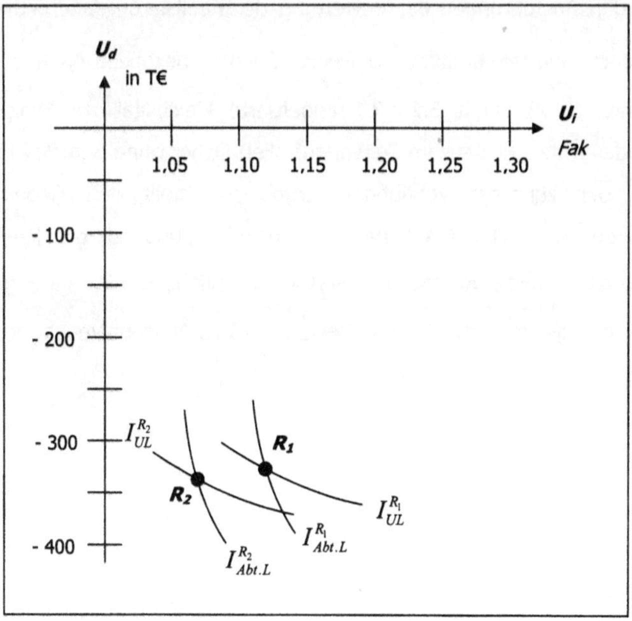

Abb. 6-13: Die Realisierungsalternativen R_1 und R_2 im Quadrant IV der Entscheidungsmatrix

546 Vgl. hierzu die Ausführungen des Abschnitts 5.6.

Aus Abbildung 6-13 gehen die Ausprägungen des Nutzens der Realisierungsalternativen R_1 und R_2 in der Entscheidungsmatrix hervor. Es ist unmittelbar ersichtlich, dass beide Realisierungsalternativen auf der Ordinate einen vergleichbaren, negativen direkten Nutzen aufzeigen. Die Werte auf der Abszisse unterscheiden sich jedoch deutlich und führen zu der vorläufigen Aussage, dass die Realisierungsalternative R_1 der Realisierungsalternative R_2 dominiert und vorzuziehen ist. Die abgetragenen ISO-Nutzen-kurven unterstützen diese Aussage. Die der theoretischen Konzeption der integrierten Nutzenanalyse zu Grunde liegende Annahme bzgl. der Lage der Kurven wird an dieser Stelle aufgegriffen.[547] Sowohl die ISO-Nutzenkurve der Unternehmungsleitung (I_{UL}) als auch die der Abteilungsleitung $(I_{Abt.L})$ führen zu dem Ergebnis, dass die Realisierungsalternative R_1 die zu präferierende ist.

Den bisherigen Ausführungen der Bewertung der Realisierungsalternativen R_1 und R_2 liegt jedoch eine rein statische, auf einen Stichtag bezogene Analyse zu Grunde. Die in Kapitel 5, Abschnitt 5.7.2.2.1 angeführte Flexibilität zur Evaluierung der Ergebnisse des Nutzenniveaus im Zeitverlauf blieb bisher ohne Berücksichtigung. Die Validierung der zunächst vorläufigen Ergebnisse stellt den Gegenstand des nachstehenden Abschnitts 6.4.3 dar. Hierzu wird zunächst die Flexibilität der Realisierungsalternativen R_1 und R_2 erfasst. Anschließend wird sie – getrennt für beide Realisierungsalternativen – zur Bewertung des Nutzenniveaus im Zeitverlauf herangezogen.

547 Zur Definition und Erläuterung der ISO-Nutzenkurven wird auf Abschnitt 5.7.1 verwiesen.

6.4.3 Bewertung der Realisierungsalternativen unter Berücksichtigung ihrer Nutzungsdauer

Die Entwicklung der Nutzenniveaus der Realisierungsalternativen R_1 und R_2 im Zeitverlauf stellt den Gegenstand des Abschnitts 6.4.3 dar. In Anlehnung an den Abschnitt 5.7.2.2 des Kapitels 5 dient die Untersuchungsdimension Flexibilität hierbei als entscheidungsrelevanter Einflussfaktor. Die differenzierende Auswahl erfolgt – wie in Abschnitt 5.7.2.2.4 definiert – an Hand von Verhältniszahlen. Vor diesem Hintergrund wird im anschließenden Abschnitt 6.4.3.1 die Flexibilität für die konkurrierenden Realisierungsalternativen R_1 und R_2 zunächst bestimmt und anschließend auf die speziellen Bedarfe der integrierten Nutzenanalyse transformiert. Auf dieser Grundlage erfolgt in Abschnitt 6.4.3.2 die Auswahl einer Realisierungsalternative unter Berücksichtigung ihrer Nutzungsdauer. Zur Befriedigung der in Abschnitt 1.3 formulierten Erwartungshaltung an die Konzeption der integrierten Nutzenanalyse ist die Aufstellung einer Rangfolge der beiden konkurrierenden Realisierungsalternativen R_1 und R_2 das Ziel des vorliegenden Abschnitts.

6.4.3.1 Erfassung der Flexibilität der Realisierungsalternativen

Die Übertragung der wissenschaftlichen Ergebnisse zur Bestimmung der Flexibilität auf den praktischen Anwendungsfall erweist sich grundsätzlich als problematisch.[548] Im Kontext der vorliegenden Arbeit bezeichnet die Flexibilität zudem stets den zukünftigen Zustand von Realisierungsalternativen und ist daher für die Bedarfe der integrierten Nutzenanalyse „a Priori" zu bestimmen. Ferner kann der Grad der Flexibilität bei jeder Realisierungsalternative einen anderen Wert aufweisen, so dass die Untersuchungsdimension Flexibilität stets gesondert für die zu analysierenden Realisierungsalternativen bestimmt werden muss. In Anlehnung an das bisherige Vorgehen wird die Flexibilität daher in Form eines Fragebogens ermittelt. Die erzielten Ergebnisse werden nach Abschluss der Erhebung erneut gemittelt, um

548 Vgl. die wissenschaftlichen Auseinandersetzungen zwischen Schneider und Hax bzw. Hax und Laux; angeführt in Abschnitt 5.7.2.2.1, Fußnote 369.

einen möglichst objektiven und realistischen Wert zu erhalten. Zur Bewertung werden ausgewählte Mitarbeiter herangezogen.

Die Auswahl der Mitarbeiter erfolgte in der Unternehmung XY GmbH unter der Prämisse, dass nur diejenigen Mitarbeiter befragt wurden, die – auf Grund ihrer Position in der Unternehmung – jeweils die gesamte Realisierungsalternative beurteilen konnten. Zudem wurde Wert darauf gelegt, dass sowohl Mitarbeiter der Abteilung Rechnungswesen als auch die hierfür relevanten Administratoren befragt wurden. Dieses Vorgehen gewährleistet die Berücksichtigung unterschiedlicher Sichtweisen und Interessenslagen. Es kann davon ausgegangen werden, dass ein Mitarbeiter des Rechnungswesens vorrangig auf einen einfachen und fehlerfreien Ablauf der Prozesse Wert legt, wohingegen ein Administrator ein besonderes Interesse an der technischen bzw. technologischen Umsetzung der Realisierungsalternative aufweist und diese daher in besonderer Weise bewerten kann.[549]

Auf Grund dieser Restriktionen wurden in der Unternehmung XY GmbH sieben Mitarbeiter identifiziert und für die Bewertung der Untersuchungsdimension Flexibilität der Realisierungsalternativen R_i ausgewählt.[550] Hierbei wurden die Alternativen stets als untrennbare Einheit angesehen und in ihrer Gänze, d.h. vollständig bewertet. Als Bewertungsschema dient eine Skala von 100% (die Realisierungsalternative wird als „vollkommen flexibel" eingeschätzt) bis 0% (die Realisierungsalternative ist „nicht veränderbar" bzw. sie ist vollkommen „starr").[551] Die Übergänge zwischen diesen Werten sind fließend und konnten von den (ausgewählten) Mitarbeitern der Unternehmung XY GmbH frei bestimmt werden.

549 Vgl. auch die Ausführungen des Abschnitts 6.3.2 „Sichtenspezifische Darstellung des Rechnungswesens unter Zuhilfenahme von ARIS".

550 Die relevanten Mitarbeiter in der Unternehmung XY GmbH waren u.a. der Abteilungsleiter, der Projektleiter, der Prozessverantwortliche und interne und externe Dienstleister, die den Aufgabenbereich der Administratoren in der Run-time des computergestützten IS übernehmen.

551 Vgl. hierzu Abschnitt 5.7.2.2.2.

Vor dem Hintergrund dieser Bestimmungen, ergibt sich für die Realisierungsalternative R_1 das nachstehende Schema.

Bewertung der Flexibilität der Realisierungsalternative: R_1 $F_{x\%}^{R_1}$						
	vollkommen flexibel 100%	**sehr flexibel 75%**	**flexibel 50%**	**wenig flexibel 25%**	**nicht veränderbar/starr 0%**	**angegebener Zahlenwert**
Mitarbeiter 1	X					91%
Mitarbeiter 2	X					83%
Mitarbeiter 3	X					79%
Mitarbeiter 4	X					88%
Mitarbeiter 5	X					84%
Mitarbeiter 6	X					92%
Mitarbeiter 7	X					82%
Durchschnitt						**86%**

Tab. 6-12: Flexibilität der Realisierungsalternative R_1

Aus Tabelle 6-12 geht die Bewertung der Flexibilität der Realisierungsalternative R_1 hervor. Grundsätzlich weisen alle befragten Mitarbeiter dieser Realisierungsalternative eine hohe Flexibilität zu. Die geschätzten Werte reichen von 92% bis 79%.[552] Das arithmetische Mittel beträgt 86%. Zweifelsohne ist diese sehr positive Einschätzung durch die Implementierung des neuen SAP BW 3.5 geprägt. Dem Business Information Warehouse (BW) wird offensichtlich ein sehr hohes Potenzial zur Befriedigung bisher unbekannter Bedarfe zugewiesen, d.h. dass die Auswahl der Realisierungsalternative R_1 auch zukünftig der Unternehmung XY GmbH die Möglichkeit eröffnet, die gewünschten Informationen bzw. die Informationsbedarfe, die an das Rechnungswesen gestellt werden, in adäquater Weise zu erfüllen. Erwähnenswert ist schließlich die Ähnlichkeit der Einzelbewertungen. Die befragten Mitarbeiter stimmen in ihren Aussagen tendenziell überein. Dies ist umso bemerkenswerter, da die Mitarbeiter unabhängig voneinander befragt wurden.

552 Die Verbindungslinien in der Tabelle 6-12 dienen der besseren Übersicht. Ein Übergang von der Bewertung eines Mitarbeiters zu einem anderen existiert nicht.

Im Gegensatz hierzu steht die Bewertung der Flexibilität der Realisierungsalternative R_2. Die Darstellung in der nachfolgenden Tabelle 6-13 offenbart bereits auf den ersten Blick eine starke Divergenz der Ergebnisse.

Bewertung der Flexibilität der Realisierungsalternative: *R₂* $F_{x\%}^{R_2}$						
	vollkommen flexibel **100%**	**sehr flexibel** **75%**	**flexibel** **50%**	**wenig flexibel** **25%**	**nicht veränderbar/starr** **0%**	**angegebener Zahlenwert**
Mitarbeiter 1		X				73%
Mitarbeiter 2		X				80%
Mitarbeiter 3		X				67%
Mitarbeiter 4		X				77%
Mitarbeiter 5	X					90%
Mitarbeiter 6		X				78%
Mitarbeiter 7		X				71%
Durchschnitt						**77%**

Tab. 6-13: Flexibilität der Realisierungsalternative R_2

Aus Tabelle 6-13 geht die Bewertung der Flexibilität der Realisierungsalternative R_2 hervor. Die Einschätzung der Mitarbeiter führt zu einer durchschnittlichen Bewertung von 77%. Hierbei reichen die individuellen Werte von 90% (Mitarbeiter 5) bis zu 67% (Mitarbeiter 3). Dies ist in sofern bemerkenswert, da der positive Ausschlag (90%) durch den Mitarbeiter 5 bestimmt wird. Dieser Mitarbeiter schätzt die Flexibilität der Realisierungsalternative R_2 demnach höher ein, als die der Realisierungsalternative R_1 (84%). Seine Aussage steht damit im Widerspruch zu denen der anderen sechs befragten Mitarbeiter.

Die starke Divergenz der Ergebnisse lässt zudem den Schluss zu, dass die Mitarbeiter die Realisierungsalternative R_2 nicht in gleicher Weise bewerten können bzw. unsicher sind, ob eine zukünftige Anpassung an sich ändernde Umweltbedingungen, wie z.B. eine Änderung der Informationsbedarfe, durch die Realisierungsalternative

R_2 befriedigt werden kann. Die Alternative R_2 dient demnach – aus Sicht der befragten Mitarbeiter – vorrangig der Befriedigung der gegenwärtigen Bedarfe der Unternehmung XY GmbH.

Nach der Bestimmung der Flexibilität der Realisierungsalternativen R_1 und R_2 erfolgt im nachstehenden Abschnitt 6.4.3.2 die differenzierende Auswahl derjenigen Realisierungsalternative R_i, die der Unternehmung nach einer Nutzungsdauer von n Jahren den größten Nutzen stiftet. Die Analyse beruht grundsätzlich auf den Ergebnissen des Abschnitts 6.4.2 und verbindet diese mit den Ergebnissen des vorliegenden Abschnitts.

6.4.3.2 Differenzierende Auswahl einer Realisierungsalternative nach n Jahren

Die differenzierende Auswahl einer Realisierungsalternative nach einer Nutzungsdauer von n Jahren erfordert die Bewertung der in Abschnitt 6.4.2 bestimmten Nutzenniveaus im Zeitverlauf. Aus Abschnitt 6.4.2 ging hervor, dass – ohne Berücksichtigung eines temporalen Aspektes – die Realisierungsalternative R_1 gegenüber R_2 vorzuziehen sei. Im vorliegen Abschnitt 6.4.3.2 soll nunmehr dieses „Zwischenergebnis" überprüft und unter Heranziehung der im vorstehenden Abschnitt 6.4.3.1 bestimmten Flexibilität evaluiert werden. Hierzu wird auf die in Kapitel 5 entwickelten Methoden zurückgegriffen.

In Abschnitt 5.7.2.2.2 dieser Arbeit wurden die nachstehenden Formeln – für die vorliegende Problemstellung – relevanten Gleichungen zur Bestimmung der Ausprägungen des Nutzens (U) entwickelt:

- Die Berechnung des negativen direkten Nutzens $\left(U_d^{F_{100\%}^{1\,Jahr}} < 0\right)$ erfolgt unter Anwendung der Gleichung (2): $U_d^{R_i^{nJahre}} = U_d^{F_{100\%}^{1\,Jahr}} \cdot \sum_{t=1}^{n} \left[1 + \left(1 - F_{x\%}\right)\right]^t$.

- Der hier positive indirekte Nutzen $\left(U_i^{F_{100\%}^{1\,Jahr}} \geq 1{,}0\right)$ kann unter Anwendung der Gleichung (3): $U_i^{R_i^{nJahre}} = 1 + \left(U_i^{F_{100\%}^{1\,Jahr}} - 1\right) \cdot \sum_{t=1}^{n} \left(F_{x\%}\right)^t$ bestimmt werden.

Werden die beiden Formeln auf die in Abschnitt 6.4.2 bestimmten Nutzenniveaus, getrennt nach dem direkt messbaren Nutzen (U_d) und dem indirekt messbaren Nutzen (U_i), angewandt, so ergeben sich die in Tabelle 6-14 angeführten Werte.[553] Die hierbei zu Grunde liegenden Werte der Flexibilität (F) sind durch Abschnitt 6.4.3.1 mit $F = F_{86\%}$ für die Realisierungsalternative R_1 und mit $F = F_{77\%}$ für die Alternative R_2 bestimmt.[554]

ND	**Realisierungsalternative R_1**				**Realisierungsalternative R_2**			
	U_d		**U_i**		**U_d**		**U_i**	
	$F_{100\%}$	**$F_{86\%}$**	**$F_{100\%}$**	**$F_{86\%}$**	**$F_{100\%}$**	**$F_{77\%}$**	**$F_{100\%}$**	**$F_{77\%}$**
Start	0		1,00		0		1,00	
1. Jahr	-329	-375	1,12	1,10	-333	-410	1,07	1,05
2. Jahr	-658	-803	1,24	1,19	-667	-913	1,14	1,10
3. Jahr	-987	-1.290	1,36	1,27	-1.000	-1.533	1,21	1,13
4. Jahr	-1.316	-1.846	1,48	1,33	-1.333	-2.295	1,28	1,15
5. Jahr	-1.645	-2.479	1,60	1,39	-1.667	-3.233	1,35	1,17

Tab. 6-14: Kumulierte Nutzenniveaus der Realisierungsalternativen R_1 und R_2 nach n Jahren

Aus Tabelle 6-14 gehen die kumulierten Ausprägungen des Nutzens der Realisierungsalternativen R_1 und R_2 nach einer Nutzungsdauer von n Jahren hervor. Es wird deutlich, dass die Werte im $n = 5.$ Jahr der Nutzung stark divergieren. Der direkte Nutzen der Realisierungsalternative R_1 führt bei $F_{86\%}$ zu einem negativen

553 Zur Anwendung der Formeln, insbesondere auf den indirekten Nutzen, wird auf Abschnitt 5.7.2.2.2 verwiesen.

554 Vgl. Abschnitt 6.4.3.1, Tabelle 6-12 und Tabelle 6-13.

Nutzen von T€ 2.479, während die Realisierungsalternative R_2 bei $F_{77\%}$ einen negativen Nutzen in Höhe von T€ 3.233 verursacht. Im Bereich des indirekten Nutzens bilden beide Alternativen positive Wert ab. Der Nutzen für R_1 führt zu einem Faktor von 1,39, der von R_2 zu einem Faktor von 1,17.

Die im Vergleich zu der Realisierungsalternative R_2 hohe Flexibilität der Realisierungsalternative R_1 hat demnach verschiedenartige Konsequenzen. Der kumulierte direkte Nutzen (U_d) von R_2 fällt im Zeitverlauf stetig und stärker als der von R_1, während der indirekte Nutzen (U_i) zwar ebenso stetig, jedoch im Verhältnis geringere Wachstumsraten aufweist. Dieses Ergebnis stimmt mit den beobachtbaren Realitäten des angeführten Beispiels überein. Die vergleichsweise geringe Flexibilität der Realisierungsalternative R_2 würde zu einem andauernden hohen monetären Aufwand für die Unternehmung XY GmbH führen. [555] Zudem ist dieser Aufwand nicht einmalig, sondern zum Erhalt der Investitionsmaßnahme periodisch neu zu erbringen.[556] Hieraus ist zu folgenden, dass die Auswahl der Alternative R_2 im Vergleich zu R_1 zu weitergehenden Anpassungsmaßnahmen an sich (zukünftig) ändernde Zustände führen würde.

In der nachstehenden Abbildung 6-14 werden die jeweiligen Dimensionen der Realisierungsalternativen R_1 und R_2 einander gegenübergestellt. Die Abbildung

555 Vgl. die Ausführungen des Abschnitts 5.7.2.2.2.

556 Die Kosten der Flexibilität als solches fließen nicht in die Untersuchungsdimensionen der Realisierungsalternativen R_i ein, d.h. die Kosten der Anpassung an sich zukünftig ändernde Umweltbedingungen werden in diesem Ansatz nur indirekt berücksichtigt. Diese Kosten gehen über die erfasste Mehrbelastung durch die prozessuale Neuausrichtung der Realisierungsalternativen hinaus. Der Grund für dieses Vorgehen liegt in der bereits geschätzten Höhe der Flexibilität im Zeitablauf. Müsste dieser A Priori-Aussage zur Flexibilität der Realisierungsalternativen zusätzlich deren wahrscheinliche Kosten zugewiesen werden, würde dies – aus Sicht des Verfassers der vorliegenden Arbeit – auf eine reine Spekulation hinauslaufen. Vor diesem Hintergrund wurde diese Kostenkategorie in der integrierten Nutzenanalyse nur indirekt berücksichtigt.

beschränkt sich auf den – in diesem praktischen Beispiel – entscheidungsrelevanten Quadranten IV.[557]

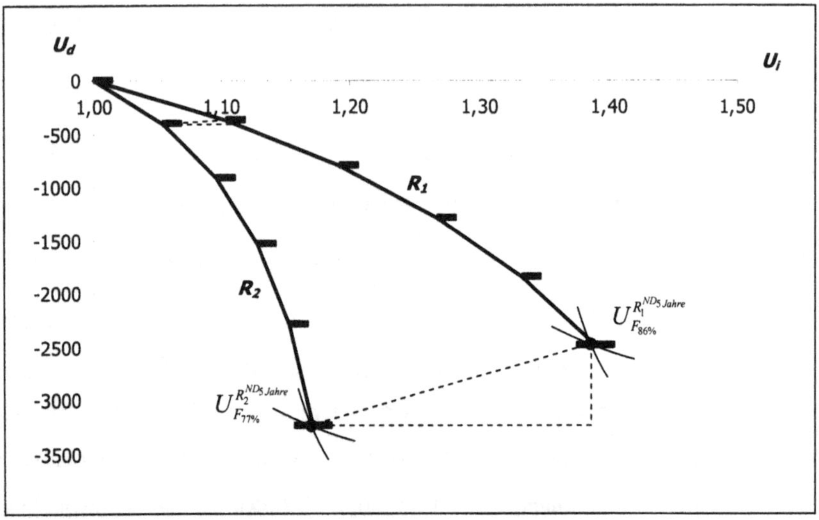

Abb. 6-14: Gegenüberstellung der Nutzenniveaus von R_1 und R_2 im Zeitverlauf

Abbildung 6-14 veranschaulicht die Entwicklung der kumulierten Nutzenniveaus der Realisierungsalternativen R_1 und R_2 im Zeitverlauf. Der Nutzenzuwachs vermindert sich jährlich und strebt gegen Null. In Anlehnung an Tabelle 6-14 sind die Nutzenniveaus für $n = 5$ Jahre abgetragen. Die Bewertung der Vorteilhaftigkeit der konkurrierenden Alternativen erfolgt an Hand der ISO-Nutzenkurven. In Analogie zur theoretischen Entwicklung der integrierten Nutzenanalyse und der Entscheidungsfindung unter Zuhilfenahme der ISO-Nutzenkurven, wird der Vergleich im 1. Jahr der Nutzung mit dem 5. Jahr der Nutzung durchgeführt: $\left(\frac{b_2}{b_1} \geq \frac{a_2}{a_1}\right) \vee \left(\frac{b_2}{b_1} < \frac{a_2}{a_1}\right)$. Die

557 Der Quadrant IV der Entscheidungsmatrix wurden als „Indifferent" definiert. Vgl. Abschnitt 5.6.

ISO-Nutzenkurven werden hierbei – wie ausgeführt – zur Entscheidungsfindung zunächst als gleichwertig definiert.[558]

Ohne Berücksichtigung des Faktors Flexibilität wurde in Abschnitt 6.4.2 auf Grundlage einer statischen Analyse die Realisierungsalternative R_1 als die zu präferierende bestimmt. Die integrierte Nutzenanalyse ermöglicht jedoch die Bewertung der Alternativen nach dem n. Jahr der Nutzung. Die im vorstehenden Abschnitt 6.4.3.1 erfasste Flexibilität gewährleistet diese differenzierende Auswahl einer Realisierungsalternative.

Wird die Wertigkeit der ISO-Nutzenkurven einander gleichgesetzt und deren Abstände im 1. Jahr der Nutzung jeweils mit 1 definiert:

$$\left(\left|I_{UL}^{R_1^{ND_1\,Jahr}} - I_{UL}^{R_2^{ND_1\,Jahr}}\right| := 1\right) \text{ und } \left(\left|I_{Abt.L}^{R_1^{ND_1\,Jahr}} - I_{Abt.L}^{R_2^{ND_1\,Jahr}}\right| := 1\right),$$

so kann die folgende Analyse zur Präferierung einer Realisierungsalternative R_i (mit: $i = 1,2$) durchgeführt werden:[559]

$$Fak_d = \frac{U_{d_{F77\%}}^{R_2^{ND_5\,Jahre}} - U_{d_{F86\%}}^{R_1^{ND_5\,Jahre}}}{U_{d_{F77\%}}^{R_2^{ND_1\,Jahr}} - U_{d_{F86\%}}^{R_1^{ND_1\,Jahr}}}$$

$$Fak_d = \frac{(-3.233) - (-2.479)}{(-410) - (-375)} = \frac{-754}{-35}$$

$$Fak_d = 21{,}54$$

$$Fak_i = \frac{U_{i_{F86\%}}^{R_1^{ND_5\,Jahre}} - U_{i_{F77\%}}^{R_2^{ND_5\,Jahre}}}{U_{i_{F86\%}}^{R_1^{ND_1\,Jahr}} - U_{i_{F77\%}}^{R_2^{ND_1\,Jahr}}}$$

$$Fak_i = \frac{1{,}39 - 1{,}17}{1{,}10 - 1{,}05} = \frac{0{,}22}{0{,}05}$$

$$Fak_i = 4{,}40$$

558 Die Lage der ISO-Nutzenkurven wurde im vorstehenden Abschnitt 6.4.2 bestimmt. Die I_{UL}-Kurve verdeutlicht die Sicht der Unternehmungsleitung. Die von der Muttergesellschaft vorgegebenen Anforderungen zur Segmentierung der Daten müssen vollständig erfüllt werden. Dies soll bei einer möglichst geringen monetären Belastung der Unternehmung XY GmbH (U_d) und gleichzeitig hohem indirekten Nutzen (U_i) erfolgen. Die Abteilungsleitung ($I_{Abt.L}$-Sicht) verfolgt hingegen ihr originäres Ziel, die Erzielung eines möglichst hohen Budgets zur Erfüllung der gestellten Aufgaben. Vgl. auch die allgemeinen Ausführungen zur Lage der ISO-Nutzenkurven in Abschnitt 5.7.1.

559 Zur Entwicklung dieses Analyseschrittes vgl. Abschnitt 5.7.2.2.4.

Ausgehend von der Normierung des Abstandes der ISO-Nutzenkurven auf 1, steigt der Abstand zwischen den flach verlaufenden Kurven von R_1 und R_2 im 5. Jahr der Nutzung um den Faktor 21,54.[560] Der Abstand der steil verlaufenden ISO-Nutzenkurven erhöht sich im gleichen Zeitraum hingegen nur um den Faktor 4,40. Hieraus können die folgenden Rückschlüsse über die kardinale Rangordnung der Realisierungsalternativen gezogen werden:[561]

1. Der Anstieg der ISO-Nutzenkurven auf der vertikalen Achse ist größer als der auf der horizontalen Achse der Entscheidungsmatrix:

$$\boxed{Fak_d > Fak_i}$$

2. Hieraus ist zu schlussfolgern, dass den flach verlaufenden ISO-Nutzenkurven[562] der Unternehmungsleitung (I_{UL}) gegenüber den steil verlaufenen ISO-Nutzenkurven der Abteilungsleitung $(I_{Abt.L})$ ein höheres Gewicht beigemessen werden sollte:[563]

$$\boxed{I_{UL} \succ I_{Abt.L}}$$

3. Wenn die flach verlaufenden ISO-Nutzenkurven im Beispiel der Segmentberichterstattung der Unternehmung XY GmbH die entscheidungsrelevanten Kurven darstellen, dann ist die Realisierungsalternative R_1 gegenüber der

560 Der Faktor $Fak_d = 9{,}52$ entspricht dem Verhältnis $\left(\frac{b_2}{b_1}\right)$, der Faktor $Fak_i = 4{,}40$ dem Verhältnis $\left(\frac{a_2}{a_1}\right)$. Vgl. Abbildung 6-14.

561 Vgl. auch die Ausführungen des Abschnitts 5.7.2.2.4.

562 Zur Lage der ISO-Nutzenkurven vgl. die Ausführungen des Abschnitt 5.7.1.

563 An dieser Stelle sei darauf hingewiesen, dass die Konzeption der integrierten Nutzenanalyse darauf abzielt, die Wertigkeit der ISO-Nutzenkurven über die Bestimmung der oben genannten Faktoren im n. Jahr der Nutzung zur Entscheidungsfindung in eine Rangfolge zu bringen. Hierbei spielt es keine Rolle, dass der direkte Nutzen – wie im vorliegenden Fall – zunehmend negativ wird, da diejenige ISO-Nutzenkurve als entscheidungsrelevante Kurve ausgewählt werden soll, die im Vergleich den betragsmäßig größeren Anstieg aufweist.

Realisierungsalternative R_2 zu präferieren. Sie stiftet der gesamten Unternehmung im Zeitverlauf den objektiv größeren Nutzen und sollte daher gewählt werden:

$$\boxed{R_1 \succ R_2}$$

Ungeachtet dieser Erkenntnis und der Aufstellung einer Rangordnung der Realisierungsalternativen auf Basis der flach verlaufenden ISO-Nutzenkurven, führt die besondere Datenkonstellation des vorliegenden Anwendungsbeispiels auch unter Anwendung der steil verlaufenden ISO-Nutzenkurven zur der Auswahl der Realisierungsalternative R_1. Die Begründung steht in Analogie zu den zu Beginn des Kapitels 5 angeführten Transitivitätsbedingungen. Wenn die Realisierungsalternative R_1 der Unternehmung einem – im Vergleich zu der Alternative R_2 – sowohl höheren direkten Nutzen $\left(U_d^{R_1} > U_d^{R_2}\right)$ als auch einen größeren indirekten Nutzen $\left(U_i^{R_1} > U_i^{R_2}\right)$ führt und zudem eine größere Flexibilität $\left(F^{R_1} > F^{R_2}\right)$ aufweist, dann muss die Aufstellung einer Präferenzordnung zwischen den Realisierungsalternativen auch zu der Auswahl dieser Alternative führen. Im konkreten Beispiel wird R_2 zudem – sowohl im 1. Jahr der Nutzung, als auch nach einer Nutzungsdauer von $n=5$ Jahren – von R_1 dominiert.

Die Anwendung der integrierten Nutzenanalyse auf die prozessuale Neuausrichtung der Segmentberichterstattung im Rechnungswesen ist hiermit abgeschlossen. Die integrierte Nutzenanalyse führt zu dem Ergebnis, dass die Realisierungsalternative R_1 der Unternehmung XY GmbH den objektiv größten Nutzen stiftet und demnach gegenüber R_2 zu präferieren ist. Im folgenden Abschnitt 6.5 erfolgt – die Ausführungen komplettierend – eine Zusammenfassung zur Anwendung der integrierten Nutzenanalyse.

6.5 Zusammenfassung zur Anwendung der integrierten Nutzenanalyse

Nachdem die integrierte Nutzenanalyse zur Auswahl einer Realisierungsalternative R_i am praktischen Beispiel angewandt wurde, werden die erzielten Ergebnisse nunmehr zusammenfassend dargestellt und abschließend bewertet. Die Unternehmung XY GmbH sah sich vor die Herausforderung gestellt, die Prozesse der Abteilung Rechnungswesen grundlegend zu überarbeiten. Der Grund hierfür lag in der Veränderung der rechtlichen Rahmenbedingungen zur Rechnungslegung. Die Bilanzierung musste zum Stichtag 01.01.2005 von der Rechnungslegungsvorschrift US-GAAP auf IAS/IFRS umgestellt werden.[564] Zugleich ergaben sich durch die neuen Rechnungslegungsvorschriften Abweichungen von den bisherigen Bilanzierungsansätzen. Die Segmentierung von Daten wurde in einem Grad der Detaillierung gefordert, die die Abteilung Rechnungswesen ohne eine prozessuale Neuausrichtung nicht leisten konnte. Gleichzeitig wurden durch die Muttergesellschaft der Unternehmung signifikant erhöhte Anforderungen an die Segmentierung der konzerninternen Berichterstattung gestellt. Vor diesem Hintergrund wurde in der Unternehmung XY GmbH die Entscheidung getroffen, die Prozesse der Abteilung Rechnungswesen einer grundlegenden Revision zu unterziehen und neu auszurichten.

Hierzu wurden in Abschnitt 6.3.3 zwei miteinander konkurrierende Lösungsvorschläge erarbeitet, die beide zur Befriedigung der Problemstellung geeignet sind. Der erste Lösungsvorschlag basiert auf der Implementierung des SAP BW 3.5 in das bestehende computergestützte Informationssystem. Der zweite Ansatz verzichtet auf die Ausweitung des computergestützten Informationssystems und stellt einen Lösungsvorschlag dar, der auf Basis des bereits existierenden computergestützten IS den Anforderungen, die an die Segmentberichterstattung gestellt werden, entspricht. Beide Alternativen erfüllen die an sie gestellten Anforderungen in gleicher Weise.

Die differenzierende Auswahl einer Realisierungsalternative wird durch die in Kapitel 5 entwickelte integrierte Nutzenanalyse ermöglicht. Auf Grund der ganzheitlichen

564 Vgl. Hecking (2002), S. 32 f.

Analyse der integrierten Nutzenanalyse war die Unternehmung XY GmbH in der Lage, die entwickelten Lösungsvorschläge zu bewerten. Sowohl die Projektphase als auch die hieraus resultierende prozessuale Neuausrichtung konnte über die voraussichtliche Nutzungsdauer der Alternativen bewertet werden.

Die durch die integrierte Nutzenanalyse erzielten Ergebnisse führen zu dem Schluss, dass die ermittelten Werte des direkten Nutzens und des indirekten Nutzens beider Realisierungsalternativen R_1 und R_2 zur Abbildung der Nutzenniveaus in Quadrant IV fallen. Dieser Quadrant wird im Abschnitt 5.6 jedoch als „Indifferent" charakterisiert. Die Auswahl derjenigen Realisierungsalternative R_i, die der Unternehmung XY GmbH im Zeitverlauf den größten Nutzen stiftet, ist unter Zuhilfenahme weiterer Bewertungskriterien, wie bspw. der ISO-Nutzenkurven, möglich. Darüber hinaus ist es dem Quadranten IV inhärent, dass die Werte des direkten Nutzens negativ sind. Nur der indirekte Nutzen ist in Quadrant IV positiv.

Die negative Dimension des Nutzenniveaus ist für den vorliegenden Fall jedoch zweifelsfrei nachvollziehbar. Die Erfüllung der Anforderungen an die Segmentberichterstattung ist kein freiwilliges, mit dem Ziel der Rationalisierung durchgeführtes Vorhaben, sondern vielmehr ein auf Grund der geänderten rechtlichen Rahmenbedingungen und der unternehmungsinternen Anforderungen der Muttergesellschaft gefordertes Bestreben. Ohne diese verpflichtenden Bedingungen hätte die Unternehmung XY GmbH ein so geartetes Vorhaben unter Umständen nicht umgesetzt.

Ein zu erwartendes Ergebnis war die Austellung der kardinalen Rangordnung der konkurrierenden Alternativen. Die individuellen Präferenzen der Entscheidungsträger führten zur Auswahl der Realisierungsalternative R_1, also derjenigen Alternative, die auf der Technik des SAP BW 3.5 beruht. Zweifelsohne handelt es sich hierbei um die technisch ausgereiftere Realisierungsalternative, die aus ökonomischer Sicht gegenüber der reduzierten Lösung R_2 vorzuziehen ist.

Vor diesem Hintergrund erfolgt im anschließenden Kapitel 7 eine kritische Würdigung zur Konzeption der integrierten Nutzenanalyse. Hierzu werden sowohl die einzelnen Bestandteile der Analyse als auch deren ganzheitliche und integrierte Konzeption differenziert bewertet.

7 Kritische Würdigung zur Konzeption der integrierten Nutzenanalyse

Ausgehend von der Definition des Nutzens einer Realisierungsalternative in Kapitel 2 wurde in den vorstehenden Kapiteln eine neue, in diesem Kontext noch nicht diskutierte, integrierte Nutzenanalyse entwickelt, die entsprechend den Ausführungen des Kapitels 3 in die wissenschaftliche Disziplin des IT-Controlling einzuordnen ist. Diese integrierte Nutzenanalyse thematisiert ein aktuelles Forschungsgebiet der Wirtschaftsinformatik bzw. des Informationsmanagements. Ihre wissenschaftliche Fundierung erhält die integrierte Nutzenanalyse durch die Einbeziehung unterschiedlicher Forschungsgebiete in ihre Konzeption. So basiert die Analyse auf ausgewählten Themengebieten der Volkswirtschaftslehre, der Betriebswirtschaftslehre und der Wirtschaftsinformatik. Hieraus resultiert die integrative Extraktion relevanter Verfahren als Basis der integrierten Nutzenanalyse. Diese setzen sich sowohl aus eher traditionellen Ansätzen wie den Indifferenzkurven als auch aktuellen Entwicklungen wie bspw. der angeführten „Nutzenanalyse nach Nagel" zusammen. Ebenso fließen in die integrierte Nutzenanalyse wirtschaftswissenschaftlich nützliche Methoden der Mathematik ein. Schließlich ermöglicht die integrierte Nutzenanalyse die Bewertung eines Investitionsvorhabens im Kontext des sozio-technischen Systems Aufgabe, Mensch und Technik bzw. Technologie. Durch die Fokussierung auf diese drei Elementarten gewährleistet die Anwendung der integrierten Nutzenanalyse die Vollständigkeit der Analyse des Nutzens eines computergestützten Informationssystems. Als besonders vorteilhaft erweist sich hierbei die Differenzierung der Untersuchungsdimensionen in die drei Bereiche Kosten, Zeit und Qualität. Diese Dreiteilung gewährleistet nicht nur die Vollständigkeit der Erfassung der entscheidungsrelevanten Daten, sondern ermöglicht zudem eine Entscheidung im Kontext der in Abschnitt 2.2 definierten Realisierungsalternativen. Die Analyse einer Realisierungsalternative bedingt zudem die Überwindung der oftmals isolierten Betrachtung von Projekten und Prozessen und ermöglicht deren ganzheitliche Analyse unter Einbeziehung der Interdependenzen zwischen diesen Bestandteilen von Realisierungsalternativen.

Die Konzentration auf die Untersuchungsdimensionen Kosten, Zeit und Qualität ist zudem mit der Einbeziehung von harten und weichen Faktoren verbunden. Wurden bisher Entscheidungen zumeist auf Basis eines reinen Kostenvergleichs getroffen, so überwindet die integrierte Nutzenanalyse diese eindimensionale Sichtweise und versetzt den Entscheidungsträger in die Lage, auch nicht-monetäre Parameter zur Entscheidungsfindung einzubeziehen. In Anlehnung an die Differenzierung der Erfassung der Kosten in direkte und indirekte Kosten, werden in der integrierten Nutzenanalyse die weichen Faktoren in der Form des indirekten Nutzens erfasst. Die Bewertung einer Realisierungsalternative geht demnach über bisherige Ansätze hinaus und stellt den Nutzen, der durch eine Realisierungsalternative erzielt werden kann, in den Mittelpunkt der Analyse.

Es ist dem Nutzen im Sinne dieser Arbeit inhärent, dass er zukunftsgerichtet ist. Aus diesem Grund werden Aussagen über die Vorteilhaftigkeit eines Investitionsvorhabens in der integrierten Nutzenanalyse a Priori getroffen. Der Analysezeitpunkt liegt vor dem Zeitpunkt der Entscheidungsfindung und beantwortet die Frage „ob" und wenn ja, „welche" Realisierungsalternative umgesetzt werden sollte. Die integrierte Nutzenanalyse wurde in Folge dessen so konzeptioniert, dass die Entscheidung zu Gunsten oder zu Ungunsten eines Vorhabens frühzeitig getroffen werden kann. Hierbei ist es von essenzieller Bedeutung, dass die Nutzenanalyse auf die unternehmungsindividuellen Bedarfe angepasst werden kann. Diese große Flexibilität der integrierten Nutzenanalyse avanciert zu einer unverzichtbaren Eigenschaft dergleichen. In diesem Kontext ist die integrierte Nutzenanalyse eher als ein (Rahmen)-Konzept denn als eine konkrete Methode zu bezeichnen.

Auf der Grundlage der integrierten Nutzenanalyse kann das Nutzenniveau – bestehend aus dem direkten Nutzen und dem indirekten Nutzen – im Koordinatensystem der Entscheidungsmatrix abgetragen werden. Aus der Entscheidungsmatrix kann unmittelbar geschlussfolgert werden, ob eine Realisierungsalternative sofort verworfen werden muss, oder ob die Analyse zur Auswahl derjenigen Alternative, die der Unternehmung den größten Nutzen stiftet, fortgesetzt wird. Der erstgenannte

Fall tritt ein, wenn die Koordinaten des Nutzenniveaus einer Realisierungsalternative in Quadrant III der Entscheidungsmatrix fallen. In allen anderen Fällen wird eine weitere Untersuchungsdimension, die Flexibilität, zur Entscheidungsfindung herangezogen. Die integrierte Nutzenanalyse ermöglicht demnach den gegebenenfalls frühzeitigen, Ressourcen schonenden Abbruch eines Bewertungsverfahrens.

Die Flexibilität als vierte Untersuchungsdimension einer Realisierungsalternative steht im Kontext ihrer Nutzungsdauer. Die Konzeption der integrierten Nutzenanalyse erlaubt die unternehmungsindividuelle Bestimmung dieser Nutzungsdauer. Die integrierte Nutzenanalyse ist demnach auch unter diesem Aspekt als flexibel und anpassungsfähig zu bezeichnen. Zudem kann der Nutzenzuwachs während der Nutzungsdauer adäquat in die Bewertung einer Realisierungsalternative einfließen.[565] Die Auswahl einer Realisierungsalternative erfolgt schließlich an Hand von Verhältniszahlen, bei gleichzeitiger Neutralisation der machtpolitischen Situationen und widersprüchlichen Interessenslagen verschiedener Hierarchieebenen, da diese – zumindest in der vorliegenden Ausarbeitung – als gleichwertig definiert sind. Gleichwohl erlaubt die Konzeption der integrierten Nutzenanalyse die Gewichtung zu Gunsten einer Sicht.[566] Die Schaffung dieses Entscheidungsrechts ermöglicht den Einsatz der integrierten Nutzenanalyse ebenso in einem Umfeld, in dem die Intentionen von denen der vorliegenden Arbeit abweichen.

Aus den Ausführungen des Kapitels 6 ist abzuleiten, dass sich die Transformation der integrierten Nutzenanalyse auf den praktischen Anwendungsfall als problemlos erweist. Ferner kann die integrierte Nutzenanalyse vergleichsweise einfach auf den Drei-Alternativen-Fall bzw. den m-Alternativen-Fall übertragen werden. Sie offeriert eine zumindest theoretisch uneingeschränkte Erweiterbarkeit der Analyse. Die Entscheidungsfindung unter Zuhilfenahme der Entscheidungsmatrix ist stets nach-

---

565 Der fallende Nutzenzuwachs und der hieraus resultierende Grenznutzen eines Vorhabens wurde bereits von Gossen beschrieben und entsprechen der praktischen Erfahrung. Vgl. Abschnitt 4.2.1.

566 Der in Kapitel 6 angeführte praktische Anwendungsfall führte zu dem Ergebnis, dass gerade nicht diejenige Realisierungsalternative gewählt wurde, die der Unternehmung XY GmbH den größten Nutzen stiftet, sondern vielmehr die zweitbeste Alternative. Vgl. die Ausführungen des Abschnitts 6.4.3.2.

vollziehbar und führt zu der Aufstellung einer kardinalen Rangordnung der analysierten Realisierungsalternativen.

Die Anwendung von kardinalen, jedoch nicht-monetären Parametern zur Bewertung des indirekten Nutzens könnte vordergründig als negativ interpretiert werden. Dieses scheinbare Defizit ist bei näherer Betrachtung jedoch keines. Da die integrierte Nutzenanalyse im Sinne ihrer Konzeption eine zukunftsgerichtete Analyse darstellt, können Aussagen über einen kardinalen, monetär gemessenen indirekten Nutzen einer Realisierungsalternative stets in Frage gestellt werden. Zudem bedingt eine derartige Aussage die Monetarisierung qualitativer Parameter. Die Umrechnung eines Parameters in die Form des anderen Parameters widerspräche der Zielsetzung der Konzeption und käme einer Trivialisierung der komplexen Problemstellung der ganzheitlichen Bewertung des Nutzens einer Realisierungsalternative gleich.[567] Aus diesem Grund basiert die Konzeption der integrierten Nutzenanalyse auf der gleichzeitigen Analyse quantitativer und qualitativer Parameter in Form des direkten und des indirekten Nutzens ohne die Transformation der qualitativen Größen in Quantitäten. Beide Parameter fließen getrennt voneinander in die Bewertung der Realisierungsalternativen ein. Da die integrierte Nutzenanalyse darüber hinaus eine zukunftsgerichtete Analyse ist, erscheint eine Bewertung auf gegebenenfalls maginalen, kardinal bezifferten Abständen der Nutzenniveaus nicht sinnvoll.

Ein möglicher Kritikpunkt stellt die Lage der entscheidungsrelevanten ISO-Nutzenkurven dar, da die exakte Lage der Kurven nicht bestimmbar ist. Zudem basiert die Konzeption der integrierten Nutzenanalyse auf der Annahme der Gleichwertigkeit der verschiedenen Kurven. Die Schaffung der Möglichkeit einer unternehmungsindividuellen Ausgestaltung der ISO-Nutzenkurven stellt andererseits einen essenziellen Vorteil der Konzeption dar. Zudem ist die exakte Lage der ISO-Nutzenkurven von untergeordneter Bedeutung. Wesentlich ist lediglich ihr grundsätzlicher Verlauf. Die Entscheidungsfindung basiert auf den unterschiedlichen Interessens-

567 Vgl. Abschnitt 1.2 i.V.m. Abschnitt 1.3.

lagen möglicher Entscheidungsträger in der Unternehmung. Sie zu differenzieren stellt den Zweck der ISO-Nutzenkurven dar, nicht deren exakte Verläufe.[568]

Schließlich basiert die integrierte Nutzenanalyse auf den zum Teil subjektiven Einschätzungen der Mitarbeiter. Sie werden wiederholt zu ihrer persönlichen Einschätzung der verschiedenen Zukunftsszenarien befragt. Durch den Umfang dieser Befragung ist jedoch davon auszugehen, dass das für die Analyse wesentliche arithmetische Mittel grundsätzlich einem nahezu objektiven Wert entspricht. Weiterhin ist die Annahme zulässig, dass sich die Problematik der richtigen Einschätzung einer zukünftigen Situation bei jeder zu bewertenden Realisierungsalternative als gleich schwierig gestaltet. Eine Bevorzugung einer bestimmten Realisierungsalternative erscheint vor diesem Hintergrund als eher unwahrscheinlich.[569]

Somit beschränkt sich eine mögliche Kritik an der Konzeption der integrierten Nutzenanalyse auf drei Punkte, den Fuzzy-Ring, den Grad der Komplexität der Untersuchung im „m-Alternativen-Fall" und die differenzierende Bewertung von zwei Alternativen mit infinitesimalen Abständen der Nutzenausprägungen nach n Jahren. Der Fuzzy-Ring wurde als ein Bereich definiert, in dem keine Entscheidung zu Gunsten oder zu Ungunsten eines Investitionsvorhabens getroffen werden kann, da die Ausprägungen des Nutzens einer Realisierungsalternative, deren Koordinaten nur marginal in einen Quadranten fallen gegenüber einer konkurrierenden Alternative, deren Nutzenniveau marginal in einen anderen Quadranten fällt, nicht eindeutig vorzuziehen oder zu verwerfen ist bzw. die Ausprägungen des Nutzens innerhalb eines Quadranten nur infinitesimale Abstände aufweisen.[570] Zugleich ist festzustellen, dass Realisierungsalternativen, deren Nutzenniveaus innerhalb eines Fuzzy-Rings liegen, ohnehin kaum einen positiven oder negativen Nutzen stiften und als nahezu erfolgsneutral gelten. Für eine Unternehmung ist es demnach von untergeordnetem Interesse, ob bzw. welche Realisierungsalternative umgesetzt wird.

568 Vgl. die Ausführungen in Abschnitt 5.7.1.
569 Vgl. Abschnitt 5.5.2 i.V.m. Abschnitt 6.4.1.2.
570 Der Fuzzy-Ring wurde als ein Bereich nahe des Schnittpunktes der Ordinate und der Abszisse der Entscheidungsmatrix bestimmt. Vgl. Abschnitt 5.6.

Die Problematik der Komplexität der Analyse von m konkurrierenden Realisierungsalternativen ist hingegen nicht zu widerlegen. Aus den Abschnitten 5.7.2 bis 5.7.4 geht hervor, dass die integrierte Nutzenanalyse jeweils den paarweisen Vergleich proklamiert.[571] Hierdurch können die Alternativen in eine Rangfolge gebracht werden. Die Erfassung der Datenbasis, auf denen die Konzeption der integrierten Nutzenanalyse beruht, steigt indes so stark an, dass der „m-Alternativen-Vergleich" eine eher theoretische Problemstellung darstellt. Es kann jedoch davon ausgegangen werden, dass sich die Problemstellung in Unternehmungen zumeist auf die Auswahl einer Realisierungsalternative aus zwei oder drei miteinander konkurrierenden Alternativen beschränkt.[572] Die Konzeption der integrierten Nutzenanalyse befriedigt vor diesem Hintergrund ebenso die Bedarfe der betrieblichen Praxis. Die dritte Problematik des infinitesimalen Abstandes der Ausprägungen des Nutzen nach einer Nutzungsdauer von n Jahren, ist adäquat zu behandeln. Stiften zwei Realisierungsalternativen nahezu den gleichen Nutzen, so sind sie unter Anwendung weiterer Bewertungsverfahren zu differenzieren. Die Wertschöpfung einer weiteren Differenzierung ist jedoch begrenzt, da der zu erwartende Nutzen der konkurierenden Realisierungsalternativen nahezu gleich ist, d.h. einander entspricht.

571 Vgl. auch: Abschnitt 6.4.3.2.

572 Dieser Aussage liegt die Annahme zu Grunde, dass ein Entscheidungsträger bzw. Projektleiter die Auswahl bereits vor Aufnahme einer detaillierten Analyse auf wenige zu bewertende Alternativen beschränkt.

8 Resümee und Ausblick

Ausgehend von der Problemstellung der Bewertung des Nutzens computergestützter Informationssysteme wurde in den vorstehenden Kapiteln eine Messvorschrift entwickelt, die eine mehrdimensionale Bewertung einer Realisierungsalternative ermöglicht. Hierbei wurde von der These ausgegangen, dass die Bewertung der Kosten einer Realisierungsalternative ohne die Einbeziehung des Nutzens, den ein solches Vorhaben stiftet, keine Aussagekraft besitzt.[573] Entsprechend vereint die integrierte Nutzenanalyse die Vorteile unterschiedlicher wissenschaftlicher Disziplinen und überträgt diese auf die speziellen Bedarfe der computergestützten Informationssysteme. Auf Grund ihrer Mehrdimensionalität geht die integrierte Nutzenanalyse über die beschriebenen Methoden des Kapitels 4 hinaus. Sie verbindet quantitative Parameter mit qualitativen Parametern einer vollständigen Realisierungsalternative und weist diese den Dimensionen „Direkter Nutzen" und „Indirekter Nutzen" zu. Durch den Verzicht der Transformation von qualitativen Parametern in quantitativ-monetäre Parameter macht sich die integrierte Nutzenanalyse die Vorteile einer differenzierenden Analyse zueigen. Die Auswahl einer Realisierungsalternative aus mehreren konkurrierenden Alternativen basiert auf der zweidimensionalen Bewertung des Nutzens. Die Aggregation dieses direkten und des indirekten Nutzens avanciert in der Form des Nutzenniveaus zum entscheidenden Bestandteil der integrierten Nutzenanalyse.

Die Vollständigkeit der Erfassung entscheidungsrelevanter Parameter wird durch das der Konzeption der integrierten Nutzenanalyse zu Grunde liegende Magische Dreieck bzw. dessen Adaption auf die differenten Bedarfe der Bestandteile einer Realisierungsalternative – Projekt und den hieraus resultierenden Prozessen – gewährleistet. Unter Einbeziehung der Nutzungsdauer der untersuchten Realisierungsalternativen ermöglicht es die Logik der integrierten Nutzenanalyse dem Entscheidungsträger zudem, diejenige Realisierungsalternative aus mehreren miteinander konkurrierenden Alternativen auszuwählen, die der Unternehmung im Zeitverlauf den größten kumulierten Nutzen stiftet. Die Entscheidungsfindung wird durch den Einsatz

573 Vgl. Abschnitt 3.3 i.V.m. Krcmar (2005), S. 397.

von ISO-Nutzenkurven unter gleichzeitiger Berücksichtigung der Flexibilität der analysierten Realisierungsalternative gestützt.

Da die Konzeption der integrierten Nutzenanalyse streng auf die Verquickung von Projekt und Prozessen ausgelegt ist, ist eine Transformation auf ähnliche Problemstellungen im Umfeld computergestützter und computerunterstützbarer Informationssysteme[574] möglich. Beispielhaft sei an dieser Stelle der Einsatz neuer Informationstechnik in einer Unternehmung angeführt. Die Beschaffung und Auswahl mächtiger Hardware-Komponenten kann gegebenenfalls als Projekt erfolgen. Die Implementierung, Wartung und Pflege der Hardware wäre in diesem Zusammenhang mit den analysierten Prozessen des vorliegenden Ansatzes zu vergleichen.

Weiterhin kann die integrierte Nutzenanlyse an Hand von Problemstellungen anderer Abteilungen als dem dieser Arbeit zu Grunde liegenden Rechnungswesen einer Unternehmung evaluiert werden. So seien als Beispiel die Abteilungen Controlling, Unternehmungsentwicklung und die Abteilung Forschung und Entwicklung angeführt. Ebenso sind die vielfältigen Interaktionen zwischen den Abteilungen einer Unternehmung in die Analyse einzubeziehen.

Als weiteres zukünftiges Einsatzgebiet der integrierten Nutzenanalyse ist die Darstellung von übergreifenden Abhängigkeiten zwischen einzelnen Unternehmungen sowohl gleicher als auch verschiedener Branchen denkbar. Über die Interaktionen zwischen Unternehmungen innerhalb einer Branche hinausgehend, muss eine Evaluation der integrierten Nutzenanalyse in verschiedenen Branchen erfolgen. Hierbei sind die jeweils branchenspezifischen Problemstellungen implizit zu berücksichtigen und sinnvoll miteinander zu verknüpfen. Zudem könnte in diesem Fall der Untersuchungsgegenstand der integrierten Nutzenanalyse gänzlich von der in dieser Arbeit definierten Realisierungsalternative und den computergestützten Informationssystemen abweichen.

---

574 Zur Klärung der Begrifflichkeiten „computergestützte und computerunterstützbare Informationssysteme" wird auf Gabriel und Beier verwiesen. Der dort verwendete Wortlaut der „Informations- und Kommunikationssysteme" wurde in Abschnitt 3.2 dieser Arbeit thematisiert. Vgl. Gabriel/Beier (2003), S. 26 ff.

Eine zukünftige Forschungsfrage stellt die empirische Überprüfung der Übertragbarkeit der in der vorliegenden Arbeit entwickelten integrierten Nutzenanalyse auf die genannten Einsatzgebiete durch eine wiederholte Anwendung dergleichen dar.

Die Konzeption der integrierten Nutzenanalyse stellt im Ergebnis einen sowohl für die betriebliche Praxis als auch für die Wissenschaft neuen, in diesem Kontext noch nicht diskutierten Ansatz dar. Sie erweist sich als äußerst flexibles Instrumentarium, das zudem die Möglichkeit schafft, unternehmungsindividuelle Bedarfe in adäquater Form in die Analyse einzubeziehen. Die integrierte Nutzenanalyse vereint unterschiedliche wissenschaftliche Theorien zur logischen Entwicklung eines neuen Verfahrens und dient der Analyse und Bewertung von sowohl theoretischen als auch praktischen Problemstellungen. Für zukünftige Aufgabenstellungen ist die integrierte Nutzenanalyse gegebenenfalls zu modifizieren. Die integrierte Nutzenanalyse ist in diesem Sinne eher als eine Art Rahmenkonzept, denn als konkrete Methode zu verstehen. Sie dient der Bewertung sehr komplexer Sachverhalte und ist durch ihre große Flexibilität in vielfältigen Sachverhalten nützlich einsetzbar. Die differenzierende Analyse des Untersuchungsgegenstandes führt zu belastbareren Aussagen. Das IT-Controlling im Allgemeinen und die integrierte Nutzenanalyse im Speziellen dienen demnach der Befriedigung des dieser Arbeit implizit zu Grunde liegenden Leitsatzes: „What gets measured gets managed."[575]

575 Willcocks/Lester (1999), S. 71.

Literaturverzeichnis

Ackermann, A.; Röck, H.; Weber, H. H. (1972): Besprechungsaufsatz: Bemerkung zu dem Aufsatz 'Flexible Planung als Lösung der Entscheidungsprobleme unter Ungewissheit?' von Dieter Schneider, in: Zeitschrift für betriebliche Forschung (ZfbF), Jg. 24, Nr. 6, 1972, S. 453-455.

Altendorfer, C. (1995): Die US-amerikanische Kapitalmarktaufsicht (SEC): Ein Modell für Österreich?, Wien 1995.

Alvarez, M. (2004): Segmentberichterstattung und Segmentanalyse, Wiesbaden 2004 (zugl.: Augsburg, Universität, Dissertation 2004).

Ames, B. C.; Hlavacek, J. D. (1990): Vital Truths about Managing your Costs, in: Harvard Business Review, Volume 68, January-February 1990, S. 140-147.

Arrow, K. J. (1951): Social Choice and Individual Values, New York 1951.

Balzert, H. (1998): Lehrbuch der Software-Technik: Software-Management – Software-Qualitätssicherung – Unternehmensmodellierung, Heidelberg 1998.

Balzert, H. (2000): Lehrbuch der Software-Technik: Software-Entwicklung, 2. Auflage, Heidelberg 2000.

Bamberg, G.; Coenenberg, G. (2004): Betriebswirtschaftliche Entscheidungslehre, 12. Auflage, München 2004.

Bannister, F.; Remenyi, D. (2000): Acts of Faith: Instinct, Value and IT Investment Decisions, in: Journal of Information Technology, Jg. 15, No. 3, 2000, S. 231-241.

Bauer, A.; Günzel, H.; Vaduva, A.; Zeh, T. (2004): Referenzarchitektur: Aspekte einer Referenzarchitektur, in: Bauer, A.; Günzel, H. (Hrsg.): Data Warehouse Systeme: Architektur, Entwicklung, Anwendung, 2. Auflage, Heidelberg 2004, S. 31-36.

Baumann, K. H. (1987): Die Segment-Berichterstattung im Rahmen der externen Finanzpublizität, in: Havermann, H. (Hrsg.): Bilanz- und Konzernrecht: Festschrift für Reinhard Goerdeler, Düsseldorf 1987, S. 1-23.

Baumöl, U. (2000): IV-Controlling und Target Costing, Eine vielversprechende Partnerschaft?, in: Dobschütz, L. von; Barth, M.; Jäger-Goy, H.; Kütz, M.; Möller, H-P. (Hrsg.): IV-Controlling: Konzepte – Umsetzungen – Erfahrungen, Wiesbaden 2000, S. 609-620.

Baumöl, U.; Frie, T. (1999): Ein integriertes IV-Controlling-Instrumentarium für Investitions- und Betriebsphase, in: Dobschütz, L. von; Baumöl, U.; Jung, R. (Hrsg.): IV-Controlling aktuell: Leistungsprozesse – Wirtschaftlichkeit – Organisation, Wiesbaden 1999, S. 123-152.

Becker, J.; Schütte, R. (1996): Handelsinformationssysteme, Landsberg a. L. 1996.

Beier, D. (2002): Informationsmanagement aus Sicht der Betriebswirtschaftslehre: Theoretische Ansätze und das Beispiel Mobile Business, Frankfurt a. M. 2002 (zugl.: Bochum, Universität, Dissertation 2002).

Beresford, D. R.; Riper, R. van (1992): The Not-So-Mysterious Ways of the FASB: The Facts about Standard Setting Frequently are Quite Different from the Perceptions, in: Journal of Accountancy (JoA), Volume 173, February 1992, S. 79-83.

Berg, T., Kirwin, W.; Redman, B. (1998): TCO: A Critical Tool for Managing IT, GartnerGroup, Strategic Analysis Report, 1998.

Bergmann, S.; Grabek, A.; Brenner, M. (2005): Transparenz durch Prozessanalyse und -modellierung, in: Horváth & Partner (Hrsg.): Prozessmanagement umsetzen: Durch nachhaltige Prozessperformance Umsatz steigern und Kosten senken, Stuttgart 2005, S. 47-68.

Berndt, R. (1995): Total Quality Management als Erfolgsstrategie, Berlin 1995.

Bernhard, M. G. (2002): Wie man ein Balanced-Scorecard-Tableau entwickelt und in die Management-Prozesse integriert, in: Blomer, R.; Bernhard, M. (Hrsg.): Report: Balanced Scorecard in der IT, Praxisbeispiele – Methoden – Umsetzung, Düsseldorf 2002, S. 237-278.

Bernhard, M. G. (2002a): BSC-Software-Realisierungsvarianten; in: Blomer, R.; Bernhard, M. (Hrsg.): Report: Balanced Scorecard in der IT, Praxisbeispiele – Methoden – Umsetzung, Düsseldorf 2002, S. 279-292.

Beutin, N. (2001): Verfahren zur Messung der Kundenzufriedenheit im Überblick, in: Homburg, C. (Hrsg.): Kundenzufriedenheit: Konzepte – Methoden – Erfahrungen, 4. Auflage, Wiesbaden 2001, S. 87-122.

Bieg, H.; Kußmaul, H. (2003): Externes Rechnungswesen, 3. Auflage, München 2003.

Biemel, F.; Filipp, S. (1996): Gestaltung der Produktqualität aus Kundensicht, in: Wildemann, H. (Hrsg.): Controlling in TQM: Methoden und Instrumente zur Verbesserung der Unternehmensqualität, Berlin 1996, S. 65-97.

Biener, H. (1995): Rezeption der US-GAAP über IOSCO und IASC?, in: Förschle, G.; Kaiser, K.; Moxter, A. (Hrsg.): Rechnungslegung im Wandel: Festschrift für Wolfgang Dieter Budde, München 1995, S. 87-103.

Black, D. (1958): The Theory of Committees and Elections, Cambridge 1958.

Blankart, C. B. (2003): Öffentliche Finanzen in der Demokratie: Eine Einführung in die Finanzwissenschaft, 5. Auflage, München 2003.

Bode, J. (1997): Der Informationsbegriff in der Betriebswirtschaftslehre, in: Zeitschrift für betriebswirtschaftliche Forschung (ZfbF), Jg. 49, Nr. 5, 1997, S. 449-468.

Bohem, B. W. (1987): Improving Software Productivity, in: IEEE Computer, Volume 20, No. 9, 1987, S. 43-57.

Boehm, B. W.; Sullivan, K. (2000): Software Economics: A Roadmap, in: Finkelstein (Hrsg.): The Future of Software Engineering, Limerick 2000, S. 319-343.

Born, K. (2001): Rechnungslegung nach IAS, US-GAAP und HGB im Vergleich, Stuttgart 2001.

Botschatzke, U. W. (1993): Informationsverarbeitungs-Controlling in Dienstleistungsunternehmungen: Zielorientierte Steuerung der betrieblichen Informationsverarbeitung, München 1993.

BPMI.org (2005): BPML, in: http://www.bpmi.org/BPML.htm, abgerufen am 19.08.2005.

Brealey, R.; Myers, S.; Marcus, A. (2004): Fundamentals of Corporate Finance, 4. Auflage, New York 2004.

Breitung, K.; Filip, P. (2001): Einführung in die Mathematik für Ökonomen, 3. Auflage, München 2001.

Brenner, M.; Mayer, R. (2005): Aufbau eines permanenten Prozesscontrolling, in: Horváth & Partner (Hrsg.): Prozessmanagement umsetzen: Durch nachhaltige Prozessperformance Umsatz steigern und Kosten senken, Stuttgart 2005, S. 159-179.

Brockhaus (1998): Nutzen, in: Kwiatkowski, G.; Zwahr, A. (Schriftl.): Die Enzyklopädie in 24 Bänden, Band 16, 20. Auflage, Leipzig 1998, S. 80.

Bröhl, A.-P.; Dröschel, W. (1999): Das V-Modell: Der Stand für die Softwareentwicklung mit Praxisleitfaden, 2. Auflage, München 1999.

Bruhn, M. (1998): Wirtschaftlichkeit des Qualitätsmanagements: Qualitätscontrolling für Dienstleistungen, Berlin 1998.

Brynjolfsson, E.; Hitt, L. (1998): Beyond the Productivity Paradox, in: Communications of the ACM (CASM), Volume 41, No. 8, 1998, S. 49-55.

Brynjolfsson, E.; Hitt, L. (1999): Paradox Lost? Firm-Level Evidence on the Returns to Information Systems Spending, in: Willcocks, L. P.; Lester, S. (Hrsg.): Beyond the IT Productivity Paradox, West Sussex 1999, S. 39-68.

Buchholz, R. (2001): Internationale Rechnungslegung: Die Vorschriften nach IAS, HGB und US-GAAP im Vergleich – mit Aufgaben und Lösungen, Bielefeld 2001.

Budde, W. D.; Clemm, H.; Ellrott, H.; Förschle, G.; Hoyos, M. (1999): Beck'scher Bilanz-Kommentar: Handels- und Steuerrecht, §§ 238 bis 339 HGB, 4. Auflage, München 1999, S. 239-307.

Bullinger, H.-J. (1994): Prozessorientierte Strukturen und Workflow-Management bei Dienstleistern, in: Bullinger, H.-J. (Hrsg.): Workflow-Management bei Dienstleistern, Stuttgart 1994, S. 11-46.

Bullinger, H.-J. (1995): Prozessmanagement, in: Corsten, H.; Reiß, M. (Hrsg.): Handbuch Unternehmensführung, Konzepte – Instrumente – Schnittstellen, Wiesbaden 1995, S. 779-790.

Busse von Colbe, W. (1987): Die neuen Rechnungslegungsvorschriften aus betriebswirtschaftlicher Sicht, in: Zeitschrift für betriebswirtschaftliche Forschung (ZfbF), Jg. 39, Nr. 3, 1987, S. 191-205.

Busse von Colbe, W.; Pellens, B. (1998): Rechnungswesen, in: Busse von Colbe, W.; Pellens B. (Hrsg.): Lexikon des Rechnungswesens, 4. Auflage, München 1998, S. 599.

Campbell, H. F.; Brown, R. P. C. (2005): A Multiple Account Framework for Cost-Benefit Analysis, in: Evaluation & Program Planning, Volume 28, No. 28, 2005, S. 23-33.

Canfora, G.; Gracía, F.; Piattini, M.; Ruiz, F.; Visaggio, C. A. (2005): A Family of Experiments to Validate Metrics for Software Process Models, in: Journal of Systems & Software, Volume 77, No. 2, 2005, S. 113-128.

Carr, N. G. (2003): IT Doesn´t Matter, in: Harvard Business Review, Volume 102, No. 5, 2003, S. 41-49.

Cezanne, W. (2005): Allgemeine Volkswirtschaftslehre, 6. Auflage, München 2005.

Chamoni, P.; Gluchowski, P.; Hahne, M. (2005): Business Information Warehouse: Perspektiven betrieblicher Informationsversorgung und Entscheidungsunterstützung auf Basis von SAP-Systemen, Berlin 2005.

Chen, P. P. (1981): Entitiy-Relationship Approach to Information Modelling and Analysis: Proceedings of the 2nd International Conference on Entity-Relationship Approch, Amsterdam 1981.

Coenenberg, A. G. (2002): Kapitalflussrechnung und Segmentberichterstattung als Instrumente der Bilanzanalyse, in: Küting, K.; Weber, C.-P. (Hrsg.): Vom Financial Accounting zum Business Reporting: Kapitalmarktorientierte Rechnungslegung und integrierte Unternehmenssteuerung, Stuttgart 2002, S. 173-218.

Coenenberg, A. G. (2003): Kostenrechnung und Kostenanalyse, 5. Auflage, Landsberg a. L. 1993.

Compass Deutschland (2005): Messgrößen werden intelligent: Welche Kennzahlen Unternehmensleistungen zur qualitativen Bewertung ihrer IT verlangen, in: Computer Zeitung, Jg. 35, Nr. 15, 2005, S. 12.

Cooper, R. (1990): Acitivty-Based Costing, Einführung von Systemen des Activity-Based Costing (Teil 3), in: Kostenrechnungspraxis (krp), Jg. 34, Nr. 6, 1990, S. 345-351.

Czegel, B. (1998): Running an Effective Help Desk, 2. Auflage, New York 1998.

Dahnken, O.; Roosen, C.; Müller, R.; Bange, C. (2003): Konsolidierung und Management-Reporting: 10 führende Software-Lösungen getestet und bewertet, Eine Studie des Business Application Research Center (BARC), München 2003.

Date, C. J. (1987): Twelve Rules for a Distributed Database, in: Computerworld, Volume 23, No. 2, 1987, S. 77-81.

Davenport, T. H. (1993): Process Innovation: Reengineering Work through Information Technology, Boston 1993.

Davenport, T. H.; Short, J. E. (1990): The New Industrial Engineering, Information Technology and Business Process Redesign, in: Sloan Management Review, Volume 31, No. 4, 1990, S. 11-27.

Dennis, K. (1982): Economic Theory and the Problem of Translation, in: Journal of Economic Issues, Volume 16, December 1982, S. 1039-1962.

Dern, G. (2003): Management von IT-Architekturen: Informationssysteme im Fokus von Architekturplanung und -entwicklung, Wiesbaden 2003.

Dittmar, C. (2004): Knowledge Warehouse: Ein integrativer Ansatz des Organisationsgedächtnisses und die computergestützte Umsetzung auf Basis des Data Warehouse-Konzepts, Wiesbaden 2004 (zugl. Bochum, Universität, Dissertation 2004).

Dittmar, J.; Scholl, K.; Marx, P.; Kopsch, J.; Kempf, M.; Koch, U.; Wörner, K. (1997): Integration von Zeit, Kosten und Qualität – systematische Nutzung von Informationsquellen im Produktentwicklungsprozess, in: Fortschrittliche Betriebsführung und Industrial Engineering, Jg. 46, Nr. 3, 1997, S. 116-119.

Dittrich, J.; Braun, M. (2004): Business Process Outsourcing, Entscheidungsleitfaden für das Out- und Insourcing von Geschäftsprozessen, Stuttgart 2004.

Dobschütz, L. von (1995): IV-Controlling: Theoretische Sicht und praktische Bedeutung, in: Controlling, Jg. 7, Nr. 5, 1995, S. 306-312.

Dobschütz, L. von (1995a): CoSourcing und IV-Controlling: Werte schaffen statt Sparen um jeden Preis!, in: Berg, J.; Gräber, H. (Hrsg.): Outsourcing in der Informationstechnologie, Frankfurt 1995, S. 102-116.

Dobschütz, L. von (1999): IV-Controlling bei Innovationen, in: Dobschütz, L. von; Baumöl, U.; Jung, R. (Hrsg.): IV-Controlling aktuell: Leistungsprozesse – Wirtschaftlichkeit – Organisation, Wiesbaden 1999, S. 53-66.

Dobschütz, L. von (2000): IV-Wirtschaftlichkeit, in: Dobschütz, L. von; Barth, M.; Jäger-Goy, H.; Kütz, M.; Möller, H.-P. (Hrsg.): IV-Controlling: Konzepte – Umsetzung – Erfahrungen, Wiesbaden 2000, S. 431-449.

Drosdowski, G. (1997): Nutzen, in: Drosdowski, G.; Müller, W.; Scholze-Stubenrecht, W.; Wermke, M. (Hrsg.): Duden, Etymologie, Herkunftswörterbuch der deutschen Sprache, 2. Auflage, Band 7, Mannheim 1997, S. 493.

Droste, F. O. W. (1986): Die Nutzen-Kosten-Analyse von EDV-Projekten im Phasenkonzept: Problemlösungsansätze in Form von Modellen und standardisierten Verfahren, Würzburg 1986 (zugl. München, Universität, Dissertation 1986).

Dunckel, H.; Volpert, W.; Zölch, M.; Kreutner, U.; Pleiss, C.; Hennes, K. (1993): Kontrastive Aufgabenanalyse im Büro: Der KABA-Leitfaden, Grundlagen und Manual, Stuttgart 1993.

Ebert, C. (2004): Portfoliomanagement in der Softwareproduktentwicklung, in: Zarnekow, R.; Brenner, W.; Grohmann, H. H. (Hrsg): Informationsmanagement: Konzepte und Strategien für die Praxis, Heidelberg 2004, S. 203-217.

Eggemann, G.; Petry, M. (2002): Fast Close: Verkürzung von Aufstellungs- und Veröffentlichungszeiten für Jahres- und Konzernabschlüsse, in: Betriebs-Berater (BB), Jg. 57, Nr. 32, 2002, S. 1635-1639.

Egger, N.; Fiechter, J.-M.; Rohlf, J.; Rose, J.; Schrüffer, O. (2005): SAP BW: Reporting und Analyse, Bonn 2005.

Eisenführ, F.; Weber, M. (2003): Rationales Entscheiden, 4. Auflage, Berlin 2003.

Elgass, P.; Krcmar, H. (1993): Computergestützte Geschäftsprozessplanung, in: Information Management (IM), Jg. 8, Nr. 1, 1993, S. 42-49.

Elmasri, R.; Navathe, S. B. (2005): Grundlagen von Datenbanksystemen, Ausgabe Grundstudium, 3. Auflage, München 2005.

Engelhardt, W. H.; Schütz, P. (1991): Total Quality Management, in: Wissenschaftliches Studium (WiSt), Jg. 20., Nr. 8, 1991, S. 394-399.

Epstein, B. J.; Mirza, A. A. (2002): IAS 2002: Interpretation and Application of International Accounting Standards, New York 2002.

Erler, T. (2000): Strategische Informationssystemplanung: Lehrmaterial im Studienfach Wirtschaftsinformatik, Nr. 30/00, Lehrstuhl für Wirtschaftsinformatik, Ruhr-Universität Bochum, Bochum 2000.

Erner, M. (1997): Marktstrategisches Erfolgsmanagement und internes Rechnungswesen, Wiesbaden 1997, S. 153-158.

Eschenbach, R.; Niedermayr, R. (1996): Die Konzeption des Controlling, in: Eschenbach, R. (Hrsg.): Controlling, 2. Auflage, Stuttgart 1996, S. 49-64.

Eversheim, W. (1995): Prozessorientierte Unternehmensorganisation, Berlin 1995.

Ewert, R.; Wagenhofer, A. (2000): Interne Unternehmensrechnung, 4. Auflage, Berlin 2000.

Fandel, G.; Heuft, B.; Paff, A.; Pitz, T. (2004): Kostenrechnung, 2. Auflage, Berlin 2004.

Farbey, B.; Land, F.; Targett, D. (1999): Evaluating Investments in IT: Findings and a Framework, in: Willcocks, L. P.; Lester, S. (Hrsg.): Beyond the IT Productivity Paradox, West Sussex 1999, S. 183-215.

Ferstl, O. K.; Sinz, E. J. (1993): Geschäftsprozessmodellierung, in: Wirtschaftsinformatik, Jg. 35, Nr. 6, 1993, S. 589-592.

Ferstl, O. K.; Sinz, E. J. (1995): Der Ansatz des Semantischen Objektmodells (SOM) zur Modellierung von Geschäftsprozessen, in: Wirtschaftsinformatik, Jg. 37, Nr. 3, 1995, S. 209-220.

Ferstl, O. K.; Sinz, E. J. (1995a): Re-Engineering von Geschäftsprozessen auf der Grundlage des SOM-Ansatzes, in: Bamberger Beiträge zur Wirtschaftsinformatik, Nr. 26, Bamberg 1995.

Ferstl, O. K.; Sinz, E. J. (2001): Grundlagen der Wirtschaftsinformatik, Band 1, 4. Auflage, München 2001.

Fiedler, R. (2005): Controlling von Projekten: Projektplanung – Projektsteuerung – Projektkontrolle, 3. Auflage, Wiesbaden 2005.

Finkeißen, A. (1999): Prozess-Wertschöpfung: Neukonzeption eines Modells zur nutzenorientierten Analyse und Bewertung, Heidelberg 1999 (zugl. Heidelberg, Universität, Dissertation 1999).

Fischer, J. (1989): Qualitative Ziele in der Unternehmensplanung, Berlin 1989.

Fischer, T. M. (1993): Kostenmanagement strategischer Erfolgsfaktoren, München 1993.

Fischer, T. M. (1993a): Kosten frühzeitig erkennen und beeinflussen, in: IO Management Zeitschrift, Jg. 62, Nr. 9, Zürich 1993, S. 67-71.

Fischer, R. (2005): Unternehmensplanung mit SAP SEM/SAP BW: Operative und strategische Planung mit SAP-/BW-BPS, 2. Auflage, Bonn 2005.

Fraunhofer-Institut für Software- und Systemtechnik ISST (2003): Welchen Geschäftswert hat IT?, Pressemitteilung, Berlin 2003.

Frey, B. S.; Kirchgässner, G. (2002): Demokratische Wirtschaftspolitik: Theorie und Anwendung, 3. Auflage, München 2002.

Friedrichs, J. (1990): Methoden empirischer Sozialforschung, 14. Auflage, Opladen 1990.

Fries, H.-P. (1995): Betriebswirtschaftslehre des Industriebetriebs, 4. Auflage, München 1995.

Gabler (1997): Nutzen, in: Stickel, E.; Groffmann, H.-D.; Rau, K.-H. (Schriftl.): Gabler-Wirtschaftsinformatik-Lexikon, Wiesbaden 1997, S. 487.

Gabler (2004): Nutzen, in: Alisch, K.; Arentzen, U.; Winter, E. (Schriftl.): Gabler Wirtschaftslexikon, 16. Auflage, Wiesbaden 2004, S. 2190.

Gabriel, R. (1992): Wissensbasierte Systeme in der betrieblichen Praxis, London 1992.

Gabriel, R. (2002): Anwendungssoftware zur Unterstützung der Informationsverarbeitung und der Kommunikation, in: Gabriel, R.; Knittel, F.; Taday, H.; Reif-Mosel, A.-K. (Hrsg.): Computergestützte Informations- und Kommunikationssysteme der Unternehmung: Technologie, Anwendungen, Gestaltungskonzepte, 2. Auflage, Heidelberg 2002, S. 155-237.

Gabriel, R.; Beier, D. (2003): Informationsmanagement in Organisationen, Stuttgart 2003.

Gabriel, R.; Röhrs, H.-P. (1995): Datenbanksysteme: Konzeptionelle Datenmodellierung und Datenbankarchitekturen, 2. Auflage, Heidelberg 1995.

Gabriel, R.; Röhrs, H.-P. (2003): Gestaltung und Einsatz von Datenbanksystemen: Data Base Engineering und Datenbankarchitekturen, Berlin 2003.

Gadatsch, A. (2005): IT-Controlling, in: Das Wirtschaftsstudium (wisu), Jg. 34, Nr. 4, 2005, S. 520-529.

Gadatsch, A.; Mayer, E. (2005): Masterkurs IT-Controlling: Grundlagen und strategischer Stellenwert, Kosten- und Leistungsrechnung in der Praxis, Mit Deckungsbeitragsrechnung- und Prozesskostenrechnung, 2. Auflage, Wiesbaden 2005.

Gaiser, B.; Greiner, O. (2004): Anbindung der operativen Planung an die strategische Planung mit der Balanced Scorecard, in: Horváth & Partner (Hrsg.): Beyond Budgeting umsetzen: Erfolgreich planen mit Advanced Budgeting, Stuttgart 2004, S. 123-146.

Gans, O.; Marggraf, R. (1997): Kosten-Nutzen-Analyse und ökonomische Politikbewertung 1: Wohlfahrtsmessung und betriebliche Investitionskriterien, Berlin 1997.

GartnerGroup (1997): Selected BPR Tool Vendors, 08/97, Stamford 1997.

GartnerGroup (1999): TCO-Analyst White Paper, Stamford 1999.

GartnerGroup (2004): IT soll die Kosten senken – alles andere ist zweitrangig!, in: Computerwoche, Jg. 31, Nr. 19, 2004, S. 50.

GartnerGroup (2005): Business IT Spending Increases Despite Challenging Economy, Stamford 2005.

GartnerGroup (2005a): Kosten lähmen Innovationen: Die zehn wichtigsten Themen für CIOs in Deutschland und weltweit 2005, in: Computer Zeitung, Jg. 35, Nr. 28, 2005, S. 12.

Garvin, D. A. (1984): What does „Product Quality" really mean?, in: Sloan Management Review, Volume 25, No. 3, 1984, S. 25-43.

Geigant, F.; Haslinger, F.; Sobotka, D.; Westphal H. M. (1994): Lexikon der Volkswirtschaft, 6. Auflage, Regensburg 1994.

Gerboth, T. (2002): Das Magische Dreieck: Kosten – Zeit – Qualität, in: Controlling, Jg. 14, Nr. 7, 2002, S. 417.

Gernert, C.; Ahrend, N. (2001): IT-Management: System statt Chaos, Ein praxisorientiertes Vorgehensmodell, München 2001.

Gersch, M. (1998): Vernetzte Geschäftsbeziehungen: Die Nutzung von EDI als Instrument des Geschäftsbeziehungsmanagement, Wiesbaden 1998 (zugl. Bochum, Universität, Dissertation 1998).

Gersch, M.; Goeke, C. (2004): Entwicklungsstufen des E-Business, in: Das Wirtschaftsstudium (wisu), Jg. 33, Nr. 12, 2004, S. 1534-1549.

Gliedmann, C.; Bartels, A.; Heffner, R. (2001): Methode zur Bewertung der Investitionsrentabilität von e-business Infrastrukturen, in: http://www-5.ibm.com/services/de/pdf/whitepaper_infrastruktur_8.pdf, abgerufen am 03.01.2004.

Gluchowski, P.; Gabriel, R.; Chamoni, P. (1997): Management Support Systeme: Computergestützte Informationssysteme für Führungskräfte und Entscheidungsträger, Berlin 1997.

Gottlieb, M. (2003): Cutting Costs: Unique Alternatives can Produce Long-Term Benefits, in: Orange Country Business Journal, May 2003, S. 19.

Götze, U.; Bloech, J. (2004): Investitionsrechnung: Modelle und Analysen zur Beurteilung von Investitionsvorhaben, 4. Auflage, Berlin 2004.

Graßhoff, J.; Marzinzik, C. (1998): Informationscontrolling in Handelsunternehmen mit Hilfe der prozesskostengestützten Leistungsverrechnung, in: Controller Magazin, o. Jg., Nr. 5, Gauting 1998, S. 340-348.

Groll, K.-H. (1991): Erfolgssicherung durch Kennzahlen, 4. Auflage, Freiburg 1991.

Grönke, K. (2005): Prozesstransformation durch Restrukturierung, in: Horváth & Partner (Hrsg.): Prozessmanagement umsetzen: Durch nachhaltige Prozessperformance Umsatz steigern und Kosten senken, Stuttgart 2005, S. 87-105.

Grönke, K.; Höhner, M.-A.; Sima, T. (2005): Management der Internal-Services-Prozesse, in: Horváth & Partner (Hrsg.): Prozessmanagement umsetzen: Durch nachhaltige Prozessperformance Umsatz steigern und Kosten senken, Stuttgart 2005, S. 277-292.

Gruner, K.; Jost, C.; Spiegel, F. (2003): Controlling von Softwareprojekten: Erfolgsorientierte Steuerung in allen Phasen des Lifecycles, Wiesbaden 2003.

Haack, D.; Sturm, H. (2002): Prozessorientierte Balanced Scorecard mit der Managementmethode TOPAS; in: Blomer, R.; Bernhard, M. (Hrsg.): Report, Balanced Scorecard in der IT: Praxisbeispiele – Methoden – Umsetzung, Düsseldorf 2002, S. 293-314.

Haase, K. D. (1996): Geschichte des Controlling, in: Schulte, C. (Hrsg.): Lexikon des Controlling, München 1996, S. 293-295.

Habenicht, W.; Scheubrein, B.; Scheibrein, R. (2003): Multi-Criteria- und Fuzzy-Systeme in Theorie und Praxis: Lösungsansätze für Entscheidungsprobleme mit komplexen Zielsystemen, Wiesbaden 2003.

Haberfellner, R. (1992): Projektmanagement, in: Frese, E. (Hrsg.): Handwörterbuch der Organisation (HWO), 3. Auflage, Stuttgart 1992, Sp. 2090-2102.

Hahn, D.; Hungenberg, H. (2001): PuK: Wertorientierte Contollingkonzepte, 6. Auflage, Wiesbaden 2001, S. 276.

Hahne, M. (2005): SAP Business Information Warehouse, Mehrdimensionale Datenmodellierung, Berlin 2005.

Hammer, M. (1990): Reengineering Work: Don´t Automate, Obliterate, in: Harvard Business Review, Volume 68, No. 4, S. 104-112.

Hammer, M.; Champy, J. (1993): Reengineering the Corporation: A Manifesto for Business Revolution, New York 1993.

Hansen, H. R.; Neumann, G. (2005): Wirtschaftsinformatik 1: Grundlagen und Anwendungen, 9. Auflage, Stuttgart 2005.

Hansen, H. R.; Neumann, G. (2005a): Wirtschaftsinformatik 2: Informationstechnik, 9. Auflage, Stuttgart 2005.

Hanusch, H. (1994): Nutzen-Kosten-Analyse, 2. Auflage, München 1994.

Hax, H. (1966): Unternehmensplanung und gesamtwirtschaftliche Planung als Instrumente elastischer Wirtschaftsführung, in: Zeitschrift für betriebliche Forschung (ZfbF), Jg. 18, 1966, S. 447-465.

Hax, H.; Laux, H. (1972): Flexible Planung, Verfahrensregeln und Entscheidungsmodelle für die Planung bei Ungewißheit, in: Zeitschrift für betriebliche Forschung (ZfbF), Jg. 24, 1972, S. 318-340.

Hax, H.; Laux, H. (1972a): Zur Diskussion um die flexible Planung, in: Zeitschrift für betriebliche Forschung (ZfbF), Jg. 24, 1972, S. 477-479.

Hecking, O. (2002): Pflicht: IAS-Bilanzierung ab 2005, in: Consultant, o. Jg., Nr. 9, 2002, S. 32-33.

Hedge, A. (2005): Business Process Management: Management Tools, in: edocmagazine, o. Jg., July/August 2005, S. 52-53.

Heertje, A.; Wenzel, H.-D. (2001): Grundlagen der Volkswirtschaftslehre, 6. Auflage, Berlin 2001.

Heinrich, L. J. (2005): Informationsmanagement: Planung, Überwachung und Steuerung der Informationsinfrastruktur, 8. Auflage, München 2005.

Heinrich, L. J.; Pomberger, G. (2001): Erfolgsfaktorenanalyse: Instrument für das strategische IT-Controlling, in: HMD – Praxis der Wirtschaftsinformatik, Nr. 217, Heidelberg 2001, S. 19-28.

Hemfort, H. (1993): Das Spannungsfeld von Qualität, Zeit und Kosten: Herausforderung und Chance, in: Freese, P. (Hrsg.): Paderborner Universitätsreden, Paderborn 1993.

Hering, E. (1999): Ganzheitliches Controlling, in: Steinmüller, P. H. (Hrsg): Die neue Schule des Controllers, Band 2: Kosten- und Leistungsrechnung, Ganzheitliches Controlling, Stuttgart 1999, S. 279-723.

Heuer, A.; Saake, G. (2000): Datenbanken, Konzepte und Sprachen, 2. Auflage, Bonn 2000.

Hicks, J. R. (1940): The Valuation of Social Income, in: Economica, Volume 7, 1940, S. 105-124.

Hierholzer, A. (2000): Benchmarking der Kundenorientierung von IV-Prozessen, in: Dobschütz, L. von; Barth, M.; Jäger-Goy, H.; Kütz, M.; Möller, H.-P. (Hrsg.): IV-Controlling: Konzepte – Umsetzung – Erfahrungen, Wiesbaden 2000, S. 571-607.

Hirschheim, R.; Smithson, S. (1999): Evaluation of Information Systems: A Critical Assessment, in: Willcocks, L. P.; Lester, S. (Hrsg.): Beyond the IT Productivity Paradox, West Sussex 1999, S. 381-409.

Hirschmann, P. (1998): Kooperative Gestaltung unternehmensübergreifender Geschäftsprozesse, Wiesbaden 1998 (zugl. Saarbrücken, Universität, Dissertation 1998).

Hochstrasser, B. (1994): Justifying IT Investments, in: Willcocks, L. P. (Hrsg.): Information Management: The Evaluation of Information Systems Investments, London 1994, S. 151-169.

Hoffmann, W. H. (1997): Controlling des Qualitätsmanagements – Qualitätsmanagement im Controlling, in: Kostenrechnungspraxis (krp), Jg. 41, Nr. 3, 1997, S. 143-150.

Hoffmeister, W. (2000): Investitionsrechnung und Nutzwertanalyse: Eine entscheidungsorientierte Darstellung mit vielen Beispielen und Übungen, Stuttgart 2000.

Homburg, C.; Rudolph, B.; Werner, H. (1997): Messung und Management von Kundenzufriedenheit in Industriegüterunternehmen, in: Simon, H.; Homburg, C. (Hrsg.): Kundenzufriedenheit: Konzepte – Methoden – Erfahrungen, 3. Auflage, Wiesbaden 1997, S. 321-347.

Hopt, K. J. (1977): Vom Aktien- und Börsenrecht zum Kapitalmarktrecht (Teil 2), in: Zeitschrift für das gesamte Handels- und Wirtschaftsrecht (ZHR), o. Jg., Nr. 141, 1977, S. 389-441.

Höring, K.; Wolfram, G.; Goßler, H.-W. (1989): Die FAOR-Methode, Praktische Erarbeitung einer Rahmenkonzeption für die Bürokommunikation, in: Angewandte Informatik, Jg. 31, Nr. 3, 1989, S. 113-125.

Höring, K.; Wolfram, G.; Pulst, E. (1990): FAOR: Methodische Unterstützung situationsgerechter Planung für einen bedarfsorientierten Einsatz von Bürosystemen, in: Schönecker, H.; Nippa, M. (Hrsg.): Computergestützte Methoden für das Informationsmanagement, Baden-Baden 1990, S. 157-175.

Horváth, P. (2003): Controlling, 9. Auflage, München 2003

Horváth, P.; Rieg, R. (2001): Grundlagen des strategischen IT-Controllings, in: HMD – Praxis der Wirtschaftsinformatik, o. Jg., Nr. 217, Heidelberg 2001, S. 9-17.

Housel, T. J.; Bell, A. T.; Kanevsky, V. (1994): Calculation the Value of Reengineering at Pacific Bell, in: Planning Review, o. Jg., January/February 1994, S. 40-55.

Hubig, C. (1994): Technikbewertung in Unternehmen, in: Funkkolleg Technik, Studienbrief 5 (STE 19), Weinheim 1994, S. 1-60.

Hurwicz, L. (1951): Optimality Criteria for Decision Making under Ignorance, Cowles Commission Discussion Paper, Statistics No. 370, Oxford 1951.

IBMUSA (1981): IS Business Management Course: Benefit Analysis, o.O., 1981.

ITIL & ITSM World (2005): The ITIL and ITSM Directory, in: http://www.itil-itsm-world.com, abgerufen am 19.08.2005.

Jackson, J. H. (1949): The Controller: His Function and Organization, 2. Auflage, Cambridge 1949.

Jackson, J. H. (1950): The Growth of the Controllership Function, in: Bradshaw, T. F.; Hull, C. C. (Hrsg.): Controllership in Modern Management, Chicago 1950, S. 11-17.

Jaeger, F. (2000): Total Costs of Ownership (TCO), in: Dobschütz, L. von; Barth, M.; Jäger-Goy, H.; Kütz, M.; Möller, H.-P. (Hrsg.): IV-Controlling: Konzepte – Umsetzung – Erfahrungen, Wiesbaden 2000, S. 451-477.

Jäger-Goy, H. (1999): Innovative Führungsinstrumente für die Informationsverarbeitung: Wie Balanced Scorecard, Benchmarking, Prozeß-kostenrechnung und Target Costing zur Führungsunterstützung in der IV eingesetzt werden können, Arbeitspapier Nr. 11, Lehrstuhl für Allgemeine BWL und Wirtschaftsinformatik, Justus-Liebig-Universität Gießen, Gießen 1999.

Jäger-Goy, H. (2000): Instrumente des IV-Controlling, in: Dobschütz, L. von; Barth, M.; Jäger-Goy, H.; Kütz, M.; Möller, H.-P. (Hrsg.): IV-Controlling: Konzepte – Umsetzung – Erfahrungen, Wiesbaden 2000, S. 23-36.

Jeffrey, M.; Leliveld, I. (2004): Best Practice in IT Portfolio Management, in: Sloan Management Review, Volume 45, No. 3, 2004, S. 41-49.

Joerden, J. C. (2005): Logik im Recht: Grundlagen und Anwendungsbeispiele, Berlin 2005.

Jones, C. (1997): Applied Software Measurement: Assuring Productivity and Quality, 2. Auflage, New York 1991.

Jórasz, W. (1999): Ganzheitliches Controlling, in: Steinmüller, P. H. (Hrsg): Die neue Schule des Controllers, Band 2: Kosten- und Leistungsrechnung, Ganzheitliches Controlling, Stuttgart 1999, S. 1-278.

Jost, W.; Wagner, K. (2002): Das Toolset, in: Scheer, A.-W.; Jost, W. (Hrsg.): ARIS in der Praxis: Gestaltung, Implementierung und Optimierung von Geschäftsprozessen, Berlin 2002, S. 15-32.

Käfer, R.; Kohl, G.; Wagner, K. (2001): ISO 9000:2000-Prozessmodell, in: Wagner, K. (Hrsg.): PQM: Prozessorientiertes Qualitäts-Management, Leitfaden zur Unterstützung der ISO 9001-2000, München 2001, S. 79-91.

Kahle, H. (2002): Bilanzieller Gläubigerschutz und internationale Rechnungslegungsstandards, in: Zeitschrift für Betriebswirtschaft (ZfB), Jg. 72, Nr. 7, 2002, S. 695-711.

Kaldor, N. (1939): Welfare Propositions of Economics and Interpersonal Comparisons of Utility, Economic Journal, o. Jg., No. 49, 1939, S. 549-552.

Kallio, J.; Saarinen, T.; Tinnila, M.; Vepsalainen, A. P. J. (2000): Measuring Delivery Process Performance, in: International Journal of Logistics Management, Volume 11, No. 11, 2000, S. 75-88.

Kamiske, G. F.; Brauer, J.-P. (2003): Qualitätsmanagement von A bis Z, Erläuterung moderner Begriffe des Qualitätsmanagements, 4. Auflage, München 2003.

Kamiske, G. F.; Theden, P. (1996): Qualitätstechniken als Instrumente des Qualitätscontrollings, in: Wildemann, H. (Hrsg.): Controlling im TQM: Methoden und Instrumente zur Verbesserung der Unternehmensqualität, Berlin 1996, S. 33-63.

Kaplan, R. S.; Norton, D. P. (1997): Balanced Scorecard: Strategien erfolgreich umsetzten, Stuttgart 1997.

Kargl, H. (1999): DV-Controlling, 4. Auflage, München 1999.

Kargl, H. (2001): Projektcontrolling, in: HMD – Praxis der Wirtschaftsinformatik, o. Jg., Nr. 217, Heidelberg 2001, S. 29-42.

Karmann, A. (2003): Mathematik für Wirtschaftswissenschaftler, 5. Auflage, München 2003.

Keller, G.; Nüttgens, M.; Scheer, A.-W. (1992): Semantische Prozessmodellierung, Veröffentlichungen des Instituts für Wirtschaftsinformatik (IWi), Universität des Saarlandes , Nr. 89, Saabrücken 1992.

Kempis, R.-D.; Ringbeck, J. (1998): Do IT smart, McKinsey, Wien 1998.

Kepner, C. H.; Tregoe, B. B. (1982): Entscheidungen vorbereiten und richtig treffen, München 1982.

Kersten, G. (1994): Integrierte Methodenanwendung in der Entwicklung, in: Masing, W. (Hrsg.): Handbuch Qualitätsmanagement, 3. Auflage, 1994, S. 427-444.

Kirsch, W.; Esser, W.-M.; Gabele, E. (1979): Das Management des geplanten Wandels in Organisationen, Stuttgart 1979.

Kirsch, H. (2003): Anforderungen an das Controlling durch internationale Rechnungslegungsstandards, in: Horváth, P.; Reichmann, T. (Hrsg.): Controlling: Zeitschrift für erfolgsorientierte Unternehmenssteuerung, Jg. 15, Nr. 1, 2003, S. 11-17.

Kirwin, B. (1998): TCO Manager: TCO – Machen Sie Ihre EDV-Kosten transparent, GartnerGroup, München 1998.

Kleinschmidt, P.; Rank, C. (2005): Relationale Datenbanksysteme: Eine praktische Einführung, 3. Auflage, Berlin 2005.

Klenger, F. (1997): Operatives Controlling, 4. Auflage, München 1997.

Kluwe, R. H. (1990): Wissen, in: Sarge, W. (Hrsg.): Management-Diagnostik, Göttingen 1990, S. 174-181.

Knittel, F. (2002): Gestaltung computergestützter Informations- und Kommunikationssysteme, in: Gabriel, R.; Knittel, F.; Taday, H.; Reif-Mosel, A.-K. (Hrsg.): Computergestützte Informations- und Kommunikationssysteme der Unternehmung: Technologie, Anwendungen, Gestaltungskonzepte, 2. Auflage, Heidelberg 2002, S. 303-326.

Knolmeyer, G. (1990): Ein Konzept für einen verteilten, mehrstufig organisierten Benutzer Support, in: Wirtschaftsinformatik, Jg. 32, Nr. 2, 1990, S. 150-160.

Kopp, J.; Leyk, J. (2004): Effizient und effektiv planen und budgetieren, in: Horváth & Partner (Hrsg.): Beyond Budgeting umsetzen: Erfolgreich planen mit Advanced Budgeting, Stuttgart 2004, S. 1-13.

Kramer, G. H. (1973): On a Class of Equilibrium Conditions for Majority Rule, in: Econometrica, Volume 41, No. 2, 1973, S. 285-297.

Krcmar, H. (1990): Informationsverarbeitungs-Controlling: Zielsetzung und Erfolgsfaktoren, in: Information Management (IM), Jg. 5, Nr. 3, 1990, S. 6-15.

Krcmar, H. (2003): Informationsmanagement, 3. Auflage, Berlin 2003.

Krcmar, H. (2005): Informationsmanagement, 4. Auflage, Berlin 2005.

Krcmar, H.; Buresch, A. (2000): IV-Controlling: Ein Rahmenkonzept, in: Krcmar, H.; Buresch, A.; Reb, M. (Hrsg.): IV-Controlling auf dem Prüfstand: Konzepte – Benchmarking – Erfahrungsberichte, Wiesbaden 2000, S. 1-19.

Krcmar, H.; Son, S. (2004): IV-Controlling, in: Wirtschaftsinformatik, Jg. 46, Nr. 3, 2004, S. 165-166.

Krelle, W. (1968): Präferenz- und Entscheidungstheorie, Tübingen 1968.

Kruschwitz, L. (2005): Investitionsrechnung, 10. Auflage, München 2005.

Kuhn, A. (1990): Unternehmensführung, 2. Auflage, München 1990.

Kümpel, T. (2002): Grundsätze der Gewinnrealisierung in der internationalen Rechnungslegung im Vergleich zu den Vorschriften des deutschen Bilanzrechts, in: Das Wirtschaftsstudium (wisu), Jg. 31, Nr. 8, 2002, S. 438-442.

Küpper, H.-U. (2005): Controlling: Konzeptionen, Aufgaben und Instrumente, 4. Auflage, Stuttgart 2005.

Küting, K.; Hayn, S. (1995): Internationale Entwicklung der Rechnungslegung, in: Küting, K.; Weber, C.-P. (Hrsg.): Handbuch der Rechnungslegung: Kommentar zur Bilanzierung und Prüfung, Band 1a, 4. Auflage, Stuttgart 1995, S. 31-99.

Küting, K. (2002): Vom Financial Accounting zum Business Reporting: Eröffnungsrede anlässlich der 6. Fachtagung am 22./23. November 2001 in Frankfurt am Main, in: Küting, K.; Weber, C.-P. (Hrsg.): Vom Financial Accounting zum Business Reporting: Kapitalmarktorientierte Rechnungslegung und integrierte Unternehmenssteuerung, Stuttgart 2002, S. 1-10.

Kütz, M. (2000): Qualitätscontrolling in IV-Projekten, in: Dobschütz, L. von; Barth, M.; Jäger-Goy, H.; Kütz, M.; Möller, H.-P. (Hrsg.): IV-Controlling: Konzepte – Umsetzung – Erfahrungen, Wiesbaden 2000, S. 355-387.

Kütz, M. (2002): Balanced Scorecard im IT-Controlling, in: Blomer, R.; Bernhard, M. (Hrsg.): Report: Balanced Scorecard in der IT, Praxisbeispiele – Methoden – Umsetzung, Düsseldorf 2002, S. 49-95.

Kütz, M. (2003): Kennzahlen in der IT: Werkzeuge für Controlling und Management, Heidelberg 2003.

Kütz, M. (2005): IT-Controlling für die Praxis: Konzeption und Methoden, Heidelberg 2005.

Lange, J. (2004): Sicherheit als notwendige Eigenschaft computergestützter Informationssysteme, Band 1: Betrachtungsgegenstand und Grundlagen, Arbeitsbericht Nr. 04-48, Lehrstuhl für Wirtschaftsinformatik, Ruhr-Universität Bochum, Bochum 2004.

Lardi, D.; Langmoen, R. (1992): Zeitmanagment: Führungsmethode mit Zukunft, in: IO Management Zeitschrift, Jg. 61, Nr. 1, 1992, S. 48-51.

Laudon, K. C.; Laudon, J. P. (2005): Management Information Systems: Managing the Digital Firm, 9. Auflage, New Jersey 2005.

Laukamm, T.; Walsh, I. (1986): Die Aktivierung des geistigen Potentials des Unternehmens, in: Arthur D. Little International (Hrsg.): Management im Zeitalter der strategischen Führung, 2. Auflage, Wiesbaden 1986, S. 101-112.

Laux, H. (2005): Entscheidungstheorie, 6. Auflage, Berlin 2005.

Lechner, K.; Egger, A.; Schauer, R. (2004): Einführung in die allgemeine Betriebswirtschaftslehre, 21. Auflage, Wien 2004.

Leffson, U. (1987): Die Grundsätze ordnungsgemäßer Buchführung, 7. Auflage, Düsseldorf 1987, S. 28-155.

Lehner, F. (2001): Controlling der Informationsverarbeitung, in: Informationsmanagement, in: http://www.bw.fh-deggendorf.de/kapitel1/start2.htm, abgerufen am 25.08.2005.

Lehner, F.; Maier, R. (1994): Information in der Betriebswirtschaft: Informatik und Wirtschaftsinformatik, Forschungsbericht Nr. 11 der Schriftenreihe des Lehrstuhls für Wirtschaftsinformatik und Informationsmanagement, Wissenschaftlich Hochschule für Unternehmensführung, Otto-Beisheim-Hochschule, Koblenz 1994.

Liebich, B. (1986): Von exakten Methoden zu verkürzten Verfahren, Frankfurt a. M. 1986.

Lingg, H. (1992): Von der Bedeutung des Wettbewerbsfaktors „Zeit", in: IO Management Zeitschrift, Jg. 61, Nr. 7/8, 1992, S. 73-77.

Lockemann, P. C.; Schreiner, A.; Trauboth, H.; Klopprogge, M. (1983): Systemanalyse: DV-Einsatzplanung, Heidelberg 1983.

Lorentz, B.; Erker, P. (2003): Chemie und Politik: Die Geschichte der Chemischen Werke Hüls, 1938 – 1979, München 2003.

Mag, W. (1990): Grundzüge der Entscheidungstheorie, München 1990.

Mag, W. (1995): Unternehmungsplanung, München 1995.

Malhotra, Y.; Galletta, D. F. (2004): Building Systems that Users want to Use, in: Communications of the ACM (CASM), Volume 41, No. 12, 2004, S. 89-94.

Malone, T.; Yates, J.; Benjamin, R. (1994): Electronic Markets and Electronic Hierarchies, in: Allen, T.; Scott M. (Hrsg.): Information Technology and the Corporation of the 1990s, New York 1994, S. 61-83.

Malorny, C.; Kassebohm, K. (1994): Brennpunkt TQM: Rechtliche Anforderungen, Führung und Organisation, Auditierung und Zertifizierung nach DIN ISO 9000 ff., Stuttgart 1994.

Mandler, U. (2003): IASCF/IASB: Organisation, Entstehung und aktuelle Bedeutung, in: Das Wirtschaftsstudium (wisu), Jg. 32, Nr. 4, 2003, S. 476-484.

Markus, L.; Keil, M. (1994): If We Build It, They Will Come: Designing Information Systems that People want to Use, in: Sloan Management Review, Volume 35, No. 3, 1994, S. 11-25.

Martinsons, M. G.; Martinsons, V. (2002): Rethinking the Value of IT again, in: Communications of the ACM (CASM), Volume 45, No. 7, 2002, S. 25-26.

Mayer, R. (2005): Prozessmanagement: Erfolg durch Steigerung der Prozessperformance, in: Horváth & Partner (Hrsg.): Prozessmanagement umsetzen: Durch nachhaltige Prozessperformance Umsatz steigern und Kosten senken, Stuttgart 2005, S. 1-6.

Mayer, R.; Coners, A.; Hardt, G. von der (2005): Anwendungsfelder und Aufbau einer Prozesskostenrechnung, in: Horváth & Partner (Hrsg.): Prozessmanagement umsetzen: Durch nachhaltige Prozessperformance Umsatz steigern und Kosten senken, Stuttgart 2005, S. 123-140.

Mehler-Bicher, A. (2002): Mathematik für Wirtschaftswissenschaftler, 2. Auflage, München 2002.

Mehrwald, C. (2005): Datawarehousing mit SAP BW 3.5: Architektur – Implementierung – Optimierung, 3. Auflage, Heidelberg 2005.

Meister, U.; Meister, H. (1996): Kundenzufriedenheit im Dienstleistungs-bereich, München 1996.

MetaGroup (2003): Nutzen nimmt mit der Zeit ab: Investitionsanalyse über den Lebenszyklus von unternehmensweiten Softwareinfrastrukturen, in: Computer Zeitung, Jg. 34, Nr. 41, 2003, S. 17.

Miller, P. B. W. (1995): Financial Accounting Regulation and Organizations, in: Carmichael, D. R.; Steven B.; Mellmann, M. (Hrsg.): Accountants' Handbook, Chapter 2, 7. Auflage, New York 1995, S. 13.

Miller, P. B. W.; Redding, R. J.; Bahnson, P. R. (1998): The FASB: The People, the Process, and the Politics, 4. Auflage, Boston 1998.

Möller, K.; Stoi, R. (2002): Quo vadis Controlling?: Status Quo und Perspektiven der Controlling-Forschung, in: Controlling, Jg. 14, Nr. 10, Oktober 2002, S. 561-569.

Moon, K. K. (1976): Consistency of Risk Attitude in the Investment Decision Process, in: Winter Simulation Conference, o. Jg., No. 12, S. 99-102.

Moxter, A. (1976): Fundamentalgrundsätze ordnungsmäßiger Rechenschaft, in: Baetge, J.; Schneider, D. (Hrsg.): Bilanzfragen: Festschrift für Ulrich Leffson, Düsseldorf 1976, S. 87-100.

Mühlenkamp, H. (1994): Öffentliche Unternehmen: Einführung unter Berücksichtigung betriebswirtschaftlicher, volkswirtschaftlicher und rechtlicher Aspekte, Oldenburg 1994, S. 1-41.

Müller, H. (1996): Service-Marketing: Inhalte – Umsetzung – Erfolgsfaktoren, Heidelberg 1996.

Müller-Stewens, G.; Lechner, C. (2005): Strategisches Management: Wie strategische Initiativen zum Wandel führen, 3. Auflage, Stuttgart 2005.

Nagel, K. (1990): Nutzen der Informationsverarbeitung: Methoden zur Bewer-tung von strategischen Wettbewerbsvorteilen, Produktivitätsmessungen und Kosteneinsparungen, 2. Auflage, München 1990.

Neumann, J. von (1928): Zur Theorie der Gesellschaftsspiele: Mathematische Annalen 100, 1928, S. 295-320.

Neumann, J. von; Morgenstern, O. (1944): Theory of Games and Economic Behavior, Princeton 1944.

Niehans, J. (1948): Zur Preisbildung bei ungewissen Erwartungen, in: Schweizerische Zeitschrift für Volkswirtschaft und Statistik, Jg. 84, 1948, S. 433-456.

Nippa, M.; Picot, A. (1996): Anforderungen an das Management prozessorientierter Unternehmen, in: Nippa, M.; Picot, A. (Hrsg.): Prozessmanagement und Reengineering: Die Praxis im deutschsprachigen Raum, 2. Auflage, Frankfurt 1996, S. 39-58.

Nordsieck, F. (1934): Grundlagen der Organisationslehre, Stuttgart 1934.

North, K. (1998): Wissensorientierte Unternehmensführung: Wertschöpfung durch Wissen, Wiesbaden 1998, S. 145-182.

O.V. (2005): Etymologie, Etymology, Wortgeschichte – UK Großbritannien, Grande-Bretagne, Uni: Utilitarismus, utilitaristisch, in: http://www.etymologie.info/~e/u_/uk-philos.html, abgerufen am 19.08.2005.

O.V. (2005a): Das neue SOM-Werkzeug: SOMPro, in: http://www.seda.wiai.uni-bamberg.de/forschung/som/som_pro/index.html, abgerufen am 19.08.2005.

Oberquelle, H. (1987): Sprachkonzepte für benutzergerechte Systeme, Berlin 1987.

Olle, T. W. (1994): Information Systems Methodologies: A Framework for Understanding, 2. Auflage, Workingham 1994.

Oppelland, H.J. (1983): PORGI: Konzeption und methodische Hilfen für eine partizipative Systementwicklung, in: Mambrey, P.; Oppermann, R. (Hrsg.): Beteiligung von Betroffenen bei der Entwicklung von Informationssystemen, Frankfurt 1983, S. 165-187.

Oppelt, U.; Nippa, M. (1992): EDI-Implementierung in der Praxis, in: Office Management (OM), o. Jg., Nr. 3, 1992, S. 55-62.

Ortner, E. (1991): Informationsmanagement – wie es entstand, was es ist und wohin es sich entwickelt, in: Informatik-Spektrum, Jg. 14, Nr. 4, 1991, S. 315-327.

Österle, H. (1995): Business Engineering: Prozess- und Systementwicklung, Band 1: Entwurfstechniken, Berlin 1995.

Osterloh, M.; Frost, J. (2003): Prozessmanagement als Kernkompetenz: Wie Sie Business Reengineering strategisch nutzen können, 4. Auflage, Wiesbaden 2003.

Ostler, U. (2005): IDS Scheer beamt ARIS-Tool auf die Java-Plattform, in: Computer Zeitung, Jg. 35, Nr. 27, 2005, S. 12.

Pellens, B. (2004): Internationale Rechnungslegung, 5. Auflage, Stuttgart 2004.

Picot, A.; Reichwald, R. (1985): Menschengerechte Arbeitsplätze sind wirtschaftlich: Vier-Ebenen-Modell der Wirtschaftlichkeitsbeurteilung, Eschborn 1985.

Picot, A.; Reichwald, R. (1987): Bürokommunikation: Leitsätze für den Anwender, München 1987.

Picot, A.; Rohrbach, P. (1995): Organisatorische Aspekte von Workflow-Management-Systemen, in: Information Management (IM), Jg. 10, Nr. 1, 1995, S. 28-35.

Pietsch, T. (2003): Bewertung von Informations- und Kommunikationssystemen: Ein Vergleich betrieblicher Verfahren, 2. Auflage, Berlin 2003.

Pietsch, T.; Memmler, T. (2003): Balanced Scorecard erstellen: Kennzahlenermittlung mit Data Mining, Berlin 2003.

Pindyck, R. S.; Rubinfeld, D. L. (2005): Mikroökonomie, 6. Auflage, München 2005.

Plaetrich, I.; Paul, S.; Britz-Averkamp, I. (2005): IDS Scheer – Financial News: IDS Scheer mit starkem Umsatzwachstum, Neuer Schub für Process Performance Management, in: http://www.ids-scheer.de/international/german/53213?template=pressemitteilung_finance, abgerufen am 31.08.2005.

Poensgen, B.; Bock, B. (2005): Function-Point-Analyse: Ein Praxishandbuch, Heidelberg 2005.

Porter, M. E. (2004): Competitive Advantage: Creating and Sustaining Superior Performance, New York 2004.

Porter, M. E.; Miller, V. P. (1986): Wettbewerbsvorteile durch Information, in: Harvard Manager, Jg. 64, Nr. 1, 1986, S. 26-35.

Powell, P. (1999): Evaluation of Information Technology Investments: Business as Usual?, in: Willcocks, L. P.; Lester, S. (Hrsg.): Beyond the IT Productivity Paradox, West Sussex 1999, S. 151-182.

Priller, C.; Rathnow, P. (2004): Die Balanced Scorecard: Instrument zur Steuerung des Unternehmens in stürmischen Zeiten, in: Zeitschrift Führung + Organisation (zfo), Jg. 73, Nr. 2, 2004, S. 102-106.

Prybutok, V. R.; Ramasesh, R. (2005): An Action-Research Based Instrument for Monitoring Continuous Quality Improvement, in: European Journal of Operational Research, Volume 166, No. 2, 2005, S. 293-310.

Reb, M.; Herr, R. (2000): IV-Infrastruktur-Controlling: Kennzahlengestützte Steuerung der IT-Ressource, in: Krcmar, H.; Buresch, A.; Reb, M. (Hrsg.): IV-Controlling auf dem Prüfstand: Konzepte – Benchmarking – Erfahrungs-berichte, Wiesbaden 2000, S. 75-103.

Reese, J. (1999): Produktion, in: Corsten, H.; Reiß, M. (Hrsg): Betriebswirtschaftslehre, 3. Auflage, München 1999, S. 723-807.

Rehäuser, J. (2000): Prozessorientiertes Informationsmanagement-Benchmarking, in: Krcmar, H.; Buresch, A.; Reb, M. (Hrsg.): IV-Controlling auf dem Prüfstand: Konzepte – Benchmarking – Erfahrungsberichte, Wiesbaden 2000, S. 189-229.

Reichmann, T. (2001): Controlling mit Kennzahlen und Managementberichten: Grundlagen einer systemgestützten Controlling-Konzeption, 6. Auflage, München 2001.

Reichmann, T.; Kleinschnittger, U.; Kemper, W. (1988): Empirische Untersuchung zur Funktionsbestimmung und Funktionsabgrenzung des Controlling, in: Reichmann, T. (Hrsg): Controlling-Praxis: Erfolgsorientierte Unternehmenssteuerung, München 1988, S. 39.

Remenyi, D.; Money, A.; Twite, A. (1995): The Effective Measurement and Management of IT Costs and Benefits, Loughborough 1995.

Renner, A. (2005): Potenzialermittlung durch Benchmarking, in: Horváth & Partner (Hrsg.): Prozessmanagement umsetzen: Durch nachhaltige Prozessperformance Umsatz steigern und Kosten senken, Stuttgart 2005, S. 69-86.

Rothlauf, J. (2001): Total Quality Management in Theorie und Praxis, München 2001.

Rughase, O. G. (1999): Jenseits der Balanced Scorecard: Strategische Wettbewerbsvorteile messen, Berlin 1999.

Rutt, H. N. (1990): Die flexible Organisation: Eine zeitoptimale Vielzweckmaschine, in: Harvard Manager, Jg. 68, Nr. 3, 1990, S. 62-72.

Saleck, T. (2004): Chefsache IT-Kosten: Bezahlbare IT für Unternehmen, So sichern Sie Leistung in Gegenwart und Zukunft, Wiesbaden 2004.

Santihanser, H. (2003): IT: Besser und billiger durch IV-Controlling, in: Information Management & Consulting, Jg. 18, Nr. 2, 2003, S. 6-9.

Sassone, P. G.; Schwartz, P. A. (1986): Cost-Justifying OA, in: Datamation, o. Jg., February 1986, S. 83-88.

Savage, L. J. (1951): The Theory of Statistical Decision, in: Journal of the American Statistical Association, Volume 46, March 1951, S. 55-67.

Schaar, H. (1994): Die ganzheitliche Unternehmensentwicklung unter den Aspekten des Total Quality Management, in: Daimler Benz (Hrsg.): Konzernforum: Total Quality Management, Stuttgart 1994.

Schäfer-Kunz, J.; Simoneit, M.; Vahs, D. (2000): Betriebswirtschaft und Volkswirtschaft, in: Steinmüller, P. H. (Hrsg): Die neue Schule des Controllers, Band 1: Arbeitsmethodik, Betriebswirtschaft und Volkswirtschaft, Unternehmens- und Mitarbeiterführung, Kommunikation und Moderation, Stuttgart 2000, S. 27-231.

Scheer, A.-W. (1994): Was ist "Business Process Reengineering" wirklich?, in: Schriften zur Unternehmenführung (SzU): Prozessorientierte Unternehmens-modelling, Band 53, Wiesbaden 1994, S. 5-12.

Scheer, A.-W. (1996): ARIS – House of Business Engineering, in: Scheer Magazin Spezial, o. Jg., Oktober 1996.

Scheer, A.-W. (1998): Wirtschaftsinformatik Studienausgabe: Referenzmodelle für industrielle Geschäftsprozesse, 2. Auflage, Berlin 1998.

Scheer, A.-W. (2001): ARIS: Modellierungsmethoden – Metamodelle – Anwendungen, 4. Auflage, Berlin 2001.

Scheer, A.-W. (2002): ARIS: Vom Geschäftsprozess zum Anwendungssystem, 4. Auflage, Berlin 2002.

Scheer, A.-W. (2002a): ARIS: Von der Vision zur praktischen Geschäftsprozess-steuerung, in: Scheer, A.-W.; Jost, W. (Hrsg.): ARIS in der Praxis: Gestaltung, Implementierung und Optimierung von Geschäftsprozessen, Berlin 2002, S. 6-8.

Schierenbeck, H.; Lister, M. (1998): Finanz-Controlling und Wertorientierte Unternehmensführung, in: Bruhn, M.; Lusti, M.; Müller, W. R.; Schierenbeck, H.; Studer, T. (Hrsg.): Wertorientierte Unternehmensführung: Perspektiven und Handlungsfelder für die Wertsteigerung von Unternehmen, Wiesbaden 1998, S. 13-56.

Schmalenbach, E. (1899): Buchführung und Kalkulation im Fabrikgeschäft, in: Deutsche Metall-Industrie-Zeitung, Jg. 15, 1899, S. 98-172.

Schmidt, R. H.; Koch, H.-D. (1981): Ziele und Instrumente des Anlegerschutzes, in: Betriebswirtschaftliche Forschung und Praxis (BFuP), Jg. 33, Nr. 1, 1981, S. 29-48.

Schneider, D. (1971): Flexible Planung als Lösung der Entscheidungsprobleme unter Ungewissheit?, in: Zeitschrift für betriebliche Forschung (ZfbF), Jg. 23, 1971, S. 831-851.

Schneider, D. (1972): 'Flexible Planung als Lösung der Entscheidungsprobleme unter Ungewissheit?' in der Diskussion, in: Zeitschrift für betriebliche Forschung (ZfbF), Jg. 24, 1972, S. 456-476.

Schneider, D. (1972a): Anpassungsfähigkeit und Entscheidungsregel unter Ungewißheit, in: Zeitschrift für betriebliche Forschung (ZfbF), Jg. 24, 1972, S. 745-757.

Schneider, D. (1992): Investition, Finanzierung und Besteuerung, 7. Auflage, Wiesbaden 1992.

Schneider, D. (1994): Allgemeine Betriebswirtschaftslehre, 3. Auflage, München 1994.

Schneider, D. (1995): Betriebswirtschaftslehre, Band 1: Grundlagen, 2. Auflage, München 1995.

Schneider, D (1997): Betriebswirtschaftslehre, Band 2: Rechnungswesen, München 1997.

Schneider, D. (1997a): Betriebswirtschaftslehre, Band 3: Theorie der Unternehmung, München 1997.

Schneider, D. (2000): Verdankt die Betriebswirtschaftslehre Volkswirtschaftslehrern ihre Theorie?, in: Zeitschrift für betriebliche Forschung (ZfbF), Jg. 52, Nr. 5, 2000, S. 419-439.

Schülkes Tafeln (2000): Grenzwert s einer Reihen, in: Wunderling, H.; Adelsberger, H. (Schriftl.): Funktionswerte, Zahlenwerte, Formeln, 59. Auflage, Stuttgart 2000, S. 59.

Schultz, R. (1988): Betriebwirtschafslehre: Sozialökonomische Einführung, München 1988.

Schumann, J.; Meyer, U.; Stöbele, W. (1999): Grundzüge der mikroökonomischen Theorie, 7. Auflage, Berlin 1999.

Schumann, M. (1993): Wirtschaftlichkeitsbeurteilung für IV-Systeme, in: Wirtschaftsinformatik, Jg. 35, Nr. 2, 1993, S. 167-178.

Schütze, R. (1992): Kundenzufriedenheit, Berlin 1992 (zugl. Berlin, Universität, Dissertation 1992).

Schwarze, J. (1998): Informationsmanagement: Planung, Steuerung, Koordination und Kontrolle der Informationsversorgung im Unternehmen, Berlin 1998.

Schweitzer, M. (1974): Ablauforganisation, in: Grochla, E.; Wittmann, W. (Hrsg.): Handwörterbuch der Betriebswirtschaft, 4. Auflage, Band 1, Stuttgart 1974, Sp. 1-8.

Seghezzi, H. D. (2003): Integriertes Qualitätsmanagement: Das St. Galler Konzept, 2. Auflage, München 2003.

Seidlmeier, H. (2002): Prozessmodellierung mit ARIS: Eine beispielorientierte Einführung für Studium und Praxis, Braunschweig 2002.

Seifert, H. (1971): Information über die Information: Verständigung im Alltag, Nachrichtentechnik, wissenschaftliches Verstehen, Informationssoziologie, das Wissen der Gelehrten, 3. Auflage, München 1971.

Selchert, F. W.; Erhardt, M. (2003): Internationale Rechnungslegung: Der Jahresabschluss nach HGB, IAS und US-GAAP, 3. Auflage, München 2003.

Shenkar, O.; Hattem, E.; Globerson, S. (1992): Cost-Benefit Analysis of Quality Circles: A Case Study, in: Human Systems Management, Volume 11, No. 11, 1992, S. 35-40.

Siebert, H. (2003): Einführung in die Volkswirtschaftslehre, 14. Auflage, Stuttgart 2003.

Simmonds, A.; Azières, O. (1989): Accounting for Europe: Success by 2000 AD, London 1989.

Skousen, K. F. (1991): An Introduction to the SEC, 5. Auflage, Cincinnati 1991.

Solow, R. M. (1987): We´d Better Watch Out, New York Times Book Review, New York 1987.

Sommerville, I. (2001): Software-Engineering, 6. Auflage, München 2001.

Specht, G.; Beckmann, C.; Amelingmeyer, J. (2002): F&E-Management: Kompetenz im Innovationsmanagement, 2. Auflage, Stuttgart 2002.

Speckbacher, G.; Pfneissl, T. (2004): Was kommt nach der Balanced Scorecard, in: Zeitschrift Führung + Organisation (zfo), Jg. 73, Nr. 2, 2004, S. 107-109.

Stahlknecht, P.; Hasenkamp, U. (2005): Einführung in die Wirtschaftsinformatik, 11. Auflage, Berlin 2005.

Stalk, G. Jr.; Hout, T. M. (1990): Competing Against Time: How Time-Based Competition is Reshaping Global Markets, New York 1990.

Steffen, H. (2000): Marktstrukturen und Bewertungsverfahren, in: Küting, K.; Weber, C.-P. (Hrsg.): Kapitalmarktorientierte Rechnungslegung und integrierte Unternehmenssteuerung, Stuttgart 2000, S. 355-399.

Stoffel, K. (1995): Controllership im internationalen Vergleich, Wiesbaden 1995.

Streubel, F. (1996): Theoretische Fundierung eines ganzheitlichen Informationsmanagements, Arbeitsbericht Nr. 96-21, Lehrstuhl für Wirtschaftsinformatik, Ruhr-Universität Bochum, Bochum 1996.

Strobbel, A. (1991): Mikroökonomik, 2. Auflage, Berlin 1991.

Süchting, J. (1995): Finanzmanagement: Theorie und Politik der Unternehmensfinanzierung, 6. Auflage, Wiesbaden 1995.

Taylor, E. D. (1997): Network Architecture Design Handbook: Data, Voice, Multimedia, Intranet, and Hybrid Network, New York 1997.

Teubner, R. A. (1999): Organisations- und Informationssystemgestaltung: Theoretische Grundlagen und integrierte Methoden, Wiesbaden 1999.

Teufel, T.; Röhricht, J.; Willems, P. (2000): SAP-Prozesse: Finanzwesen und Controlling, München 2000.

Tewald, C. (2000): Die Balanced Scorecard für die IV, in: Dobschütz, L. von; Barth, M.; Jäger-Goy, H.; Kütz, M.; Möller, H.-P. (Hrsg.): IV-Controlling: Konzepte – Umsetzung – Erfahrungen, Wiesbaden 2000, S. 621-640.

Tiemeyer, E. (2005): IT-Controlling kompakt, München 2005.

Töpfer, A.; John, D. L. (1996): Lean Production bei NUMMI: Ein Kernelement von TQM, in: Töpfer, A.; Mehdorn , H. (Hrsg.): Besser-Schneller-Schlanker: TQM-Konzepte in der Unternehmenspraxis, Neuwied 1996, S. 5.

Treber, U.; Teipel, P.; Schwickert, A. C. (2004): Total Cost of Ownership, Stand und Entwicklungstendenzen 2003, Arbeitspapier Nr. 1, Lehrstuhl für BWL und Wirtschaftsinformatik, Justus-Liebig-Universität Gießen, Gießen 2004.

Trott zu Solz, C. von (1992): Informationsmanagement im Rahmen eines ganzheitlichen Konzeptes der Unternehmensführung, Göttingen 1992.

Tulowitzki, U. (2000): IV als internes Geschäftsfeld: Centerbildung und Leistungsverrechnung, in: Dobschütz, L. von; Barth, M.; Jäger-Goy, H.; Kütz, M.; Möller, H.-P. (Hrsg.): IV-Controlling: Konzepte – Umsetzung – Erfahrungen, Wiesbaden 2000, S. 525-537.

Vahlen (1994): Nutzen, in: Dichtl, E.; Issing, O. (Schriftl.): Vahlens Großes Wirtschaftslexikon, Band 3, München 1994, S. 1541.

Valls, V.; Weglarz, J. (2005): Project Management and Scheduling, in: European Journal of Operational Research, Volume 165, No. 2, 2005, S. 285-289.

Vogt, W. (2002): Fit for Benefit, Basel 2002.

Völkner, P.; Werners, B. (2000): A Decision Support System for Business Process Planning, in: European Journal of Operational Research, Volume 125, No. 3, 2000, S. 633- 47.

Voorhies, D. H. (1944): The Function of Corporate Secretaries: Treasurers and Comptroller: A Survey of Corporate Practices Conducted by the Department on Organization of the Standard Oil Company of California with the Assistance of J. Hugh Jackson, San Francisco 1944.

Voß, S.; Gutenschwager, K. (2001): Informationsmanagement, Berlin 2001.

Vossen, G. (2000): Datenmodelle, Datenbanksprachen und Datenbankmanagementsysteme, 4. Auflage, Oldenburg 2000.

Wald, A. (1945): Statistical Decisions Functions which Minimize Maximum Risk, in: Annals of Mathematics, Volume 46, No. 2, 1945, S. 265-280.

Wall, F. (1996): Organisation und betriebliche Informationssysteme: Elemente einer Konstruktionstheorie, Wiesbaden 1996.

Wallmüller, E. (1995): Ganzheitliches Qualitätsmanagement in der Informationsverarbeitung, München 1995.

Walter, S. G.; Spitta, T. (2004): Approaches to the Ex-ante Evaluation of Investments into Information Systemes, in: Wirtschaftsinformatik, Jg. 46, Nr. 3 2004, S. 171-180.

Weber, J. (2001): Controlling als Schlüssel zur Kundenzufriedenheit, in: Homburg, C. (Hrsg.): Kundenzufriedenheit: Konzepte – Methoden – Erfahrungen, 4. Auflage, Wiesbaden 2001, S. 191-210.

Weber, J.; Schäffer, U. (2000): Balanced Scorecard & Controlling: Implementierung – Nutzen für Manager und Controller – Erfahrungen in deutschen Unternehmen, 3. Auflage, Wiesbaden 2000.

Wehrmann, A.; Zimmermann, S. (2005): Integrierte Ex-ante-Rendite-/Risikobewertung von IT-Investitionen, in: Wirtschaftsinformatik, Jg. 47, Nr. 4 2005, S. 247-257.

Weigand, A. (1998): Strategien in Aktionen umsetzen: Der Einsatz der Balanced Scorecard, Gastvortrag Universität Kaiserslautern der Unternehmung Horváth & Partner, Stuttgart 1998.

Weiss, H.-J. (2002): Finanzfunktion im Wandel: Der Finanzvorstand als Chief Value Officer, in: Küting, K.; Weber, C.-P. (Hrsg.): Vom Financial Accounting zum Business Reporting: Kapitalmarktorientierte Rechnungslegung und integrierte Unternehmenssteuerung, Stuttgart 2002, S. 375-408.

Weiss, H.-J. (2003): Verbreitete Produkte bringen keine Vorteile, in: Computer Zeitung, Jg. 34, Nr. 38, 2003, S. 3.

Werners, B. (1987): An Interactive Fuzzy Programming System, in: Fuzzy Sets and Systems, Volume 23, No. 1, 1987, S. 131-147.

Werners, B.; Slaghuis, B. (2004): Contract Management: Vertragsdesign und Anreizsysteme am Beispiel von Investitionsprojekten, in: Wissenschaftliches Studium (WiSt), Jg. 33., Nr. 6, 2004, S. 352-358.

Werners, B.; Völkner, P. (2000): Simulation zur Unterstützung der Geschäftsprozeßoptimierung, in: Biethahn, J. (Hrsg.): Simulation als betriebliche Entcheidungshilfe: Neuere Werkzeuge und Anwendungen aus der Praxis, Proceedings zum 7. Symposium, Göttingen 2000, S. 53-72.

Werners, B.; Weber, R. (1999): Decision and Planing in Research and Development, in: Zimmermann, H.-J. (Hrsg.): Practical Applications of Fuzzy Technologies: The Handbooks of Fuzzy Set Series, Boston 1999, S. 445-478.

Werners, B.; Wolf, A. (2004): Simulationsbasierte Steuerung risikobehafteter Projekte, in: Biethahn, J. (Hrsg.): Proceedings zum 9. Symposium: Simulation als betriebliche Entscheidungshilfe, Neuere Werkzeuge und Anwendungen aus der Praxis, Göttingen 2004, S. 95-114.

Werners, B., Zimmermann, H.-J. (1988): Unscharfe Planungsentscheidung, in: Szyperski, N. (Hrsg.): Handwörterbuch der Planung, Stuttgart 1988, S. 2053-2060.

Wiemann, H.-U. (1987): Unternehmenspublizität nach amerikanischem Kapitalmarktrecht, Baden-Baden 1987, S. 49-71.

Wienand, U. (1988): Information Center, in: HMD – Praxis der Wirtschaftsinformatik, Nr. 140, 1988, S. 90-107.

Wies, R.; Lohmann, J.; Picot, A. (1997): Technische Kennzahlen für das IV- und Service-Controlling, in: Information Management (IM), Jg. 13, Nr. 2, 1997, S. 49-58.

Wiese, H. (1999): Mikroökonomik: Eine Einführung in 365 Fragen, 2. Auflage, Berlin 1999.

Wild, J. (1971): Zur Problematik der Nutzenbewertung von Informationen, in: Zeitschrift für Betriebswirtschaft (ZfB), Jg. 41, 1971, S. 315-334.

Wild, J. (1982): Grundlagen der Unternehmensplanung, 4. Auflage, Opladen 1982.

Wildemann, H. (1996): Qualitätscontrolling von Leistungsprozessen, in: Wildemann, H. (Hrsg.): Controlling im TQM: Methoden und Instrumente zur Verbesserung der Unternehmensqualität, Berlin 1996, S. 99-137.

Will, L.; Hienger, C.; Straßenburg, F.; Himmer, R. (1996): R/3-Administration, Berlin 1996.

Willcocks, L. P. (1994): Introduction: Of Capital Importance, in: Willcocks, L. P. (Hrsg.): Information Management: The Evaluation of Information Systems Investments, London 1994, S. 1-27.

Willcocks, L. P.; Lester, S. (1999): Information Technology: Transformer of Sink Hole?, in: Willcocks, L. P.; Lester, S. (Hrsg.): Beyond the IT Productivity Paradox, West Sussex 1999, S. 1-36.

Willcocks, L. P.; Lester, S. (1999a): In Search of Information Technology Productivity: Assessment Issue, in: Willcocks, L. P.; Lester, S. (Hrsg.): Beyond the IT Productivity Paradox, West Sussex 1999, S. 69-97.

William, J. R. (1995): Miller GAAP Guide 1995: A Comprehensive Restatement of Current Promulgated Generelly Accepted Accounting Principles, San Diego 1995.

Witt, F.-J. (1997): Controlling 1: Ganzheitliches Controlling, Band 4, München 1997.

Witt, F.-J. (2002): Controlling-Lexikon: Von ABC-Analyse bis Zwischenbericht, München 2002, S. 630.

Wittmann, W. (1982): Betriebswirtschaftslehre, Tübingen 1982.

Woll, A. (1993): Allgemeine Volkswirtschaftslehre, 11. Auflage, München 1993.

Woll, A. (1996): Nutzen, in: Woll, A. (Hrsg.): Wirtschaftslexikon, 8. Auflage, München 1996, S. 515.

Woll, A. (2003): Allgemeine Volkswirtschaftslehre, 14. Auflage, München 2003.

Wössner, M. (1990): Integration und Flexibilität: Unternehmensführung in unserer Zeit, in: Adam, D.; Backhaus, K.; Meffert, H.; Wagner, H. (Hrsg.): Integration und Flexibilität: Eine Herausforderung für die Allgemeine Betriebswirtschaftslehre, Wiesbaden 1990, S. 61-77.

Zangemeister, C. (1976): Nutzwertanalyse in der Systemtechnik, 4. Auflage, München 1976.

Zeigermann, J. R. (1984): Datenverarbeitung: Gewinnquelle des Unternehmens, in: IBM Deutschland GmbH (Hrsg.): IBM Form GE 12-1307-4, Stuttgart 1984.

Zelewski, S. (1999): Grundlagen, in: Corsten, H. (Hrsg.): Betriebswirtschaftslehre, 3. Auflage, München 1999, S. 1-125.

FSC
www.fsc.org
MIX
Papier | Fördert
gute Waldnutzung
FSC® C083411

Kolibri 360 GmbH
Ferdinand-Jühlke-Straße 7
99095 Erfurt, Deutschland
produktsicherheit@kolibri360.de

Druck:
CPI Druckdienstleistungen GmbH
im Auftrag der
Kolibri 360 GmbH
Ferdinand-Jühlke-Str. 7
99095 Erfurt